普通高等教育"十三五"规划教材

工程经济学理论与实务

主　编　李国彦
副主编　卢荣花　朱雪春

国防工业出版社

·北京·

内 容 简 介

本书有针对性地介绍了工程经济学的基本理论与工程项目评价方法的运用,在内容上突出理论与实践相结合的特色。本书分为上下两篇,上篇主要介绍工程经济学的基本原理,包括资金的时间价值、工程经济评价的基本要素、工程项目的确定性评价方法,投资方案选择以及工程项目的不确定性及风险分析。下篇主要介绍了工程经济评价方法在实践中的运用,包括工程项目可行性研究框架、工程项目的财务评价、国民经济评价、公共项目的经济评价以及设备项目的经济评价。

本书在介绍工程经济学理论与工程项目评价方法的过程中,增加大量案例帮助学生理解工程经济学的关键概念和评价指标,力求使学生在掌握工程经济学的基本原理后能够将其运用于解决未来生产、生活中的实际问题。本书可作为经济管理类、工科类本科生的教材或者教学参考书,也可以作为相关企业工作人员的参考和培训用书。

图书在版编目(CIP)数据

工程经济学理论与实务/李国彦主编.—北京:国防工业出版社,2016.7(2017.4 重印)
普通高等教育"十三五"规划教材
ISBN 978-7-118-10874-3

Ⅰ.①工… Ⅱ.①李… Ⅲ.①工程经济学—高等学校—教材 Ⅳ.①F062.4

中国版本图书馆 CIP 数据核字(2016)第 126355 号

※

国防工业出版社出版发行
(北京市海淀区紫竹院南路23号 邮政编码100048)
天利华印刷装订有限公司印刷
新华书店经售

*

开本 787×1092 1/16 印张 18½ 字数 458 千字
2017 年 4 月第 1 版第 2 次印刷 印数 4001—6000 册 定价 38.50 元

(本书如有印装错误,我社负责调换)

国防书店:(010)88540777　　　发行邮购:(010)88540776
发行传真:(010)88540755　　　发行业务:(010)88540717

前　言

工程经济学是介于自然和社会科学之间的边缘学科，它以工程项目为主体，以技术—经济系统为核心，研究如何有效利用资源，提高经济效益，因此在国家经济建设中发挥着重要作用。目前工程经济学已经成为国内许多高校经济学、管理学专业的基础课程，也是部分工科专业的选修课程。

为了便于读者的阅读和学习，本书在内容和结构安排上进行了新的尝试。一是设立了开篇案例，用于引导学生思考并进入本章学习；二是在第三、四、五、六、十、十一章分别增加使用 Excel 表格进行工程项目经济评价指标的计算，增强了操作性；三是在财务评价部分，增加财务报告编制的步骤和关键要素，指导学生独立编制财务报表；四是在工程经济学实务部分增加机场建设可行性研究、航空公司财务评价、飞机的修理和更新等内容，突出工程及民航特色。

本书基于应用型人才培养目标，突出实践性和工程特色，目的在于适应经济管理及工科类专业的教学需要，既能使学生掌握工程经济学的核心理论、评价方法，又能具备进行工程项目可行性研究和分析评估的技能。因此本书在编写过程中突出了理论与实践相结合的特征，在理论部分介绍了经典工程经济学理论与评价方法。在实务部分，首先，重点介绍了工程项目的可行性评价框架，特别介绍了财务评价和国民经济评价的指标与方法；其次，根据公共性工程项目的特殊性，结合现代公共项目典型无形效果衡量方法的研究，介绍了公共项目的经济评价方法；最后，考虑到设备的维修及更新分析对工程项目经济效益的影响，从设备修理、更新、现代化改装和租赁对设备的经济评价进行介绍。

本书编写具体分工为：李国彦完成了全书的统筹，并负责全书的编写思路、内容安排和第七章、第九章、第十章、第十一章的编写。朱雪春负责第一章、第二章、第三章、第四章的编写。卢荣花负责第五章、第六章、第八章的编写。

本书在编写过程中参阅了大量同行专家的书籍和论文，在此表示衷心的感谢。

由于编者水平有限，不足之处恳请读者批评指正。

编者

目 录

上篇 工程经济学理论

第1章 绪论 ········· 3
1.1 工程经济学的相关概念 ········· 3
1.2 工程经济学的产生与发展 ········· 5
1.3 工程经济学的研究对象和特点 ········· 8
1.4 工程项目经济评价的一般程序和评价原则 ········· 10
复习思考题 ········· 14

第2章 现金流量及资金的时间价值 ········· 15
2.1 现金流量 ········· 15
2.2 资金的时间价值 ········· 18
2.3 资金的等值计算 ········· 23
2.4 电子表格的应用 ········· 35
复习思考题 ········· 41

第3章 工程经济评价的基本要素 ········· 42
3.1 投资 ········· 42
3.2 成本与费用 ········· 45
3.3 营业收入及利润 ········· 54
3.4 税金 ········· 56
3.5 电子表格的应用 ········· 61
复习思考题 ········· 63

第4章 工程项目的确定性经济评价方法 ········· 64
4.1 工程项目经济评价概述 ········· 64
4.2 时间型指标 ········· 66
4.3 价值型指标 ········· 69
4.4 效率型指标 ········· 76
4.5 经济评价指标的选择 ········· 84

4.6 电子表格的运用 85
复习思考题 90

第5章 投资方案选择 92

5.1 投资方案的分类 92
5.2 互斥方案的比选 93
5.3 独立方案选择 102
5.4 混合方案选择 107
5.5 电子表格的应用 111
复习思考题 116

第6章 工程项目经济不确定性与风险分析 119

6.1 概述 119
6.2 盈亏平衡分析 120
6.3 敏感性分析 127
6.4 风险分析 132
6.5 电子表格的应用 144
复习思考题 147

下篇 工程项目的经济评价

第7章 工程项目的可行性研究 151

7.1 工程项目概述 152
7.2 可行性研究概述 153
7.3 可行性研究报告 156
7.4 投资估算及资金筹措 161
复习思考题 168

第8章 工程项目的财务评价 169

8.1 工程项目财务评价概述 169
8.2 财务评价报表 172
8.3 财务评价指标 180
8.4 新建项目的财务评价 185
8.5 改扩建和技术改造项目的财务评价 193
复习思考题 197

第9章 工程项目的国民经济评价 198

9.1 国民经济评价概述 198
9.2 费用与效益的识别 201

9.3 国民经济评价的通用参数 ······ 204
9.4 国民经济评价的一般参数——影子价格 ······ 205
9.5 国民经济评价报表及指标 ······ 209
复习思考题 ······ 214

第10章 公共项目的经济评价 ······ 215

10.1 公共项目概述 ······ 215
10.2 公共项目经济评价概述 ······ 217
10.3 公共项目效益与费用的识别与计算 ······ 219
10.4 公共项目经济评价的参数与方法 ······ 224
10.5 电子表格的应用 ······ 232
复习思考题 ······ 234

第11章 设备项目的经济评价 ······ 235

11.1 设备的磨损与补偿 ······ 236
11.2 设备大修理的经济分析 ······ 239
11.3 设备的经济寿命及估算 ······ 242
11.4 设备更新的经济分析 ······ 246
11.5 设备的现代化改装 ······ 251
11.6 设备租赁的经济分析 ······ 252
11.7 电子表格的应用 ······ 256
复习思考题 ······ 259

附录 ······ 261

参考文献 ······ 285

上 篇
工程经济学理论

# 第 1 章

绪 论

▶ 学习目标

- 理解工程、技术、经济间的相互关系；
- 了解工程经济学的概念和发展历程；
- 了解工程经济学的研究对象和特点；
- 理解工程项目经济分析的基本原则。

▶ 导入案例

京沪高铁项目为何不采用磁悬浮技术方案

从1990年原铁道部完成"京沪高速铁路线路方案构想报告"到2008年京沪高铁开工建设，整整花费了18年的时间。期间经过了可行性研究、相关技术研究等内容，其中也包括磁悬浮与轮轨技术路线的竞争。

从技术方面看，高速磁悬浮列车的优势非常明显，首先速度快，可以达到400千米/小时～500千米/小时；第二，无论高速磁悬浮列车还是中低速磁悬浮列车，因为没有轮子与铁轨的摩擦和震动，所以噪音污染小；第三，爬坡能力强，爬坡率可以达到60%～70%，速度不会减小，这是其他交通工具无法比拟的。但是从造价看，京沪高铁1300千米线路，磁悬浮列车的预算大约是4000亿人民币，而轮轨列车的造价大约是1300亿人民币，实际建成造价2200亿人民币。造价过高是磁悬浮技术输给滚轮技术的重要原因。

因此在进行技术方案的决策时，并不是哪种技术先进就一定用哪种，决策必须与实际的运营成本一起考虑。如果建设成本过高，运营后乘客不足就会导致亏损，抵消项目的技术优势。

1.1 工程经济学的相关概念

1. 工程

工程不同于科学，也不同于技术。工程是人们综合应用科学的理论和技术的手段去改造客观世界的具体实践活动，以及取得的实际成果。在长期的生产和生活实践中，人们根据数学、物理学、化学、生物学等自然科学和经济管理等社会科学的理论,并应用各种技术手段,去研究、开发、设计、制造产品或解决工艺和使用等方面的问题,逐渐形成了门类繁多的专业工程,如航空航天工程、机械工程、电气工程、材料工程等。工程经济学中的"工程",通常是指拟议中的工程(投资)项目,表现为一个或一组可供选择的技术方案。

2. 技术

技术常与科学视为一体,"科学技术是生产力"表达的就是这个内涵,但严格来说,"科学"与"技术"有着根本区别。科学是人类探索自然和社会现象的过程中对客观规律的认识和总结,是认识和发现;而技术则是人类改造自然的手段、方法和技能的总称,是创造和发明。技术发展的标志表现在两个方面:一是能够创造原有技术所不能创造的产品或劳务,例如新能源、新材料、微电子技术、海洋技术、航空航天技术等;二是能用更少的人力、物力和时间,创造出相同的产品或劳务。

3. 经济

现代汉语中使用的"经济"一词,是19世纪后半叶由日本学者从英语economy翻译而来,其含义主要体现在四个方面:

(1) 经济是人类社会发展到一定阶段的社会经济制度,是生产关系的综合,是政治和思想意识等上层建筑赖以树立起来的基础。

(2) 经济是国民经济的各部门,如工业经济、农业经济等。

(3) 经济指节约或节省。

(4) 经济是社会生产和再生产,即物质资料的生产、交换、分配、消费的现象和过程。任何工程项目的建设都伴随着人、财、物、时间等资源的消耗,在工程实践中必将对经济、社会以及生态和环境产生影响。在本书中,工程经济学中的经济主要指上述第(3)和第(4)种含义。

4. 技术与经济的关系

技术与经济紧密相关,不可分割。社会物质文化需要的增长、国民经济的发展,都必须运用一定的技术手段,依靠技术的不断进步和推广应用。而任何技术手段的运用,都必须消耗或占用人力、物力、财力等资源。经济发展是技术进步的动力和方向,技术进步是推动经济发展、提高经济效益的重要条件和手段,经济发展离不开技术进步。所以,技术与经济两者是相互促进、相互制约,是始终并存的两个方面。

在技术与经济关系中,经济占据支配地位。技术进步是为经济发展服务,技术是人类进行生产斗争和改善生活的手段,它的产生具有明显的经济目的。因此,任何一种技术在推广应用时,首先要考虑其经济效果问题。一般情况下,绝大多数先进技术具有较高的经济效果。但是,有时新技术由于缺少社会条件的经济适应性,与经济又是相矛盾、相对立的。任何技术的应用都必须与当地、当时的社会经济条件相适应,条件的变化会导致技术的经济效果发生变化。例如,有的技术在发达国家的社会综合条件下是先进的,但在发展中国家,由于电力、运输、原料质量,特别是技术管理水平与技术工人操作水平等方面与新技术不协调、不适应,而使新技术发挥不出应有的经济效益。此外,有的技术本身不算很先进,但在一定条件下采用时,经济效益却不错。因此任何工程的实施和技术的应用,都不单纯是一个技术问题,同时也是一个经济问题。

工程经济学研究的中心问题,就是工程技术在应用中的经济效果问题。其主要任务是研究工程技术和经济之间的合理关系,找出其协调发展的规律,促进技术进步和提高经济效益。

1.2 工程经济学的产生与发展

1.2.1 工程经济学的萌芽与形成

19世纪以前,工程师一般只对工程的设计、建造与使用等方面的技术问题负责,较少考虑工程的经济问题。最早探讨工程经济问题的学者是美国的建筑工程师威灵顿(A. M. Wellington),他在1887年出版了《铁路布局的经济理论》(The Economic Theory of Railway Location),威灵顿首次将资本化的成本分析方法应用于铁路的最佳长度和路线曲率的选择,并提出了工程利息的概念,开创了工程领域中的经济评价工作。在该书中,威灵顿对工程经济学下了简明的定义:"一门少花钱多办事的艺术"。

自威灵顿之后,越来越多的工程经济学家做了更一步研究。20世纪20年代,菲什和戈尔德曼(O. B. Goldman)运用数学方法对工程的投资效益进行分析。菲什系统地阐述了与债券市场相联系的工程投资模型,戈尔德曼为工程的多方案比较分析提出了复利的计算方法。戈尔德曼在《财务工程》(Financial Engineering)一书中,首次提出用复利法来确定方案的比较值、进行投资方案评价的思想,并且批评了当时研究工程技术问题不考虑成本、不讲究节约的错误倾向。他指出:"有一种奇怪而遗憾的现象,就是许多作者在他们的工程学书籍中,没有或很少考虑成本问题。实际上,工程师的最基本责任是分析成本,以使项目达到真正的经济性,即赢得最大可能数量的货币,获得最佳的财务效益。"

20世纪30年代,经济学家们逐渐意识到科学技术对经济发展的重大影响。工程经济的研究也随之开展,并逐渐形成一门独立的学科。1930年,美国斯坦福大学的格兰特(E. L. Grant)教授提出了工程的评价准则,出版了《工程经济学原理》(Principles of Engineering Economy),奠定了经典工程经济学的基础。该书指出了古典工程经济学的局限性,首创了工程经济的评价理论和原则,以复利计算为基础,对固定资产投资的经济评价原理作出阐述,同时指出人的经验判断在投资决策中具有重要作用。格兰特对投资经济分析理论的重大贡献得到了社会的普遍承认,被誉为"工程经济学之父"。从威灵顿到格兰特,历经40多年的不断探索,一门独立系统化的工程经济学科初步形成。

1.2.2 工程经济学在国外的发展

第二次世界大战后,随着西方经济的复兴,工业投资机会急剧增加,出现了资金短缺的局面,如何使有限的资金得到最有效的利用,成为当时投资者与经营者普遍关注的问题。在这种客观条件下,工程经济分析的理论和实践得到了进一步发展。现在盛行的现金流量贴现方法和投资分配限额原理,在一定程度上要归功于工程经济学家迪安(J. Dean)对工程经济学理论所做的贡献。1951年,迪安出版了《投资预算》,在凯恩斯经济理论的基础上,分析了市场供求状况对企业有限投资分配的影响。其具体阐述了贴现法(即动态经济评价法)以及合理分配资金的一些方法在工程经济中的应用,提出了折现现金流量和资本分配的现代研究方法。同时,迪安指出:"实践具有经济价值,所以近期的货币要比远期的货币更有价值"。

1978年,美国堪萨斯大学的布西(L. E. Bussey)教授出版了《工业投资项目的经济分析》一书。在这本著作中,布西引用了大量的文献资料,全面系统地总结了工程项目的资金筹集、经济评价、优化决策以及项目的风险和不确定性分析等。

1982年,美国俄勒冈州大学工业与通用工程系主任里格斯(J. L. Riggs)教授出版了《工程经济学》,该书内容丰富新颖,论述严谨,系统地阐述了货币的时间价值、时间的货币价值、货币理论、经济决策和风险以及不确定性等工程经济学内容,把工程经济学的学科水平向前推进了一大步。

工程经济学在世界各国得到了广泛的重视和应用,如前苏联的技术经济分析论证开始出现,并逐渐形成了一套比较完整的技术经济论证程序和分析评价方法。其他国家也纷纷推出相关的工程和经济的分析方法和学科,如英国的业绩分析、法国的经济分析和日本的经济性工学等。

近十几年来,西方经济学理论出现了宏观化研究趋势,微观部分效果分析正逐渐同宏观的效益研究及环境效益分析结合起来,国家的经济制度和经济政策等宏观问题已成为当今工程经济研究的新内容。另外,由于计算机技术的迅速普及,使工程经济活动的分析、评价与技术方案的选择方法都有新的突破,工程经济分析的因素和变量更加全面系统,很多以往无法定量描述的经济因素得以量化,一些随机的经济因素逐渐用数学手段加以分析,工程经济学理论和方法的研究进入了一个崭新的时代。

1.2.3 工程经济学在我国的发展

我国自古重视工程实践活动中的经济效果。战国时期,李冰父子设计和建造的都江堰水利工程,巧妙运用鱼嘴分水堤、飞沙堰溢洪道、宝瓶口引水口和百丈堤、人字堤等技术方案,科学地解决了降水自动分流、自动排沙、控制进水流量等问题,至今被学者们推崇为中国古代追求工程经济效果的典范。宋真宗时(约公元1015年),丁谓主持重新修建被烧毁的皇宫,提出挖沟渠取泥制砖、引水行船运载、竣工前回填土等经济的施工组织设计方案,缩短了工期、节省了支出,也被誉为研究工程经济效果的范例。

我国对现代工程经济学的研究和应用起步于新中国成立之后。20世纪50年代初,我国从苏联引入技术经济分析和论证方法,同时吸纳国外相近学科的有益成分,结合我国经济建设的实践经验,创立了具有中国特色的应用经济学的一个分支——技术经济学。

"一五"时期,我国主要学习苏联,采用方案研究、建设建议书、技术经济论证等方法对国家重点建设项目进行技术经济论证,取得了良好的经济效益。但由于受计划经济模式的影响,不追求资金的时间价值,整个论证是静态过程。

"二五"时期,由于片面追求发展速度,否定技术经济分析的必要性,技术经济论证工作被取消,建设程度很不规范,审批手续极不严格,重复建设现象普遍,资金使用浪费严重,使生产建设和国民经济遭受了巨大损失。同时也严重挫伤了广大学者和专业技术人员对工程经济学研究的积极性,工程经济学在我国的发展陷入停滞。

1962年,党和国家做出了一系列举措扭转项目决策工作中的混乱。期间,于光远提出技术政策的制定要讲究经济效果,技术要与经济相结合。1963年国家批准中央科学小组起草的《1962~1972年科学技术发展规划纲要》,其中技术经济被列为十年科学技术规划六个重大科研课题之一,要求在科技工作中要结合各项技术的具体内容对技术的经济效果进行计算和分析。

1978年党的十一届三中全会的召开,拉开中国经济体制改革的序幕。在《1978~1985年科学技术发展规划中》,将"技术经济和管理现代化理论和方法的研究"列入108项重大研究课题之一。1978年11月,全国技术经济和管理现代化科学规划工作会议召开,并制定了相应规划,成立了中国科协直属的中国技术经济研究会。

20世纪80年代以来,大量现代经济理论、经济分析和项目评价方法引入我国的工程经济学,形成了本学科发展的新高潮。国家和各经济部门纷纷成立工程经济或技术经济专门研究机构,高等院校纷纷开设工程经济或技术经济课程,1980年中国社会科学院建立了技术经济研究所,1981年国务院成立了技术经济研究中心。同时,国内学者引入了大量工程经济理论和方法以及西方经济理论中有关技术的研究成果,1980年徐寿涛出版了中国第一部技术经济学专著《技术经济学概论》,标志着我国技术经济学的学科体系和基本框架已经建立。1984年国家计划经济委员会要求重视投资前期工作,明确将项目可行性研究纳入基本建设程序,要求所有新建、扩建的大中型项目,以及所有利用外资进行的基本建设项目都必须有可行性研究报告。1987年国家计划经济委员会组织国家计划出版社出版《建设项目经济评价方法与参数》,为我国各行业开展项目前期经济评价工作规定了统一的标准和方法,提供了操作指南,实现了项目评价的科学化和规范化。目前最新的《建设项目经济评价方法与参数》是2006年颁布的第三版。

20世纪90年代以来,随着我国社会主义市场经济体制的逐步确立、政府管理经济与社会资源配置方式的变化、国家投资体制改革进程的加快,工程经济学的原理和方法已经在项目投资决策分析、项目评估和管理等众多领域得到了广泛应用。以工程经济学或技术经济学为技术理论的咨询业,如项目评估、估价、咨询等知识型公司应运而生,并逐渐成为现代服务业的重要组成部分。

1.2.4 现代工程经济学的发展和应用趋势

工程经济学从20世纪70年代至今一直强调资本投资决策的内容,与突飞猛进的经济学发展相比处于相对停滞状态。这期间,企业正经历着从传统的规模经济、标准化和重复件生产的经营观念和以高产低差异的国内市场产品获得竞争优势的方式,转变为将资本、技术、信息、能源和时间集成为人力和自然资源一体化系统,以低成本、高质量、低产多差异的国际市场产品获取竞争优势的经营思路。企业为了从单一占有国内市场转变为同时占有国际市场,对先进制造技术(AMT)的资本和非资本投资的越发关注,因此工程经济在企业战略投资问题上起着越来越重要的作用。在先进制造技术中与投资评估问题有关的内容有:

(1) 投资与企业战略的关系和组织障碍;
(2) 投资评估法和非财务效益;
(3) 成本管理系统中的成本信息和财务指标;
(4) 在先进制造技术中企业所得税的影响;
(5) 风险决策分析;
(6) 管理政策、管理手段和管理信息系统。

沙利文(W. G. Sullivan)对1985~1989年的108个工程经济项目的应用状况做了调查分析,根据产品寿命周期按"方法论和技术"分类统计得到一种锥体结构分布。沙利文认为传统的项目重点放在优化分析和决策上,但企业今后的重点是生存策略,所以他提出今后20多年中工程经济学的发展趋势应为:

(1) 用哪些财务和非财务指标来正确地判断企业生存竞争的战略投资;
(2) 由于产品的更新换代加快,怎样更好地用工程经济学的原理和方法解决工程项目的寿命周期问题;

(3) 成本管理系统能否正确地衡量与项目规模、范围、实验、技术和复杂性有关的费用；该系统在方案的概念设计和初步设计中能否通过改进资源分配来减少成本；

(4) 在多变的市场中,怎样进行再投资决策以保持项目在市场中的优势。

近十年来,为了适应经济全球化的要求,工程经济学理论出现了宏观经济研究的新趋势,逐渐改变了过去单一重视微观经济分析,从着重于部门的经济管理和经济效果分析转向宏观的社会效益分析,着重于资源的合理分配、投资、投资决策和风险的研究以及国家的经济制度和政策、环境保护和可持续发展等宏观经济问题研究。

1.3 工程经济学的研究对象和特点

1.3.1 工程经济学的研究对象

随着科学技术的高速发展,为保证工程技术更好地服务于经济,使有限的资源最大程度地满足社会需要,就不仅需要考虑如何根据资金情况正确建立可供选择的工程技术方案的问题,还应考虑用什么经济指标体系对各种方案正确地计算、比较和评价,从中选出最优方案的问题。同时,随着人们社会经济活动的增多,工程技术活动的经济环境和工程项目的经济结构也日益复杂。如何以客观的经济规律指导工程技术活动,并能充分估计活动过程的风险和不确定性是非常重要的实际问题。

在工程实践中,工程经济学要回答这样的问题:为什么要建设这项工程？为什么要以这种方式来建设这项工程？譬如,我们拟建一个火力发电厂,如果从经济角度分析是不可行的,则没必要建设。若在经济上是可行的,那以何种方式来建设呢？至少我们将面临三种方案的选择：烧煤？烧石油？还是烧天然气？显然,这三种方案在技术上都是可行的,但每种方案所需要的投资和能产生的经济效益却可能差别很大,这就需要用工程经济学的方法来比较,分析的目的是以有限的资金,最好地完成工程任务,获得最高的经济效益。此外,在工程实践中还会经常遇到其他的工程经济问题,像如何定量描述和计算一个方案的经济效果？几个相互竞争的方案应该选择哪一个？在资金有限的情况下应该选择哪一个方案？面对复杂多变的投资环境,这些经济效果或方案取舍的结果是否可靠？是否存在风险？正在使用的技术、设备是否应该更新换代？公共工程项目的预期收益多少时才能接受其建设费用等。

由此可见,工程经济学是以工程技术项目的方案为研究对象,研究如何有效利用工程技术资源,促进经济增长的科学。它不研究工程技术原理与应用本身,也不研究影响经济效果的各种因素,而是研究这些因素对工程项目的影响,研究工程项目的经济效果,即研究各种技术在使用过程中如何以最小的投入取得最大的产出,以及如何用最低的寿命周期成本实现产品、作业或服务的必要功能。

1.3.2 工程经济学的特点

工程经济学是将经济学的一般理论应用于工程领域,将工程技术与经济相结合而形成的一门综合性交叉学科。它以自然规律为基础而不研究自然规律本身,以经济科学作为理论指导和方法论而不研究经济规律。它在充分尊重客观规律的前提下,对工程方案的经济效果进行分析和评价,从经济的角度为工程技术的采用和工程建设提供决策依据。其主要特点如下。

1. **综合性**

工程经济学既包含自然科学的内容,又包含社会科学的内容。工程经济学从技术的角度去考虑经济问题,又从经济角度去考虑技术问题,技术是基础,经济是目的。工程技术的经济问题往往是多目标、多因素的,它所研究的内容涉及技术、经济、社会、时间等因素,具有综合性。

工程经济学研究工程项目的资金筹集、经济评价、优化决策以及风险和不确定性分析等,与微观经济学紧密相联。虽然工程经济学所涉及的主要是工程的经济问题,但是由于工程的经济问题经常与社会问题紧密相联,工程项目必须服从一般的生产规律和商品的经济规律和价值规律,以及生态平衡、生产力布局和物质循环和运动等自然规律。因此工程经济学与宏观经济学也紧密相联。对工程的经济评价还必须重视宏观社会经济效益,需要进行综合性研究。

2. 系统性

任何一个工程项目都是由若干相互联系、相互影响的单元组成的整体,都在一定的客观环境中进行,受到社会、政治和经济等客观条件和自然环境的限制。因此,必须用系统工程的理论和方法进行全面、系统的分析和论证,将影响其效果的全部因素纳入到一个系统中进行综合考虑。所以在分析其效果时,不仅要分析项目本身的直接效果,还要分析与其相关的间接效果;不仅要研究其给企业带来的经济效益,还要研究它所产生的国民经济效益和社会效益。

3. 实用性

工程经济学是一门实践性很强的应用科学。工程经济学研究的课题、分析的方案都来源于工程建设实际,并紧密结合生产技术和经济活动进行,其研究成果直接应用于生产实践,并在实践中加以验证。工程经济学的研究内容与经济的健康发展、技术的正确选择、资源的综合利用、生产力的合理布局等关系密切。它分析所使用的信息资料都来源于生产实践,研究成果通常以一个规划、计划或一个具体方案、建议的形式出现。

4. 定量性

任何问题的研究都有定性分析和定量分析两个方面。工程经济学研究方法以定量分析为主,通过大量的数据进行分析计算,用数量来反映经济现象和经济规律。即使有些难以定量的因素,也要予以量化估计。通过对工程项目各种技术方案进行客观、合理、完善的评价,用定量分析的结果为定性分析提供依据。不进行定量分析,就无法进行技术方案的经济性评价,经济效果也无法衡量,也无法进行方案的比较和选择。在实际的分析研究中,需要用到很多数学方法和计算公式,建立数学模型,借助计算机计算结果。

5. 预测性

工程经济学是对工程技术方案的预期效果进行分析,由于工程经济分析活动一般都在项目发生之前进行,因而要事先对未来要实施的技术政策、技术措施、技术方案等进行经济分析评价,通过预测使技术方案更接近实际,避免盲目性。一方面,要尽可能准确地预见某一经济事件的发展趋向和前景,充分掌握各种必要的信息资料,尽量避免由于决策失误所造成的经济损失。另一方面,预见性包含一定的假设和近似性,只能要求对某项工程或某一方案的分析结果尽可能地接近实际,而不能要求其绝对的准确。

6. 择优性

工程经济学的研究内容是在技术可行的基础上进行经济合理性的研究,为技术可行性提供经济依据。对于一个技术问题,往往存在着不同的解决方案。为了达到最佳的经济效果,需要对这些方案进行比较和选择。工程经济分析的过程就是方案的比较和择优的过程。

1.4 工程项目经济评价的一般程序和评价原则

1.4.1 工程项目经济评价的一般程序

工程项目经济评价主要对各种可行的技术方案进行综合分析、计算、比较和评价,全面衡量方案的经济效益,以做出最佳选择,为决策提供科学依据。其一般程序如下。

1. 确定目标

工程经济分析的目的在于寻求各方案之间的优劣比较,所以比较选择时需要有共同的目标。由需要形成问题,问题产生目标,然后依目标去寻求最佳方案。目标是根据问题的性质、范围、原因和任务设定的,它是工程经济分析中至关重要的一环。

2. 调查研究和收集数据

目标确定后,要对实现目标的需求进行调查研究,分析是否具有实现目标所需的资源、技术、经济和信息等条件。此时需要搜集大量资料,资料正确与否直接影响分析的质量,资料要真实、先进、及时和全面。

3. 选择对比方案

方案是分析比较的对象,为了利于比较、鉴别和优选,在工程经济分析初期,应首先对能够实现既定目标的各种途径进行充分挖掘。在现有资料的基础上,对比方案应尽可能多一些,提供充分的比较对象,以确保优选质量。

4. 方案可比化

互相比较的方案,由于各方案的指标和参数不同,往往难以直接对比。因此,需要对一些不能直接对比的指标进行处理,使方案在使用价值上等同化,将不同的数量和质量指标尽可能转化为统一的可比性指标。一般来说,可比性指标要转化为货币指标,且必须满足可比性要求。

5. 建立经济数学模型

经济数学模型是工程经济分析的基础和手段,通过经济数学模型的建立,进一步规定方案的目标体系和约束条件,为经济分析创造条件。

6. 模型求解

把各种具体资料和数据代入数学模型中运算,求出各方案主要经济指标的具体数值并进行比较,初步选择方案。

7. 综合分析论证

在对不同方案的指标进行分析计算的基础上,对整个指标体系和相关因素进行定量和定性的综合比较,选出最优方案。

8. 与设定目标和评价标准比较

将最后选择的方案与设定的目标和评价标准比较,若符合则采纳方案,若不符合则重新按照此程序进行其他替代方案的分析。工程经济分析的一般程序如图1-1所示。

1.4.2 工程项目经济评价的的基本原则

对工程项目的技术方案进行分析、比较和评价是工程经济学的核心内容。利用工程经济学的方法,分析投资项目产生的经济效果,需要系统、全面地研究其社会、技术、环境及资源等多方面的因素,科学评价对项目对工农业生产及科学研究具有重大意义。在工程经济学中,对工程

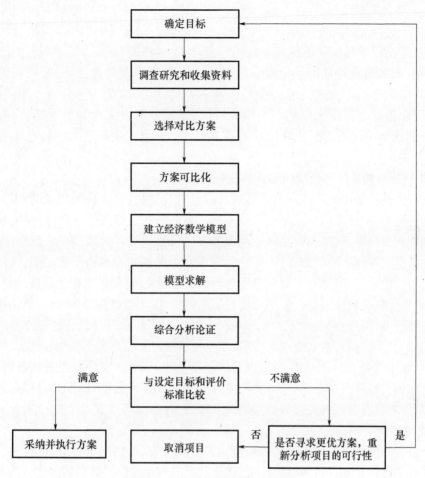

图 1-1 工程经济分析的一般程序

项目或技术方案评价的原则通常有：技术与经济相结合的原则、定量分析与定性分析相结合的原则、财务分析与国民经济分析相结合的原则、可比性原则、收益和风险权衡的原则和动态分析与静态分析相结合，以动态分析为主的原则。

1. 技术与经济相结合的原则

工程经济学是研究技术和经济之间相互关系的科学，其目的是根据社会生产的实际以及技术与经济的发展水平，探寻技术与经济相互促进和协调发展的途径。技术是经济发展的重要手段，技术进步是推动经济前进的强大动力，技术与经济这种相互依赖、相互促进、相辅相成的关系，构成了评价技术方案的原则之一。因此在评价方案的技术问题时，既要考虑方案技术的宏观影响，使技术对国民经济和社会经济发展起到促进作用，又应考虑方案技术的微观影响，使采用的技术能有效地结合本部门、本单位的具体实际，创造出最大价值。技术的使用要避免盲目追求所谓"最先进的技术"，也不能一味强调现有实际，而不善于引进、采纳现代高新技术。所以，在用工程经济学的理论来评价工程项目或技术方案时，既要评价其技术能力、技术意义，也要评价其经济特性、经济价值，将二者结合起来，寻找符合国家政策、符合产业发展方向且又能给企业带来发展的项目或方案。

2. 定量分析与定性分析相结合的原则

定性分析是评价人员根据国家的法律法规、国家发展布局及发展方向、该项目对国家发展所起作用和该项目发展趋势等进行的基于经验的评价。在实际项目或方案中，由于有些问题的复杂性和有些内容无法用数量表达，定性分析十分必要。定量分析是以客观、具体的计算结果为依据，以得出的项目的各项经济效益指标为尺度，通过对"成果"与"消耗""产出"与"投入"等的分析，对项目进行评价。定量分析减少了分析中的直觉成分，使分析评价更加科学化，有利于在定量分析中发现研究对象的实质和规律，尤其是对一些不确定因素和风险因素，可以用量化指标对其做出判断与决策。所以，定量分析与定性分析相结合，有利于发挥各自分析上的优势，互相补充，使分析结果科学、准确，有利于决策者对项目总体有一个全面的了解。

3. 财务分析与国民经济分析相结合的原则

项目的财务分析和国民经济分析都是项目的盈利性分析，但各自所代表的利益主体不同，所以两种方法的目的、任务和作用等也有所不同。财务分析是微观经济效益分析，根据国家现行的财务制度和价格体系，从投资主体的角度考察项目给投资者带来的经济效果的分析方法。国民经济分析是宏观经济效益分析，按照社会资源合理配置和有效利用的原则，从国家整体的角度来考察项目的效益和费用，其目的是充分利用有限的资源，促进国民经济持续稳定的发展。一般来说，财务分析与国民经济分析结论均可行的项目，应予通过；国民经济分析结论不可行即使财务分析可行的项目也应予否定。对一些改善民生必需的项目，国民经济分析结论可行，但财务分析的结论却不可行，通常应优化方案，使得投资项目具有财务上的生存能力，既满足人民群众生产、生活的需要，又不给国家造成严重的经济负担。所以，在评价投资项目时，应将项目的财务分析与国民经济分析相结合，既要考虑符合国家发展的需要，使资源合理配置并有效发挥，又要尽量使项目有良好的经济效益，具有相应的财务生存能力。

4. 可比性原则

工程经济分析既要对某方案的各项经济指标进行研究，以确定其经济效益的大小，也要把方案与其他方案进行比较评价，从所有的方案中找出具有最佳经济效果的方案。方案比较是工程经济学中十分重要的内容，可比性原则是进行工程经济分析时所应遵循的重要原则之一。可比性原则通常包括满足需要上的可比、消耗费用的可比、价格的可比和时间的可比。

1) 满足需要上的可比

任何一个项目或方案实施的主要目的都是为了满足一定的社会需求，不同项目或方案在满足相同的社会需求的前提下也能进行比较。

（1）产品品种可比

产品品种是指企业在计划期内应生产的产品品种的名称、规格和数目，反映企业在计划期内在品种方面满足社会需要的情况。对技术方案进行经济比较时，为符合产品品种可比的要求，可采用以下两种方法进行调整。

方法一：为达到同样的使用性能，对不同的品种可采用折算系数进行折算。例如对品种规格不一的同类产品，选其中一种为代表产品，将其他规格的产品按照规定的某种参数折算为代表产品。

方法二：可按费用的多余支出或节约来调整，然后再进行比较。

（2）产量可比

这里的产量是指项目或技术方案满足社会需要的产品的数量。例如，煤炭和天然气在化学成分和物理性质等方面差异较大，但却都可以作为原料生产合成氨，在满足社会生产合成氨的需要上，它们的作用是相同的，在这里它们可比。

(3) 质量可比

质量不同,满足程度也将不同。在满足需要的可比原则中,除产量可比外,还需要满足质量可比。质量可比是指不同项目或技术方案的产品质量相同时,直接比较各项相关指标;质量不同时,需要经过修正计算后才能比较。例如,从北京运输一批货物到昆明,由铁路运输或用空运结果是相同的,但运输过程却不相同。空运快捷、中间环节少、安全稳妥,但费用较高,铁路运输所需时间长,中间环节多、出现意外的可能性大,但费用低廉。对不同的用户来讲,其运输质量的需求不同,所选方案就不同,进行分析比较时应对软指标进行适当的量化折算。而对诸如美观、舒适、方便、清洁等难以定量的质量功能指标,分析时可采用评分法进行比较。

另外,在进行满足需要的比较时,对能够满足多方面需要的方案可与满足单一需要方案的联合方案比较;方案规模不同时,应以规模小的方案乘以倍数与规模大的方案进行比较;对产品可能涉及其他部门或造成某些损失的方案应将该方案本身与消除其他部门损失的方案组成联合方案进行比较。

2) 消耗费用的可比

比较项目或技术方案消耗的费用,应该从项目建设到产出产品及产品消费的全过程中整个社会的消耗费用来比较,而不是依某个国民经济部门或个别环节的部分消耗进行比较,也就是说要从全部消耗的观点出发来考虑。例如,建设煤矿的方案,就应该考虑建矿的消耗费用以及运输和运行等的消耗费用。但是,在项目企业内部各生产环节之间,在国民经济各部门之间,占用资金、劳动力、资源、运输能力、能源、原材料等均存在着一定的协调关系,某一部门或某一生产环节消耗费用的变化必然会引起其他相关部门或环节的变化。这种情况下进行方案比较时,可只考虑与方案有直接、经常性联系的主要部门或环节,而略去关系不密切的部门或环节的消耗费用。

3) 价格的可比

每一个项目或技术方案都要产出或提供服务,并同时消耗物化劳动。在描述项目或方案的产出和投入以及与其他项目或技术方案进行比较时,价格是一个重要因素。价格的可比性是分析比较项目或技术方案经济效益的一个重要原则。

价格可比是指项目或技术方案所采用的价格指标体系应该相同。理论上讲,产品的价格与价值是一致的。但是在现实中却时有背离的情况,所以在进行经济评价时,应考虑价格的可比性。通常对产出物和投入物的价格不采用现行价格,而是按合理价格(如影子价格)来比较。这个合理价格反映了国家的最大利益和用户及消费者的正当利益,由国家主管行政部门确定。这个价格通常仅供对项目或方案进行经济效益分析时参考使用,对现行价格不产生任何意义上的影响,也不暗示其变化的趋势,只作为价格比较时的基本条件。

4) 时间的可比

对于投资、成本、质量相同条件下的两个项目或方案,其投入时间不同,经济效益显然不同。而在相同的时间内,不同规模的项目或方案,其经济效益也不同。规模小的方案,建设期短,投产后很快实现收益,资金回收期短,但往往需要追加投资;规模大且技术先进的方案,通常是建设期长,寿命长,经济效益好,但收益晚,资金回收期长。显然,时间因素对方案经济效益有直接的影响,比较不同项目或方案的经济效益,时间因素的可比条件应满足以下3点。

(1) 计算期相同。不同方案应以相同的计算期作为比较的基础。

(2) 考虑货币的时间价值。发生在不同时间内的效益和费用,应根据货币的时间价值进行折算比较。

（3）考虑整体效益。不同项目或方案在投入人力、物力、财力、运力以及自然力和发挥经济效益的时间不同，其经济效益会有很大的差别，比较时应考虑这些对社会、环境、资源等及本企业的总体影响。

5. 收益和风险权衡的原则

通常情况下，项目的投资人关心的是效益指标，对于可能给项目带来风险的因素考虑得不全面，对风险可能造成的损失估计不足，结果往往有可能使项目失败。收益和风险权衡的原则提示投资者，在进行投资决策时，不仅要看到效益，也要关注风险，权衡得失利弊后再行决策。

6. 动态分析与静态分析相结合，以动态分析为主的原则

静态分析是一种不考虑资金的时间价值的分析方法，静态指标与一般的财务和经济指标内涵基本相同，比较直观。动态分析是一种考虑资金时间价值的分析方法，它将不同时点的净现金流量折算到同一个时点进行对比分析。资金的时间价值分析是项目经济评价的核心，所以分析评价要以动态指标为主，静态分析为辅。

复习思考题

简答题

1. 简述在工程经济学的发展过程中，做出重要贡献的学者或工程师及其主要贡献。
2. 工程经济学的研究对象是什么？
3. 工程经济学的主要特点是什么？
4. 工程经济分析的一般程序是什么？
5. 工程经济分析的基本方法有哪些？
6. 在工程项目经济评价过程中应遵循哪些基本原则？
7. 工程经济学与自然科学和社会科学有什么联系？

第 2 章
现金流量及资金的时间价值

学习目标

- 学会使用现金流量图和现金流量表描述现金流量;
- 理解资金时间价值的基本概念;
- 理解单利法和复利法;
- 理解名义利率与实际利率的区别及换算;
- 掌握整付类型和等额分付类型的资金等值计算公式。

导入案例

2.75 亿美元彩票中奖者的领奖决策

居住在美国佐治亚州东南部的罗伯特·哈里斯(Robert Harris)需要权衡一个棘手的问题:是应该现在领取 1.67 亿美元的奖金,还是在未来 26 年内分期领取 2.75 亿美元的奖金?

现在想象一下假如你是哈里斯,那么你肯定想知道为什么立即领奖只能得到 1.67 亿美元,远低于分 26 年领取的 2.75 亿美元? 分期领取 2.75 亿美元是否远比立即领取 1.67 亿美元划算? 首先,多数熟悉投资的人会告诉哈里斯,立即接受 1.67 亿美元的奖金很可能被证明远比 26 年获得 2.75 亿美元的奖金划算,因为今天手中的一美元比将来的一美元更值钱。得出这一结论的原因涉及本章将要阐述的原理,即利息的产生和资金的时间价值。

2.1 现金流量

2.1.1 现金流量的内涵

人们常说:时间就是金钱,效率就是生命。要解决以上问题,首先要明确:在一定程度上时间是可以改变"金钱"的,要了解不同时间点上资金的不同价值,需要将资金进行合理的表示。

在工程项目的评价过程中,我们可以把一个项目或者企业视为一个独立的经济系统。该系统的物质生产活动表现为人们使用各种工具、设备,消耗一定的能源,将各种原材料加工转化成所需要的产品。伴随着这种物质的转化和流动还存在着货币的流动,表现为投入一定的资金,花费一定的成本,再通过产品销售获取一定的货币收入。在此过程中针对一个特定的经济系统而言,这种货币的流动就表现为现金的流入和流出。在工程经济评价中,就把这种发生在某个时点的具体的资金流入称为现金流入,资金流出称为现金流出,现金流入与现金流出之差称为净现金流量。现金流入、现金流出及净现金流量统称为现金流量。企业生产活动所涉及的各项货币的流动都可以用现金流量进行表示,例如投资就是一种现金流出,在生产过程中所耗费的成本费用也是一种现金流出,而企业通过销售产品获得的销售收入就是一种现金流入。在工程项目的评价中,现金流量能够有效地对企业生产活动进行提炼和描述,规范的描述现金流量是进行项目经济评价的基础。

2.1.2 现金流量的描述

现金流量的基本要素包括现金流量发生的时点、现金流量的大小和方向。因此要准确描述现金流量必须将该三要素同时表示出来。一个项目或方案的实施,往往要延续一段时间。在项目或方案的寿命期内,各种现金流量的数额和发生的时点又都不尽相同。为了便于分析不同时间点上的现金流入和现金流出,计算其净现金流量,通常采用现金流量表(如表2-1所示)或现金流量图(如图2-1所示)的形式来表示特定系统在一段时间内发生的现金流量。

表2-1 某项目的现金流量表

年份(年末)	0	1	2	3	4	5	6
现金流入	0	0	120	150	150	150	150
现金流出	400	200	40	50	50	50	50
净现金流量	-400	-200	80	100	100	100	100

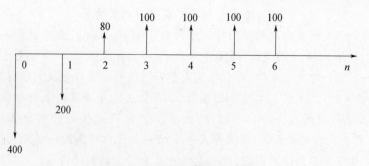

图2-1 某项目的现金流量图

1. 现金流量表

在表2-1中,需要注意的是年份(年末)该行所对应的每一个数字的含义。这些数字序列都对应了现金流量发生的时点,表示的是该年份的年末,同时也就是下一年的年初,例如0代表第1年年初,1代表第1年年末或者是第2年年初,依此类似。现金流量表虽然能够有效反映现金流的三要素,但是还不够形象,我们也可以使用现金流量图来描述现金流量。

2. 现金流量图

现金流量图是对表中净现金流量的反应。在图2-1中横轴是时间轴,自左向右表示时间的延续。横轴等分成若干间隔,每一个间隔代表一个时间单位(通常是年)。时间轴上的点称为时点。标注时间序号的时点通常表示该时间序号所对应年份的年末,同时也是下一年的年初。横轴上反映所考察的经济系统的寿命周期,若无特别说明,现金流量图中的时间单位均为年。

与横轴相连的垂直线,代表流入或流出系统的现金流量。箭头表示现金流动的方向。箭头向上表示现金流入,箭头向下表示现金流出,垂直线的长短与现金流量绝对值的大小成比例。现金流量图上还要注明每一笔现金流量的金额。

在实际问题中如果现金流量的时点没有明确交代,我们通常如下约定:投资均发生在年初,销售收入、经营成本及残值回收等均发生在年末。

在实际的画图过程中,还有一些简略画法,如图2-2所示。

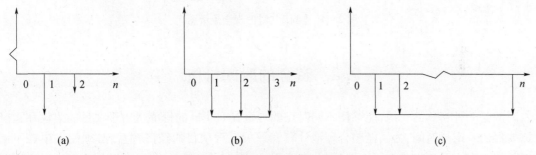

图2-2 现金流量图的简略画法

(1) 当某个现金流量的数额很大,不方便使用比例尺画出时,可以使用带折线的箭头表示,如图2-2(a)所示。

(2) 当某些现金流在数额上相等,方向相同,且间隔期就是现金流量图的时间单位时,可以使用一根横线将这些现金连接起来,表示这些时点的现金流是相等的,如图2-2(b)所示。

(3) 当某项目的寿命期很长,且现金流量在数额上相等,方向相同,且间隔期就是现金流量图的时间单位时,可以使用带折线的箭头表示项目的寿命期,图2-2(c)所示。

现金流量图的绘制必须站在特定的立场上,例如某人第1年年初向银行取得数额为P的贷款,并从第1年年末到第3年年末等额偿还本利。根据以上描述可以绘制如下现金流量图,其中图2-3(a)是从借方的立场出发,图2-3(b)则是从贷方(银行)的立场出发,因此现金流量的方向正好相反。

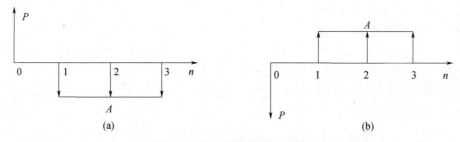

图2-3 银行贷款的现金流量图

【例2-1】 某项目寿命期为8年,第一、二年分别投资80万元,30万元,从第三年开始至寿命期末各年的销售收入为30万元,经营成本和税金为10万元,期末残值为5万元,试画出现金流量图。

本例现金流量图,如图2-4所示。

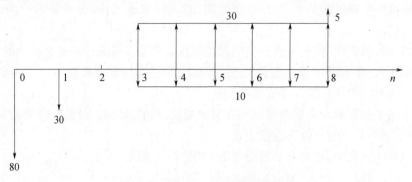

图 2-4 【例 2-1】的现金流量图

2.2 资金的时间价值

时间是一种特殊的资源,能够使不同时点的现金具有不同的价值。由于项目的建设和运营都需要经历一定的时间,为了能够合理地计算和评价工程项目的经济效益,必须使发生在不同时点的资金流入和流出具有可比性,因此本章引入了资金的时间价值概念以消除发生在不同时点资金在时间上的差异性。

2.2.1 资金时间价值的内涵

1. 资金时间价值的概念

资金投入到生产和流通领域后,随着时间的推移在价值上发生了变化。如在商品经济条件下,资金在投入生产与交换的过程中产生了增值,其实质是由于劳动者在生产与流通过程中创造了价值;同样道理,如果把资金存入银行,经过一段时间后也会产生增值,增值额就是通常所说的利息,利息就是资金时间价值的一个重要体现。简而言之,资金的时间价值就体现在等额资金在不同时点上价值的差别。资金的时间价值可以从以下两个层面来理解:从投资者角度来看,资金投入到生产和流通领域,给投资者带来利润,资金的时间价值就体现在投入资金的的增值性上;从消费者角度来看,资金的拥有者将资金存入银行,因此获得了利息,资金的时间价值就体现在放弃现期消费而获得补偿上。

2. 影响资金时间价值的因素

假设通货膨胀率为 5%,因此标价为 100 元的商品在一年后的标价为 105 元,请思考该商品在价格上发生的增加是否体现了资金的时间价值?

资金的时间价值与由于通货膨胀所引起的货币的贬值是不一样的,通货膨胀是指因货币供给大于货币实际需求,所导致的货币贬值,而引起的一段时间内物价持续而普遍地上涨现象,而资金的时间价值是一个普遍现象,只要存在商品的生产和流通,资金就具有时间价值。

资金之所以会产生时间价值,主要受以下三个方面因素的共同影响:

(1)货币的增值

资金在生产和流通环节的循环往复运动中不断发生增值。资金增值的来源是劳动所创造的剩余价值。

(2)通货膨胀率

由于社会平均物价水平总体来看是不断上涨的,因此同样数量的货币会因为通货膨胀而发生贬值。因此,要通过资金的时间价值对其损失做补偿。

(3) 风险因素

一般而言,时间越长,对未来预期的不确定性越大,风险也就越大。因此,对同样数量的货币,人们更愿意现在拥有而不是将来拥有,这隐含着人们对未来不确定性需要用一定量的货币作为补偿。

在不考虑通货膨胀和风险因素的情况下,可以直接用利率来表示资金的增值效率。

2.2.2 衡量资金时间价值的尺度

衡量资金时间价值的尺度有两种,一种是绝对尺度,另一种是相对尺度。利息是资金时间价值的一种重要表现形式,通常用利息额的多少作为衡量资金时间价值的绝对尺度,用利率作为衡量资金时间价值的相对尺度。

1. 利息

在商品社会,使用任何一种商品都要付出代价,租房子要付租金,购买原材料要按价支付。如果把货币视为一种商品,那么利息就可以视为使用货币这种商品的成本和代价。因此利息可以视为衡量资金时间价值的绝对尺度。一般认为利息是指占用资金所付出的代价(或放弃资金使用后所得到的补偿)。存入银行的资金称为本金。于是有

$$F_n = P + I_n \tag{2-1}$$

式中 F_n——本利和;

P——本金;

I_n——利息。

下标 n 表示计算利息的周期数,计息周期通常为"年""季""月"等。

在工程经济分析中,利息常被看作是资金的一种机会成本。对于整个国家而言,利息是劳动者创造的剩余价值的再分配部分,是社会平均利润的一部分。

2. 利率

1) 利率的定义

利率的定义是从利息的定义中衍生出来的,利率是指在一个计息周期内所应付出的利息额与本金之比,一般以百分数表示:

$$i = \frac{I_1}{P} \times 100\% \tag{2-2}$$

式中 i——利率;

I_1——一个计息周期的利息。

利率是银行根据国家的政治、经济形势及大政方针确定的,它可以反映国家在一定经济发展时期的经济状况及特色。利率是衡量资金时间价值的相对尺度,i 越大,表示资金增值的效率越高。用于表示计算利息的时间单位称为计息周期,计息周期可以为年、半年、季、月、周或天,通常用的是"年"。每个计息周期所对应的利率称为计息周期利率,如一年的利息额与原借贷金额之比称为年利率,一个月的利息额与原借贷金额之比称为月利率。

2) 利率的主要影响因素

在完全市场经济条件下,利率的确定,由借贷双方竞争解决,即市场利率。在计划经济或有计划的商品经济条件下,主要由国家根据经济发展的需要来制定。由国家制定的利率遵循"平均利润和不为零"的原则。"平均利润和不为零"是指借方所获得的平均收益与贷方所获得的

平均利润之代数和不为零,即借方借用货币资金所获得的利润不可能将其全部以利息的形式交给贷款者,而贷方因为放弃了货币资本能够增值的使用价值(资金的时间价值),因而必须获得报酬。因此利息必须为正。

影响利率的主要因素有:

(1) 社会平均利润率。利率的高低首先取决于社会平均利润率的高低,它一般是利率的上限,因为如果利率高于社会平均利润率,借款者就得不偿失、无利可图而不去借贷。

(2) 金融市场上借贷资本的供求关系。在社会平均利润率一定的情况下,利率的高低取决于金融市场上借贷资本的供求状况,若供不应求,则利率上涨,若供大于求,则利率下降。

(3) 通货膨胀。通货膨胀对利息的波动有直接影响,物价水平发生变动会使借贷成本或收益也发生相应的变化,即通货膨胀时,物价上涨,会使债权人获得的实际利率下降。为弥补通货膨胀给债权人带来的损失,一般将名义利率上调;反之,通货紧缩时会使实际利率上升,因此一般下调名义利率。

(4) 借贷期限。借出资本的归还期限不同,不可预见的因素不同,由此造成的风险也不同,期限越长,不可预见因素就越多,风险就越大。因此,贷款期限越长,利率就越高,反之利率越低。

3. 利息和利率的作用

(1) 利息和利率是国家管理经济的重要杠杆。国家在不同时期制定不同的利率政策,对不同地区不同部门制定不同的利率标准,就会对整个国民经济产生影响。如对于限制发展的企业和部门,利率制定高一些;对于鼓励发展的企业和部门,利率制定低一些。从而引导企业和部门的生产经营服从国民经济发展的总方向。同样,资金占用的时间短,收取低息;资金占用时间长,收取高息。对产品适销对路,质量好,信誉高的企业,在资金供应上给予低息支持;反之,收取较高利息。

(2) 利息和利率是以信用方式动员和筹集资金的动力。以信用方式筹集资金的一个重要特点是自愿性,而自愿性的动力在于利息和利率。如一个投资者,他首先要考虑的是投资某一个项目所得到的利息(或利润)是否比把这笔资金投入其他项目所得的利息(或利润)多。如果多,他就可能投资这个项目;反之,他就可能不投资这个项目。

(3) 利息促进企业加强经济核算,节约使用资金。企业借款需付利息,增加支出负担,这促进企业必须精打细算,把借入资金用到刀刃上,减少借入资金的占用以少付利息,同时可以使企业自觉压缩库存限额,减少多环节占压资金。

(4) 利息与利率是金融企业经营发展的重要条件。金融机构作为企业,必须获取利润,由于金融机构的存贷款利率不同,其差额成为金融机构的业务收入,此差额扣除业务费后是金融机构利润的重要组成部分,金融市场机构获取利润才能刺激金融企业的经营发展。

4. 利息的计算

利息的计算方法分为单利法和复利法。

(1) 单利法

单利法是仅对原始本金计算利息,利息不再生利息。因此不管计息周期为多大,每一期的利息在数额上都是相同的。

单利本利和计算公式为:

$$F_n = P + P \cdot n \cdot i = P(1 + i \cdot n) \tag{2-3}$$

式中 n——计息期数;

i——利率。

单利法的计算比较简单,但是由于单利法只考虑了本金的时间价值,忽视了利息也是一笔资金,也应当具有时间价值,因此在实际的生产和流通活动中单利法还不够完善。

(2) 复利法

复利法是将本金和前期累计利息总额之和,即将本利和作为计息的对象,也就是说除本金计息外,利息也生利息,每一计息周期的利息都要并入下一期的本金,再计利息。如现有一笔本金 P 在年利率 i 的条件下,当计息期数为 n 时,则本利和 F_n 为:

1 个计息周期后 $\qquad F_1 = P + P \times i = P(1+i)$

2 个计息周期后 $\qquad F_2 = P(1+i) + P(1+i) \times i = P(1+i)^2$

3 个计息周期后 $\qquad F_3 = P(1+i)^2 + P(1+i)^2 \times i = P(1+i)^3$

$(n-1)$ 个计息周期数后 $\qquad F_{n-1} = P(1+i)^{n-2} + P(1+i)^{n-2} \times i = P(1+i)^{n-1}$

n 个计息周期数后 $\qquad F_n = P(1+i)^{n-1} + P(1+i)^{n-1} \times i = P(1+i)^n$

由此可得到复利法的计算公式为:

$$F_n = P(1+i)^n \tag{2-4}$$

由于复利法不仅计算了本金的时间价值而且也计算了利息的时间价值,因此复利法更加符合社会生产过程的实际情况,在工程项目的经济评价中,一般要求采用复利法来计息。

【例 2-2】 某人存入银行 10000 元,银行利率为 5%,存期为 4 年,请分别以单利法和复利法计算第 4 年年末可以从银行取得的本利和。

解:(1)单利法计算,结果如表 2-2 所示。

表 2-2 单利法所计算出的利息与本利和

存期	年初存款	当年产生的利息	年末本利和累计
1	10000	10000×0.05 = 500 元	10500 元
2	10500	10000×0.05 = 500 元	11000 元
3	11000	10000×0.05 = 500 元	11500 元
4	11500	10000×0.05 = 500 元	12000 元

(2)复利法计算,结果如表 2-3 所示。

表 2-3 复利法所计算出的利息与本利和

存期	年初存款	当年产生的利息	年末本利和累计
1	10000	10000×0.05 = 500 元	10500 元
2	10500	10500×0.05 = 525 元	11025 元
3	11025	11025×0.05 = 551.25 元	11576.25 元
4	11576.25	11576.25×0.05 = 578.81 元	12155.06 元

从表 2-2 和 2-3 可以看出,同一笔本金,在 i、n 相同的情况下,用复利计息所得本利和比用单利计息所得要多,而这二者之差会随着 i 的增大,或者 P 的增大,或者 n 的增大变得越来越大。

5. 名义利率和实际利率

我国银行的整存整取的存款的年利率如表 2-4 所示(以 2012 年 7 月的存款利率为例):

表 2-4 2012 年 7 月我国银行定期存款利率

存期	3 个月	6 个月	一年	二年	三年	五年
年利率/%	2.86	3.08	3.30	3.75	4.25	4.75

可见在实际的经济活动中,计息周期有季度、半年、年等,我们将计息周期实际发生的利率称之为计息周期利率。但是按照国际惯例,如果没有特别说明,银行给出的利率都是年利率,也就是名义利率,名义利率等于计息周期利率与一年中计息次数的乘积。实际利率是指按实际计息期计息的利率。当利率的时间单位和计息周期不一致时,按照复利的方法计息,就会发生名义利率与实际利率的差别。

若设名义年利率为 r,一年中计息次数为 n,那么,一个计息周期的利率就为 r/n,一年后:

本利和为:$F = P\left(1 + \dfrac{r}{n}\right)^n$

利息为:$I = F - P = P\left(1 + \dfrac{r}{n}\right)^n - P = P\left[\left(1 + \dfrac{r}{n}\right)^n - 1\right]$

实际利率:$i = \dfrac{I}{P} = \left(1 + \dfrac{r}{n}\right)^n - 1$ (2-5)

式中　n——计息期数;
　　　i——实际利率;
　　　r——名义利率。

对式(2-5)进行讨论:

(1)当 $n = 1$ 时,$i = r$,即实际利率等于名义利率;

(2)当 $n > 1$ 时,$i > r$,且 n 越大,即一年中计算复利的有限次数越多,则年实际利率相对于名义利率就越高。

思考:当采用单利法进行利息计算时,是否会产生名义利率与实际利率的差异?

表 2-5 给出了当名义利率分别为 12% 和 6% 时,对应于不同计息周期的年实际利率值。

表 2-5 不同计息周期的年实际利率

计息周期	一年内计息次数	年名义利率 r/%	各期利率 r/n/%	年实际利率 i/%	年名义利率 r/%	各期利率 r/n/%	年实际利率 i/%
年	1		12.000	12.000		6.000	6.000
半年	2		6.000	12.360		3.000	6.090
季	4	12	3.000	12.551	6	1.500	6.136
月	12		1.000	12.683		0.5000	6.178
周	52		0.2308	12.734		0.1154	6.180
日	365		0.0329	12.748		0.0164	6.183

【例 2-3】　某人从某银行办了一张信用卡,年利率 6%,银行按照月计算利息,若年初欠款 10000 元,整年没有偿还,求一年后积累的欠款总额是多少?

解:名义利率为 6%,按照月计息,则每个月的利率为 0.5%,实际利率

$$i = \left(1 + \frac{r}{n}\right)^n - 1 = (1 + 0.5\%)^{12} - 1 = 6.17\%$$

则:$F = P(1 + i) = 10000(1 + 6.17\%) = 10617(元)$

也可以换一个思路:$F = P\left(1 + \dfrac{r}{n}\right)^n = 10000(1 + 0.5\%)^{12} = 10617(元)$

6. 间断计息和连续计息

复利计息有间断复利和连续复利之分。如果计息周期为一确定的时间(如年、季、月),并按复利计息,称为间断计息。如果计息周期缩短,短到任意长的时间均可,也就是无限缩短,则称为连续复利。对于名义利率 r,若在一年中使计息次数无限多,也就是使计息周期的时间无限小,就可得出连续复利的一次性支付计算公式:

$$i = \sum_{n\to\infty}\left[\left(1+\frac{r}{n}\right)^n - 1\right] = \sum_{n\to\infty}\left(1+\frac{r}{n}\right)^n - 1 = e^r - 1 \qquad (2-6)$$

式中,e 是自然对数的底,其值为 2.718281828…。

对同一个年利率,一年中的计息次数越多,也就是计息周期越小,其实际利率就越高。

通过以上分析和计算,可以得出名义利率和实际利率存在下述关系:

(1) 实际利率比名义利率更能反映资金的时间价值。

(2) 名义利率越大,计息周期越短,实际利率与名义利率的差距就越大。

(3) 当每年计息周期数大于1时,实际利率大于名义利率。

(4) 当每年计息周期数等于1时,名义利率等于实际利率。

(5) 当每年计息周期数趋向于无穷大时,名义利率与实际利率的关系为 $i = e^r - 1$。

2.3 资金的等值计算

2.3.1 资金等值计算的概念

资金具有时间价值,即使金额相同,如发生在不同时间,其价值就不同。反之,不同时点绝对值不等的资金在时间价值作用下却可能具有相同的价值。资金等值是指在时间因素的作用下,在不同的时期(时点)绝对值不等的资金具有相等的经济价值。在工程项目评价中,为了考察投资项目的经济效果,需要对项目寿命期内不同时点发生的费用和收益进行计算分析。在考虑资金时间价值的情况下,按照可比性原则,必须将现金流量转化到同一时点才能进行比较和计算,这种转化的过程就是资金的等值计算过程。

例如,在年利率为6%的情况下,现在的100元与明年的106元是等值的。同样,还可以说,现在的100元与一年前的94.34元是等值的。

决定资金等值的因素有三个:资金数额、资金发生的时刻、利率。其中利率是关键性因素,在考察资金等值的问题中必须以相同利率作为依据进行比较计算。

在工程经济分析中,等值是一个十分重要的概念,它为决策者确定某一经济活动的有效性或进行方案比较与优选提供了可能。在考虑资金时间价值的情况下,不同时间发生的现金流是不能直接相加减的。利用等值的概念,可以把不同时点发生的现金流折算到同一时点,从而满足收支在时间上可比的要求,然后才能进行比较。资金的等值计算,是以资金时间价值为依据,以利率为杠杆,结合资金的使用时间及增值能力,对工程项目和技术方案的现金进行折算,转化为共同时点上的等值资金进行比较、计算和选择。

为了能够在实际的项目评价中衡量资金的时间价值,利用现金流量图对现金流进行分析和计算,还需要掌握如下概念。

(1) 现值

指某一现金流量值换算成当前时点上的金额,即未来某一时点上的一定量现金折算为现在的价值。现值一般用 P 表示。

（2）终值

指现在一定量资金在未来某一时点上的价值，即指某一现金流量值换算成未来终了时点上的金额。终值一般用 F 表示，也称未来值。

（3）年值

年值是指发生在项目寿命期内，数额相等，方向相同，间隔期相同（通常为一年）的一系列现金流量，年值一般用 A 表示。

（4）折现

把某个时间的资金金额换算成另外某个时点的等值资金的过程，也称为贴现。

（5）折现率

在折现过程中使用的利率，也称为贴现率。

2.3.2 资金的等值计算

1. 整付类型

整付又称为一次支付，是指所分析系统的现金流量均在某一时点一次性发生，在考虑资金时间价值的情况下，若现金流出 P 恰巧能补偿现金流入 F，则 P 与 F 就是等值的。P 是 F 的现值，F 是 P 的终值。整付类型又分为整付终值和整付现值类型，整付类型的现金流量图如图 2-5 所示。

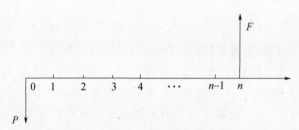

图 2-5 整付类型的现金流量图

（1）整付终值公式（已知 P，求 F）

整付终值类型是指已知期初投资 P 元，在利率为 i 的情况下，求第 n 年年末一次偿还本利和 F。现金流量图如图 2-5 所示。整付终值公式为：

$$F_n = P(1+i)^n \qquad (2-7)$$

式（2-7）与复利计算时的本利和公式相同。在等值计算中，F 为 n 年末的终值（或称本利和），P 为现值（或称本金），i 为折现率（或称利率），n 为计息周期。系数 $(1+i)^n$ 是一种复合利率（简称复利），称为整付终值系数，记为 $(F/P,i,n)$，其数值可以从本书相应的复利表中查到。在 $(F/P,i,n)$ 中，斜线右边字母表示的是已知的参数，左边表示的是待求的等值现金流量。

【例 2-4】 某企业为进行技术更新向银行贷款 30 万元，年利率为 6%，借期 4 年，4 年后向银行偿付的本利和应为多少？

解：4 年后偿付的本利和与现在的贷款额等值

$i=6\%$，$n=4$，$P=30$ 万元，则：$F = P(1+i)^n = 30 \times (1+0.06)^4 = 37.87$（万元）

即企业在 4 年后应该偿还银行 37.87 万元。或者可以通过查复利系数表进行计算，当折现率为 6% 时，整付终值系数 $(F/P,6\%,4) = 1.26248$，结果亦可直接得出，即：

$$F = P(F/P,6\%,4) = 30 \times 1.26248 = 37.87(万元)$$

(2) 整付现值公式(已知F,求P)

整付现值类型是指已知终值F,求现值P的等值公式,它是整付终值的逆运算:

$$P = F \cdot \frac{1}{(1+i)^n} \qquad (2-8)$$

式中,系数$\frac{1}{(1+i)^n}$称为整付现值系数,记为$(P/F,i,n)$,它与整付终值系数$(F/P,i,n)$互为倒数。即:

$$(P/F,i,n) = \frac{1}{(F/P,i,n)}$$

【例2-5】 某人为5年后攒够20万元的买房首付,银行年利率为6%,问现应存入银行多少资金?

解:当年利率为6%时,现在多少资金与5年后的20万元等值?

$$i = 0.06, n = 5, F = 20$$
$$P = F(P/F,0.06,5) = 20 \times 0.74726 = 14.95(万元)$$

即该用户现在应存入银行14.95万元。

2. 等额分付类型

在所分析的系统中如果现金流入和流出在多个时点上发生,而不是集中在某个时点就会形成多次支付问题,例如零存整取的存款方式。等额分付类型是多次支付类型的一种特殊形式,当现金流序列是连续的,且数额相等,方向相同,就称为等额序列现金流(年值,用A表示)。

下面我们要讨论的是等额分付的几种等值计算公式。

(1) 等额分付终值计算公式(已知A,求F)

对于一个经济系统,在每一个计息周期期末均支付数额相同为A的资金,在年利率为i的情况下,求与n年内系统的总现金流出等值的系统现金流入,即求系统n年后一次支付的终值,该问题就是等额分付终值计算问题。

从图2-6可清楚看到,在第1年年末投资A,在第n年年末时的本利和为$A(1+i)^{n-1}$;

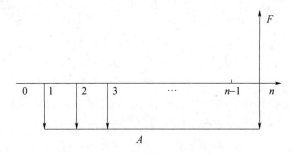

图2-6 等额分付类型的现金流量图

第2年年末投资A,$(n-1)$年后的本利和为$A(1+i)^{n-2}$;

第3年年末投资A,$(n-2)$年后的本利和为$A(1+i)^{n-3}$;

依此类推,第$(n-1)$年年末投资A,1年后的本利和为$A(1+i)$,第n年年末投资A,当年的本利和仍然为A。

这样,在这n年中,每年年末投资A,n年后的本利和为

$$F = A(1+i)^{n-1} + A(1+i)^{n-2} + A(1+i)^{n-3} + \cdots + A(1+i) + A$$
$$= A[(1+i)^{n-1} + (1+i)^{n-2} + (1+i)^{n-3} + \cdots + (1+i) + 1]$$
$$= A\frac{1-(1+i)^n}{1-(1+i)}$$
$$= A\frac{(1+i)^n - 1}{i}$$

即
$$F = A \cdot \frac{(1+i)^n - 1}{i} \qquad (2-9)$$

式中，$\frac{(1+i)^n - 1}{i}$ 称为等额分付终值系数，记为 $(F/A, i, n)$。

应用公式(2-9)应满足：①每期支付金额相同(A值)；②支付间隔相同(如一年)；③每次支付都在对应的期末，终值与最后一期支付同时发生。

【例 2-6】某人为自己积攒退休基金，每年年末存入银行 1 万元，若年利率 4%，求 20 年后的实际累计退休基金数额。

解：本题为等额分付终值计算问题，$A=1$ 万元，$i=4\%$，$n=20$ 年，有
$$F = A(F/A, i, n) = 1 \times (F/A, 0.04, 20) = 1 \times 29.778 = 29.778(\text{万元})$$
即 20 年后积攒的退休金累计为 29.778 万元。

【例 2-7】按政府有关规定，贫困学生在大学学习期间可享受政府贷款。某大学生在大学四年学习期间，每年年初从银行贷款 8000 元用以支付当年学费及部分生活费用，若年利率 4%，则此学生 4 年后毕业时借款本息一共是多少？

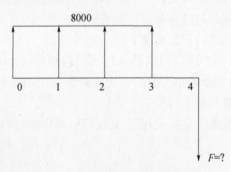

图 2-7 【例 2-7】的现金流量图

解：由于每年的借款发生在年初，不满足等额分付终值计算公式的条件，所以不能直接套用式(3-9)，而需要先将其折算成年末的等值金额，再进行等额分付终值的计算。即：
$$F = A(1+i)(F/A, i, n)$$
$$= 8000 \times (1+4\%) \times (F/A, 4\%, 4)$$
$$= 8000 \times 1.04 \times 4.2465$$
$$= 35330.88(\text{元})$$

即毕业时借款本息一共是 35330.88 元。其中该学生借款的本金为 32000 元，所要还的利息为 3330.88 元。

(2) 等额分付偿债基金公式(已知 F，求 A)

在年利率为 i 的情况下，欲将第 n 年年末的资金 F 换算为与之等值的 n 年中每年年末的等额资金，就是等额分付偿债基金计算问题。显而易见，等额分付偿债基金的计算是等额分付终

值计算的逆运算,于是可得到公式:

$$A = F \frac{i}{(1+i)^n - 1} \quad (2-10)$$

式中,$\frac{i}{(1+i)^n - 1}$ 称为等额分付偿债基金系数,记为 $(A/F,i,n)$。等额分付偿债基金的现金流量图与图 2-6 相同。

【例 2-8】 某人计划 3 年后出国学习,需要花费 20 万元,银行利率 4%,问从今年起每年年初应存款多少?

解:由于每年的存款发生在年初,不满足等额分付计算公式的条件,所以不能直接套用公式(2-9),而需要先将其折算成年末的等值金额,再进行等额分付终值的计算。即:

$$A = F(P/F,i,1)(A/F,i,n) = 20 \times 0.909 \times (A/F,4\%,3) = 20 \times 0.32035 = 5.824(万元)$$

即该人每年初至少应存入银行 5.824 万元方能满足 3 年后的需要。

(3) 等额分付现值计算公式(已知 A,求 P)

如果在已知收益率为 i 的情况下,期望未来每年年末能获得等额的收益,问现在应该投入多少资金。这样的问题就是等额分付现值计算问题。等额分付现值公式的现金流量简图如图 2-8 所示。

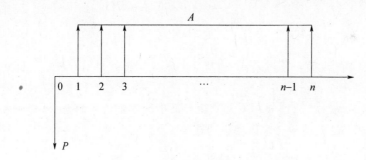

图 2-8 等额分付类型的现金流量图

根据等额分付终值公式 $F = A \cdot \frac{(1+i)^n - 1}{i}$ 和整付现值公式 $P = F \cdot \frac{1}{(1+i)^n}$,可以得到

$$P = F \cdot \frac{1}{(1+i)^n} = A \cdot \frac{(1+i)^n - 1}{i} \cdot \frac{1}{(1+i)^n} = A\left[\frac{(1+i)^n - 1}{i(1+i)^n}\right] \quad (2-11)$$

式(2-11)为等额分付现值公式。其中 $\frac{(1+i)^n - 1}{i(1+i)^n}$ 称为等额分付现值系数,记为 $(P/A,i,n)$。

【例 2-9】 某人为自己退休之后的生活进行养老金储备计划,预计退休之后每年需要花费 2.5 万元,持续 25 年,在年利率为 5% 的情况下,在他刚退休时需要储备多少养老金?

解:本题为等额分付现值计算问题。

$$P = A(P/A,i,n) = 2.5 \times (P/A,5\%,25) = 2.5 \times 14.094 = 35.24(万元)$$

即该人在退休前需储备 35.24 万元方能满足退休之后的需要。

【例 2-10】 某人投资一个项目,第 2 年开始有收益,寿命期 7 年,每年净收益 5 万元,按 10% 的折现率计算,恰好能在寿命期内把初期投资全部收回。问该项目初期所投资金为多少?

根据题意,此题的现金流入等额发生在第 2 年年末及以后,所以不能直接套用公式(2-10),而需要将等额年金折算到前一年的年末,再求其等额分付的现值,结果如图 2-9 所示。

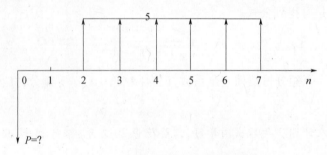

图 2-9 等额分付类型的现金流量图

$$P = A \times \frac{1}{(1+i)} \times (P/A, 10\%, 7)$$
$$= A \times (P/F, 10\%, 1)(P/A, 10\%, 6)$$
$$= 5 \times 0.909 \times 4.355 = 19.79(万元)$$

需要注意的是,在大多数情况下,年金都是在有限时期内发生的,但实际情况中,有些年金是无限期的,如股份公司的经营具有连续性,可认为有无限寿命。因此,当式(2-11)中的 $n \to \infty$ 时,就可得到永久年金的现值。即有:$\lim_{n \to \infty} \frac{(1+i)^n - 1}{i(1+i)^n} = \frac{1}{i}$,此时

$$P = \frac{A}{i} \tag{2-12}$$

P 就是永久年金 A 的现值。反过来,一笔基金的永久年金就是 $A = P \times i$。即每年只提取基金的利息部分,而保留本金部分。

【例 2-11】 某地科技工业园欲在某大学设立每年 5 万元的奖学金,以投资教育。在年利率为 8%的条件下,试求这笔奖学金永久年金的现值。

解:$P = \frac{A}{i} = \frac{5}{8\%} = 62.5(万元)$

即该科技工业园拿出 62.5 万元,就可以在年利率为 8%的条件下,保证每年提供 5 万元的奖学金。

(4) 等额分付资本回收公式(已知 P,求 A)

对于初期投资 P,当年利率为 i 时,在 n 年内每年年末以等额资金 A 回收,欲求出 A 为多少时,所有的回收额等值于初期投资额 P。这就是等额分付资本回收计算的问题,可以看出,它是等额分付现值公式的逆运算,即已知现值,求与之相等值的等额年值,可由式(2-10)得出:

$$A = P\left[\frac{i(1+i)^n}{(1+i)^n - 1}\right] \tag{2-13}$$

式中:$\frac{i(1+i)^n}{(1+i)^n - 1}$ 称为等额分付资本回收系数,记为 $(A/P, i, n)$。

这是一个非常重要的系数,在对工业项目或技术方案进行经济技术分析时,常常根据计算出的单位投资值,在考虑资金时间价值的前提下,应用等额分付资本回收系数核定在项目生产期或回收成本期内每年至少应返还多少资金。若项目实际返还的资金小于根据单位投资的等额分付资本回收系数所求的资金数额,则说明该项目在指定期间无法按要求收回投资。

资本回收系数与偿债基金系数的关系为:

$$(A/P, i, n) = (A/F, i, n) + i$$

【例 2-12】 某生产型企业期初需要投资 500 万元,2 年后投入正常的生产经营,项目寿命期为 12 年,该企业每生产(假设生产的产品全部被销售)一个产品获利 15 元,当年利率为 6% 时,为保证该项目在寿命期结束时收回投资,该企业每年应该具备的生产能力是多少(需要生产多少件产品)?

解: 本题是等额分付资本回收计算问题。此题的现金流入等额发生在第 3 年年末及以后,所以不能直接套用公式(2-13),而需要将现值折算到第 3 年年初,再求其等额年值。其现金流量图如图 2-10 所示。

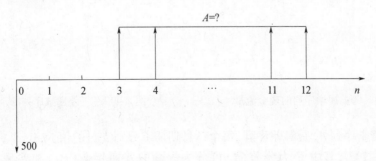

图 2-10 【例 2-12】现金流量图

$$A = P(F/P, 6\%, 2)(A/P, 6\%, 10) = 500 \times 1.124 \times 0.136 = 76.432(万元)$$

$$企业每年应该生产产品数量 = \frac{76.432 \times 10^4}{15} \approx 50955(件)$$

可以看出,若该企业生产能力大于 50955 件/年就能够确保收回投资,否则就不能收回投资。

同样需要指出,应用式(2-11)和式(2-12)进行的等值计算,也应满足:①每期支付金额相同(A 值);②支付间隔相同(如一年);③每次支付都在对应的期末,而现值则在计算期的期初发生。

3. 变额分付类型

在不少工程经济问题中,每年的现金流量并不是一成不变的,每年的现金流量会有变化。如机器的维修费用往往随着机器的陈旧程度而逐年增加,一些商铺的年收入在投入使用后呈现逐年递增的趋势。与前文不同,这些现金流量每年发生变化,称为变额分付,等额分付与变额分付都属于多次分付。变额系列现金流量是指现金流序列是连续的,但其数额大小不等的系列现金流。通常经济系统分析期内的现金流量不局限于一种类型,而是多种类型的组合。变额分付较等额分付的计算过程复杂,其中有两种较为特殊的、有规律可循的序列现金流的等值计算公式:等差序列的等值计算公式和等比序列的等值计算公式。等差序列现金流量和等比序列现金流量,都属于变额支付类型。变额分付较等额分付的计算过程复杂,下面分别介绍等差序列的等值计算公式和等比序列的等值计算公式。

(1) 等差序列的等值计算公式

等差序列现金流量是在分析期内,每年年末发生的方向相同,大小成等差关系变化的现金流量序列,分为等差递增序列(如图 2-11 所示)和等差递减序列(如图 2-12 所示)两种,每种变化序列又分为有年限和无年限两种情况。下面针对这两种情况进行分析。

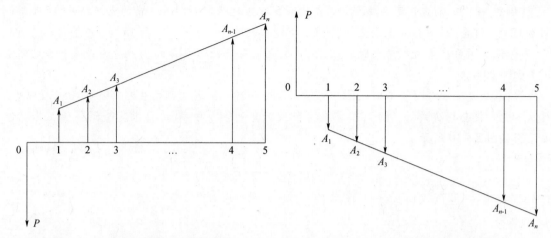

图 2-11 等差递增序列的现金流量　　图 2-12 等差递减序列的现金流量

设有一个资金序列 A_n 是等差序列,每个计息期期末分别支付的值为 $A_1, A_2, \cdots, A_{n-1}, A_n$,则有 $A_t = A_1 \pm (t-1)G$,其中 G 为公差,A_n 可分为等额的普通年金(P_A)和差额序列现金流量(P_G),即 $P = P_A \pm P_G$。

在年利率 i 的情况下,$P_A = A_1 \dfrac{(1+i)^n - 1}{i(1+i)^n} = A_1(P/A, i, n)$。

$P_G = G\left[\dfrac{1}{(1+i)^2} + \dfrac{2}{(1+i)^3} + \cdots + \dfrac{n-1}{(1+i)^{n-1}}\right]$,在等式两边同时乘以 $(1+i)$,得:

$P_G(1+i) = G\left[\dfrac{1}{(1+i)} + \dfrac{2}{(1+i)^2} + \cdots + \dfrac{n-1}{(1+i)^{n-1}}\right]$,则:

$P_G(1+i) - P_G$,即

$$P_G i = G\left[\dfrac{1}{(1+i)} + \dfrac{1}{(1+i)^2} + \cdots + \dfrac{1}{(1+i)^{n-1}} - \dfrac{n-1}{(1+i)^n}\right]$$

$$= G\left[\dfrac{1}{(1+i)} + \dfrac{1}{(1+i)^2} + \cdots + \dfrac{1}{(1+i)^{n-1}} + \dfrac{1}{(1+i)^n}\right] - \dfrac{Gn}{(1+i)^n}$$

$$= G\left[\dfrac{(1+i)^n - 1}{i(1+i)^n}\right] - \dfrac{Gn}{(1+i)^n}$$

因此

$$P_G = G\left[\dfrac{(1+i)^n - (1+ni)}{i^2(1+i)^n}\right] \tag{2-14}$$

式中,$\dfrac{(1+i)^n - (1+ni)}{i^2(1+i)^n}$ 称为等差序列现值系数,记作 $(P_G/G, i, n)$。

故 P_G 也可表示为 $P_G = G(P_G/G, i, n)$。由于 $P = P_A \pm P_G$,所以,对于等差序列现值

$$P = A_1 \dfrac{(1+i)^n - 1}{i(1+i)^n} \pm G\left[\dfrac{(1+i)^n - (1+ni)}{i^2(1+i)^n}\right] = A_1(P/A, i, n) \pm G(P_G/G, i, n) \tag{2-15}$$

式中:$A_1(P/A, i, n) + G(P_G/G, i, n)$ 为等差递增序列现值;$A_1(P/A, i, n) - G(P_G/G, i, n)$ 为等差递减序列现值。

同理,经过相应变换后可分别求得等差序列现金流的终值 F 和年值 A。同 P 值一样,当为

等差递增序列时，F 和 A 表示由等额部分（年金）和由对应变额部分的组合。当为等差递减序列时，F 和 A 表示从等额部分（年金）中减去对应变额部分后剩下的部分。

等差序列现金流的终值 F 为

$$F = A_1 \frac{(1+i)^n - 1}{i} \pm G \frac{(1+i)^n - (1+ni)}{i^2} \quad (2-16)$$

式中，$\frac{(1+i)^n - (1+ni)}{i^2}$ 称为等差序列终值系数，记为 $(F_G/G, i, n)$，等差序列现金流终值也可表示为

$$F = A_1(F/G, i, n) \pm G(F_G/G, i, n) \quad (2-17)$$

同理，也可得到等差序列现金流的年值 $A = A_1 \pm A_G$。

$$A_G = P_G(A/P, i, n) = \frac{G}{i}\left[\frac{(1+i)^n - 1}{i(1+i)^n} - \frac{n}{(1+i)^n}\right]\left[\frac{i(1+i)^n}{(1+i)^n - 1}\right] = G\frac{(1+i)^n - (1+ni)}{i[(1+i)^n - 1]} \quad (2-18)$$

因此

$$A = A_1 \pm G\frac{(1+i)^n - (1+ni)}{i[(1+i)^n - 1]} \quad (2-19)$$

式中，$\frac{(1+i)^n - (1+ni)}{i[(1+i)^n - 1]} = \left[\frac{1}{i} - \frac{n}{i}(A/F, i, n)\right]$，称为等差序列年值系数，用 $(A_G/G, i, n)$ 表示，因此，等差序列现金流的年值也可表示为

$$A = A_1 \pm (A_G/G, i, n) \quad (2-20)$$

等差序列各类系数的具体数值可通过查阅复利系数表获得。

【例 2-13】 某机械设备在使用期 5 年内，其维修费在第 1、2、3、4 和 5 年年末的金额分别为 5000 元、6000 元、7000 元、8000 元和 9000 元，若年利率以 10% 计算，试计算维修费用年值、终值和现值。

解：已知 $A = 5000$ 元，$G = 1000$ 元，$n = 5$，$i = 10\%$，由式可得：

$$A_G = G\left[\frac{1}{i} - \frac{n}{i}(A/F, i, n)\right] = 1000\left[\frac{1}{0.1} - \frac{5}{0.1}(A/F, 0.1, 5)\right] = 1841.0（元）$$

所以，费用年值为 $A = A_1 + A_G = 5000 + 1841.0 = 6841.0$（元）

其对应的现值为 $P = A(P/A, i, n) = 6841.0(P/A, 0.1, 5) = 28515.7$（元）

其对应的终值为 $F = A(F/A, i, n) = 6841.0(F/A, 0.1, 5) = 41576.5$（元）

（2）等比序列等值计算公式

等比序列现金流量是指在分析期内，每年年末发生的方向相同、大小成等比关系变化的现金流量。如图 2-13 所示，$A_t = A_1 q^{t-1}$，$t = 1, 2, \cdots, n$。设 A_1 为初始值，A_1 是第一年末的现金流量值，公比 $q = \frac{A_t}{A_{t-1}}$。当 $q > 1$ 时，序列为等比递增序列；当 $0 < q < 1$ 时，序列为等比递减序列。

设 g 为变化率，$0 < g < 1$，则 $q = 1 \pm g$。其中，$q = 1 + g$ 表示等比递增序列，此时，$q \neq g$。当 $q = 1 - g$ 时，表示等比递减序列。

在年利率为 i 的情况下，该等比序列现金流量的复利现值 P 为：

$$P = \frac{A_1}{(1+i)} + \frac{A_2}{(1+i)^2} + \cdots + \frac{A_{n-1}}{(1+i)^{n-1}} + \frac{A_n}{(1+i)^n}$$

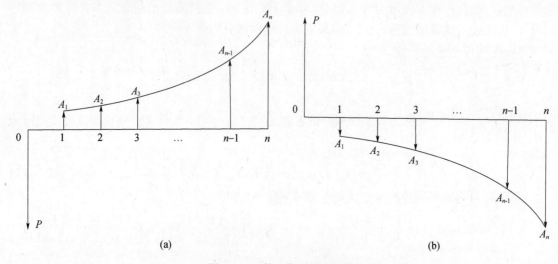

图2-13 等比序列现金流量
(a)等比递增序列的现金流量；(b)等比递减序列的现金流量。

$$= \frac{A_1}{(1+i)} + \frac{A_1 q}{(1+i)^2} + \cdots + \frac{A_1 q^{n-2}}{(1+i)^{n-1}} + \frac{A_1 q^{n-1}}{(1+i)^n}$$

$$= A_1 \sum_{t=1}^{n} \frac{q^{t-1}}{(1+i)^t}$$

该式右边是公比为 $\frac{q}{1+i}$ 的等比数列之和，等比数列求和公式可得：

$$\frac{1}{(1+i)} + \frac{q}{(1+i)^2} + \cdots + \frac{q^{n-2}}{(1+i)^{n-1}} + \frac{q^{n-1}}{(1+i)^n} = \frac{1-q^n(1+i)^{-n}}{1+i-q}$$

则

$$P = A_1 \frac{1-q^n(1+i)^{-n}}{1+i-q} \tag{2-21}$$

由于 $q = 1 \pm g$，所以 P 也可表示为：

$$P = A_1 \frac{1-(1\pm g)^n(1+i)^{-n}}{i \mp g} \tag{2-22}$$

式(2-21)称为等比序列现金流量复利现值公式，$\frac{1-(1\pm g)^n(1+i)^{-n}}{i \mp g}$ 称为等比序列现值系数，记为 $(P/A_1, i, g, n)$。当序列为等比递增序列时，满足 $i \neq g$。同理也可求得等比序列现金流量的复利终值公式和复利年值公式。

等比序列现金流的终值 F 为：

$$F = P(1+i)^n = A_1 \frac{1-q^n(1+i)^{-n}}{1+i-q}(1+i)^n，整理得$$

$$F = A_1 \frac{(1+i)^n - q^n}{1+i-q} \tag{2-23}$$

或表示为：

$$F = A_1 \frac{(1+i)^n - (1\pm g)^n}{i \mp g} \tag{2-24}$$

式(2-23)为等比序列现金流量复利终值公式。$\frac{(1+i)^n - q^n}{1+i-q}$ 称为等比序列终值系数,记为 $(F/A, i, g, n)$。

等比序列现金流量的等额年值 A 为:

$$A = A_1 \frac{i(1+i)^n - iq^n}{(1+i-q)[(1+i)^n - 1]} \qquad (2-25)$$

或表示为

$$A = A_1 \frac{i(1+i)^n - i(1 \pm g)^n}{(i \mp g)[(1+i)^n - 1]} = \frac{(A/P, i, n) - (1 \pm g)^n (A/F, i, n)}{i \mp g} \qquad (2-26)$$

式中,$\frac{(A/P, i, n) - (1 \pm g)^n (A/F, i, n)}{i \mp g}$ 称为等比序列年值系数,记作 $(A/A_1, i, g, n)$。

等比序列现金流量与等差序列现金流量,均可通过复利系数表查到相应系数的值。

【例2-14】 某公司需要土地建造生产车间。如果租赁土地,目前每亩地年租金为100000元,预计租金水平在今后20年内每年上涨6%。如果买下该土地,每亩地1200000元,需要一次性支付,但估计20年后还可以原价格三倍出售。若投资收益率设定为15%,请问该公司应选择租赁还是购买土地?

解:由题设可得,$n = 20, A_1 = 100000$ 元,$g = 6\%, i = 15\%$。

若租赁土地,20年内每亩地年租金现值为

$$P = A_1 \frac{1 - (1+g)^n (1+i)^{-n}}{i - g} = 100000 \times \frac{1 - (1+6\%)^{20}(1+15\%)^{-20}}{15\% - 6\%} = 893380(元)$$

也通过查15%的等比序列复利系数表得等比序列现值系数 $(P/A_1, 15\%, 6\%, 20) = 8.9338$,同样可得:

$$P_1 = A_1(P/A_1, 15\%, 6\%, 20) = 1000000 \times 8.9338 = 893380(元)$$

若购买土地,每亩地全部费用的现值为

$$P_2 = 1200000 - 100000 \times 3 \times \frac{1}{(1+0.15)^{20}} = 1200000 - 300000 \times 0.0611 = 1181670(元)$$

由于 $P_1 < P_2$,所以公司应选择租赁土地。

4. 小结

本节主要介绍了资金时间价值计算的主要六个公式。分别为:整付终值公式、整付现值公式、等额分付终值公式、等额分付现值公式、等额分付偿债基金公式、等额分付资本回收公式。六个常用基本公式均是以一次支付公式为最基本的公式推导出来的。变额现金流量序列公式又是在六个常用的基本公式的基础上推导而来。因此,在具体运用公式时应注意下列问题:

(1) 现值 P 是指发生在分析期期初的现金流量,终值 F 是指发生在分析期期末的现金流量,年值 A 是指发生在分析期内各年年末的等额现金流量。变额支付的等差、等比的等值公式是这些定义推导出来的。因此,只有满足这样的条件,才能直接套用公式。否则,必须进行适当的变换计算。

(2) 公式之间存在内在联系,一些公式互为逆运算,其系数互为倒数。用系数表示如下:

$$(P/F, i, n) = \frac{1}{(F/P, i, n)}$$

$$(F/A, i, n) = \frac{1}{(A/F, i, n)}$$

$$(P/A, i, n) = \frac{1}{(A/P, i, n)}$$

2.3.3 计息期小于支付期时资金的等值计算

当计息周期是月、季度、半年,而支付期是年时,就产生了计息期与支付期不等的情况,出现了名义利率与实际利率的差异。这类问题不能直接采用上述各种等值公式计算,需要进行调整,使计息周期与支付期相一致。通常可以通过以下两种方法解决。

(1) 按照支付期的实际利率计算。

(2) 按照计息期的利率计算。

【例 2-15】 某人连续 3 年年末等额存入银行 1 万元,银行年利率为 8%,按照季度计息,问此人第 3 年年末可以获得的本利和。

解:现金流量图以季度为单位,如图 2-14 所示。现金流量图以年为单位,如图 2-15 所示。

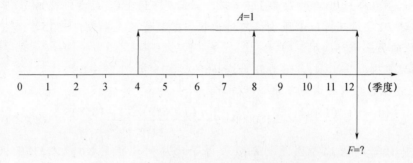

图 2-14 以季度为时间单位的现金流量图

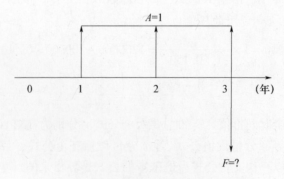

图 2-15 以年为时间单位的现金流量图

在本例中,支付期为一年,银行利率的计算周期为季度,因此计息周期小于支付期。

(1) 按照计息期利率计算。把每一次年末的等额支付看做一次支付,求出每个支付的终值,然后相加,这个和就是这三次现金流量的实际将来值,即 F。

根据题目条件,已知存款年利率为 8%,即名义利率为 8%,计息以季度为周期,所以计息周期利率为 8%/4 = 2%,即季度利率为 2%。

$F = 1 \times (F/P, 2\%, 8) + 1 \times (F/P, 2\%, 4) + 1 = 1.172 + 1.082 + 1 = 3.254$(万元)

(2) 按照支付期利率计算。根据题目条件,已知存款名义利率为 8%,计息以季度为周期,所以计息周期利率为 8%/4 = 2%,即季度利率为 2%,那么存款的实际年利率为:

$$i = (1+2\%)^4 - 1 = 8.24\%$$

$$F = A \times (F/A, i, 3) = 1 \times (F/A, 8.24\%, 3) = 1 \times \frac{(1+8.24\%)^3 - 1}{0.0824} = 3.254(万元)$$

根据以上分析可以看出,采用两种方法计算的结果是一致的。

2.4 电子表格的应用

2.4.1 单利与复利对资金增值影响的差异

【例 2-16】 某公司从银行贷款 100 万,已知银行贷款利率为 10%,该公司采用第 6 年年末一次性还清本利和的方式进行还款,请分别使用单利法和复利法计算本利和各是多少?

本例单利、复利法计算比较,如图 2-16 所示。

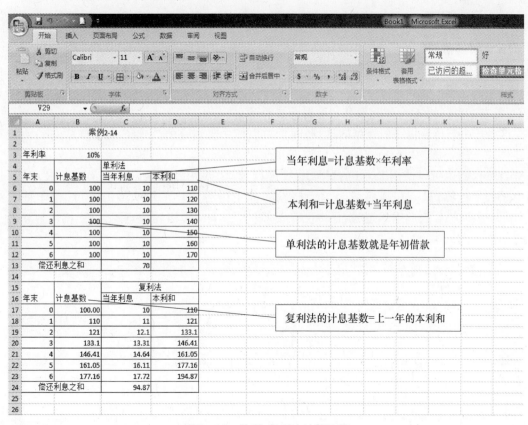

图 2-16 单利、复利法计算比较

2.4.2 资金等值计算的函数

在资金的等值计算中,利用电子表格中的函数可以大大减少计算量。我们可以利用 Excel 的内置财务函数得到等值计算的结果。在本章中,共有 6 个 Excel 函数可以完成大部分基本的工程经济计算,虽然这些函数是很好的辅助工具,但是不能代替对工程经济学中的关系、假设和方法的应用,本书以 Excel 2007 为例进行计算演示。

这常用的 6 个函数表述如下:

计算现值 P:PV(i,n,A,F)
计算终值 F:FV(i,n,A,P)
计算年值 A:PMT(i,n,P,F)
计算周期数:NPER(i,A,P,F)
计算复利率:RATE(n,A,P,F)
计算复利率:IRR(首个单元格:最后单元格)

RATE 和 IRR 函数都可以计算复利率。其中 RATE 函数使用的条件是:每年现金流量均相等,即为等额的年值序列才可以使用。IRR 函数则没有这个要求,可以求解连续单元格内的任意现金流序列的利率,关于 IRR 函数,在第四章会有更加详细的介绍。

如果在某个特殊问题中没有运用到某些参数,可以忽略这些参数并假设其为零,如果忽略的参数是内部参数,则必须输入逗号。本书将对以上函数的使用进行举例并说明。

2.4.3 例题

1. 求解终值 F

求解终值 F 用到的财务函数是 FV 函数,其表达式为:FV(i,n,A,P)。

【例 2-17】 某公司决定进入新领域进行项目开发,需向银行贷款 100 万元,年利率为 12%,借期 4 年,4 年后向银行偿付的本利和应为多少?

这是一个进行整付终值计算的过程,我们可以使用整付终值公式 $F = P(F/P,i,n)$ 直接进行计算:$F = P(F/P,12\%,4) = 100 \times 1.574 = 157.49$(万元)。

当然我们也可以使用 Excel 的财务函数进行计算,使用到的函数式:FV(i,n,A,P)。运用电子表格计算,只需在任何一个单元格输入如下内容 = FV(0.12,4,,100),由于该求解中,不包括年值 A,因此输入逗号,图 2-17 显示的是 Excel 表格的示意图,单元格中显示的是求解结果。

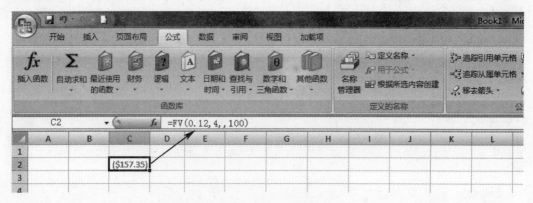

图 2-17 FV 函数的使用(1)

当然如果不清楚 FV 函数的具体格式,也可以直接利用插入财务函数的方式来求解。在"公式"中单击"财务"函数,在下拉框中选择 FV 函数,即会弹出如图 2-18 对话框。

对话框中各参数的含义分别为:

Rate:进行资金等值计算的利率 i

Nper:投资期,即进行资金等值计算的计息周期 n

Pmt:各期支出金额,即年值 A

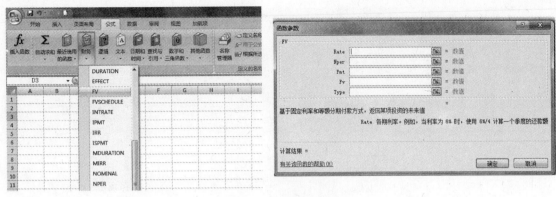

图 2-18　FV 函数的使用(2)

Pv:现值 P

Type:用于指定付款期限是期初还是期末,1 = 期初,0 或者忽略 = 期末

在如图对话框中按照题目要求依次填写,也能得到计算结果。

【例 2-18】　某高速公路的贷款投资部分为 15 亿元,5 年建成,每年年末贷款投资 3 亿元,若年利率是 8%,求 5 年后的实际累计总投资额。

解:本题为等额分付终值计算问题,可以直接采用等额分付终值公式进行求解:

$$F = A(F/A, i, n) = 3(F/A, 0.08, 5) = 3 \times 5.867 = 17.6(亿元)$$

当然我们也可以使用 FV 函数进行计算,使用到的函数式:FV(i, n, A, P)。运用电子表格计算,只需在任何一个单元格输入如下内容 = FV(0.08,5,3,,),由于该求解中,不包括现值 P,因此输入逗号,图 2-19 显示的是 Excel 表格的示意图,单元格中显示的是求解结果。

图 2-19　FV 函数的使用(3)

2. 求解现值 P

【例 2-19】　某用户为孩子 8 年后可以得到 30000 元的教育基金,现应存入银行多少资金? 银行年利率为 6%。

解:这是整付现值计算,可以使用 $P = F(P/F, 0.06, 8) = 30000 \times 0.62741 = 18822.3(元)$

当然也可以使用 Excel 的财务函数进行计算,使用到的函数式:PV(i, n, A, F)。运用电子表格计算,只需在任何一个单元格输入如下内容 = PV(0.06,8,,30000),由于该求解中,不包括年值 A,因此输入逗号,图 2-20 显示的是 Excel 表格的示意图,单元格中显示的是求解结果。

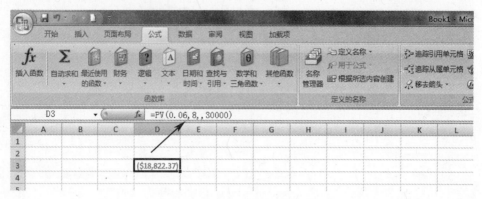

图 2-20 PV 函数的使用(1)

【例 2-20】 某俱乐部会员每年的会费是 9000 元,一期 5 年,加入俱乐部时须预存一期的费用。如果该俱乐部实施先付费后活动,那么在年利率 7% 的情况下,现应预存多少钱?

解:本题为等额分付现值计算问题。可以直接采用等额分付现值公式计算:

$$P = A(P/A,i,n) = 9000 \times (P/A,0.07,5) = 9000 \times 4.1002 = 36900(元)$$

也可以使用 PV 函数进行计算,如图 2-21 所示,用到函数式:$PV(i,n,A,P)$。

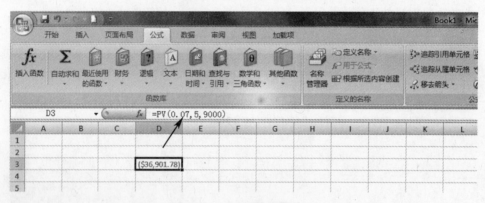

图 2-21 PV 函数的使用(2)

3. 求解年值 A

【例 2-21】 某企业计划自筹资金进行一项技术改造,预计 5 年后进行的这项改造需用资金 300 万元,银行利率 8%,问从今年起每年年末应筹款多少?

解:本题为等额分付偿债基金计算问题。可以直接使用等额分付偿债基金计算公式求解,即:

$$A = F(A/F,i,n) = 300 \times (A/F,0.8,5) = 300 \times 0.17 = 51(万元)$$

也可以使用 PMT 函数进行计算,如图 2-22 所示,用到函数式:$PMT(i,n,P,F)$。

【例 2-22】 某公司向银行贷款 100 万元,银行要求企业在随后的 6 年每年年末偿还等额本利和,若银行贷款利率为 7%,采用复利的计算方法,则该企业每年年末应该偿还银行多少钱?

解:本题为等额分付资本回收计算问题。可以直接使用等额分付资本回收计算公式求解,即:

$$A = P(A/P,i,n) = 100 \times (A/P,7\%,6) = 100 \times 0.2098 = 20.98(万元)$$

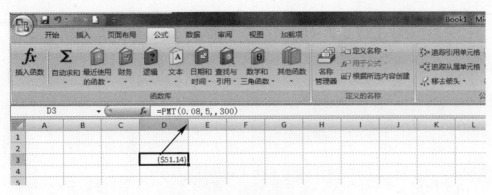

图 2-22　PMT 函数的使用(1)

也可以使用 PMT 函数进行计算,如图 2-23 所示,用到函数式:PMT(i,n,P,F)。

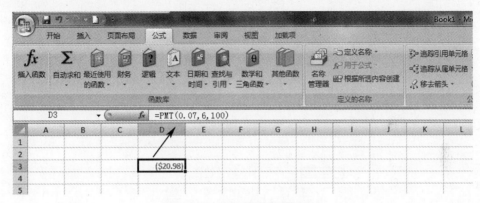

图 2-23　PMT 函数的使用(2)

4. 计算周期数

【例 2-23】　若银行年利率为 6%,现在某人存入银行 50000 元,问此人要在几年后才能使资金翻一倍?

本题使用到的函数式,如图 2-24 所示。

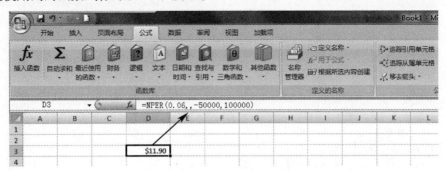

图 2-24　NPER 函数的使用(1)

【例 2-24】　某企业为了进行项目改建,年初向银行借款 500 万元,每年末计划偿还 50 万元,年利率为 8%,问多少年可以还清?

本题使用到的函数式,如图 2-25 所示。

图 2-25　NPER 函数的使用(2)

5. 计算复利率

【例 2-25】　某项目需要年初投资 10000 元,第 6 年年末可以回收 14200 元,问项目的收益率为多少?

本题使用到的函数式,如图 2-26 所示。

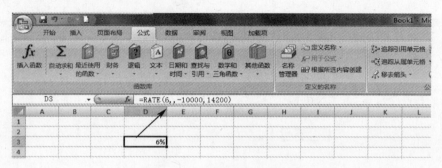

图 2-26　RATE 函数的使用(1)

【例 2-26】　某人年初在银行存入 10 万现金,期望在接下来的 8 年内每年年末都能等额从银行取出 1.5 万元,问银行的存款利率至少是什么水平才能满足他的要求?

本题使用到的函数式,如图 2-27 所示。

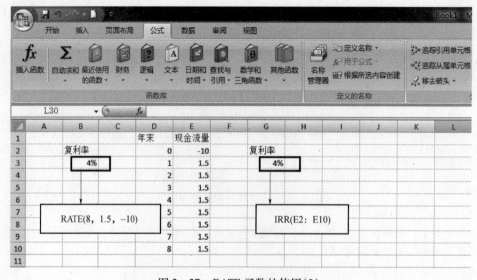

图 2-27　RATE 函数的使用(2)

复习思考题

一、简答题

1. 什么是现金流量？如何绘制现金流量图？
2. 什么是资金的时间价值？如何理解资金的时间价值？
3. 单利法和复利法的区别是什么？在项目的经济效果评价中为什么要采用复利法？
4. 计息的名义利率、实际利率之间的关系是什么？如果按照单利计息，是否也会存在名义利率与实际利率的差异？
5. 如何理解资金等值？决定资金等值的因素有哪些？

二、计算题

1. 某人从银行贷款5万元，年利率为10%，按照单利法和复利法分别计算第8年年末的本利和。
2. 某人年初向银行存款10万元，年利率为12%，每季度计息一次，问到第3年年末本利和为多少？
3. 某人借款10000元，按照5年分期偿还，年利率为8%。试就以下四种还款方式，分析计算这5年还款的总额以及所支付的利息。
   (1) 第5年年末一次性偿还本息；
   (2) 每年年末支付当年利息，第5年年末一次偿还本金；
   (3) 每年年末等额偿还本金，并支付当年利息；
   (4) 每年年末等额偿还本息。
4. 某汽车企业计划从现在算起，第6年年末因需要提取现金2000万元，若银行利率为10%，如从现在起每年年末等额存款，连存5年，试问：每年应存款多少万元？
5. 某大学生贷款上大学，年利率为5%。每学年初贷款8000元，4年毕业，毕业1年后从每年年末开始还款，5年内按年等额偿还，问每年应付多少？
6. 某房地产开发商开发期房，今年初投资30000万元兴建了一批商品房，1年内建成，获得首期支付的房款18000万元，若此开发商想获得30%的收益率，则在今后两年内，每年年末应向房主等额收取多少房款？
7. 某企业以资金1000万元和银行贷款1500万元投资建设一项目，银行贷款利率为10%，4年末一次性还本付息，则此项目的年投资收益率至少为多少才不至于因拖欠银行贷款而使信誉受损。

第3章

工程经济评价的基本要素

学习目标

- 掌握项目投资的分类及构成；
- 掌握各种成本与费用的含义和划分依据；
- 学会使用平均及加速折旧法进行折旧的计算；
- 掌握营业收入、税金和利润的计算及其内在联系。

以最小的投入获得尽可能多的产出是各种工程技术活动追求的经济目标。因此对各个工程项目方案的经济效果进行比较和优选是工程技术人员必须掌握的内容。由于各个备选方案的产品方案、工艺方案、建设方案、筹资方案和经营方案不同，因此要想对方案进行有效经济评价首先需要掌握工程项目的投资、成本、收入、利润和税金等基本的经济要素。

3.1 投 资

3.1.1 投资的概念

投资指投资主体为了实现盈利或避免风险，通过各种途径投放资金的活动。换句话说，是指以一定的资源（如资金、人力、技术、信息等）投入某项计划或工程，以获取所期望的报酬。投资是人类的一种有目的的经济行为。要深刻理解并准确把握投资的概念，需要对以下几个主要问题做全面的了解。

(1) 经济主体即投资者，也就是各种自然人和经济法人，具体表现为个人、家庭、企业、政府和外国厂商和政府（含国际组织）等。

(2) 预期收益，不仅包含投资的动机与目的，也体现着一定的经济数量关系，包括可测度的经济收益和不可测度的经济收益，还包括社会和环境方面的获益。

(3) 投入的经济要素，是指从事生产、建设、经营活动所必需的物质条件和生产要素，它可以是现金、机器、设备、房屋、交通运输、通信、劳务、土地和其他自然资源等有形资产，也可以是专利权、商标、专有技术、经济信息等无形资产；可以是物质资料构成的实物资产，也可以是金融资产。在商品货币条件下，非金融资产的经济要素往往要折算成一定的资本价值量。

(4) 投入的领域，可以是建设领域、生产领域，也可以是流通领域、服务领域；投入的资产可以是固定资产，也可以是流动资产。

(5) 投入的形式,包括直接投入、间接投入以及直接与间接相结合的混合投入。

(6) 投入的行为,包括投资资金和各生产要素的筹集、投放使用、回收以及利润再投资等。

由此可见投资这一概念的含义,包括了投资主体、投资动机、投资目的、投入形式、投资领域、投入产出效益、投入的过程和行为等诸因素的内在统一。

投资除了具有投资活动这层含义外,它还可以指投入的资金数量,即为了保证项目投产和生产经营活动的正常进行而投入的活劳动和物化劳动价值的总和,是为了未来获得报酬而预先垫付的资金。这里的投资是衡量工程项目或技术方案投入的重要经济指标,是项目建设期主要的现金流出项目。

3.1.2 投资的分类

对工程建设项目而言,总投资分为建设投资和流动资金投资两大部分。建设项目总投资如图 3-1 所示。

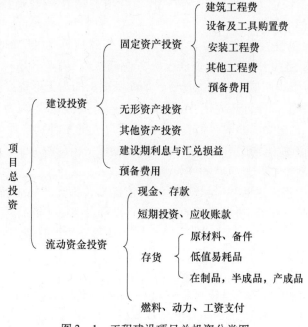

图 3-1 工程建设项目总投资分类图

1. 建设投资

建设投资是形成企业固定资产、无形资产和其他资产的投资以及预备费用之和。

(1) 固定资产投资

固定资产指使用期限较长(一般在一年以上),单位价值在规定标准以上,在生产过程中为多个生产周期服务,在使用过程中保持原来的物质形态的资产,包括房屋及建筑物、机器设备、运输设备、工具器具等。投资者如果用现有的固定资产作为投入的,按照评估确认或者合同、协议约定的价值作为投资。如果采用融资租赁方式,需按照租赁协议或者合同确定的价款加运输费、保险费、安装调试费等计算其投资。企业因购建固定资产而交纳的固定资产投资方向调节税(2000 年已经停止征收)和耕地占用费税也应算作固定资产投资的组成部分。

(2) 无形资产投资

无形资产投资指无形资产的获取费用。无形资产指企业长期使用,能为企业提供某些权利或利益但不具有实物形态的资产。如专利权、商标权、著作权、土地使用权、非专利技术、版权、商誉等。

(3) 其他资产投资

其他资产(原称递延资产)投资是指除了流动资产、固定资产、无形资产以外的其他费用。按照国家规定,除购置和建造固定资产以外,所有筹建期发生的费用,先在长期待摊费用中归集,待企业开始生产经营起计入当期的损益。包括开办费(筹建期间的人员工资、办公费、培训费、差旅费、印刷费、注册登记费等)、租入固定资产的改良支出等。

(4) 建设期利息与汇兑损益

如果建设投资所使用的资金中含有借款或涉及外汇使用,则建设期的借款利息以及汇兑损益也应计入总投资。凡与购建固定资产或者无形资产有关的计入相应的购建资产的价值中,其余都计入开办费形成其他资产原值的组成部分。建设期贷款利息的计算详见第八章。

(5) 预备费用

预备费用包括基本预备费和涨价预备费。预备费用主要用于投资过程中因不确定因素的出现而造成的投资额的增加。

工程项目建成后,建设投资转化为各类资产。在会计核算中,购建固定资产的实际支出(包括建设期借款利息、汇兑损益、固定资产投资方向调节税、耕地占用税等)即为固定资产的原始价值,简称为固定资产原值。获取无形资产的实际支出即为无形资产原值。在项目筹建期内,实际发生的各项费用,除应计入固定资产和无形资产价值者外,均视为其他资产。

工程项目建成后,通过会计核算,确定由建设投资形成的三种资产原值。在建设项目建成时核定的固定资产价值称为固定资产原值,主要包括工程费用(设备购置费、安装工程费、建筑工程费、工器具费)、待摊投资、预备费和建设期利息。

固定资产在使用过程中逐渐磨损和贬值,其价值逐步转移到产品中,转移价值以折旧的形式计入产品成本,并通过产品销售以货币的形式回到投资者手中。折旧是对固定资产磨损的价值损耗的补偿,固定资产使用过一段时间后,其原值扣除累计的折旧额称为当时固定资产净值。工程项目寿命期结束时,固定资产的残余价值称为期末残值。从原理上讲,对投资者来说,固定资产期末残值是一项在期末可回收的现金流入。

与固定资产类似,无形资产通常也有一定的有效服务期,无形资产的价值也要在服务期内逐渐转移到产品价值中去。无形资产的价值转移是以无形资产在有效服务期内逐年摊销的形式体现的。其他资产也应在项目投入运营后的一定年限(通常不低于5年)内平均摊销。无形资产和其他资产的摊销费均计入产品成本。

2. 流动资金投资

流动资金是指为维持一定规模生产所占用的全部周转资金。当项目寿命期结束,流动资金成为企业期末的一项可回收的现金流入。流动资金通常是在工业项目投产前预先垫付,在投产后的生产经营过程中,用于购买原材料、燃料动力、备品备件,以及支付工资、其他费用和被在产品、半成品、产成品和其他存货占用的周转资金。在生产经营活动中,流动资金以现金及各种存款、存货、应收及预付款项等流动资产的形态出现。

流动资金可以按照如下方式进行计算:流动资金 = 流动资产 − 流动负债。

流动资产通常是可以在一年内或超过一年的一个营业周期内变现或耗用的资产。在整个项目寿命期结束时,全部流动资金才能退出生产与流通,以货币资金的形式被回收。流动资产加上累计盈余资金就是流动资产总额。

流动负债,是指正常生产情况下平均的应付账款。流动负债加上短期借款就是流动负债总额。

3.1.3 投资资金的来源

投资项目的资金来源分为项目资本金和债务资金。项目资本金是投资者缴付的出资额(包括资本金和资本溢价),是企业用于项目投资的新增资本金、资本公积金、提取的折旧费与摊销费以及未分配的税后利润等。项目债务资金指银行和非银行金融机构的贷款及发行债券的所得等。项目债务资金包括长期债务(长期借款、应付长期债券和融资租赁的长期应付款项等)和短期债务(如短期借款、应付账款等)。

为了增强投资者的风险意识,国家对项目资本金一般规定最低的数额与比例,还规定资本金筹集到位的期限,并且在整个营运过程中不得任意抽走。经具有资质的单位评估作价,出具验资报告后,允许投资者以自有的固定资产和无形资产作为投资的出资,无形资产(不包括土地使用权)的出资一般不得超过注册资金的70%。

【补充理解3-1】

资本金的相关国家规定

我国《企业财务通则》规定:"设立企业必须有法定的资本金。资本金是指企业在工商行政管理部门登记的注册资金。"《中华人民共和国公司法》规定股份有限公司注册资本的最低限额为人民币500万元;有限责任公司注册资本的最低限额为人民币3万元;一人有限责任公司的注册资本最低限额为人民币10万元。

根据我国《公司法》等法律法规的规定,投资者可以采取货币资产和非货币资产两种形式出资。全体投资者的货币出资金额不得低于公司注册资本的30%;投资者可以用实物、知识产权、土地使用权等可以依法转让的非货币财产作价出资;法律、行政法规规定不得作为出资的财产除外。所有这些规定的目的都是让投资者承担必要的风险,不能搞无本经营或过度的负债经营。

3.2 成本与费用

成本和费用是指用货币表示的、为达到一定目的或获取一定的利益所必须付出或已经付出的代价。成本和费用这两个概念既有联系又有区别,但在工程经济学分析中不严格区分费用与成本,而将它们均视为现金流出。

成本和费用是从劳动消耗角度衡量工程项目投入的基本指标,可以综合地反映企业生产经营活动的技术工艺水平、资金利用效率、劳动生产率水平以及经营管理水平等。成本和费用在不同的场合有不同的含义。广义的成本费用是指为了实现某种目标而付出的代价;狭义的成本费用是指生产经营成本。

工程经济分析中使用的成本概念与财务核算中使用的成本概念不完全相同,主要表现在两个方面:一方面,财务会计中的成本是对生产经营活动中实际发生费用的记录,各种影响因素的作用是确定的,所得到的成本数据是唯一的;而工程经济分析中使用的成本有许多是对拟建项目未来将要发生的费用的预测和估算,各种影响因素的作用是不确定的,不同的实施方案会有不同的成本数据。另一方面,在工程经济分析中,根据分析计算的需要,还要引入一些财务会计中没有的成本概念,这些成本的经济含义及内容与财务会计中的成本不完全一样。本节将对工程经济分析中常用的成本和费用做简单介绍。

【补充理解 3-2】

成本和费用的区别与联系

成本与费用都是企业为达到生产经营目的而发生的支出,体现为企业资产的减少或负债的增加,并需要由企业生产经营实现的收入来补偿。两者在经济内容上是一致的,并且在一定情况下可以相互转化。

成本和费用之间也是有区别的。成本是针对一定的成本核算对象(如某工程)而言的;费用则是针对一定的期间而言的。企业一定期间内的费用构成完工产品生产成本的主要部分,但本期完工产品的生产成本包括以前期间发生而应由本期产品成本负担的费用,如待摊费用;也可能包括本期尚未发生、但应由本期产品成本负担的费用,如预提费用;本期完工产品的成本可能还包括部分期初结转的未完工产品的成本,即以前期间所发生的费用。企业本期发生的全部费用也不都形成本期完工产品的成本,它还包括一些应结转到下期的未完工产品上的支出,以及一些不由具体产品负担的期间费用。

3.2.1 总成本费用

总成本费用是指项目在一定时期内(一般为一年)为生产和销售产品而花费的全部成本费用。现行的财务会计制度是按成本项目进行成本和费用核算,同一投入要素分别在不同的项目中加以记录和核算。产品的总成本费用由若干个相对独立的成本中心或费用中心分别核算生产成本,可以分为直接费用、制造费用和期间费用,或者生产成本、管理费用、财务费用和营业费用,如表 3-1 所示。

$$总成本费用 = 生产成本 + 营业费用 + 管理费用 + 财务费用 \qquad (3-1)$$

根据经济用途,生产成本又可分为直接费用和制造费用,将营业费用、财务费用和管理费用统称期间费用。

表 3-1 总成本费用构成表

总成本费用	生产成本	直接费用	直接费用包括直接材料费、直接工资和其他直接费用。直接材料是指在生产中用来形成产品主要部分的材料;直接工资是指在产品生产过程中直接对材料进行加工使之变成产品的人员的工资、奖金、津贴和补贴等;其他直接费用包括直接从事产品生产人员的职工福利费
		制造费用	为组织和管理生产所发生的各项间接费用,包括生产单位(车间或分厂)管理人员工资、福利费、折旧费、矿山检测费、修理费及办公费、差旅费、劳动保护费
	期间费用	营业费用	营业费用是指在销售产品过程中所发生的费用,包括由企业负担的运输费、装卸费、包装费、保险费、差旅费、广告费以及销售机构人员的工资福利费、折旧费和修理费等
		管理费用	企业行政管理部门为管理和组织经营活动发生的各项费用。包括管理部门人员工资及福利费、折旧费、修理费
		财务费用	企业为筹集生产经营所需资金而发生的各项费用。包括企业生产经营期发生的利息净支出、汇兑净损失、银行手续费以及为筹集资金发生的其他费用

在工程经济分析中,为了便于计算,通常按照各费用要素的经济性质及表现形态,把总成本费用分为九类,即:

$$总成本费用 = 外购材料 + 外购燃料 + 外购动力 + 工资及福利费 + 折旧费 +$$
$$摊销费 + 利息支出 + 修理费 + 其他费用 \qquad (3-2)$$

其他费用是指从制造费用、管理费用和营业费用中扣除了折旧费、摊销费、修理费、工资和福利费以后的其余部分。

3.2.2 经营成本

经营成本是工程经济分析中特有的术语。它是工程项目在生产经营期的经常性实际支出，是从工程项目本身出发，考察其在一定期间（通常为1年）内由于生产和销售产品及提供劳务而实际发生的现金支出。涉及产品生产及销售、企业管理过程中的物料、人力和能源的投入费用，它反映企业的生产和管理水平。在工程经济分析中，经营成本主要使用于现金流量的分析。

$$经营成本 = 总成本费用 - 折旧费 - 摊销费 - 财务费用 \qquad (3-3)$$

计算经营成本之所以要剔除折旧费、摊销费和利息支出，主要原因是：

（1）工程经济分析主要考察的是工程项目的实际现金流入和流出的情况。在企业的总成本费用中所包含的折旧费和摊销费不属于实际的现金流量，因此要将它们剔除。

（2）借款利息是使用借贷资金所要付出的代价，对于企业而言是实际的现金流出，但是为了客观反映项目的盈利能力，在评价工程项目全部投资的经济效果时，不严格区分投资资金的来源，因此利息支出也不作为现金流出。

3.2.3 其他成本概念

1. 固定成本和变动成本

划分固定成本和变动成本，对于项目盈亏平衡分析和成本分析具有重要意义。根据成本的特点，可将总成本费用划分为变动成本和固定成本，区分的依据在于是否根据业务量的变化而发生变化。

（1）变动成本

变动成本是指其发生总额随业务量增减变化成正比例升降的那部分成本，如构成产品实体的原材料、燃料、动力、计件工资等。需要强调的是变动的对象是成本总额，而非单位成本。要降低单位产品变动成本，主要通过降低单位产品在生产过程中的原材料和劳动消耗来实现。

（2）固定成本

固定成本是指在一定生产规模限度内不随业务量变动而变动的费用。例如，按平均年限法计提的固定资产折旧费、行政管理费、管理人员工资及实行固定基本工资制的生产工人的工资等。同样，固定成本是指其发生总额是固定的，而就单位成本而言，却是变动的。

此外，还有一种既不是保持不变，也不与业务量的变化成正比例变化，而是随产量增减变动而适当变动的成本，这种成本成为混合成本。如机器设备的日常维修费用、辅助生产费用等。混合成本兼具固定成本与变动成本两种形态，它通常有一个初始量，类似固定成本，如果在这个基础上产量增加了，成本也会增加，又类似变动成本。为便于进行成本分析，对混合成本通常应运用适当的方法进行分解，以区分出其中的变动成本和固定成本要素，并分别加入变动成本和固定成本总额，所以总成本费用最终能分解为固定成本和变动成本两个部分。

2. 沉没成本

沉没成本是指过去已经支出而现在无法得到补偿的成本。例如，某公司曾投资一个项目，在论证项目可行性时支付专家咨询费100000元，后项目因经费不足而暂停，三年后拟重新上马，则已经发生的咨询费从性质上讲属于沉没成本。由于该笔支出已经发生，所以，不管公司是否继续投资该方案,它都已经无法收回,与公司未来的总现金流动无关。

从决策的角度看,沉没成本是以往发生的与当前决策无关的费用。以往发生的费用只是造成当前状态的一个因素,当前决策要考虑的是未来可能发生的费用及能带来的收益,不考虑以往发生的费用。如果将沉没成本纳入工程项目方案的总成本,则一个有利的方案可能因此变得不利,一个较好的方案可能变为较差的方案,从而造成决策失误。因此,在工程经济分析中,沉没成本不计入现金流量。

3.2.4 折旧与摊销

1. 折旧的内涵

工程项目完工后,除土地以外的各类固定资产(如基础设施、生产建筑、机器设备、运输工具等)都有一定的耐用年限,它们的物质实体最终都会因时间的推移而丧失使用价值,或虽然未到耐用年限但因继续使用的成本大于资产收益而在经济上不合算,由此产生了固定资产的提前废弃。固定资产在整个使用期限内,会不断发生有形和无形的损耗,这种损耗的价值随着工程项目的营运而逐渐转移到产品的成本中去,并通过产品销售的实现,以货币资金的形式加以回收和积累,从而达到对固定资产损耗的补偿和更新的目的。固定资产的这种因损耗而转移到产品中的价值,称为折旧。折旧的实质是资产在法定耐用期限内的资本成本的回收。折旧对产品成本计算、售价决策、利润确认、货币资金流转以及固定资产更新等都有重要影响。

为了能使工程项目的营运顺利进行,对固定资产的损耗价值及时进行补偿和对已到物理耐用年限或经济使用年限的固定资产适时进行更新,是维持固定资产再生产的必要保证。

2. 折旧的性质

固定资产折旧费与无形资产、其他资产的摊销费在工程经济评价中具有相同的性质。虽然在会计中折旧费和摊销费被列入成本费用的组成部分,但是在投资项目寿命期(或计算期)的现金流量分析中,折旧费和摊销费并不构成现金流出。

3. 折旧费的估算

在投资项目计算期(或寿命期)的现金流量表中,折旧费和摊销费并不构成现金流出。但在估算利润总额和所得税时,它们是总成本费用的组成部分。从企业角度看,折旧与摊销的多少与快慢并不代表企业这项费用实际支出的多少与快慢,因为它们本身不是实际的支出,仅是一种会计手段,把以前(如建设期)发生的一次性支出在运营期各年度中进行分摊,以核算当年应缴付的所得税和可以分配的利润。因此,一般来说,企业总是希望多提和快提折旧费和摊销费,以期少交和慢交所得税。为保证国家正常的税收来源,防止企业的这种倾向,国家对折旧方法、折旧年限以及摊销费的计算有明确规定。

我国现行财务制度将企业的固定资产分为3大部分,22类,按大类实行分类折旧,对各类固定资产折旧年限规定了一个最高限和最低限。我国现行的固定资产折旧方法,一般采用平均年限法、工作量法和加速折旧法。近年来,在基本建设项目的可行性研究中还采用了国外一些较新的折旧方法,如修正加速折旧法等。

按财务制度的有关规定,企业有权选择具体折旧方法和折旧年限,在开始实行年度前报有关主管财政机关备案。企业固定资产折旧费一般采用平均年限法和工作量法等进行计算。技术进步快或使用寿命受工作环境影响较大的施工机械和运输设备,经财政部批准,可采用加速折旧法(如双倍余额递减法或年数总和法)计提折旧。折旧年限和折旧方法一经确定,不得随意变更,需要变更的,由企业提出申请,并在变更年度前报主管财政机关批准。

1) 平均年限法

平均年限法又称为直线折旧法或平均折旧法,即根据固定资产原值、折旧年限和估计的净残值率计算折旧,是使用最广泛的一种折旧方法。其计算公式为:

$$年折旧率\ l_平 = \frac{1 - 预计净残值率 \rho}{折旧年限\ N} \tag{3-4}$$

$$年折旧额\ D = 固定资产原值\ V_K \times 年折旧率\ l_平 \tag{3-5}$$

$$年折旧额\ D = \frac{固定资产原值\ V_K - 固定资产净残值\ V_L}{折旧年限\ N} \tag{3-6}$$

预计净残值率是预计的企业固定资产残值与固定资产原值的比率,根据行业会计制度规定,企业净残值率通常取3%~5%。特殊情况,净残值率低于3%或高于5%的,由企业自主确定,并报主管财政机关备案。在可行性研究与项目评估中,由于折旧年限是由项目的固定资产经济寿命期决定,因此固定资产的残余价值较大,净残值率一般可选择10%。

在折旧年限上,国家有关部门在考虑到现在生产技术发展快,世界各国实行加速折旧的情况下,为适应资产更新和资本回收的需要,对各类固定资产折旧的最短年限做出规定:房屋、建筑物为20年;火车、轮船、机器、机械和其他生产设备为10年;电子设备和火车、轮船以外的运输工具以及与生产、经营业务有关的器具、工具、家具等为5年。若采用综合折旧,项目的生产期即为折旧年限。在可行性研究与项目评估中,对轻工、机械、电子等行业的折旧年限,一般确定为8~15年;有些项目的折旧年限可确定为20年;对港口、铁路、矿山等项目的折旧年限可超过30年。

【例3-1】 一台设备原值10000元,预计使用年限为5年,残值率为2%,计算设备年折旧额。

解:年折旧率 $= \frac{1 - 预计净残值率\ \rho}{折旧年限\ N} = \frac{1 - 2\%}{5} = 19.6\%$

年折旧额 $D = 10000 \times 19.6\% = 1960(元)$

【例3-2】 某公司购买一台价值24万的新轿车,按照规定使用年限为8年,预计行驶50万km,寿命终了时净残值为8万元,使用平均年限法计算设备的年折旧额。

解:年折旧额 $D = \frac{固定资产原值\ V_K - 固定资产净残值\ V_L}{折旧年限\ N} = \frac{24 - 8}{8} = 2(万元)$

2) 工作量法

(1) 按照行驶里程计算折旧费。

此法适于交通运输企业和其他企业(如物流企业)的交通运输车辆、工具等。其计算公式如下:

$$单位里程折旧额\ d = \frac{固定资产原值\ V_K - 固定资产净残值\ V_L}{规定的总行驶里程\ M} \tag{3-7}$$

$$年折旧额 = 单位里程折旧额 \times 年行驶里程 \tag{3-8}$$

(2) 按照工作小时计算折旧费。

此法适于企业的大型专用设备的折旧额计算。其计算公式如下:

$$单位里程折旧额\ d = \frac{固定资产原值\ V_K - 固定资产净残值\ V_L}{规定的总工作小时\ H} \tag{3-9}$$

$$年折旧额 = 每工作小时折旧额 \times 年工作小时 \tag{3-10}$$

(3) 按照产出量计算折旧费。

矿山、采掘、勘探等专用设备可根据产出量来计算折旧费。其计算公式如下：

$$单位里程折旧额\ d = \frac{固定资产原值V_K - 固定资产净残值V_L}{规定的总产出量\ U} \quad (3-11)$$

$$年折旧额 = 每单位产出折旧额 \times 年产出量 \quad (3-12)$$

【例3-3】 仍以例3-2为例,若从第1年至第8年分别行驶公里数为4、5、7、9、8、7、6、4,试用工作量法计算该轿车每年应该计提的折旧额。

$$单位里程折旧额 = \frac{固定资产原值 - 固定资产净残值}{规定的总行使里程} = \frac{24-8}{50} = 0.32(万元)$$

第1年折旧额 $= 0.32 \times 4 = 1.28$(万元)；

第2年折旧额 $= 0.32 \times 5 = 1.6$(万元)；

按照此计算方法,计算第3年至第8年的折旧额分别为2.24、2.88、2.56、2.24、1.92、1.28万元。

3) 加速折旧法

加速折旧法又称递减折旧费用法,其特点是在折旧年限内,计提的年折旧额先多后少,使固定资产价值在使用年限内尽早得到补偿的折旧计算方法。我国现行财务制度规定,在国民经济中具有重要地位,技术进步较快的电子生产企业、船舶工业企业、飞机制造企业、汽车制造企业、生产"母机"的机械工业企业、化工和医药生产企业以及其他经财政部批准的特殊行业企业,可以采用加速折旧法。常用的加速折旧方法有双倍余额递减法和年数总和法。

(1) 双倍余额递减法。

双倍余额递减法以平均年限法确定的折旧率的两倍计提固定资产折旧。其特点是年折旧率不变,折旧基数递减。计算公式如下,式中 i 表示折旧年份。

$$年折旧率\ l_双 = \frac{2}{N} \times 100\% \quad (3-13)$$

$$年折旧额\ D_{双i} = l_双 \times 固定资产净值_i \quad (3-14)$$

$$固定资产净值_i = 固定资产原值 - 已经提取的累计折旧 \quad (3-15)$$

当 $\frac{(固定资产净值)_{i-1} - 固定资产净残值}{折旧年限 - (i-1)} >$ 年折旧率 $\times (固定资产净值)_{i-1}$ 时,剩余年份内改为直线折旧法。或者是最后两年的折旧额按如下公式(平均折旧法)计算：

$$年折旧额 = \frac{固定资产净值 \times (1-净残值率)}{2} \quad (3-16)$$

不同的固定资产,净残值率不同。一般可在 0~5% 之间取值。

【例3-4】 用双倍余额递减法计算例3-1的设备年折旧额。

解：本例中不考虑残值时,平均年限法折旧率为 $1/5 \times 100\% = 20\%$,故双倍余额递减法折旧率为 $20\% \times 2 = 40\%$。

第一年折旧额 $D_{双1} = 10000 \times 40\% = 4000$(元)

第二年折旧额 $D_{双2} = (10000 - 4000) \times 40\% = 2400$(元)

第三年折旧额 $D_{双3} = (10000 - 4000 - 2400) \times 40\% = 1440$(元)

此时,固定资产净值为 $10000 - 4000 - 2400 - 1440 = 2160$(元)

因为 $(2160 - 200)/2 = 980$(元) $> 2160 \times 40\% = 864$(元)

所以,第四(五)年折旧额 $D_{双4}(D_{双5}) = 980$(元)

或者,最后两年按平均折旧法计算：

第四(五)年折旧额：$D_{双4}(D_{双5}) = \dfrac{2160-200}{2} = 980(元)$

(2) 年数总和法。

年数总和法是以固定资产原值扣除预计净残值后的余额作为基数,按照逐年递减的折旧率计提折旧的一种方法。其特点是折旧基数不变,而年折旧率递减。其计算公式如下：

$$年折旧率 \ l_{年i} = \dfrac{折旧年限 - 已使用年数}{折旧年限 \times (折旧年限+1) \div 2} \times 100\% \tag{3-17}$$

$$年折旧额 = (固定资产原值 - 固定资产预计净残值) \times 年折旧率 \tag{3-18}$$

【例3-5】用年数总和法计算例3-2的设备年折旧额。

解：年数总和法中折旧率为一组递减的分数。本例中折旧年限 $N=8$,将 $i=1,2,3,4,5,6,7,8$ 分别代入式(3-13)得各年折旧率为：

$$\dfrac{8}{36}, \dfrac{7}{36}, \dfrac{6}{36}, \dfrac{5}{36}, \dfrac{4}{36}, \dfrac{3}{36}, \dfrac{2}{36}, \dfrac{1}{36}$$

第一年折旧额 $D_{年1} = (24-8) \times 8/36 = 3.56(元)$

第二年折旧额 $D_{年2} = (24-8) \times 7/36 = 3.11(元)$

同理,可以计算出第3、4、5、6、7、8年折旧额。

表3-2 不同折旧方法计算对比表

使用年限	年折旧额/万元		
	平均年限法	工作量法	年数总和法
1	2	1.28	3.56
2	2	1.6	3.11
3	2	2.24	2.67
4	2	2.88	2.22
5	2	2.56	1.78
6	2	2.24	1.33
7	2	1.92	0.89
8	2	1.28	0.44
合计	16	16	16

4) 修正加速折旧法

修正加速折旧法(Modified Accelerated Cost Recovery System,MACRS)是美国于1986年以后推行的对使用中的固定资产进行折旧的方法。它包含两个体系：一般折旧体系(General Depreciation System,GDS)和替代体系(Additional Depreciation System,ADS)。前者是加速折旧法和直线折旧法的组合,后者是一种直线折旧法,用于年限较长的固定资产的折旧。修正加速折旧法将固定资产分为3年资产、5年资产、7年资产、10年资产、15年资产、20年资产、租赁房产和非居住不动产八大类,并详细说明了各自使用范围和折旧方法,如表3-3所示。

(1) 半年双倍、1.5倍余额递减加直线折旧。双倍余额时,折旧率 $\rho=2/N$；1.5倍余额时,折旧率 $\rho=1.5/N$。

表3-3 各类资产的折旧方法

资产分类	资产寿命/年	折旧方法
3年资产	≤4	半年双倍余额递减加直线折旧
5年资产	>4且<10	∷半年1.5倍余额递减加直线折旧
7年资产	≥10且<16	∷半年直线折旧
10年资产	≥16且<20	
15年资产	≥20且<25	半年1.5倍余额递减加直线折旧
20年资产	≥25且≤27.5	∷半年直线折旧
租赁房产	27.5	月中直线折旧
非居住不动产	≥27.5	∷半年直线折旧

∷表示备选方案

第一年按半年计提折旧,折旧额为

$$D_1 = 0.5 \times \rho \times V_K = d_1 \times V_K \tag{3-19}$$

第 i 年折旧额为

$$D_i = \rho \times (1 - \sum_{i=1}^{i-1} d_i) \times V_K = d_i \times V_K (i = 2, 3, \cdots, t-1) \tag{3-20}$$

$$D_i = \frac{(1 - \sum_{i=1}^{i-1} d_i) \times V_K}{N - t + 1.5} = d_i \times V_K (i = t, t+1, \cdots, N) \tag{3-21}$$

适用年限 t 可以用式(3-18)求得:

$$t = N + 1.5 - 1/\rho \tag{3-22}$$

第 $N+1$ 年按半年计提折旧,折旧额为

$$D_{N+1} = 0.5 \times d_t \times V_K \tag{3-23}$$

【例3-6】某设备原值为100万元,经济寿命为7年,试按修正加速折旧法计算各年折旧值。

解:由表3-4查出该设备属5年类资产,应该按半年双倍余额递减加直线折旧法。第1年和第8年按半年折旧,其余各年按全年折旧。

$$\rho = 2/N = 2/7 = 0.2857, t = N + 1.5 - 1/\rho = 7 + 1.5 - 1/0.2857 = 5$$

根据式(3-17)、式(3-18)、式(3-19)和式(3-21)计算出各年折旧率和折旧额如表3-4所示。

表3-4 各年折旧率和折旧额

年末	折旧率/%	年折旧额/元	账面价值/元
0			100000.00
1	14.29	142857.14	857142.86
2	24.49	244897.96	612244.90
3	17.49	174927.11	437317.78
4	12.49	124947.94	312369.85
5	8.93	89248.53	223121.32
6	8.92	89248.53	133872.79

(续)

年末	折旧率/%	年折旧额/元	账面价值/元
7	8.93	89248.53	44624.26
8	4.46	44624.24	0.00

(2) 半年直线折旧。折旧率：

$$\rho = 1/N \tag{3-24}$$

各年的折旧额为

$$D_1 = 0.5 \times \rho \times V_K = d_1 \times V_K (i = 1, N+1) \tag{3-25}$$

或

$$D_1 = \rho \times V_K (i = 2, 3, \cdots, N) \tag{3-26}$$

(3) 月中直线折旧。年折旧率 $\rho = 1/N$。该折旧率应用于折旧期内除第一年和最后一年外的其他各年。第一年和最后一年的折旧率则根据实际的折旧月数来这算。其计算公式为：

$$d_K = \rho \times K/12 \tag{3-27}$$

式中：K 为该第一年和最后一年内的实际折旧月数，在开始使用和结束使用当月按半个月计算。

双倍余额递减法、年数总和法和修正加速折旧法是加速折旧的具体方法。加速折旧法的各种具体方法有一个共同点，即在固定资产使用年限内，折旧费先多分摊，后少分摊。加速折旧法在西方国家广泛使用，西方国家的企业愿意采用加速折旧法的主要原因是：

第一，西方国家企业很重视现金的回收，采用加速折旧法可以在固定资产使用的头几年尽快收回原投资的大部分，以便收回资金，再尽快采用新技术，增强企业竞争能力。

第二，西方国家企业认为新的生产设备效率高，贡献大，企业收益多，应该多提折旧费，随着生产设备的陈旧，生产设备的效率将逐年降低，贡献少，企业收益少，就应该少提折旧费，符合费用与收益配比的原则。

第三，西方国家的企业在固定资产全部使用年限内，折旧总额和纳税总和是一个不变量，采用加速折旧法，在固定资产使用的前几年，分摊较多的折旧费用，就可推迟一部分税款的缴纳期限，等于使用了无息贷款。此外，如果固定资产中途转让，出售固定资产缴纳的税款要比缴纳营业所得税低。

第四，资金的时间价值是决定资金成本的一个重要因素，西方国家企业很重视资金的时间价值，因为从资金时间价值角度看，早收回的投资比晚收回的投资价值更高。

第五，采用加速折旧法可以避免无形损耗带来的风险和意外事故提前报废所造成的损失。

4. 摊销费估算

摊销费是指无形资产和其他资产等一次性投入费用的分摊，其性质与固定资产折旧费相同。

无形资产从开始使用之日起，在有效使用期限内平均计算摊销费。有效使用期限按下列原则确定：法律或合同或者企业申请书分别规定有法定的有效期限和受益年限的，取两者较短者为有效使用年限；法律没有规定有效期限的，按照合同或者企业申请书规定的受益年限确定为有效使用年限；法律或合同或者企业申请书均未规定有效期或者受益年限的，按照不少于10年确定有效使用期限。

其他资产包括开办费和以经营租赁方式租入的固定资产改良支出等。开办费从企业开始生产经营起，按照不少于5年的期限平均摊销；以经营租赁方式租入的固定资产改良支出，在租赁有效期内分期平均摊销。

3.3 营业收入及利润

3.3.1 营业收入

根据我国《企业会计准则》中的定义,收入是指企业在销售商品、提供劳务及他人使用本企业资产等日常活动所形成的经济利益的总流入,具体包括商品的销售收入、劳务收入、使用费收入、股利收入及利息收入。企业的营业收入包括主营业务收入和其他业务收入,其中主营业务收入是企业生产经营阶段的主要收入来源,是指企业向社会出售商品或提供劳务的货币收入,也称为销售收入。在不考虑其他业务收入的情况下,营业收入也可以视为销售收入。营业收入是反映工程项目真实收益的经济参数,也是工程经济分析中现金流入的一个重要项目,它是进行计算营业税金及附加、利润总额等的基础数据。

营业收入的估算公式为:营业收入 = 产品销售量 × 价格 　　　(3 - 28)

若生产多种产品,则总营业收入可按以下公式计算:

总营业收入 = Σ(某种产品年销售量 × 该种产品销售价格) 　　　(3 - 29)

【补充理解 3 - 3】

营业收入与总产值

营业收入与总产值是有区别的。总产值是企业生产的产品、半成品和在制品的价值总和,按照当前市场价格或者不变价格进行计算;营业收入是指出售商品的货币收入,按照出售时的市场价格进行计算。企业生产的产品只有在市场上出售,才能真正创造价值。因此营业收入才是反映工业项目真实收益的经济参数。

确定营业收入应当注意的问题:

(1) 营业收入确定的基础数据,包括产品或服务的数量和价格,都与市场预测密切相关。在估算营业收入时应对市场预测的相关结果以及建设规模、产品或服务方案进行概括或确认,特别应对采用价格的合理性进行说明。在进行财务评价时,通常应采用财务价格(出厂价格),即以线性市场价格体系为基础的预测价格。预测价格时要根据建设项目的实际情况,通过实事求是地分析、论证后加以确定;在进行项目的国民经济评价时,通常应采用影子价格,即依据一定原则确定的比财务价格更为合理的价格。

(2) 工程项目评价中营业收入的确定基于一项重要假定,即当期的产出(扣除自用量后)当期全部销售,也就是当期商品产量等于当期销售量,没有产品积压,故可称其为产销量。主副产品(或不同等级产品)的销售收入应全部计入营业收入,其中某些行业的产品成品率按行业习惯或规定;其他行业提供的不同类型服务收入也应同时计入营业收入。

(3) 各年运营量可根据经验确定负荷率后计算或通过制定销售(运营)计划确定。

① 按照市场预测的结果和项目具体情况,根据经验直接判定各年的负荷率。一般来讲,项目投产后不可能立刻达到设计生产能力,而是要经过试生产逐渐达到设计生产能力。判定时,应考虑项目性质、技术掌握难易程度、市场的开发程度等诸多因素。通常可按达到设计生产能力 50%,80%,100% 等不同生产负荷计算产品产销量和销售收入。

② 根据市场预测的结果,结合项目性质、产出特性和市场的开发程度制定分年运营计划,进而确定各年产出数量。相对而言,这种做法更具合理性,国际上大多采用这种做法。运营计

划或分年负荷的确定不应是固定的模式,应强调具体项目具体分析。一般开始投产时负荷较低,以后各年逐步提高,提高的幅度取决于上述因素的分析结果。有些项目的产出寿命期较短,更新快,达到一定负荷后,在适当的年份开始减少产量,甚至适时终止生产。

3.3.2 利润

利润是企业经济目标的集中表现,是一定时期内全部生产经营活动的净成果,利润的实现表明企业生产耗费得到了补偿,并取得了盈利。工程项目的利润已包含在销售收入内,不再作为单独的现金流入项目。但为了计算税金支出和分析项目盈利能力,必须对利润进行测算。利润就其构成而言,有不同的层次,根据经济分析的不同需要,主要有营业利润、利润总额和税后利润等概念。

1. 营业利润

营业利润是企业利润的主要来源,在不考虑资产价值变动和投资收益变动的情况下,营业利润是营业收入扣除成本、费用、各种流转税及附加税费后的余额。这个指标能够比较恰当地代表企业管理者的经营业绩,计算公式为:

$$营业利润 = 营业收入 - 总成本费用 - 营业税金及附加 \qquad (3-30)$$

2. 利润总额

利润总额是一定时期实现盈亏的总额,是企业生产经营成果的综合反映。企业在生产经营过程中,通过销售过程将商品卖给购买方,实现收入。收入扣除当初的投入成本以及其他一系列费用,再加减非经营性质的收支及投资收益,即为企业的利润总额。计算公式为:

$$利润总额 = 营业利润 + 营业外收入 - 营业外支出 \qquad (3-31)$$

式中,营业外收入是指与企业生产经营活动没有直接关系的各种收入,它并不是由企业经营资金耗费所产生,不需要企业付出代价,是一种纯收入。营业外收入包括固定资产盘盈、处置固定资产净收益、教育费附加返还款、出售无形资产净收益、确定无法支付的应付款项和罚款净收入等。营业外支出是不属于企业生产经营费用,与企业生产经营活动没有直接的关系,但应从实现的利润总额中扣除的支出。包括固定资产盘亏、处置固定资产净损失、非常损失、公益救济性捐赠、违约金、赔偿金和罚款等。

3. 税后利润

税后利润又称为净利润,是利润总额减去所得税的余额。企业的利润总额是劳动者为社会创造的新价值,其中一部分由国家以税收形式无偿征收,作为国家的财政收入,另一部分是企业的净利润。税后利润的计算公式为:

$$税后利润 = 利润总额 - 所得税 \qquad (3-32)$$

计算所得税时,对销售利润为负的年度,即企业发生亏损的年度,可用下一年度的税前利润等弥补,下一年度利润不足以弥补的,可以在5年内延续弥补,按弥补后的应纳税所得额计算所得税。5年内不足以弥补的,用税后的利润等弥补。

根据《公司法》等有关法律规定,企业当年实现的税后利润一般按下列优先顺序进行分配:

(1) 被没收的财物损失、支付各项税收的滞纳金和罚款。

(2) 弥补企业以前年度的亏损。

(3) 提取法定盈余公积金,法定盈余公积金按照税后利润扣除前两项后的10%提取。盈余公积金已达注册资金50%时不可再提取。

(4) 经股东会或者股东大会决议、提取任意公积金。

（5）向投资者分配利润，企业以前年度未分配的利润，可以并入本年度向投资者分配。

3.4 税 金

税金是国家依据法律对有纳税义务的单位和个人征收的财政资金。税收是国家凭借政治权力参与国民收入分配和再分配的一种方式，具有强制性、无偿性和固定性的特点。税收是国家取得财政收入的主渠道，也是国家对各项经济活动进行宏观调控的重要杠杆。

3.4.1 税收的种类

我国现行税收制度包含的税种按其性质和作用主要分为五大类，分别为流转税类、所得税类、资源税类、财产税类和行为税类。

1. 流转税类

流转税是对销售商品或提供劳务的流转额征收的一类税收。商品交易发生的流转额称为商品流转额，这个流转额可以是商品的实物流转额，也可以是商品的货币流转额。商品交易是一种买卖行为，如果税法规定卖方为纳税人，商品流转额即为商品销售数量或销售收入；如果税法规定买方为纳税人，商品流转额即为采购数量或采购支付金额。非商品流转额是指各种社会服务性行业提供劳务所取得的业务或劳务收入金额。按销售收入减除物耗后的增值额征收的增值税，也属于流转税一类。

流转税与商品（或劳务）的交换相联系，商品无处不在，又处于不断流动之中，这决定了流转税的征税范围十分广泛。流转税的计征，只管收入有无，而不管经营好坏、成本高低和利润大小。流转税都采用比例税率或定额税率，计算简便，易于征收，流转税形式上由商品生产者或销售者缴纳，但其收款常附着于卖价，易转嫁给消费者负担，而消费者却不直接感到税负的压力。因此，流转税对保证国家及时、稳定、可靠地取得财政收入有着重要的作用。同时，它对于调节生产和消费也有一定的作用。流转税一直是我国的主体税种，一方面体现在它的收入在全部税收收入中所占比重较大，另一方面体现在它的调节面比较广泛，对经济的调节作用比较显著。

我国目前开征的流转税主要有：增值税、消费税、营业税和关税。

2. 所得税类

所得税是以单位（法人）或个人（自然人）在一定时期内的所得额为征税对象的税收。税法规定应当征税的所得额，一般是指以下几个方面：一是指有合法来源的所得。合法所得主要包括生产经营所得（如利润等）、提供劳务所得（如工资、薪金、劳务报酬等）、投资所得（如股息、利息、特许权使用费收入等）和其他所得（如财产租赁所得、财产继承所得等）四类。二是指纳税人的货币所得，或能以货币衡量，或计算其价值的经济所得，不包括荣誉性、知识性的所得和体质上、心理上的所得。三是指纳税人的纯所得，即纳税人在一定时期的总收入扣除成本、费用以及纳税人个人的生活费用和赡养近亲的费用后的净所得。这样，使赋税比较符合纳税人的负担能力。四是指增强纳税能力的实际所得。例如利息收入可增加纳税人能力，可作为所得税的征收范围，而存款的提取，不列入征税范围。总体来说，所得税是对纳税人在一定时期（通常为一年）的合法收入总额减除成本费用和法定允许扣除的其他各项支出后的余额，即应纳税所得额征收的税。

所得税按照纳税人负担能力（即所得）的大小和有无来确定税收负担，实行"所得多的多征，所得少的少征，无所得的不征"的原则。因此，它对调节国民收入分配，缩小纳税人之间的收入差距有着特殊的作用。同时,所得税的征收面也较为广泛,在我国,随着经济的发展,人民所得的增加,所得税已经成为近年来收入增长较快的一类税。

当前我国开征的所得税主要有:企业所得税、外商投资企业和外国企业所得税、个人所得税。

3. 资源税类

资源税类是对开发、利用和占有国有自然资源的单位和个人征收的一类税。其主要有两个目的,一是为了取得资源消耗的补偿基金,保护国有资源的合理开发利用;二是为了调节资源级差收入,以利于企业在平等的基础上开展竞争。

我国目前开征的资源税类主要有:资源税、城镇土地使用税、土地增值税。

4. 财产税类

财产税是对纳税人所拥有或属其支配的财产数量或价值额征收的税。包括对财产的直接征收和对财产转移的征收。开征这类税后除为国家取得财政收入外,对提高财产的利用效果、现值财产的不必要的占有量有一定作用。

目前我国征收的财产税主要有:房产税、契税、车辆购置税、车船使用税。

5. 行为税类

行为税是指以某些特定行为为征税对象征收的一类税收。其目的可能是为了对某些特定行为进行限制、调节,使微观活动符合宏观经济的要求,也可能是为了开辟地方财源,达到特定的目的。

我国目前征收的行为税有:印花税、城市维护建设税、耕地占用税。

3.4.2 与工程经济分析有关的主要税种

企业所缴纳的税金根据税种的不同,有不同的核算方式。对工业企业来说,土地使用税、房产税、印花税以及进口原材料和备品备件的关税等可计入成本费用中。计算企业销售(营业)利润时,从销售(营业)收入中减除的营业税金及附加是指消费税、营业税、资源税、城市维护建设税。所得税从销售利润总额中扣除。现介绍几种主要的现行税种。

1. 增值税

增值税是以商品(含应税劳务)在流转过程中产生的增值额作为计税依据而征收的一种流转税。从计税原理上说,增值税是对商品生产、流通、劳务服务中多个环节的新增价值或商品的附加值征收的一种流转税。实行价外税,也就是由消费者负担,有增值才征税,没增值不征税。增值税既不进入成本费用,也不进入营业收入。从企业角度进行投资项目现金流量分析时可不考虑增值税。

在实际中,商品新增价值或附加值在生产和流通过程中是很难准确计算的。因此,中国也采用国际上的普遍采用的税款抵扣的办法。即根据销售商品或劳务的销售额,按规定的税率计算出销项税额,然后扣除取得该商品或劳务时所支付进项税额,其差额就是增值部分应交的税额,这种计算方法体现了按增值因素计税的原则。增值税计算公式:

应纳税额 = 当期销项税额 − 当期进项税额 = (销售额 × 税率 − 销售成本 × 扣除率)

(3 − 33)

销项税额是按照销售额和规定的税率计算的增值税额;进项税额是指纳税期限内纳税人购进货物或接受应税劳务所支付或负担的、准予从销项税额中抵扣的增值税额。其数额由四部分组成:①从销售方取得的增值税专用发票上注明的增值税额;②从海关取得的完税凭证上注明的增值税额;③购进免税农产品准予抵扣的进项税额;④取得运费发票准予抵扣的进项税额。如果购进货物未能再出售,则其进项税额也不得从销项税额中抵扣。

对于年销售额较少、会计核算不健全的小规模纳税人,实行按销售收入全额及规定的征收率计征增值税。其计算公式为:

$$应纳税额 = 销售额 \times 征收率$$
$$计税销售额 = 含税销售额 \div (1 + 征收率) \tag{3-34}$$

对于直接用于科学研究、实验的进口仪器设备,外国政府及国际组织无偿援助的进口物资,来料加工、来件装配和补偿贸易所需进口的设备以及销售自己使用过的物品,则免征或减征增值税。

2. 营业税

营业税是对在我国境内从事交通运输、建筑业、金融保险、邮政电信、文化体育、娱乐业、服务业、转让无形资产、销售不动产等业务的单位和个人,就其营业收入或转让收入征收的一种税。不同行业采用不同的适用税率。营业税属于流转税制中的一个主要税种。营业税税率按照行业、类别不同分别采用了不同的比例税率。交通运输业为3%,出售、出租无形资产为5%,销售不动产为5%。营业税应纳税额按照营业额和规定的税率计算应纳税额,计算公式为:

$$应纳税额 = 营业额 \times 税率 \tag{3-35}$$

2011年11月17日,财政部、国家税务总局正式公布营业税改征增值税试点方案。自2012年8月1日起至年底,将交通运输业和部分现代服务业纳入"营改增"试点范围。2014年1月1日起,铁路运输和邮政服务业纳入营改增试点范围,从2014年6月1日起,将电信业纳入营改增试点范围。

营业税改征增值税试点改革,是国家实施结构性减税的一项重要举措,也是一项重大的税制改革。通过营业税改征增值税,有利于减少营业税重复征税,使市场细化和分工协作不受税制影响,也有利于完善和延伸二、三产业增值税抵扣链条,促进二、三产业融合发展。同时,也利于建立货物和劳务领域的增值税出口退税制度,改善我国的出口税收环境。

【补充理解3-4】

营业税改增值税的原因

在我国现行税制结构中,增值税和营业税是最为重要的两个流转税税种,二者分立并行。其中,增值税的征税范围覆盖了除建筑业之外的第二产业,第三产业的大部分行业则课征营业税。随着市场经济的建立和发展,这种划分行业分别适用不同税制的做法,日渐显现出其内在的不合理性和缺陷,对经济运行造成扭曲,不利于经济结构优化。

其一,从税制完善性的角度看,增值税和营业税并行,破坏了增值税的抵扣链条,影响了增值税作用的发挥。

其二,从产业发展和经济结构调整的角度来看,将我国大部分第三产业排除在增值税的征税范围之外,对服务业的发展造成了不利影响。

其三,从税收征管的角度看,两套税制并行造成了税收征管实践中的一些困境。随着多样化经营和新的经济形式不断出现,税收征管也面临着新的难题。

资料来源:贾康. 为何我国营业税要改征增值税. 财会研究,2012(1)。

3. 消费税

消费税的纳税义务人为在我国境内生产、委托加工和进口某些消费品的单位和个人。征收消费税的消费品主要是奢侈品、非生活必需品、高能耗、高档消费品、特殊消费品(如烟、酒、鞭炮等）、稀缺资源消费品等。消费税是价内税，并且与增值税交叉征收，即对应税消费品既要征收消费税，又要征收增值税。

消费税在生产和进口环节征收，进入流通领域不再征收消费税。消费税的计算有从价定率和从量定额两种。计算公式为：

$$实行从价定率办法计算的应纳税额 = 不含税销售额 \times 税率$$
$$实行从量定额办法计算的应纳税额 = 销售数量 \times 单位税额 \qquad (3-36)$$

增值税和营业税是普遍征收的税种，而消费税只针对规定的消费品。对于符合国家规定的出口产品，国家免征或退还已征的增值税、消费税和营业税。

【补充理解 3-5】

汽车消费税的产生与调整

汽车消费税是 1994 年国家税制改革中新设置的一个税种，被列入 1994 年 1 月 1 日起实施的《中华人民共和国消费税暂行条例》。

对于小汽车按不同车种排气量的大小设置了 3 档税率。汽缸容量小于 1.0L 的轿车税率为 3%，汽缸容量大于或等于 1.0L、小于 2.2L 的轿车税率为 5%，汽缸容量大于或等于 2.2L 的轿车税率为 8%，轻型越野车汽缸容量小于 2.4L 的税率为 5%。汽车消费税是价内税，是针对厂家征收。

财政部、国家税务总局 2008 年 8 月 13 日发布通知，从 2008 年 9 月 1 日起调整汽车消费税政策，提高大排量乘用车的消费税税率，降低小排量乘用车的消费税税率。排气量在 3.0L 以上至 4.0L（含 4.0L）的乘用车，税率由 15% 上调至 25%，排气量在 4.0L 以上的乘用车，税率由 20% 上调至 40%；降低小排量乘用车的消费税税率，排气量在 1.0L（含 1.0L）以下的乘用车，税率由 3% 下调至 1%。

4. 企业所得税

企业所得税是对我国境内实行独立经济核算的企业或组织的生产经营所得和其他所得征收的一种税。使用对象包括：国有企业、集体企业、私营企业、联营企业、股份制企业和有生产经营所得和其他所得的其他组织。企业的生产经营所得包括来源于中国境内和境外所得。纳税人应纳税额按应纳税所得额乘以适用税率计算，计算公式为：

$$企业所得税应纳税额 = 应纳税所得额 \times 税率 \qquad (3-37)$$

应纳税所得额是纳税人每一纳税年度的收入总额减去准予扣除项目后的余额，计算公式为：

$$应纳税所得额 = 收入总额 - 准予扣除项目金额 \qquad (3-38)$$

纳税人收入总额包括生产经营收入、财产转让收入、利息收入、租赁收入、特许权使用费收入、股息收入等。准予扣除项目是与纳税人取得收入有关的成本、费用、税金和损失。外商投资企业所得税，目前仍按《外商投资企业和外国企业所得税法》执行。

【补充理解 3-6】

企业所得税的征收方式

企业所得税的征收方式主要有查账征收和核定征收两种方式，核定征收方式又包括定额征收和核定应税所得率征收两种办法。定额征收是指税务机关按照一定的标准、程序和方法，直接核定纳税人年度应纳企业所得税税额，由纳税人按规定进行申报缴纳的办法。

核定应税所得率征收方式在实际操作过程中，主要是通过测算纳税人的收入总额并对照税法规定的应税所得率表来进行计算的。比如工业、交通运输业、商业 7%~20%；建筑业、房地产开发业 10%~20%;饮食服务业 10%~25%;娱乐业 10%~25%;其他行业 10%~30%。企业经营多业的,无论其经营项目是否单独核算,均由主管税务机关根据其主营项目,核定其适用某一行业的应税所得率。

5. 个人所得税

凡在中国境内有住所,或无住所而在境内住满一年的个人,从中国境内和境外取得的所得,均应缴纳个人所得税。个人所得税适用于居民个人工资、薪金、劳动报酬等所得,以及个体工商户的生产、经营所得和对企事业单位的承包经营、承租经营所得。

【补充理解3-6】

个人所得税的发展历史

1980年9月1日第五届全国人民代表大会第三次会议通过并公布了《中华人民共和国个人所得税法》。由此,我国制定了本国的个人所得税制度。并将个人所得税的起征点确定为800元。

2005年10月27日第十届全国人民代表大会常务委员会第十八次会议通过《关于修改〈中华人民共和国个人所得税法〉的决定》,确定将于2006年1月1日起将个税起征标准提高至1600元。

2008年3月1日我国个人所得税征收起点从起由1600元上调至2000元。10月9日国务院决定对储蓄存款利息所得暂免征收个人所得税。

2011年9月1日起,中国内地个税免征额调至3500元。同时,将现行个人所得税第1级税率由5%修改为3%,9级超额累进税率修改为7级,取消15%和40%两档税率,扩大3%和10%两个低档税率的适用范围。

6. 资源税

资源税是国家对在国内从事某些初级资源(如石油、天然气、煤炭、黑色金属矿原矿、其他金属矿原矿、有色金属矿原矿、盐等)开发的单位和个人征收的一种税,主要目的在于调节因资源差别而形成的级差收入,促进国有资源的合理开采和产业结构的调整。

资源税采取从量定额的办法征收,计算公式为:

$$应纳资源税税额 = 课税数量 \times 单位税额 \quad (3-39)$$

如纳税人开采或者生产应税产品用于销售,以销售数量为课税数量;如纳税人开采或者生产应税产品用于自用,以自用数量为课税数量。单位税额根据开采或生产的应税产品的资源状况而定,具体办法按《资源税税目税额幅度表》执行。

7. 城镇土地使用税

城镇土地使用税是对城市、县城、建制镇和工矿区范围内使用土地的单位和个人,按实际占用土地面积征收的一种税。"单位"包括国有企业、集体企业、私营企业、股份制企业、外商投资企业、外国企业以及其他企业和事业单位、社会团队、国家机关、军队以及其他单位;"个人"包括个体工商户以及其他个人。国家规定,直接用于农、林、牧、渔业的生产用地,国家机关、人民团体、军队自用的土地,以及由国家财政部门拨付事业经费的单位自用的土地,免缴土地使用税。另外,国家对一些重点发展产业有相应的减免规定。

土地是国家的宝贵资源,是人类赖以生存和从事生产的必不可少的物质条件。我国人多地少,珍惜土地、节约用地是一项基本国策。开征土地使用税有利于合理使用城镇土地,用经济手段加强对土地的控制和管理,变土地的无偿使用为有偿使用,促进合理、节约使用土地,提高土地使用效益;有利于适当调节不同地区、不同地段之间的土地级差收入,使各纳税人的收入水平大体均衡,促进企业加强经济核算,理顺国家与土地使用者之间的分配关系,增加财政收入。

8. 土地增值税

土地增值税是对转让国有土地使用权、地上建筑物及其附着物并取得收入的单位和个人,就其转让房地产取得的土地增值额缴纳的一种税。土地增值税的纳税人包括:国有企业、集体企业、私营企业、外商投资企业和外国企业;机关、团体、部队、事业单位、个体工商户及其他单位和个人;外国机构、华侨、港澳台同胞及外国公民。

土地增值税的纳税范围是:转让国有土地使用权;地上的建筑物及其附着物连同国有土地使用权一并转让。"地上的建筑物"是指建于土地上的一切建筑物,包括地上地下的各种附属设施。"附着物"是指附着于土地上的不能移动或一经移动即遭损坏的物品。"转让"是指以出售或其他方式的有偿转让,不包括以继承、赠与方式的无偿转让。出租房地产行为,受托代建房行为,由于产权没有转移,不属于纳税范围。土地增值税以增值额与扣除项目金额的比率大小按适用的税率累进计算征收。

9. 房产税

房产税是以房产为征收对象,依据房产价格或房产租金收入向房产所有人或经营人征收的一种税。纳税义务人是房屋产权的所有人,包括产权所有人、经营管理单位、承典人、房屋代管人或者使用人。征税范围为城市、县城、建制镇和工矿区。计税依据是房产的计税价值或房产的租金收入,按照房产计税价值计征的,称为从价计征;按照房产租金收入计征的,称为从租计征。

10. 城市维护建设税

城市维护建设税是国家对缴纳增值税、消费税、营业税(简称"三税")的单位和个人究其实际缴纳的"三税"税额为计税依据而征收的一种税。它是为了加强城市的维护建设,扩大和稳定城市建设资金来源而征收的一种税。其计算公式为:

$$应纳城市维护建设税额 = 纳税人实际缴纳的"三税" \times 适用税率 \quad (3-40)$$

城市维护建设税以"三税"为计税依据,分别与"三税"同时缴纳。纳税人所在地在市区的,城市维护建设税税率为7%;在县城和镇的,城市维护建设税税率为5%;在乡村的,城市维护建设税税率为1%;大中型工矿企业所在地不在城市市区、县城、建制镇的,城市维护建设税税率为5%。

11. 印花税

印花税是对经济活动和经济交往中书立、领受凭证行为缴纳的一种行为税。因其采用在应税凭证上粘贴印花税票的方法作为完税的标记,故名印花税。印花税是一种具有行为税性质的凭证税,凡发生书立、使用、领受应税凭证的行为,就必须按照规定履行纳税义务。印花税共有5个大类,13个税目,分比例税率和定额税率两种。印花税的应纳税额根据应纳税凭证的性质,分别按比例税率或者定额税率计算。

12. 教育费附加

教育费附加自1986年开始在全国征收,主要作为教育专项基金,用于各地改善教学设施和办学条件。凡缴纳增值税、营业税和消费税的单位和个人应同时缴纳教育费附加,其计征依据是实际缴纳的上述三种税的税额,税率为3%。

3.5 电子表格的应用

计算折旧可以采用直线折旧法和加速折旧法,Excel 有相关的函数进行折旧计算:
计算资产在指定的年份内的直线折旧,格式为:SLN(成本,残值,寿命期)。

按年数总和法计算某一年的折旧额,格式为:SYD(成本,残值,寿命期,周期)。

双倍余额递减法计算某一年的折旧额,格式为:VDB(成本,残值,寿命期,开始周期,结束周期),当 $\dfrac{(固定资产净值)_{i-1} - 固定资产净残值}{折旧年限 - (i-1)} >$ 年折旧率 × (固定资产净值)$_{i-1}$ 时,函数自动转为直线折旧法进行计算。

【例3-7】 某人购买了一台价值8500元的投影仪,折旧年限为8年,预计期末残值为500元,请计算:

(1) 使用平均年限法计算各年折旧额。

(2) 使用年数总和法计算该投影仪各年的折旧额。

(3) 不考虑残值的情况下,请用双倍余额递减法计算各年折旧额。

解:(1)直线折旧法(年限平均法),结果如图3-2所示。

图3-2 SLN函数的应用

(2)年数总和法,结果如图3-3所示。

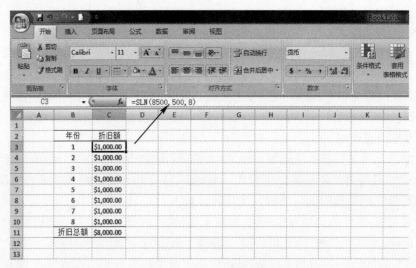

图3-3 SYD函数的应用

(3) 双倍余额递减法，结果如图 3-4 所示。

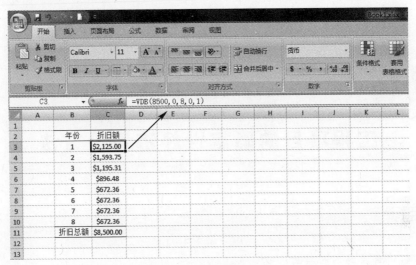

图 3-4　VDB 函数的应用

复习思考题

一、简答题

1. 建设项目总投资由哪些部分构成？各部分分别形成了什么资产？
2. 流动资金的作用及特点是什么？流动资金包括哪些项目？
3. 无形资产包括哪些类型？试举例说明。
4. 投资项目生产经营期内的净现金流量中是否包括折旧费？为什么？
5. 工业产品的总成本费用是如何分类的？
6. 什么是经营成本？为什么折旧费、摊销费和财务费用不是经营成本的组成部分？
7. 现行的财务制度为什么要规定各类固定资产的折旧年限和折旧方法？
8. 根据现行的国家财税政策，税后利润应如何分配？
9. 简述营业收入、总成本、税金和利润的关系。
10. 税收的主要作用是什么？计入总成本的税金有哪些？

二、计算题

1. 某工程项目期初投资 500 万元，年销售收入为 300 万元，年折旧费为 60 万元，销售税金为 8 万元，年经营成本为 200 万元，所得税税率为 25%。不考虑固定资产残值，试计算该工程项目的年净现金流量。

2. 一个空气净化器生产项目期初投资为 50 万元，使用年限为 8 年，每年扣除运营费用后的毛利为 14 万元，期末残值为零，所得税率为 25%。试确定一下各种折旧方法下的每年的税后现金流量。

(1) 按平均年限法计算各年折旧额，折旧期为 8 年。
(2) 按双倍余额法计算各年折旧额，折旧期为 5 年。
(3) 按年数总和法计算各年折旧额，折旧期为 6 年。

第 4 章
工程项目的确定性经济评价方法

◢ 学习目标

- 理解经济评价的不同层面；
- 熟练掌握确定性经济评价各指标的概念与计算；
- 学会选择使用经济指标对项目进行确定性经济评价。

◢ 导入案例

吉沙水电站经济评价

吉沙水电站位于云南省迪庆藏族自治州香格里拉县虎跳峡镇境内,金沙江支流的硕多岗河上。工程区距香格里拉县 42km,距负荷中心昆明市 400km。电站建成后,与上游梯级联合调度运行,共同为电网提供优质廉价的电能,并承担云南电网的调峰、调频及备用等任务。

对吉沙水电站进行水利建设项目经济评价的目的在于根据国民经济发展的要求,在工程技术可行的基础上,分析与计算建设项目投入的费用和产出效益,然后进行经济评价。这是对建设项目进行投资决策的主要依据,也是水利工程项目可行性研究报告和初步设计的重要内容。对于这样的大型工程水电项目而言,应该选择哪些指标进行经济评价呢?

工程项目评价是对建设项目和方案从工程、技术、经济、资源、环境、政治、国防和社会等多方面进行全面的、系统的、综合的技术经济计算和分析、比较、论证和评价,从多种可行方案中选择出最优方案。经济效益评价是工程项目评价的核心内容。

4.1 工程项目经济评价概述

4.1.1 工程项目经济评价概念

工程项目经济评价,是根据国民经济与社会发展以及行业、地区发展规划的要求,在初步方案的基础上,采用科学的分析方法,对拟建项目的财务可行性和经济合理性进行论证,为项目的科学决策提供经济依据。工程项目经济评价是项目建议书和可行性研究的重要组成部分,工程项目经济评价的任务是在完成市场预测、厂址选择、工艺技术方案选择等研究的基础上,对拟建项目投入产出的各种技术经济因素进行调查、分析、预测,对其经济效果进行计算、论证和评价,比选推荐最佳方案。

工程项目经济评价是项目前期工作的重要内容,其目的在于确保决策的正确性和科学性,最大限度地减小投资的风险,最大限度地提高项目投资的综合经济效益。建设项目经济评价对于加强固定资产宏观调控、提高投资决策的科学化水平、引导和促进各类资源的合理配置、优化投资结构、减少和规避投资风险、充分发挥投资效益,均有着重要的作用。

4.1.2 经济效果评价指标体系

项目经济评价可以根据不同评价目标、评价深度、方案特点和可获得数据资料等情况,选用不同的评价指标。但由于经济效益是综合性指标,一个评价指标仅能反映某一个方面,所以为了系统、全面地评价技术方案的经济效果,需要选取正确的评价指标体系,从多个方面进行分析考察。根据不同的划分标准,对投资项目评价指标体系可以进行不同的分类。

1. 按评价指标是否考虑资金时间价值来划分

按是否考虑资金的时间价值,经济评价指标可以划分为静态评价指标和动态评价指标两大类。

静态评价指标是指不考虑资金时间价值的评价指标,不进行复利计算。如静态投资回收期、简单投资收益率、投资利润率等。静态评价指标的特点是计算简便、直观、易于掌握。因此传统的经济评价多采用静态评价指标;静态评价指标的缺点是由于忽略了资金的时间价值,反映项目投资经济效益并不准确,以此作为投资决策的依据,通常容易导致资金的积压和浪费。静态评价经常应用于可行性研究初始阶段的粗略分析和评价,以及方案的初选阶段。

动态评价指标是指考虑资金时间价值的评价指标,要采用复利计算方法,把不同时间点的效益流入和费用流出折算为同一时间点进行等值价值。如动态投资回收期、净现值、内部收益率等。动态评价指标克服了静态评价指标的缺点,但它需要较多的数据和资料,计算各种指标往往比较复杂,工作量比较大,通常要借助计算机等辅助工具。动态评价主要用于项目最后决策前的可行性研究阶段。

动态评价指标和静态评价指标两者各有所长,在经济效益评价过程中,两种评价指标相互配合使用,以动态评价指标为主。

2. 按考察的投资范畴划分

经济评价的主要目的在于分析投资项目的经济效益的好坏,由于项目的经济效益与其投资有着密切的关系,因此,可以根据所考察投资范畴不同,将经济评价指标分为考察全部投资经济效益的评价指标、总投资经济效益的评价指标和自有资金投资经济效益的评价指标三种。

全部投资是指项目实施时固定资产投资与流动资产投资之和。在全部投资经济评价中,不区分资金来源的不同,假设全部资金均为自有资金,并且以项目本身作为系统进行评价,考察其全部投资的经济性。此时就项目本身而言,其经济效益只与项目的建设的投产速度、收益与费用等因素有关,而与资金来自何方、如何偿还无关。因此,全部投资经济评价反映的是项目全部投资可能带来的经济效益,它恰好符合投资前期研究的目标和投资决策的需要。常见的全投资经济评价指标有全部投资回收期、全投资净现值、全投资内部收益率等指标。

总投资是指项目实施时固定资产投资、流动资产投资和基建贷款利息三者之和。总投资经济评价是在全部投资经济评价的基础上,考虑资金的来源、资金成本、贷款偿还和分配等因素所作的经济评价。目前常用的总投资经济评价指标有投资利润率、投资利税率等。

自有资金是投资者的实际出资额。项目投资均为自有资金只是一种假设,是为了便于全部投资经济评价指标的计算。对于多数项目投资而言,银行贷款必不可少。因此企业(或投资者)更关心自有资金从项目实施中所得到的可能利益,即自有资金的投资效益,这也是自有资金投资经济评价的任务。自有资金投资经济评价结果之所以与全部投资经济评价结果存在差异,是由于投资率一般不等于银行贷款的利息率所致。常见的自有资金经济评价指标如自有资金投资回收期、自有资金净现值、自有资金内部收益率等指标。

3. 按评价指标所反映的经济性质划分

项目的经济性一般表现在项目投资的回收速度、投资的盈利能力和资金的使用效率三个方面。与此相对应,可将评价指标划分为时间型评价指标、价值型评价指标和效率型评价指标。本章经济评价指标的介绍就按照经济性质的分类进行。

时间型评价指标是指利用时间的长短来衡量项目对其投资回收或清偿能力的指标。常用的时间型评价指标有静态投资回收期、动态投资回收期、静态差额投资回收期、动态差额投资回收期等。

价值型评价指标是指反映项目投资的净收益绝对值大小的指标。常用的价值型评价指标有净现值、净年值、净终值、费用现值、费用年值等。

效率型评价指标是指反映项目单位投资获利能力或项目对贷款利率的最大承受能力的指标。常用的效率型评价指标有投资收益率、内部收益率、外部收益率、净现值率和效益费用比等。

这三类指标从不同角度考察项目的经济性,在对项目方案进行经济效益评价时,应当尽量同时选用这三类指标以利于较全面地反映项目的经济性。项目的经济评价指标的指标类型和具体指标等信息,如表4-1所示。

表4-1 项目的经济评价指标

指标类型	具体指标	备注
时间型指标	投资回收期	静态,动态
	差额投资回收期	静态,动态
价值型指标	净现值、净年值、净终值 费用现值、费用年值	动态
效率型指标	投资收益率	静态
	内部收益率、外部收益率	动态
	净现值率	动态

4.2 时间型指标

时间型指标就是投资回收期指标,所谓投资回收期又叫投资返本期或投资偿还期,是指以项目的净收益抵偿全部投资所需的时间,一般以年为计算单位,从项目投建之年算起。本章介绍的投资回收期包括静态投资回收期和动态投资回收期。差额投资回收期指标在第五章进行介绍。

4.2.1 静态投资回收期

1. 概念

静态投资回收期就是在不考虑资金时间价值的情况下,用项目各年的净现金流入回收项目全部投资(包括建设投资和流动资金投资)所需要的时间,也可以理解为项目各年净现金流累计为零所需要的时间。静态投资回收期是进行项目投资回收能力评价的重要指标。

2. 计算

静态投资回收期可由下列计算公式求得：

$$\sum_{t=0}^{P_t}(CI-CO)_t = 0 \qquad (4-1)$$

式中 CI——现金流入量；
CO——现金流出量；
$(CI-CO)_t$——第 t 年的净现金流量；
P_t——静态投资回收期（单位：年）。

静态投资回收期亦可根据全部投资的财务现金流量表中累计净现金流量计算求得，其实用计算公式为：

$$P_t = \left[\begin{array}{c}\text{累计净现金流量}\\ \text{开始出现正值的年份}\end{array}\right] - 1 + \frac{\text{上年累计净现金流量绝对值}}{\text{当年净现金流量}} \qquad (4-2)$$

3. 判别准则

用投资回收期评价投资项目时，需要与根据同类项目的历史数据和投资者意愿确定的基准投资回收期相比较。设基准投资回收期为 P_c，判别准则为：

若 $P_t \leq P_c$，则项目可以考虑接受；

若 $P_t > P_c$，则项目应予以拒绝。

静态投资回收期指标是否能进行方案优劣的比选呢？有如下 A、B、C 三个项目，现金流量表如下，请思考是否可以使用静态投资回收期法进行项目的优劣分析？

年末 \ 项目	A	B	C
0	1000	1000	1000
1	500	200	1000
2	500	800	20
3	50	500	20
4	50	300	50

由于该指标舍弃了回收期以后的收入与支出数据，故不能全面反映项目在寿命期内的真实效益，难以对不同方案的比较选择做出正确判断。

【例 4-1】 某投资工程，现金流量如表 4-2 所示，试计算该项目的投资回收期，若标准投资回收期为 7 年，判断其在经济上的合理性。

表 4-2 该项目现金流量表　　　　　　　　　　（单位：万元）

项目 \ 年份	0	1	2	3	4	5	6	7	8
总投资	1800								
销售收入				800	950	950	950	950	950
经营成本				300	350	350	350	350	350
残值回收									200
净现金流量				500	600	600	600	600	800
累计净现金流量	-1800	-1800	-1800	-1300	-700	-100	500	1100	1900

解:根据上表所示,利用式(4-2),可以计算:

$$P_t = 6 - 1 + \frac{100}{600} = 5.17 \text{ 年} < 7 \text{ 年}$$

所以该投资方案在经济上可行。

4. 指标评价

1) 优点

(1) 该指标概念清晰、反映问题直观,计算方法简单。

(2) 该指标不仅在一定程度上反映项目的经济性,而且反映项目的风险大小。

项目决策面临着未来的不确定性因素的挑战,这种不确定性所带来的风险随着时间的延长而增加。为了减少这种风险,就必然希望投资回收期越短越好。因此,该指标可以反映一定经济性和风险性,被广泛用作项目的辅助性评价。

2) 缺点

(1) 该指标没有反映资金的时间价值。

(2) 只能进行绝对评价(可行性分析)不能进行相对评价(多方案的选优)。

4.2.2 动态投资回收期

1. 概念

动态投资回收期就是考虑资金时间价值的情况下,按照设定的基准折现率,用项目各年的净现金流入回收项目全部投资所需要的时间。该指标的使用主要是为了克服静态投资回收期未考虑时间因素的缺点。

2. 计算

动态投资回收期可由下列计算公式求得:

$$\sum_{t=0}^{P_D} (CI - CO)_t (1 + i_0)^{-t} = 0 \tag{4-3}$$

式中 i_0——基准收益率;
P_D——动态投资回收期。

也可用全部投资的财务现金流量表累计净现金计算求得,其详细计算式为:

$$P_D = \left[\frac{\text{累计折现值}}{\text{开始出现正值的年份}}\right] - 1 + \frac{\text{上年累计折现值的绝对值}}{\text{当年折现值}} \tag{4-4}$$

3. 判别准则

用动态投资回收期评价投资项目的可行性也需要与基准动态投资回收期相比较。设基准动态投资回收期为 P_b,判别准则为:

若 $P_D \leq P_b$,项目可以被接受;

若 $P_D > P_b$,项目应予以拒绝。

动态投资回收期只能进行绝对评价,不能进行相对评价。

【例4-2】 用例4-1的数据计算动态投资回收期,并对项目可行性进行判断。基准折现率为10%。基准动态投资回收期为7年。

解:$P_D = 7 - 1 + \frac{303.7}{307.8} = 6.99 < 7 (\text{年})$

按动态投资回收期评价,该方案可以接受。同时可以看出,在考虑资金时间价值的情况下,动态投资回收期要大于静态投资回收期。

表4-3 【例4-2】现金流量表 （单位:万元）

年份 项目	0	1	2	3	4	5	6	7	8
总投资	1800								
销售收入				800	950	950	950	950	950
经营成本				300	350	350	350	350	350
残值回收									200
净现金流量				500	600	600	600	600	800
折现系数	1.000	0.909	0.826	0.751	0.683	0.621	0.564	0.513	0.467
折现值	-1800	0	0	375.5	409.8	372.6	338.4	307.8	373.6
累计折现值	-1800	-1800	-1800	-1424.5	-1014.7	-642.1	-303.7	4.1	377.7

4. 指标评价

（1）优点

动态投资回收期法的优点与静态投资回收期相同,同时由于该方法考虑了资金的时间价值,所以更加符合实际经济活动的运作。

（2）缺点

动态投资回收期依然没有考虑回收期以后的经济效果,因此不能全面地反映项目在寿命期内的真实效益,通常只宜用于辅助性评价。

4.3 价值型指标

工程项目确定性经济评价的价值型指标包括净现值、净年值、费用现值和费用年值指标。

4.3.1 净现值

1. 概念

净现值是指按一定的基准折现率,将各年的净现金流量折现到同一时点(计算基准年,通常是期初)的现值累加值。净现值法是在建设项目的财务评价中计算投资效果的一种常用的动态分析方法。

2. 计算

净现值的计算公式为:

$$\text{NPV} = \sum_{t=0}^{n} (\text{CI} - \text{CO})_t (1 + i_0)^{-t} \qquad (4-5)$$

式中 i_0——基准投资收益率(也称为基准贴现率,基准收益率);

NPV——净现值;

n——计算期。

3. 判别准则

1）单一方案

对单一方案而言:

（1）若 NPV=0,说明该方案的投资水平恰好达到了行业或部门的基准收益率水平,也表明该方案的动态投资回收期等于该方案的计算期,表明项目可以接受。

(2) 若 NPV > 0,表明在基准收益率水平外,方案还有超值收益,同时表明该方案的动态投资回收期小于方案计算期,表明项目可以接受。

(3) 若 NPV < 0,表示项目的收益率未达到基准收益率,应予拒收。

2) 多方案

多方案比较时,以净现值大的方案为优。

【例 4-3】 例题同 4-1,请使用净现值指标判断方案的可行性,基准折现率为 10%。

解:现金流量图如图 4-1 所示。

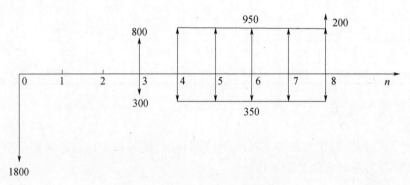

图 4-1 【例 4-3】现金流量图

$$NPV = -1800 + 500 \times (P/F, 0.1, 3) + 600 \times (P/A, 0.1, 5) \times (P/F, 0.1, 3) + 200 \times (P/F, 0.1, 8)$$
$$= -1800 + 500 \times 0.75131 + 600 \times 3.79079 \times 0.75131 + 200 \times 0.46651$$
$$= -1800 + 375.655 + 1708.835 + 93.302$$
$$= 377.792(万元) > 0$$

该项目的净现值为 377.792 万元,说明实施该项目不仅可以达到 10% 的基准收益率水平,而且可以创造 377.792 万元的超额收益现值。

【例 4-4】 为生产某产品,企业现有两种可选择的设备,其有关资料如表 4-4 所示,它们的使用寿命相同,都是 8 年,基准折现率为 10%,试用净现值法评价选择最优可行机床方案。

表 4-4 设备有关资料 (单位:元)

方案\项目	投资	年收益	年费用	净残值
设备 A	20000	7500	2200	2000
设备 B	30000	9200	2600	3000

解:第一步,计算两方案的 NPV 值。

$$NPV_A = -20000 + (7500 - 2200)(P/A, 12\%, 8) + 2000(P/F, 12\%, 5)$$
$$= -20000 + 5300 \times 4.9676 + 2000 \times 0.4039 \approx 7136.08(元)$$
$$NPV_B = -30000 + (9200 - 2600)(P/A, 12\%, 8) + 3000(P/F, 12\%, 5)$$
$$= -30000 + 6600 \times 4.9676 + 3000 \times 0.4039 \approx 3997.86(元)$$

第二步,进行方案优劣比较。

由于 $NPV_A > 0, NPV_B > 0$,所以机床 A、B 两个方案除均能达到基准收益率 12% 外,还能分别获得 7236.08 元和 3997.86 元的超额净现值收益,说明两个方案在经济上都是合理的,都可以接受,但由于 $NPV_A > NPV_B$,故选择设备 A 为最优方案。

注意,净现值用于方案比选时,由于项目之间要满足时间的可比性,所以方案的寿命期必须相等。

4. 净现值函数

【例 4-5】 某项目现金流量如表 4-5 所示,请分别计算折现率为 0%,5%,10%,15%,20%,30%,40% 和 ∞ 时的净现值。

该项目净现值计算表,如表 4-6 所示。

该项目净现值函数曲线,如图 4-2 所示。

表 4-5 该项目现金流量表

年份	净现金流量
1	-1500
2	560
3	560
4	560
5	560

表 4-6 该项目净现值计算表

折现率(%)	NPV = -1500 + 560(P/A,i,4)
0%	740
5%	485.73
10%	275.12
15%	98.79
20%	-50.31
30%	-286.91
40%	-464.43
∞	-1500

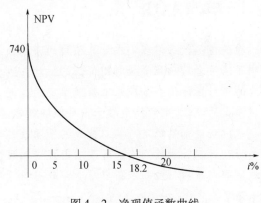

图 4-2 净现值函数曲线

由上例计算结果可以看出,净现值的大小与基准折现率 i_0 有很大的关系,当 i_0 增大时,净现值随之减小,我们可以将净现值视为折现率的函数。所谓净现值函数就是净现值 NPV 随折现率 i 变化的函数关系。通过以上例子,可以发现净现值函数一般有以下特点:

(1) 同一净现金流量的净现值随 i 的增大而减小,故当基准折现率 i_0 越大,净现值就越小,甚至为零或负值,因而可被接受的方案也就越少。

(2) 净现值随折现率的增大可从正值变为负值,因此,必然会有当 i 为某一数值 i^* 时,使得净现值 NPV = 0,如图 4-2 所表明的,当 $i < i^*$ 时,$NPV(i) > 0$;当 $i > i^*$,$NPV(i) < 0$;只有当净现值函数曲线与横坐标相交时(即图中 $i^* = 18.2\%$),$NPV(i) = 0$。i^* 是一个具有重要经济意义的折现率临界值,称为内部收益率,后面还要对它作详细分析。

【例 4-6】 某项目投资 45000 元,预计年收入为 16000 元,年运行费用为 4500 元,5 年年末项目设备的残值 3000 元。如果基准折现率为 8%,问(1)该项目是否可行?(2)如果基准折现率为 15%,该项目是否可行。

解:画出现金流量图,如图 4-3 所示。

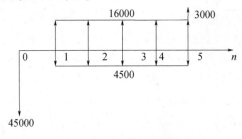

图 4-3 该项目现金流量图

(1) 当 $i=8\%$ 时,计算净现值:

$$NPV = -45000 + 11500 \times (P/A,8\%,5) + 3000 \times (P/F,8\%,5)$$
$$= -45000 + 11500 \times 3.9927 + 3000 \times 0.6806$$
$$= 2957.85(元)$$

(2) 当 $i=15\%$ 时,计算净现值:

$$NPV = -45000 + 11500 \times (P/A,15\%,5) + 3000 \times (P/F,15\%,5)$$
$$= -45000 + 11500 \times 3.3522 + 3000 \times 0.4972$$
$$= -4958.1(元)$$

可以看出,随着基准折现率的增大,项目的净现值由正变负,由可行变成不可行。

【补充理解4-1】

基准折现率的确定

净现值函数告诉我们在计算项目的净现值指标时,基准折现率是一个非常重要的参数,它表明了决策者对项目资金时间价值的估计,是投资资金应当获得的最低盈利水平,直接影响到项目的可行性评价。如果基准折现率定的过高,会使许多经济效益好的方案被拒绝;如果基准折现率定的过低,则可能会接受一些经济效率并不好的方案。

基准折现率的确定一般以行业的平均收益率为基础,综合考虑资金成本、投资风险、通货膨胀与资金限制等影响因素。对于政府投资项目,进行经济评价时使用的基准折现率是由国家组织测定并发布的行业基准折现率。非政府投资项目,由基准折现率由投资者自行确定,可以采用如下公式:

$$i_0 = (1+r_1)(1+r_2)(1+r_3) - 1 \approx r_1 + r_2 + r_3 \quad (4-6)$$

式中:r_1 为资金费用与投资机会成本;r_2 为年风险贴水率;r_3 为年通货膨胀率。

5. 净现值的敏感性问题

净现值对折现率 i_0 的敏感问题是指当 i_0 从某一值变为另一值时,由于各方案净现值函数不同,即净现值随 i_0 变化而变化的程度不一样,若按净现值最大的原则优选项目方案,可能出现前后结论相悖的情况。表4-7中列出了两个互相排斥的方案A和方案B的净现金流量及其在折现率分别为10%和18%时的净现值。

表4-7 方案A、B在基准折现率变动时的净现值 （单位:万元）

方案\年份	0	1	2	3	4	5	6	NPV(10%)	NPV(18%)
A	-500	100	150	180	180	180	180	186.43	40.22
B	-350	80	100	120	120	120	120	119.74	56.40

由表中可知,在 i_0 为10%和18%时,两方案的净现值均大于零。根据净现值越大越好的原则,当 $i_0=10\%$ 时,$NPV_A > NPV_B$,故方案A优于方案B;当 $i_0=18\%$ 时,$NPV_A < NPV_B$,则方案B优于方案A,这一现象对投资决策具有重要意义。例如,某企业在一系列方案中进行投资组合,假设在一定的基准折现率 i_0 和投资总限额 K_0 下,对净现值大于零的项目按净现值的大小进行排序,顺序为A、B、C、D、E,企业进行方案组合时可以按照这个顺序进行选择。但若现在的投资总额必须压缩,减至 K_1 时,为了减少被选取的方案数(准确地说,是减少被选取项目的投资总额),应当提高基准折现率。由于各项目方案净现值对基准折现率的敏感性不同,原先按照净现值的排序结果就可能发生改变。原先净现值小的项目,其净现值现在可能大于原先净现值大的项目。所以基准折现率是投资项目经济效果评价中一个十分重要的参数。

6. 指标评价

（1）优点

① 该指标考虑了投资项目在整个经济寿命期内的收益，在给定计算期和基准折现率的情况下，可以算出一个唯一的净现值指标数值。

② 该指标不仅能够对单一项目的可行性进行评价，而且还可以进行方案间的优劣比选。

（2）缺点

① NPV 随着 i_0 的变化而变化的特点致使对于任何一个投资项目要计算 NPV，首先需要预先确定折现率 i_0，这给项目决策带来了困难。i_0 定得略高，NPV 比较小，使方案不易通过；反之，i_0 略低，方案容易被通过。

② 使用净现值比选方案时，没有考虑到各方案投资额的大小，因而不能直接反映资金的利用效率。为了考虑资金的利用效率，人们通常用净现值率作为净现值的辅助指标。

③ 在使用净现值进行方案之间的比选时，必须要求这些方案的寿命期是相等的，否则就不能直接使用净现值指标进行选择，因为如果寿命期不等则不满足时间的可比性原则。

4.3.2 净年值

1. 概念

净年值就是将方案各个不同时点的净现金流量按基准收益率折算成与其等值的整个寿命期内的等额支付序列年值，通常使用 NAV 来表示。净年值法就是通过计算净年值对方案进行评价、比较和选择的方法。由于换算为一年内的现金流量，所以有了时间上的可比性，故可据此进行不同寿命期方案的评价、比较和选择。

2. 计算

净年值的计算公式为：

$$NAV = NPV(A/P, i_0, n) = \left[\sum_{t=0}^{n}(CI-CO)_t(P/F, i_0, t)\right](A/P, i_0, n) \quad (4-7)$$

式中　NAV——净年值。

3. 判别准则

净年值的经济含义是方案在寿命期内每年获得按基准收益率应得的收益外，所取得的等额超额收益，所以：

（1）在独立方案或单一方案评价时：NAV≥0，方案可行；NAV<0，方案不可行。

（2）在多方案比较时，净年值大的方案为优。

【例 4-7】 引用【例 4-6】的数据，设基准收益率为 10%，求该方案的净年值。

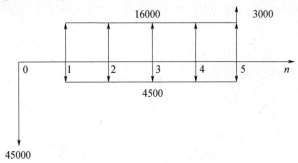

图 4-4　该项目现金流量图

解:(1)先求净现值,然后再转化为净年值:
$$NAV = NPV(A/P,0.1,5)$$
$$= [-45000 + 11500(P/A,10\%,5) + 3000(P/F,10\%,5)] \times (A/P,10\%,5)$$
$$= 456.845 \times 0.2638$$
$$= 120.516(万元)$$

(2) 也可以直接求解净年值:
$$NAV = 11500 - 45000(A/P,10\%,5) + 3000(A/F,10\%,5)$$
$$= 11500 - 45000 \times 0.2638 + 3000 \times 0.1638$$
$$= 120.4(万元)$$

注明:两种方法计算结果所存在误差,是由于复利系数取整导致的。

该项目的净年值为120.4元,说明实施该项目不仅可以达到10%的基准收益率报,而且可以每年创造120.4元的超额收益现值。

4. 指标评价

(1) 根据净年值的计算公式可以看出,在评价方案时,净年值与净现值的结论上总是一致的。因此就项目的评价结论而言,净年值与净现值是等效评价指标。净现值给出的信息是项目在整个寿期内获取的超出最低期望盈利的超额收益的现值,净年值给出的信息是寿命期内每年的等额超额收益。

(2) 在某些情况下,采用净年值比采用净现值更为简便和易于计算,特别是净年值指标可以直接用于寿命期不等的多方案的比选,所以净年值指标在经济评价指标体系中占有相当重要的地位。

4.3.3 费用指标

思考:假设某学校在公路两侧各有一个校区,为了保障同学的安全,学校准备实施一个"过街"项目,拟采用修建人行天桥或者过街通道的方式,假设这两种方案的寿命期相同,能否使用NPV或者NAV方法对方案的优劣进行比选。

在对多个方案比较选优时,如果诸方案产出价值相同,或者诸方案能够满足同样需要但其产出效益难以用价值形态(货币)计量(如环保、教育、保健、国防)时,可以通过对各方案费用现值或费用年值的比较进行选择。

1. 费用现值

(1) 概念

费用现值,就是把不同方案计算期内的年成本按基准收益率换算为基准年的现值,再加上方案的总投资现值。和净现值一样,对于寿命期不等的方案,由于不满足时间的可比性,不能使用费用现值法进行选优。

(2) 计算公式

考虑资金时间的费用现值公式为:

$$PC = \sum_{t=0}^{n} CO_t(P/F,i_0,t) = \sum_{t=0}^{n}(K + C' - S_v - W)_t(P/F,i_0,t) \quad (4-8)$$

式中　PC——费用现值或现值成本;
　　　C'——年经营成本;
　　　S_v——计算期末回收的固定资产余值;

W——计算期末回收的流动资金。

(3) 判别准则

费用现值法只能进行寿命期相同的多方案的选优。如果诸方案产出价值相同或者产出价值难以衡量但是能满足相同需求,可以通过对各方案费用现值或费用年值的比较进行选择。费用现值越小,方案的经济效益就越好。

【例 4-8】 某项目有三个方案 A、B、C 均能满足同样的需要。其费用数据如表 4-8 所示。在基准折现率 10% 的情况下,请选择最优方案。

表 4-8 三个方案的费用数据表达 （单位:万元）

方案\项目	总投资(第 0 年年末)	年运营费用(第 1 年到第 10 年)
A	180	60
B	260	42
C	350	20

解:在该多方案选优的例题中,由于 A、B、C 方案能满足同样的需要且寿命期相同,同时例题中只有费用数据,所以只能采用费用现值法进行评价。

$$PC_A = 180 + 60(P/A, 10\%, 10) = 548.7(万元)$$
$$PC_B = 260 + 42(P/A, 10\%, 10) = 518.1(万元)$$
$$PC_C = 350 + 20(P/A, 10\%, 10) = 472.9(万元)$$

根据费用最小的选优原则,方案 C 最优,B 次之,A 最差。

2. **费用年值**

(1) 概念

费用年值是将方案计算期内不同时点发生的所有支出费用,按基准收益率折算成与其等值的等额支付序列年费用。由于换算为一年内的费用现金流量,所以有了时间上的可比性,故可据此进行不同寿命期方案的评价、比较和选择。

(2) 计算

$$AC = \left[\sum_{t=0}^{n} CO_t(P/F, i_0, t)\right](A/P, i_0, n)$$
$$= \left[\sum_{t=0}^{n} (K + C' - S_v - W)_t(P/F, i_0, t)\right](A/P, i_0, n) \qquad (4-9)$$

式中 AC——费用现值或现值成本。

(3) 判别准则

与净现值和净年值指标的关系类似,费用年值与费用现值也是一对等效评价指标,费用现值越小,方案的经济效益就越好。

【例 4-9】 两种投资方案资料如表 4-9 所示,基准收益率为 15%,请比选方案。

表 4-9 资料数据 （单位:万元）

	期初投资	年经营费用	净残值	使用寿命
方案 A	60	3.5	3	10
方案 B	70	2.2	5	15

解:因为两种投资方案可以满足相同需求,但是由于寿命期不同,所以可以通过比较费用年

值来进行项目优选。

$$AC(A) = [60 + 3.5(P/A,15\%,10) - 3(P/F,15\%,10)](A/P,15\%,10) = 15.307(万元)$$

$$AC(B) = [70 + 2.2(P/A,15\%,15) - 5(P/F,15\%,15)](A/P,15\%,15) = 14.066(万元)$$

由于方案 B 的费用年值小于方案 A,所以应该选择方案 B。

3. 指标评价

在运用费用指标进行多方案比较时,应注意以下四点:

(1) 对效益相同但难以具体估算现金流的方案进行比较时,可以采用费用指标进行计算。

(2) 各方案除费用指标外,其他指标和有关因素应基本相同,如产量、质量、收入应基本相同,在此基础上比较费用的大小。

(3) 被比较的各方案,特别是费用现值(年值)最小的方案,应是能够达到盈利目的的方案。因为费用法只能反映费用的大小,而不能反映净收益情况,所以这种方法只能比较方案优劣,而不能用于判断方案是否可行。

(4) 费用现值指标只能适用于寿命期相同的方案之间的比选,费用年值指标可以适用于寿命期不等的项目之间的比选。

4.4 效率型指标

4.4.1 内部收益率

1. 概念

内部收益率又称内部报酬率,它是除净现值以外的另一个最重要的动态经济评价指标。所谓内部收益率是指项目在计算期内各年净现金流量现值累计(净现值)等于零时的折现率。

2. 计算

内部收益率可从下面的方程式中计算得出:

$$\sum_{t=0}^{n} (CI - CO)_t (1 + IRR)^{-t} = 0 \qquad (4-10)$$

式中 IRR——内部收益率。

由于式(4-10)是一个高次方程,直接求解 IRR 比较复杂,因此在实际应用中通常采用"线性插值法"求 IRR 的近似解。线性插值法求解 IRR 的原理如图 4-5 所示,其求解步骤如下:

(1) 计算各年的净现金流量。

(2) 在满足下列两个条件的基础上预先估计两个适当的折现率 i_1 和 i_2,并且满足:

① $i_1 < i_2$,且 $(i_1 - i_2) \leq 5\%$。

② $NPV(i_1) > 0, NPV(i_2) < 0$。

如果预估的 i_1, i_2 不满足这两个条件要重新预估,直至满足条件。

(3) 用线性插值法近似求得内部收益率 IRR。

$$\triangle ABE \text{ 相似于 } \triangle DCE$$

$$\text{所以 } AB:CD = BE:DE$$

即

$$NPV_1 : |NPV_2| = BE : [(i_2 - i_1) - BE] \qquad (4-11)$$

$$IRR = i = i_1 + BE = i_1 + \frac{NPV_1}{NPV_1 + |NPV_2|}(i_2 - i_1)$$

式中 i_1——插值用的低折现率。

i_2——插值用的高折现率。

NPV_1——用 i_1 计算的净现值(正值)。

NPV_2——用 i_2 计算的净现值(负值)。

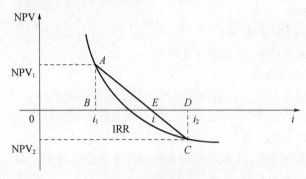

图 4-5 IRR 求解图

3. 内部收益率的几何意义

内部收益率的几何意义可以在图 4-5 中得到解释。由图可知,随折现率的不断增大,净现值不断减小。当折现率增至 18.2% 时,项目净现值为零。对该项目而言其内部收益率即为 18.2%。一般而言,IRR 是 NPV 曲线与横坐标交点处对应的折现率。

4. 判别准则

根据图 4-5 可以看出使用内部收益率进行方案可行性评价的基本原则,需要将内部收益率 IRR 要与项目的基准收益率 i_0 相比较:

(1) 当 IRR ≥ i_0 时,则表明项目的收益率已达到或超过基准收益率水平,项目可行。

(2) 当 IRR < i_0 时,则表明项目不可行。

对于独立方案的评价,IRR 指标和 NPV 指标的评价结论是一致的。由图 4-2 可以看出:当 IRR ≥ i_0 时,NPV ≥ 0,因此无论是使用 IRR 指标还是 NPV 指标的评价准则,方案都是可行的。相反,当 IRR < i_0 时,NPV < 0,无论是使用 IRR 指标还是 NPV 指标的评价准则,方案都是不可行的。

NPV 计算过程简便,但计算过程中,容易受到基准折现率 i_0 的影响;IRR 指标计算麻烦,但是能反映出投资过程的收益,同时 IRR 的计算不受到外部参数的影响,完全取决于项目内部自身的现金流。

【例 4-10】 某工程的现金流量如表 4-10 所示,基准收益率为 10%,试用内部收益率法分析该方案是否可行。

表 4-10 现金流量表 （单位:万元）

年份	0	1	2	3	4	5
现金流量	-550	100	150	150	150	250

解:

当 $i = 12\%$ 时,

$NPV(i_1) = -550 + 100(P/F,10\%,1) + 150(P/A,10\%,3)(P/F,10\%,1) + 250(P/F,10\%,5)$

$= 35.26(万元) > 0$

当 $i_2 = 15\%$ 时,
$$NPV(i_2) = -550 + 100(P/F,15\%,1) + 150(P/A,15\%,3)(P/F,15\%,1) + 250(P/F,15\%,5)$$
$$= -40.94(万元) < 0$$

由此可见,因此内部收益率 IRR 介于 $10\% \sim 15\%$ 之间,

$$IRR = i_1 + \frac{NPV(i_1)}{NPV(i_1) + |NPV(i_2)|}(i_2 - i_1) = 10\% + \frac{35.26}{35.26 + 40.94} \times (15\% - 10\%) \approx 12.3\%$$

因为 $IRR = 12.3\% > 10\%$,所以该方案可行。

5. 内部收益率的经济含义

内部收益率是用以反映项目方案全部投资的经济效益问题的指标,其数值大小表达的并不是一个项目初始投资的收益率,而是尚未回收的投资余额的年盈利率。内部收益率的大小与项目初始投资和项目在寿命期内各年的净现金流量大小有关。

【例 4-11】 以上题为例,计算各年尚未收回的投资余额的本利和。用 $IRR = 12.2\%$ 来计算收回全部投资的所需要的时间,如表 4-11 所示。

表 4-11 投资余额利息计算表　　　　　　　　　　　　　　　　（单位:万元）

年限	净现金流量	年初未收回的投资	年初未收回的投资到年末的本利和	年末未收回的投资
0	-550	—	—	—
1	100	-550	-617	-517
2	150	-517	-580	-430
3	150	-430	-483	-333
4	150	-333	-373	-223
5	250	-223	-250	0

从表中可以看出,从第 1 年初到第 5 年,每年都有尚未收回的投资,到了第 5 年年末,也就是寿命期结束时,才收回了全部的投资。这 5 年内项目投资的偿还过程如图 4-6 所示。

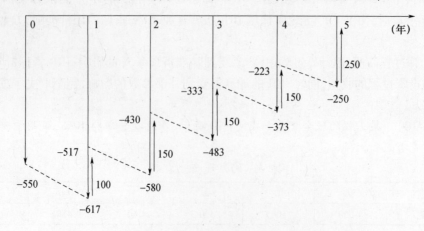

图 4-6 全投资回收过程的现金流量图(IRR 经济含义示意图)

从图中可知,$IRR = 12.2\%$,不仅是使各期现金流量的现值之和为零的利率,而且也是使投资加上各年未回收的投资余额的收益在项目计算期终了时正好全部回收的利率。

内部收益率的经济含义可以这样理解:在项目的整个寿命期内按利率 $i=\text{IRR}$ 计算,始终存在未能收回的投资,而在寿命期结束时,投资恰好被完全收回。也就是说,在项目寿命期内,项目始终处于"偿付"未被收回的投资的状况。因此,项目的"偿付"能力完全取决于项目内部,故有"内部收益率"之称谓。

由上例可知,内部收益率的经济含义还有另一种表达方式,即它是项目寿命期内没有回收的投资的盈利率。它不是初始投资在整个寿命期内的盈利率,因而它不仅受到项目初始投资规模的影响,而且受项目寿命期内各年净收益大小的影响。

6. 关于内部收益率唯一性的讨论

求解内部收益率的方程式是一个高次方程。为清楚起见,令 $(1+\text{IRR})^{-1}=x$, $(\text{CI}-\text{CO})_t = a_t (t=1,2,3,\cdots,n)$,则方程可写成:$a_0 + a_1 x + a_2 x^2 + \cdots + a_n x^n = 0$。这是一个 n 次方程,必有 n 个根(包括复数根和重根),故其正实数根可能不止一个。根据笛卡尔符号法则,若方程的系数序列 $\{a_0, a_1, a_2, \cdots, a_n\}$ 的正负号变化次数为 P,则方程的正根个数(1 个 K 重根按 K 个计算)等于 P 或比 P 少一个正偶数,当 $P=0$ 时,方程无正根,当 $P=1$ 时,方程有且仅有一个单正根。也就是说,在 $-1 < \text{IRR} < \infty$ 的域内,若项目净现金序列 $(\text{CI}-\text{CO})_t (t=0,1,2,3,\cdots,n)$ 的正负号仅变一次,内部收益率方程肯定有唯一解,而当净现金流序列的正负号有多次变化时,内部收益率方程可能有多解。

例如表 4-12 中有 6 个方案,可用笛卡儿符号法则判断其正实根的数目。

表 4-12 六个项目的现金流量表

	0	1	2	3	4	5
A	500	200	300	0	100	200
B	-800	-600	-400	-200	0	-200
C	-1000	200	200	200	200	100
D	-1000	-500	-500	500	500	2000
E	-100	470	-720	360	0	0
F	-100	60	50	-200	150	100

(1) 方案 A

如图 4-7 所示,方案 A 的净现金流序列正负号变化次数为零,因此没有正实根。

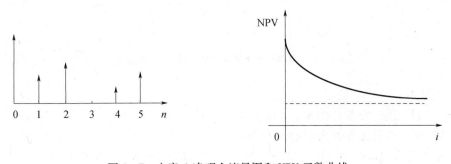

图 4-7 方案 A 净现金流量图和 NPV 函数曲线

(2) 方案 B

如图 4-8 所示,方案 B 的净现金流序列正负号变化次数为零,因此没有正实根。

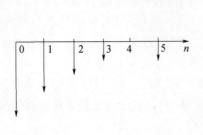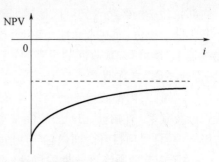

图4-8 方案B净现金流量图和NPV函数曲线

(3) 方案C

如图4-9所示,方案C的净现金流序列正负号变化一次,但是其累计净现金流量小于零,所以内部收益率无解。

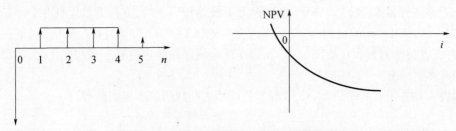

图4-9 方案C净现金流量图和NPV函数曲线

(4) 方案D

如图4-10所示,方案D的净现金流序列正负号变化一次,所以只有一个正实根。经过计算,该方案的内部收益率为11%。

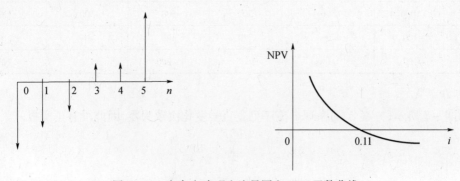

图4-10 方案D净现金流量图和NPV函数曲线

(5) 方案E

如图4-11所示,方案E的现金流序列正负号变化次数为3次,所以最多只有3个正实根。经计算可知,使该项目净现值为零的折现率有3个:$i_1 = 20\%$,$i_2 = 50\%$,$i_3 = 100\%$。经验证,以上3个解都不符合内部收益率的经济含义,所以它们都不是方案E的内部收益率。

(6) 方案F

如图4-12所示,方案F的现金流序列正负号变化次数为3次,$i_1 = 0.1297$,$i_2 = -2.03$,$i_3 = -1.42$,其中只有一个正实根。经验证$i_1 = 0.1297$符合内部收益率的经济含义,所以F项

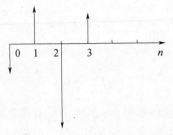 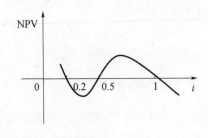

图 4-11 方案 E 净现金流量图和 NPV 函数曲线

目的内部收益率为 12.97%。

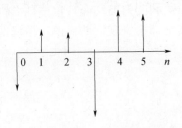 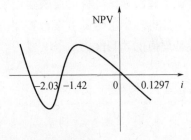

图 4-12 方案 F 净现金流量图和 NPV 函数曲线

在计算期内,净现金流序列符号只变一次的项目称作常规项目,例如表中 C、D 项目。对于常规项目,只要其累积净现金流量大于零,内部收益率就有唯一解,此解就是该项目的内部收益率,例如 D。就典型情况而言,在项目寿命期初(投资建设期和投产初期),净现金流量一般为负值(现金流出大于现金流入),项目进入正常生产期后,净现金流量就会变成正值(现金流入大于流出),所以,绝大多数投资项目属于常规项目。

在计算期内,如果净现金流序列符号变化多次的项目称作非常规项目。非常规投资项目内部收益率方程可能有多个正实根,这些根中是否有真正的内部收益率需要按照内部收益率的经济含义进行检验:即以这些根作为盈利率,看在项目寿命期内是否始终存在未被回收的投资。

可以证明,对于非常规项目,只要内部收益率方程存在多个正根,则所有的根都不是真正的项目内部收益率。但若非常规项目的内部收益率方程只有一个正根,则这个根就是项目的内部收益率。

在实际工作中,对于非常规项目可以用通常的办法(如试算内插法)先求出一个 IRR 的解,对这个解按照内部收益率的经济含义进行检验,若满足内部收益率经济含义的要求(项目寿命期内始终存在未被收回的投资),则这个解就是内部收益率的唯一解,否则项目无内部收益率,不能使用内部收益率指标进行评价。

7. 指标评价

1) 优点

(1) 内部收益率被普遍认为是项目投资的盈利率,反映了投资的使用效率,概念清晰明确。比起净现值与净年值来,各行各业的实际经济工作者更喜欢采用内部收益率。

(2) 计算时无需事先给定基准折现率,内部收益率不是事先外生给定的,是内生决定的,即由项目现金流计算出来的。

2)缺点

(1)内部收益率指标计算繁琐,并且对于非常规项目,存在多解、无解的现象。

(2)内部收益率只能进行方案的绝对评价,不能进行方案之间的优劣比选。

4.4.2 净现值率

净现值用于多方案比较时,虽然能反映每个方案的盈利水平,但是由于没有考虑各方案投资额的多少,因而不能直接反映资金的利用效率。为了考察资金的利用效率,可采用净现值率作为净现值的补充指标。净现值率反映了净现值与投资现值的比值关系。

1. 概念

净现值率和净现值一样是反映建设项目在计算期内获利能力的动态评价指标。所谓净现值率是按基准折现率求得的方案计算期内的净现值与其全部投资现值的比率。净现值率反映了单位投资现值的盈利能力。

2. 计算

净现值率的计算公式为:

$$NPVR = \frac{NPV}{K_p} \quad (4-12)$$

式中 NPVR——净现值率;

K_p——项目总投资现值。

净现值率的经济含义是单位投资现值所取得的净现值额,也就是单位投资现值所取得的超额净效益。净现值率的最大化,将有利于实现有限投资取得净贡献的最大化。

3. 判别准则

用净现值率评价方案时,当 $NPVR \geq 0$ 时,方案可行;当 $NPVR < 0$ 时,方案不可行。

用净现值率进行方案比较时,以净现值率较大的方案为优。净现值率一般作为净现值的辅助指标来使用。净现值率法主要适用于多方案的优劣排序,具体使用方法的在第五章进行介绍。

【例 4-12】 某工程有 A、B 两种方案均可行,现金流量如表 4-13 所示,当基准折现率为 10% 时,试用净现值法和净现值率法比较评价择优。

表 4-13 方案数据比较 (单位:万元)

年份	0	1	2	3	4	5
A	2000	600	1000	1000	1000	1000
B	3000	500	1500	1500	1500	1500

解:

$NPV_A = 2000 + 600(P/f,10\%,1) + 1000(P/A,10\%,4)(P/F,10\%,1) = 1427(万元)$

$NPV_B = 3000 + 500(P/A,10,5) + 1500(P/A,10,4)(P/F,10\%,1) = 1777(万元)$

按净现值判断:

$NPV_B > NPV_A$ 所以方案 B 为优化方案。

按净现值率判断:

$$NPVR_A = 1427/2000 = 0.7135$$

$$NPVR_B = 1777/3000 = 0.5923$$

方案 A 的净现值率 0.7135,其含义是方案 A 除了有 10% 的基准收益率外,每万元现值投资尚可获得 0.7135 万元的收益。

因为 $NPVR_A > NPV_B$，所以方案 A 为优化方案，与净现值法的结论相反。

该如何选择方案呢？

一般来说，当投资没有限制时，进行方案比较，原则上以净现值为判别依据。当投资有限制，更要追求单位投资效率时，辅以净现值率指标。在第五章的有资源限制的独立及混合方案比选中，净现值率常用于多方案的优劣排序。

由此可见，当投资额不相同时，除应使用净现值法外，往往需要用净现值率作为辅助指标的计算，只有这样才能做出合理的评价。

4. **指标评价**

1）优点

（1）能反映资金的利用效率，辅助进行合理的经济评价。

（2）可以用于独立及混合方案的优劣排序。

2）缺点

净现值率指标一般不单独使用，仅作为净现值指标的辅助指标。

4.4.3 总投资收益率

1. **概念**

总投资收益率（ROI）是投资方案达到设计生产能力后一个正常年份的年息税前利润或者运营期内年平均息税前利润与方案投资总额的比率。

2. **计算**

投资收益率的计算公式是：

$$ROI = \frac{EBIT}{TI} \times 100\% \tag{4-13}$$

式中　EBIT——项目正常生产年份的年息税前利润或运营期内年平均息税前利润；

　　　KI——项目投资总额。

3. **判别准则**

用总投资收益率指标评价投资方案的经济效果，需要与根据同类项目的历史数据及投资者意愿等确定的基准投资收益率或行业平均收益率作比较。设基准投资收益率为 R_c，判别准则为：

若 $ROI \geq R_c$，则项目可以接受；若 $ROI < R_c$，则项目予以拒绝。

4. **指标评价**

1）优点

简单、直观地反映项目单位投资的盈利能力。

2）缺点

（1）没有考虑资金的利用效率，辅助进行合理的经济评价。

（2）舍弃了更多的项目寿命期内的经济数据。

4.4.4 外部收益率

1. **概念**

内部收益率的计算公式隐含着这样一个假设，即项目尚未回收的投资和项目回收取得的资金都能获得相同的收益率，即内部收益率。但是通常情况是项目回收资金再投资的收益率比初始投资的收益低,原因是回收的资金量总比初始投资资金少,而且可使用这项资金的时间也较短,于是这个假设并不总是成立,因此有了外部收益率(ERR)。

外部收益率实质上是对内部收益率的一种修正,计算外部收益率时也假定项目寿命期内所获得的收益全部用于再投资,同时假定再投资收益率等于基准折现率。

2. 计算

外部收益率的计算公式是:

$$\sum_{t=0}^{n} CO_t (1+ERR)^{n-1} = \sum_{t=0}^{n} CI_t (1+i_0)^{n-1} \quad (4-14)$$

式中　ERR——项目的外部收益率;

　　　CO_t——第 t 年的负现金流量;

　　　CI_t——第 t 年的正现金流量。

按照外部收益率折现后各年的现金流出的终值,等于各年的现金流入按照 i_0 的收益率进行再投资后所得到的的终值,这样就克服了未回收的投资与收回的资金按照相同的收益率进行计算所带来的问题。

3. 判别准则

ERR$\geq i_0$,方案可行,否则,方案不可行。

【例 4-13】　某项目的初始投资为 1000 万元,寿命期为 15 年,10 年末残值回收 50 万元,每年收入为 320 万元,支出为 180 万元,基准折现率为 12%,用 ERR 来判断方案是否可行。

解:

$$1000(1+ERR)^{15} = (320-180)(F/A,12\%,15) + 50$$

$$1000(1+ERR)^{15} = 140 \times 37.27971 + 50$$

$$(1+ERR)^{15} = 5.269$$

$$ERR = 11.72\% < 12\%$$

所以该方案不可行。

4. 指标评价

ERR 指标使用的并不普遍,但是它的一个重要优点是有唯一解,不会像 IRR 出现多解或无解的现象,因此使用 ERR 指标对非常规项目进行评价有着独特的优越之处。

4.5　经济评价指标的选择

经济评价指标主要应用于两个方面:一是用于单方案投资经济效益的大小与好坏的衡量,决定方案的取舍;二是用于多方案的经济性优劣的比较,决定方案优选。

项目技术方案经济评价指标的选择,应根据技术方案的具体情况、评价的主要目标、指标的用途和决策者最关心的问题进行。由于技术方案投资的经济效果是一个综合概念,需要决策者从不同的方面去考虑和衡量,因此,进行技术方案的经济评价,应尽量考虑一个适当的经济评价指标体系,避免仅用一两个指标便判断方案投资的经济性。

由于净现值指标直接反映了技术方案所获净收益的现值大小,它的极大化与项目经济评价目标是一致的,因此,净现值是技术方案在经济评价时最常用的首选评价指标,并且常用来检验其他指标。

为了便于正确选用评价指标,选择评价指标需要注意以下几点:

第一,如果采用行业基准收益率作为计算收益率,则 NPV、IRR、ERR 等指标将会从备选方案中挑选出完全相同的一批项目以供选择,这主要是因为对同一项目,如果 NPV(i_0)≥0,必有 IRR≥i_0,ERR≥i_0。

第二,对于相互排斥的方案,应该用 NPV 和 NAV 指标,不能用 IRR 和 ERR 等指标。

第三,对于相互独立的项目,只能用 NPVR 指标来排序,不能用 IRR 指标来排序。尽管在实践中也有人用 IRR 来排序,但不能保证排序是正确的,这两个效率指标的使用在第五章进行详细介绍。

第四,指标的选择随国家或项目评价机构的偏好而有所不同。世界银行倾向于把 IRR 作为主要的评价指标;美国国际开发署则规定只能用 NPV 作为主要的评价指标;我国则以 IRR 作为最主要的评价指标,其次是 NPV。

第五,就指标类型而言,NPV 和 NAV 是以货币来表述的价值性指标,IRR、ERR、ROI 则是反映投资效率的效率型指标。

4.6 电子表格的运用

4.6.1 净现值与净年值的计算

NPV 函数可以用来直接处理任何输入于单元格中的现金流组合,基本格式为:

NPV(i,second_cell:last_sell) + first_cell

求解出 NPV 后,可以利用它直接求解出 NAV,计算 NAV 可以使用 PMT 函数,基本格式为:

PMT(i,n,cell_with_P,F)

电子表格函数的输入本身也可以是一个函数,所以可以通过嵌套 NPV 函数直接运用 PMT 函数计算 NAV,使用格式为:

PMT(i,n,NPV(i,second_cell:last_sell) + first_cell,F)

【例 4 - 14】 某企业基建项目设计方案总投资 1995 万元,投产后年经营成本 500 万元,年销售额 1500 万元,第 3 年年末工程项目配套追加投资 1000 万元,若计算期为 5 年,基准收益率为 10%,残值等于零。试计算投资方案的净现值和净年值。

计算结果如图 4 - 13 所示。

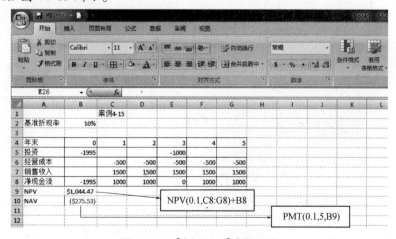

图 4 - 13 【例 4 - 14】求解过程

【例 4－15】 现有两种可选择的小型机床，其有关资料如表 4－14 所示，它们的使用寿命相同，都是 8 年，基准折现率为 8%，请分析：

(1) 试用净现值法评价选择最优可行机床方案。

(2) 四年后，由于设备更新问题，该企业不得不出售机床，设 4 年后 A 机床的市场价值为 3000 元，B 机床的市场价值为 5000 元，请评价方案。

表 4－14 机床有关资料 (单位:元)

项目 方案	投资	年收入	年支出	净残值
机床 A	10000	5000	2200	2000
机床 B	12500	7000	4300	3000

解：(1) 分别计算使用机床 A、B 的净现值。

因为 A 方案的净现值大于 B 方案的净现值，所以选择 A 方案，如图 4－14 所示。

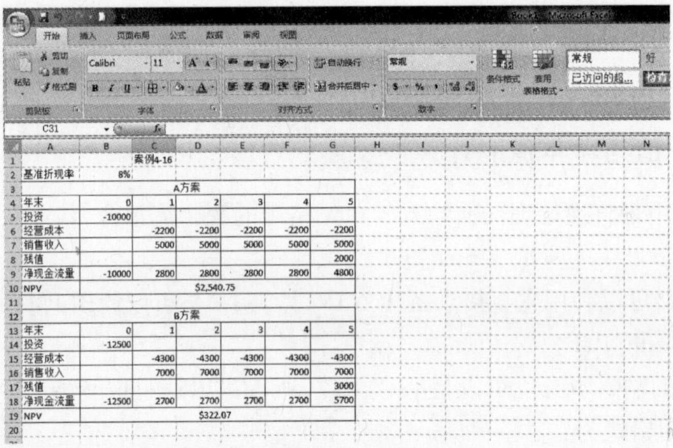

	A	B	C	D	E	F	G
1			案例4-16				
2	基准折现率	8%					
3			A方案				
4	年末	0	1	2	3	4	5
5	投资	-10000					
6	经营成本		-2200	-2200	-2200	-2200	-2200
7	销售收入		5000	5000	5000	5000	5000
8	残值						2000
9	净现金流量	-10000	2800	2800	2800	2800	4800
10	NPV		$2,540.75				
11							
12			B方案				
13	年末	0	1	2	3	4	5
14	投资	-12500					
15	经营成本		-4300	-4300	-4300	-4300	-4300
16	销售收入		7000	7000	7000	7000	7000
17	残值						3000
18	净现金流量	-12500	2700	2700	2700	2700	5700
19	NPV		$322.07				
20							

图 4－14 【例 4－15】求解过程 1

(2) 将第 4 年年末销售设备回收的资金作为现金流入。

因为 A 方案的净现值大于 B 方案的净现值，所以选择 A 方案，如图 4－15 所示。

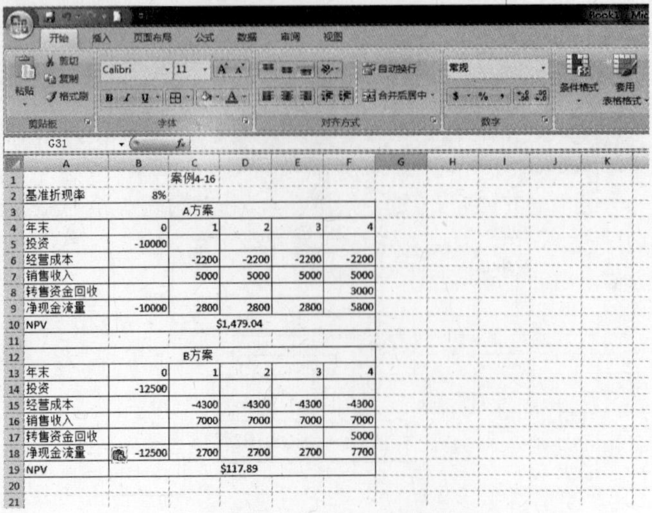

	A	B	C	D	E	F
1			案例4-16			
2	基准折现率	8%				
3			A方案			
4	年末	0	1	2	3	4
5	投资	-10000				
6	经营成本		-2200	-2200	-2200	-2200
7	销售收入		5000	5000	5000	5000
8	转售资金回收					3000
9	净现金流量	-10000	2800	2800	2800	5800
10	NPV		$1,479.04			
11						
12			B方案			
13	年末	0	1	2	3	4
14	投资	-12500				
15	经营成本		-4300	-4300	-4300	-4300
16	销售收入		7000	7000	7000	7000
17	转售资金回收					5000
18	净现金流量	-12500	2700	2700	2700	7700
19	NPV		$117.89			
20						
21						

图 4－15 【例 4－15】求解过程 2

4.6.2 费用现值和费用年值的计算

费用现值和费用年值的计算方法类同于 NPV 和 NAV。

【例 4-16】 两种机床资料如表 4-15,基准收益率为 15%,试用年费用比较评价和选择最优可行方案。

表 4-15 资料数据 （单位:元）

	投资	年经营费用	净残值	使用寿命
机床 A	3000	2000	500	3
机床 B	4000	1600	0	5

解:由于两个方案寿命期不等,所以要使用年值指标进行评价,计算结果如图 4-16 所示。

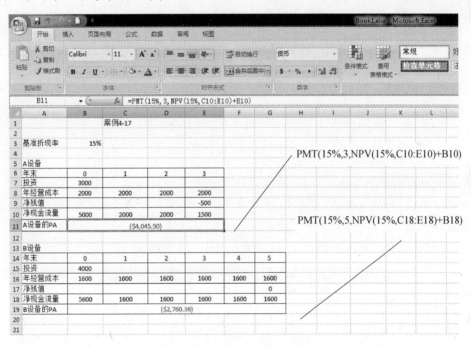

图 4-16 【例 4-16】求解过程

可以看出 B 设备的费用现值小于 A 设备的费用现值,所以选择 B 方案。

4.6.3 动态投资回收期的计算

【例 4-17】 某方案在其寿命期内净现金流量如表 4-16 所示,假设基准折现率为 10%,请计算该项目的静态、动态投资回收期。

表 4-16 项目净现金流量表

年末	0	1	2	3	4	5
现金流量	-500	-500	500	400	300	300

解:(1)根据静态投资回收期的含义,即累计净现金流量为零时所对应的时间,可以先求出各年累计净现金流,然后利用公式直接求解。计算结果如图 4-17 所示。

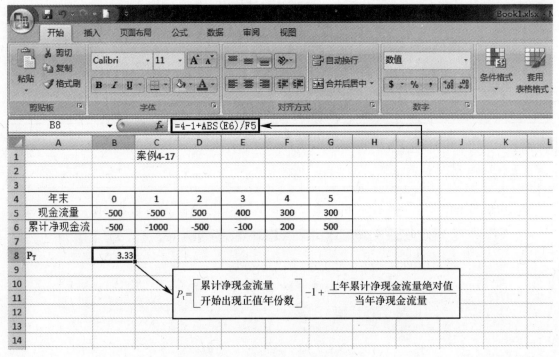

图4-17 【例4-17】求解过程1

(2) 根据动态投资回收期的含义,即净现值等于零时的所对应的时间,可以先求出3、4、5年末的方案净现值,如图案例,可以看出,净现值在第4到5年之间。然后可以采用以下两种方法计算投资回收期。

第一种,利用线性插值法进行的计算,结果如图4-18所示。

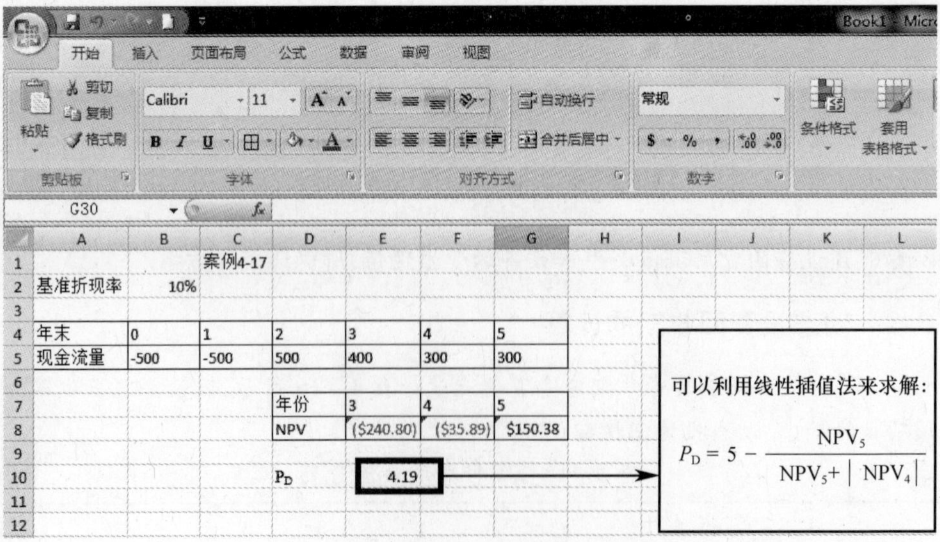

图4-18 【例4-17】求解过程2

第二种,计算出当年现金流量的现值,然后利用公式求解。结果如图4-19所示。

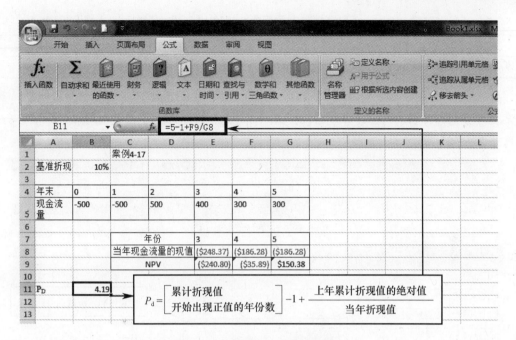

图 4-19 【例 4-17】求解过程 3

4.6.4 内部收益率的计算

IRR 的计算最为简单，可以直接利用 Excel 的 IRR 函数。还是以例 4-17 为例，计算该项目的 IRR。结果如图 4-20 所示。

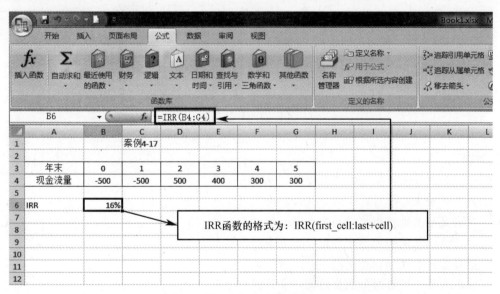

图 4-20 【例 4-18】求解过程

4.6.5 绘制净现值函数

【例 4-18】 某项目净现金流如表 4-17 所示，请画出该项目的净现值函数曲线。

表 4-17 项目净现金流量表

年份	0	1	2	3	4
净现金流量	-1000	400	400	400	400

解：根据表示净现金流量，设定基准折现率为 0%，5%，10%，15%，20%，25%，30%，利用 NPV 函数分别计算出所对应的净现值。然后利用 Excel 的插入图表功能，绘制 NPV 函数曲线，结果如图 4-21 所示。

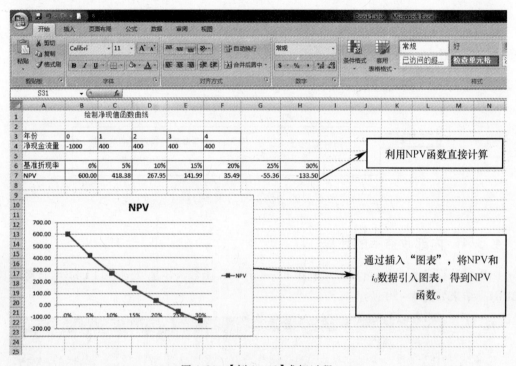

图 4.21 【例 4-18】求解过程

复习思考题

一、简答题

1. 项目经济评价指标有哪些类型？
2. 静态评价方法和动态评价方法的区别是什么？
3. 什么是动态投资回收期？它有什么特点？
4. 如何用净现值法进行方案评价？它的特点是什么？
5. 净现值函数有什么特点？
6. 费用现值法和费用年值法的使用条件是什么？
7. 简述影响内部收益率大小的因素，内部收益率的经济含义和判别准则是什么？
8. 净现值法和净现值率法在使用上有什么区别？

二、计算题

1. 某投资项目，建设期 2 年，第一年投资 2000 万元，生产期 13 年，投产后预期年均收益 400 万元，生产期期末残值 200 万元，若 $i_0 = 10\%$，试计算该投资项目的净现值，并判断项目是否可行。

2. 某轧钢厂投资工程，建设期 2 年，生产期 18 年，基建投资 600 万元，流动资金 400 万元，基建资金于第一年一次投入，项目期末无残值。若期望投资收益率为 15%，设流动资金在生产期初投入，试求该项目投产后的年净收益至少为多少方案才是可行的？

3. A、B 两个方案，具体数据如表所列，各方案均无残值，投资及收益的单位均为万元，$i_0 = 10\%$，对 A、B 进行选优。

方案	建设期/年	生产期/年	第一年投资/万元	第二年投资/万元	投产后年均收益/万元
A	2	16	1200	0	240
B	2	14	200	800	220

4. 某工程项目各年净现金流量如表所列（单位：元），若 $i_0 = 10\%$，试计算该项目的静态投资回收期、动态投资回收期、净现值和内部收益率，并判断项目的可行性。

	第 0 年	第 1 年	第 2~10 年
净现金流量	-250000	-200000	120000

5. 某公司现有资金 800 万元用于新建项目，预计建设期 2 年，生产期 20 年，若投产后的年均收益为 180 万元，期望投资的收益率为 18%，建设期各年投资如表所列（单位：万元），试用净现值法从三个方案中选优。

	甲方案	乙方案	丙方案
第一年	800	300	100
第二年	0	500	700

6. 从矿山到选矿场运输矿石有两个可行方案，资料如表所列，请选择最佳方案（$i_0 = 15\%$）。

项目 \ 方案	方案甲 矿车	方案甲 道路	方案乙 架空索道
投资/元	450000	230000	1750000
年操作维修费/元	60000	3000	25000
残值/元	50000	20000	100000
经济寿命/年	8	12	24

7. 一个地区的公用管理设施有两个方案供选择，$i_0 = 7\%$：

第一个方案：期初投资 30000 元，该设施寿命为 20 年，20 年后残值为 3000 元，年维修费为 2000 元，年财产税为期初投资额的 2.5%，年所得税为期初投资额的 4.5%。

第二个方案：期初投资 20000 元，该设施寿命为 20 年，20 年后残值为 2000 元，年维修费为 1600 元，各种税率与第一个方案相同。第 10 年年初追加投资 12000 元，后建设的设施寿命为 10 年，残值为 3000 元，年维修费为 1200 元，年财产税为追加投资额的 2.5%，年所得税为追加投资的 5%。

试对两个方案进行选优。

第 5 章

投资方案选择

◀ 学习目标

- 了解投资方案的分类;
- 熟练掌握互斥方案比选的方法;
- 熟练掌握独立方案比选的方法;
- 了解混合方案比选的方法。

◀ 导入案例

房地产项目的投资组合决策

某大型房地产开发集团公司,公司规模总资产已超过千亿,并于1996年在香港联合交易所主板上市,成为香港上市公司蓝筹股之一。现该集团公司进驻福建、江西区域,成立了大区的房地产开发公司。目前该公司现有福州、厦门、南昌三个项目地块,集团公司对该区域公司的发展非常看好,对该公司的投资发展给予了厚望,准备一共拨付25亿进行该区域项目的开发资金。公司现可以对三个地块中的每个地块进行普通住宅项目、商业、写字楼、联庭别墅等物业类型的开发投资,开发不同的项目所需要的投资不同。

思考:如何对该房地产公司的地产项目进行投资决策?

5.1 投资方案的分类

上一章介绍了工程项目的经济评价指标,但是在现实决策中,企业所面对的通常是一组方案群,通过评价方法进行优化决策,追求工程项目群整体的最优化。因此单纯的可行性研究不足以解决项目群的方案选择优化问题。此外许多工程项目的投资方案之间存在众多的联系和影响,尤其表现在投资方案之间的资源约束上,因此多方案项目评价又可以分为有资源约束和没有资源约束的结构类型。有资源约束是指方案之间存在资金、劳动材料和设备或者其他资源的限制。在工程经济分析中,最常见的就是资金的约束。多方案的比选首先要分析方案之间的结构关系,然后选择相应的方法进行比较选择。根据方案之间的经济关系,可以将一组多方案划分为互斥型方案、独立型方案以及混合型方案。

(1) 互斥型

互斥型方案的特点是方案之间具有互不相容性,即只能在多个方案中选择一个,其余方案必须放弃。例如,过一条河必须修建一座桥,假设可供选择的设计方案为使用强化混凝土或者是使用钢材,这两个方案就是互斥型方案,因为仅有一个备选方案将被采纳。

(2) 独立型

独立型方案的特点是方案之间具有相容性,即各方案的现金流是独立的,并不相关,因此任一方案的采用与否都不会影响其他方案是否采用的决策。例如,某交通部门面临着若干条高速公路项目的提案,约有数百个提案参选。建设其中一条高速公路在任何技术方法上并不会妨碍建设另一条。单一方案的可行性评价可以视为独立方案的特例。

(3) 混合型

混合型是指在一组方案中,方案之间有些具有互斥关系,有些具有独立关系。混合型方案在工程经济评价中是最多见的,其主要表现有:由于资金、能源和原材料的可用量有限,致使选择某些方案就不得不放弃另外一些方案;由于方案之间在生产运行上具有关联性,在方案选择阶段无法独立确定各个方案的投入量和产出量;由于方案产品之间具有互补性或替代性,从而使各方案产品的市场需求量之间具有相关性;由于方案之间在技术上具有匹配性要求,从而造成方案选择的依存性;等等。

5.2 互斥方案的比选

在建设项目工程技术方案的经济分析中,较多的是互斥方案的比较和选择。由于技术进步,为实现某种目标可能形成众多技术方案,这些方案可能采用不同的技术工艺和设备,或是利用不同原料和工具,当这些方案在技术上都是可行的,经济上也是合理的时候,项目经济评价的任务就是从中选择最好的方案。

在进行互斥方案的比选时,一定要强调不同的方案之间要满足包括产出质量、数量、时间等各方面的可比性。对于现代企业,项目在产出质量、数量上的差异通常都可以通过销售价格和销售收入体现出来,也就是反映到经济效益指标当中。因此本节在分析互斥方案的比选时,只考虑了项目"时间"上的差异性,也就是分为寿命期相等的互斥方案比选和寿命期不等的互斥方案比选。前者自动满足了时间的可比性,后者需要借助一定的分析方法对时间进行调整才能满足可比性。

5.2.1 寿命期相等的互斥方案的比选

1. 互斥方案比选的实质

【例 5-1】 方案 A、B 是互斥方案,其各年的现金流量如表 5-1 所示,试对方案进行评价选择($i_0 = 10\%$)。

表 5-1 互斥方案 A、B 的净现金流量 （单位:万元）

年份	0	1-10
A 的净现金流	-2500	650
B 的净现金流	-1500	500

表5-2 差额净现金流流量 （单位：万元）

年份	0	1-10
A比B增量净现金流	-1000	150

可以看出，A方案比B方案多投资1000万元，而每年多收益150万元，方案A是否比方案B更加有利就取决于这多投资的1000万是否是可行的，也就是将方案A和B现金流量的差额视为一个新的方案，这个方案的可行性决定了A、B方案的优劣。可以列出A方案与B方案相比的差额现金流量，并利用第四章的经济评价指标对其进行评价。

$$\Delta NPV(10\%)_{A-B} = -1000 + 150(P/A, 10\%, 10) = 78.31(万元) > 0$$

表示了方案组合A-B的差额净现值。

当$\Delta NPV(10\%)_{A-B} > 0$，说明方案A比方案B多投的1000万是值得的，因此A方案优于B方案。

可以看出，投资额不等的互斥方案比选的实质是判断增量投资（或差额投资）的经济合理性，即投资大的方案相对于投资小的方案多投入的资金能否带来满意的增量收益。显然，若增量投资能够带来满意的增量收益，则投资额大的方案优于投资额小的方案，若增量投资不能带来满意的增量收益，则投资额小的方案优于投资额大的方案。以上分析中采用的通过计算增量净现金流评价增量投资经济效果，对投资额不等的互斥方案进行比选的方法称为增量分析法或差额分析法，这是互斥方案比选的基本方法。

2. 互斥方案比选的步骤

当有多个互斥方案进行比较时，对方案的经济效果进行排序，各方案除了与"0"方案比较外，各方案之间还应该进行两两比较，N个互斥方案两两比较的可能性一共有$\frac{N(N-1)}{2}$种。实际情况中可以应用差额现金流量法选择方案，且遵循如下原则：

（1）只有投资额较低的方案证明是合理时，投资额较高的方案才能与其比较。

（2）若追加的投资是合理的，则应该选择投资额较大的方案，否则应该选择投资额较小的方案。

【例5-2】表5-3为三个互斥方案，基准折现率为12%，试对该三项方案按照经济效果的优劣进行排序。

表5-3 方案现金流量表

年份	方案		
	A_1	A_2	A_3
0	-8000	-32000	-13000
1—8	2000	6200	2400

解：

步骤1：先把方案按照初始投资递增顺序重新排序（A_0代表既没有投资，也没有收益。）如表5-4所示。

步骤2：选择初始投资最少的方案作为临时最优方案，这里我们选择投资额为零的方案为临时最优方案。

步骤3：依次选择初始投资额较高的方案作为竞比方案。我们先选择A_1方案计算两个方案的现金流量之差，并且按照基准折现率计算增量现金流的差额净现值。如果计算得到的结果大于零,则说明竞比方案优于临时最优方案,如果差额净现值小于零,则说明竞比方案不如临时最优方案好。

表 5-4 按投资排序表

年份	方案			
	A_0	A_1	A_3	A_2
0	0	-8000	-13000	-30000
1~8	0	2000	2400	6200

评价 A_1—A_0 方案,基准折现率为 12%,计算差额投资净现值:

$$\Delta NPV_{A_1-A_0} = -8000 + 2000(P/A, 12\%, 8) = 1935.28(万元)$$

说明增量投资是可行的,因此投资大的 A_1 方案为临时最优方案。

步骤 4:重复实施第三步,直到所有的方案都比较完毕,最后可以找到最优方案。

$$\Delta NPV_{A_3-A_1} = -5000 + 400(P/A, 12\%, 8) = -3012.94(万元)$$

说明 A_1 优于 A_3 方案,继续将 A_1 方案视为临时最优方案。

$$\Delta NPV_{A_2-A_1} = -24000 + 4200(P/A, 12\%, 8) = -3135.91(万元)$$

说明 A_1 优于 A_2 方案,因此在三个方案中,A_1 方案为最优方案。

如果只需要选出最优方案,那么进行到这一步已经可以完成比选目标;如果需要对整个项目组合进行优劣排序,那么可以采用环比法按照以上步骤继续进行求解。

我们也直接采用 NPV 比选互斥方案,也就是按照净现值越大越好的原则比选。

$$NPV_{A_0} = 0$$

$$NPV_{A_1} = -8000 + 2000(P/A, 12\%, 8) = 1935.3(万元)$$

$$NPV_{A_2} = -32000 + 6200(P/A, 12\%, 8) = -1200.63(万元)$$

$$NPV_{A_3} = -15000 + 2400(P/A, 12\%, 8) = -3077.66(万元)$$

因为:$NPV_{A_1} > NPV_{A_0} > NPV_{A_2} > NPV_{A_3}$

所以最优方案是 A_1,其次分别是 A_0,A_2,A_3。

从上述例子可知,增量分析法是指相互竞争的互斥方案中,通过比较一个方案相对于另一个方案的差额成本与获得的差额收益,进行投资决策。这可通过微观经济学中的"利润最大化条件"解释:企业产量变化到"单位产品带来的边际收益等于边际成本"时获利最大。举例说明上述定理。设某个房地产开发商要设计建造一幢摩天大楼,究竟应该建多少层?从工程角度看比如有三个可行的高度:60 层、70 层和 80 层,而从经济学角度看,只有一个最优的高度。增量分析要求从 60 层增高到 70 层所获得的收益足以平衡因增加楼层而带来的成本,从 70 层增高到 80 层也用同样的准则来判断,增量分析法正是这条定律在工程经济学中的应用。

当互斥方案的寿命期相等时,直接比较各方案的净现值与采用增量指标分析的结果是一致的。同时可以发现直接采用净现值指标更加简便。

3. 差额分析指标

净现值、净年值、投资回收期、内部收益率等评价指标都可用于增量分析,下面作进一步讨论。

1) 差额净现值

(1) 计算。对于互斥方案,利用不同方案的差额现金流量来计算分析的方法,称为差额净现值法。设 A、B 为投资额不等的互斥方案，A 方案比 B 方案投资大，两方案的差额净现值可由式(5-1)求出：

$$\Delta NPV = \sum_{t=0}^{n} [(CI_A - CO_A) - (CI_B - CO_B)](1+i_0)^{-t}$$

$$= \sum_{t=0}^{n} (CI_A - CO_A)(1+i_0)^{-t} - \sum_{t=0}^{n} (CI_B - CO_B)(1+i_0)^{-t}$$

$$= NPV_A - NPV_B \qquad (5-1)$$

(2) 判别准则。若 $\Delta NPV \geq 0$，表明增加的投资在经济上是合理的，投资大的方案优于投资小的方案；反之，则说明投资小的方案是更经济的。

必须注意的是，差额净现值只能用来检验差额投资的效果，或者说是相对效果。差额净现值大于零只表明增加的投资是合理的，并不表明全部投资是合理的。所以差额净现值只能用来进行方案的优劣比选，不能用来评价方案的可行性。

2) 差额内部收益率

(1) 计算。所谓差额投资内部收益率，是指相比较的两个方案的各年净现金流量差额的现值之和等于零时的折现率，其计算公式为：

$$\sum_{t=0}^{n} (\Delta CI - \Delta CO)(1+\Delta IRR)^{-t} = 0 \qquad (5-2)$$

式中　ΔCI——互斥方案 A、B 的差额(增量)现金流入，$\Delta CI = CI_A - CI_B$；

ΔCO——互斥方案 A、B 的差额(增量)现金流出，$\Delta CO = CO_A - CO_B$；

ΔIRR——互斥方案 A、B 的差额内部收益率。

差额内部收益率定义的另一种表述方式是：两互斥方案净现值(或净年值)相等时的折现率。其计算公式也可以写成：

$$\sum_{t=0}^{n} (CI_A - CO_A)_t (1+\Delta IRR)^{-t} - \sum_{t=0}^{n} (CI_B - CO_B)_t (1+\Delta IRR)^{-t} = 0 \qquad (5-3)$$

(2) 几何意义。下面用净现值函数曲线来说明用差额投资内部收益率的几何意义以及比选方案的原理。图 5-1 中曲线 A、B 分别为方案 A、B 的净现值函数曲线。

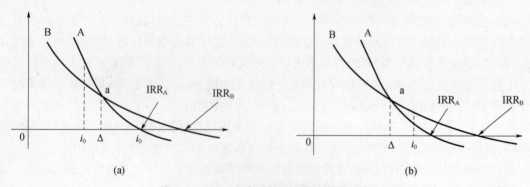

图 5-1　用于方案比较的差额内部收益率
(a) 当 $\Delta IRR > i_0$ 时；(b) 当 $\Delta IRR < i_0$ 时。

在图 5-1 中 a 点为 A、B 两方案净现值函数曲线的交点，在这一点处两方案净现值相等。a 点所对应的折现率即为两方案的差额内部收益率 ΔIRR。由图 5-1(a)中可以看出，当 $\Delta IRR > i_0$ 时，$NPV_A > NPV_B$，由图 5-1(b)中可以看出，当 $\Delta IRR < i_0$ 时，$NPV_A < NPV_B$。由此可见，用

ΔIRR 与 NPV 比选方案的结论是一致的。

(3) 判别准则。若 ΔIRR > i_0，则投资大的方案为优；若 ΔIRR < i_0，则投资小的方案为优。

在对互斥方案进行比较选择时，净现值最大准则是正确的，而内部收益率最大准则只在基准折现率大于被比较的两方案的差额内部收益率的前提下成立。也就是说，如果将投资大的方案相对于投资小的方案的增量投资用于其他投资机会，会获得高于差额内部收益率的盈利率时，用内部收益率最大准则进行方案比选的结论就是正确的。但是若基准折现率小于差额内部收益率，用内部收益率最大准则选择方案就会导致错误的决策。由于基准折现率是独立确定的，不依赖于具体待比选方案的差额内部收益率，故用内部收益率最大准则比选方案是不可靠的。

与差额净现值法类似，差额内部收益率只能说明增加投资部分的经济性，并不能说明全部投资的绝对效果。因此，采用差额内部收益率法进行方案评选时，首先必须要判断被比选方案的绝对效果，只有在某一方案的绝对效果较好的情况下，才能作为比较对象。

【例 5-3】 以 5-2 为例，试用差额投资内部收益率法比较和选择最优可行方案。

解：(1) 步骤 1：先把方案按照初始投资递增顺序重新排序（表 5-5）。

(2) 步骤 2：选择初始投资最少的方案作为临时最优方案，这里我们选择投资额为零的方案为临时最优方案。

(3) 步骤 3：依次选择初始投资额较高的方案作为竞比方案。（A_0 代表既没有投资，也没有收益。）

表 5-5 按投资排序表

年份	方案			
	A_0	A_1	A_3	A_2
0	0	-8000	-13000	-30000
1~8	0	2000	2400	6200

① 计算 $A_1 - A_0$ 方案追加投资的内部收益率 $\Delta IRR_{A_1-A_0}$：

$$-8000 + 2000(P/A, \Delta IRR_{A_1-A_0}, 8) = 0$$

利用线性插值法解得，$\Delta IRR_{A_1-A_0} = 19\% > 12\%$，所以方案 A_1 优于方案 A_0，因此选择 A_1 方案为临时最优方案。

② 计算 $A_3 - A_1$ 方案追加投资的内部收益率 $\Delta IRR_{A_3-A_1}$：

$$-5000 + 400(P/A, \Delta IRR_{A_3-A_1}, 8) = 0$$

利用线性插值法解得，$\Delta IRR_{A_3-A_1} = -9\% < 12\%$，所以方案 A_1 优于方案 A_3，因此选择 A_1 方案为临时最优方案。

③ 计算 $A_2 - A_1$ 方案追加投资的内部收益率 $\Delta IRR_{A_2-A_1}$：

$$-24000 + 4200(P/A, \Delta IRR_{A_2-A_1}, 8) = 0$$

利用线性插值法解得，$\Delta IRR_{A_2-A_1} = 8\% < 12\%$，所以方案 A_1 优于方案 A_2，由于所有方案已经必选完毕，所以 A_1 方案为最优方案。

(4) 评价步骤。

第一，计算每个方案的内部收益率（或 NPV、NAV），淘汰不能通过绝对经济效果检验的方案（如：IRR < i_0，或 NPV < 0、NAV < 0）。

第二，按投资额由小到大顺序排列所有通过绝对经济效果检验的方案，先计算头两个方案

的 ΔIRR。若 $\Delta \text{IRR} > i_0$,则保留投资大的方案;若 $\Delta \text{IRR} < i_0$,则保留投资小的方案。

第三,将第二步保留的方案与下一个方案进行比较,计算两方案的差额内部收益率,根据以上判据进行方案取舍。以此类推,检验所有可行方案,找出最优方案。

用差额内部收益率比较互斥方案的相对优劣具有经济概念明确、易于理解的优点。只是当备选的互斥方案较多时,计算工作量相对较大。

3) 差额投资回收期

(1) 计算。差额投资回收期是指在不计利息的条件下一个方案比另一个方案多支出的投资,用年经营成本的节约额逐年回收所需的时间。即:

$$P = \frac{\Delta K}{\Delta C} = \frac{K_2 - K_1}{C'_1 - C'_2} \tag{5-4}$$

式中　P——差额投资回收期;

　　　ΔK——差额投资($K_1 < K_2$);

　　　ΔC——年经营成本差额($C'_1 - C'_2$)。

在实际工作中,往往是投资大的方案经营成本较低,投资小的经营成本较高。此时,计算差额投资回收期 P_a,当 P_a 小于基准投资回收期 P_c,说明追加的投资经济效益是好的,选择投资大的方案;$P_a > P_c$,说明追加的投资不经济,应选择投资小的方案。

当两个方案的年产量不同时,即 $Q_2 \neq Q_1$,若 $\frac{K_2}{Q_2} > \frac{K_1}{Q_1}$,$\frac{C'_2}{Q_2} < \frac{C'_1}{Q_1}$,其差额投资回收期 P_a 为

$$P_a = \frac{\frac{K_2}{Q_2} - \frac{K_1}{Q_1}}{\frac{C'_1}{Q_1} - \frac{C'_2}{Q_2}} \tag{5-5}$$

(2) 判别准则。当 $P_a < P_c$,投资大的方案为优;当 $P_a > P_c$,投资小的方案优。

【例 5-4】 已知两建厂方案,方案 A 投资为 860 万元,年经营成本 360 万元,年产量为 1000 件;方案 B 投资为 560 万元,年经营成本 320 万元,年产量为 800 件,基准投资回收期 P_c 为 6 年,试问何优?

解:第一步:计算各方案单位产量费用:

$$\frac{K_A}{Q_A} = \frac{860}{1000} = 0.86(万元/件)$$

$$\frac{K_B}{Q_B} = \frac{560}{800} = 0.7(万元/件)$$

$$\frac{C'_A}{Q_A} = \frac{360}{1000} = 0.36(万元/件)$$

$$\frac{C'_B}{Q_B} = \frac{320}{800} = 0.40(万元/件)$$

第二步:计算差额投资回收期 P_a:

$$P_a = \frac{0.86 - 0.7}{0.4 - 0.36} = 4(年)$$

第三步:评价:

因为 $P_a < P_c$,所以方案 A 较优。

5.2.2 寿命期不等的互斥方案的比选

当互斥方案寿命期不等时,这些方案就不能直接比较,在评价之前应该通过设定共同分析期的方式解决时间可比性的问题。满足这一要求需要解决两个方面的问题:一是设定一个合理的共同分析期;二是给寿命期不等于分析期的方案选择合理的方案接续假定或者残值回收假定。下面结合具体指标来分析。

1. 方案重复法

方案重复法是将被比较方案的其中一个或几个重复若干次或无限次,直至各方案期限相等为止,并假定各个方案均在这样一个共同的期限内反复实施,对各个方案分析期内各年的净现金流量进行重复计算,直到分析期结束。

(1) 年值法

年值法是指投资方案在计算期的收入及支出,按一定的折现率换算为等值年值,用以评价或选择方案的一种方法。在对寿命期不同的互斥方案进行评选时,特别是参加比选的方案数目众多时,年值法是最为简便的方法。年值法使用的指标有净年值与费用年值。这两个指标的计算和评价原则同第四章。

【例 5-5】 现有互斥方案 A、B、C,各方案的费用流量见表 5-6,试在基准折现率为 12%的条件下选择最优方案。

表 5-6 A、B、C 方案的费用现金流量

方案	投资额/万元	年费用/万元	寿命期/年
A	150	15	15
B	100	20	10
C	190	10	20

解:计算各方案的费用年值

$$PC_A = 15 + 150(A/P, 12\%, 15) = 37.02(万元)$$
$$PC_B = 20 + 100(A/P, 12\%, 10) = 37.7(万元)$$
$$PC_C = 10 + 190(A/P, 12\%, 20) = 35.44(万元)$$

由于 $PC_C < PC_A < PC_B$,故以方案 C 为最优方案。

用年值法进行寿命不等的互斥方案比选,实际上隐含着这样一种假定:各备选方案在其寿命结束时均可按原方案重复实施或以与原方案经济效果水平相同的方案接续。因为一个方案无论重复实施多少次,其年值是不变的,所以年值法实际上假定了各方案可以无限多次重复实施。在这一假定前提下,年值法以"年"为时间单位比较各方案的经济效果,从而使寿命不等的互斥方案间具有可比性。

(2) 最小公倍数法

此法是以不同方案使用寿命的最小公倍数作为研究周期,在此期间各方案分别考虑以同样规模重复投资多次,据此算出各方案的净现值(或费用现值),然后进行比较选优,净现值最大(或费用现值最小)的方案为最优方案。

【例 5-6】 某企业技术改造有两个方案可供选择,各方案的有关数据见表 5-7,试在基准折现率 10%的条件下选择最优方案。

表5-7　A、B方案数据

方案	投资额/万元	年净收益/万元	残值	寿命期/年
A	18	6	2	10
B	25	9	0	12

解：由于方案的寿命期不同，须先求出两个方案寿命期的最小公倍数，其值为60年。两个方案重复后的现金流量图如图5-2所示。从现金流量图中可以看出，方案A重复6次，方案B重复5次。

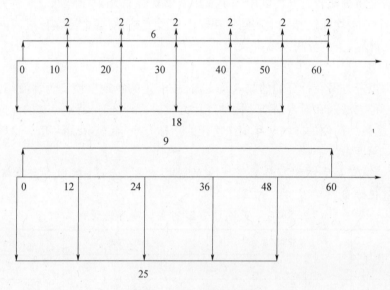

图5-2　现金流量示意图

$$NPV_A = -18 - 16(P/F,10\%,10) - 16(P/F,10\%,20) - 16(P/F,10\%,30) - 16(P/F,10\%,40)$$
$$- 16(P/F,10\%,50) + 6(P/A,12\%,60) + 2(P/F,12\%,60) = 143.856(万元)$$
$$NPV_B = -25 - 25(P/F,10\%,12) - 25(P/F,12\%,24) - 25(P/F,12\%,36) - 25(P/F,12\%,48)$$
$$+ 9(P/A,12\%,60) = 239.61(万元)$$

由于 $NPV_B > NPV_A$，故方案B优于方案A。

这道题目也可以使用年值法进行评价和选择。最小公倍数法适合于被比选方案寿命的最小公倍数较小，且各方案在重复过程中现金流量不会发生太大变化的情况，否则就可能得出不正确的结论。因此，采用这种方法的关键是对各方案在重复过程中的现金流量做出比较合理的估计和预测，力求评价的正确性。

（3）差额内部收益率法

当互斥方案寿命期不等时，差额内部收益率为两方案净年值相等时的折现率，利用公式表示为：

$$\sum_{t=0}^{n_A} (CI_A - CO_A)(P/F,\Delta IRR,t)(A/P,\Delta IRR,n_A)$$
$$= \sum_{t=0}^{n_B} (CI_B - CO_B)(P/F,\Delta IRR,t)(A/P,\Delta IRR,n_B) \quad (5-6)$$

方案比选的判别准则为:在 ΔIRR 存在的情况下,若 $\Delta IRR > i_0$,则年均净现金流大的方案为优;若 $0 < \Delta IRR < i_0$,则年均净现金流小的方案为优。

一般情况而言,用差额内部收益率进行寿命不等的互斥方案比选应满足下列条件之一:

① 初始投资额大的方案年均净现金流大,且寿命期长;
② 初始投资额小的方案年均净现金流小,且寿命期短。

$$方案 j 的年均净现金流 = \frac{\sum_{t=0}^{n_j}(CI_j - CO_j)_t}{n_j} \quad (5-7)$$

【例 5-7】 以 5-6 为例,请利用差额投资内部收益率法进行方案的比选。

解:先判断能否使用该指标:初始投资大的方案 B 的年均净现金流为 6.9 万元,初始投资小的方案 A 的年均净现金流为 4.4 万元,且方案 B 的寿命期长于方案 A 寿命期,所以差额内部收益率可以使用。

计算差额内部收益率:

$$6 - 18(A/P, \Delta IRR, 10) + 2(A/F, \Delta IRR, 10) = 9 - 25(A/P, \Delta IRR, 12)$$

利用线性插值法,可求得: $\Delta IRR = 43.5\% > i_0$,由判断准则可知,应选择年均净现金流大的方案 B。

2. 研究期法

最小公倍数法和年值法以及差额内部收益率法实质上都是通过延长项目寿命以达到可比的标准,这通常被认为是合理的,但是在某些特殊情况下并不适用,随着技术的进步完全按照之前方案进行反复是不经济的也是不可能的。像储量有限且不可再生的资源开采问题,遭受无形磨损设备的更新换代问题等,这些方案在各自寿命期末不可能重复。所以另外一种可行的寿命期不等项目的评价方法就是通过设定共同的分析期作为可比较的计算期,下面以年值折现法为例说明。

年值折现法就是按某一共同的分析期将各备选方案的年值折现得到用于方案比选的现值。这种方法实际上是年值法的一种变形,隐含着与年值法相同的接续方案假定。

(1) 计算公式

设方案 $j(j=1,2,3,\cdots)$ 寿命期为 n_j,共同分析期为 N,按年值折现法,方案 j 净现值的计算公式为:

$$NPV_j = \left[\sum_{t=0}^{n_j}(CI_j - CO_j)_t(P/F, i_0, t)\right](A/P, i_0, n_j)(P/A, i_0, N) \quad (5-8)$$

用年值折现法求净现值时,共同分析期 N 取值的大小不会影响方案比选结论,但通常 N 的取值不大于最长的方案寿命期,不小于最短的方案寿命期。

研究期法涉及寿命期未结束方案的未使用价值的处理问题。一般有以下三种处理方式:第一,承认方案未使用价值;第二,不承认方案未使用价值;第三,预测方案未使用价值,在研究期末将其设为现金流入。

(2) 判别准则

用上述方法计算出的净现值用于寿命期不等互斥方案评价的判别准则是:净现值最大且非负的方案是最优可行方案。对于仅有或仅需计算费用现金流的互斥方案,可比照上述方法计算费用现值进行比选,判断准则是:费用现值最小的方案为最优方案。

【例 5-8】 某公司拟投资购买某种设备,现有设备 A,B 均可满足使用需求,具体数据见

表5-8，假设基准折现率为10%，问选择哪台设备更合适？

表5-8 设备现金流量表

设备	投资/万元	每年年末的净收益/万元	寿命期/年
A	150	50	4
B	230	55	6

解：(1) 承认未使用价值法。

以设备A方案的寿命期4年为研究期，并承认设备B方案投资使用6年的价值，即将设备B投资按时间价值分摊到整个寿命期6年中，然后求4年研究期的净现值进行比较。

$$NPV_A = -150 + 50(P/A, 10\%, 4) = 8.4935(万元)$$

$$NPV_B = [-230 + 55(P/A, 10\%, 6)](A/P, 10\%, 6)(P/A, 10\%, 4) = 6.94(万元)$$

因为 $NPV_A > NPV_B$，所以应该选择A方案。

(2) 不承认未使用价值法。

$$NPV_A = -150 + 50(P/A, 10\%, 4) = 8.4935(万元)$$

$$NPV_B = -230 + 55(P/A, 10\%, 4) = -55.657(万元)$$

因为 $NPV_A > NPV_B$，所以应该选择A方案。

(3) 预测未来价值法。

假设B方案在第四年末进行出售，可以回收现金90万元。

$$NPV_A = -150 + 50(P/A, 10\%, 4) = 8.4935(万元)$$

$$NPV_B = -230 + 55(P/A, 10\%, 4) + 90(P/F, 10\%, 4) = 5.814(万元)$$

因为 $NPV_A > NPV_B$，所以应该选择A方案。

对于某些不可再生资源开发型项目（如石油开采），在进行寿命不等的互斥方案比选时，方案可重复实施的假定不成立。在这种情况下，可以直接按方案各自寿命期计算的净现值进行比选。这种处理方法所隐含的假定是：用最长的方案寿命期作为共同分析期，寿命期短的方案在其寿命期结束后，其再投资按基准折现率取得收益。

【补充理解5-1】

矿产资源资产的估价

矿产资源是一种耗竭性的不可再生资源，它与其他经济资源一样是一种资产，本身具有价值。研究矿产资源资产估价方法（即价值或价格的确定方法），对合理开发和利用矿产资源等均具有重要的意义。关于矿产资源资产的估价，收益现值法是目前矿产资源资产估价的主要方法之一。该法是将待估矿产资源资产未来各期的净收益按合适折现率（或资本化率或还原率）换算为现值的一种估价方法。它需要估价者对待估矿产资源资产未来的净收益及折现率作出正确的估计和预测。

资料来源：张金锁等，矿产资源资产估价的动态收益现值法研究，西南交通大学学报，2000，35(2)。

5.3 独立方案选择

在独立方案的选择过程中，由于方案之间相容性的特点，决定了独立方案的现金流量及其效果具有相加性。当每个投资方案相互独立时，若资金对项目不构成约束，只需要分别判断项目的可行性即可;若资金不足以分配到全部项目时,即形成了资金约束条件下的分配问题。

5.3.1 无资源约束条件下的独立方案选择

这类独立方案之间没有限制和约束关系,只需检验它们是否能够通过净现值、净年值或内部收益等绝对效益评价指标。因此,多个独立方案与单一方案的评价方法是相同的。

【例 5-9】 两个独立方案 A 和 B,其现金流如表 5-9 所示。试判断其经济可行性($i_0 = 12\%$)。

表 5-9 独立方案 A,B 的净现金流量　　　　　　　　（单位:万元）

方案 \ 年末	0	1~10
A	-250	52
B	-420	85

解:本例为独立方案,可首先计算方案自身的绝对效果指标——净现值、净年值、内部收益率等,然后根据各指标的判别准则进行绝对效果检验并决定取舍。

(1) 采用净现值指标。

$$NPV_A = -250 + 52(P/A, 12\%, 10) = 43.81(万元)$$
$$NPV_B = -420 + 85(P/A, 12\%, 10) = 60.27(万元)$$

由于 $NPV_A > 0, NPV_B > 0$,据净现值判别准则,A、B 方案均可接受。

(2) 采用净年值指标。

$$NAV_A = NPV_A(A/P, 12\%, 10) = 7.75(万元)$$
$$NAV_B = NPV_B(A/P, 12\%, 10) = 10.67(万元)$$

据净年值判别准则,由于 $NAV_A > 0, NAV_B > 0$,故应接受 A、B 两方案。

(3) 采用内部收益率指标,设 A 方案内部收益率 IRR_A,B 方案的内部收益率为 IRR_B,由方程:

$$-250 + 52(P/A, IRR_A, 10) = 0$$
$$-420 + 85(P/A, IRR_B, 10) = 0$$

解得各自的内部收益率为 $IRR_A = 16\%$,$IRR_B = 15\%$,由于 $IRR_A > i_0$,$IRR_B > i_0$,故应接受 A、B 两方案。

对于独立方案而言,经济上是否可行的判断根据是其绝对经济效果指标是否优于一定的检验标准。不论采用净现值、净年值和内部收益率当中哪一种评价指标,评价结论都是一样的。

5.3.2 有资源约束条件下的独立方案选择

如果独立方案之间受到某种资源(通常是投资)的约束,不满足所有方案的需求,这些约束条件意味着接受某几个方案必须要放弃另一些方案,使之成为相关的互相排斥的方案。对这类项目进行评价选择,可假定各投资项目在技术上是可行的,也符合区域总体经济、技术法律规划的需要,只要能在给定资金预算总额限制的前提下取得最大的经济效益(即实现净现值最大化)即可,这就是所谓"受资金限制的项目选择"问题。此时独立方案的选择有两种方法:一是独立方案互斥化法;二是效率指标排序法。

1. 独立方案互斥化法

尽管独立方案之间互不相关,但在约束条件下,它们会成为相关方案。独立方案互斥化的基本思想是把各个独立方案进行组合,其中每一个组合方案就代表一个相互排斥的方案,这样就可以利用互斥方案的评选方法,选择最佳的方案组合。

独立方案互斥化法的基本步骤如下:

(1) 列出全部相互排斥的组合方案。如果有 m 个独立方案,那么组合方案数 $N = 2^m - 1$ (不投资除外),这 N 个组合方案相互排斥。例 5-10 中有 3 个独立方案,互斥组合方案共有 7 个,这 7 个组合方案互不相容,互相排斥。组合结果见表 5-11。

(2) 在所有组合方案中,除去不满足约束条件的组合。并且按投资额大小顺序排列。

(3) 采用净现值、差额内部收益率法选择最佳方案组合。

【例 5-10】 有 A、B、C 3 个独立的投资方案,各方案的有关数据如表 5-10 所示,已知总投资限额是 800 万元,基准收益率为 12%,试选择最佳投资方案组合。

表 5-10 A、B、C 三种方案的有关数据表达式

方案	投资/万元	年净收入/万元	寿命期/年
A	200	42	10
B	375	68	10
C	400	75	10

解:由于 3 个方案的总投资合计为 975 万元,超过了投资限额,因而不能同时选上。本例采用净现值法,净现值最大的组合方案为最佳组合方案,结果见表 5-11。

表 5-11 用净现值法选最佳组合方案

序号	方案组合	投资	净现值	决策
1	A	200	37.3	
2	B	375	9.2	
3	C	400	23.75	
4	B、A	575	46.5	
5	A、C	600	61.05	最佳
6	B、C	775	32.95	
7	A、B、C	970		超出投资额

由表 5-11 可知,按最佳投资决策确定选择方案 A 和 C。

当方案的个数增加时,其组合数将成倍增加,所以这种方法比较适用于方案数比较小的情况。当方案数目较多时,可采效率指标排序法。

2. 效率指标排序法

效率指标排序法的原理是首先根据反映资源利用效率指标的大小确定独立项目的优先顺序,然后根据资源约束条件确定最优项目组合。这种方法是对独立方案互斥化的改进,简便而有效。常用的排序指标有净现值指数与内部收益率。

1) 净现值率排序法

所谓净现值率排序法,就是将各方案的净现值率按大小顺序,并依此次序选取方案。这一方法的目标是达到一定总投资的净现值最大。

净现值率排序法的步骤如下:

（1）首先在相同的计算期内计算出各方案的净现值率（NPVR），并将净现值率小于零的方案舍去。

（2）将各方案按净现值率从大到小排列。

（3）从排列好的方案中，依次选择投资方案，直到所选方案的投资总额最大限度地接近或等于资金限额位置。

【例 5-11】 表 5-12 所示为 6 个相互独立的投资方案，寿命期均为 8 年。基准折现率为 12%，若资金总额为 195 万元，用净现值率排序法进行评选。

表 5-12　7 个投资方案有关数据表　　　　　　　　　　（单位：万元）

方案	投资额	年净收益
A	46	18.3
B	28	9.8
C	120	38.6
D	85	25.4
E	76	28.9
F	43	15.2

解：各方案的净现值、净现值指数及排序结果如表 5-13 所示。

表 5-13　各方案有关指标计算表

方案	净现值/万元	净现值指数	排序
A	29.24	0.64	1
B	12.29	0.44	4
C	38.70	0.32	5
D	19.43	0.23	6
E	42.82	0.56	2
F	19.49	0.45	3

由表 5-13 可知，方案的优先顺序为 A-E-F-B-C-D，当资金总额为 195 万元，最优组合方案是 A、E、F、B。

2）内部收益率排序法

内部收益率排序法是将方案按内部收益率的高低依次排序，然后按顺序选取方案。这一方法的目标是达到总投资效益最大。用内部收益率排序法解决方案间资金分配问题，一般可按下列步骤进行。

（1）计算出各方案的内部收益率值，将内部收益率小于基准收益率的方案舍去。

（2）将各可行方案按内部收益率由大到小的顺序排序。

（3）根据资金约束条件，选择出加权内部收益率 IRR_P 最大的项目组合，即为最佳组合。加权内部收益率 IRR_P 的计算公式：

$$IRR_P = \left[\sum_{j=1}^{m} I_{oj} \times IRR_j + \left(I_{max} - \sum_{j=1}^{m} I_{oj} \right) \times i_c \right] / I_{max} \quad (5-9)$$

式中　m——组合方案中独立方案的数目；

I_{max}——资金约束条件；

I_{oj}——第 j 个方案的初始投资；

IRR_j——第 j 个方案的内部收益率。

式 5-9 中，中括号内的第二项表示约束投资与组合方案投资的差额，假定这笔资金被投向基准收益为 i_c 的其他投资途径。

【例 5-12】 表 5-14 中列出了 6 个独立方案，若基准收益率 $i_c=14\%$，总投资为 35000元，请用内部收益率排序法选择方案。

表 5-14 用内部收益率排序法选择最优组合方案

方案名称	投资额/元	寿命/年	年净收益/元	内部收益率/%	按内部收益率排序
A	10000	6	2870	18	3
B	15000	9	2930	13	舍去
C	8000	5	2680	20	2
D	21000	3	9500	17	4
E	13000	10	2600	15	5
F	6000	4	2540	25	1

解：首先，分别求出 6 个方案的内部收益率，列于表 5-14。由于 $IRR_B<i_c$，因此将方案 B 舍去。然后，按内部收益率由大到小的顺序选择方案，在总投资额仅有 35000 元的条件下，应选择 F、C、A 三个方案。此时的总投资为 24000 元，尚有 11000 元投资没有利用。假设这些资金投向"0"方案，即投向基准收益率为 14% 的其他投资机会，则这些方案的加权平均内部收益率为：

$$i'=\frac{6000\times0.25+8000\times0.20+10000\times0.18+11000\times0.14}{35000}=18.4\%$$

另外，为了充分利用现有投资额，在 5 个可行方案之间还可以有其他的组合形式。其总投资及总体收益率列于表 5-15。

表 5-15 不同组合方案的总投资额和加权内部收益率

组合方案	总投资额/元	总收益率/%
F、C、D	35000	19.1
F、C、A	24000	18.4
C、A、E	31000	16.9
F、A、E	29000	17.4
C、E、F	27000	17.6

由表 5-15 可知，为使加权内部收益率最大，应选 F、C、D 方案组合。

值得注意的是，用内部收益率或净现值指数排序来评选独立方案，并不一定能保证获得最佳组合方案。比如，独立方案 A、B、C 的投资分别是 K_A、K_B、K_C，且 $K_B=K_A+K_C$，而方案的净现值指数大小依次是 $NPVR_A>NPVR_B>NPVR_C$，如果投资约束不超过 K_B，那么决策只能在 B 和 A+C（即同时选择方案 A 和 C）两个互斥方案之间选择，那么接受 B 而放弃 A+C，要么接受 A+C 而放弃 B，而不能按 NPV 的大小次序，先接受 A，再选择部分 B，因为 B 是不可分的。

所以，只有当各方案投资占总投资比例很小或者入选方案正好分配完总投资时才能保证获得最佳组合方案。传统理论认为，资金限额下独立项目方案优化组合的排序法可以用 NPV 或

NPVR指标,同时认为,当项目方案之间投资额相差较大时,宜将NPV和NPVR指标结合使用,以保证正确的确定项目方案的优化组合。

5.4 混合方案选择

5.4.1 基本方法

当方案组合中既包含有互斥方案,也包含有独立方案时,就构成了混合方案。比如某些大企业或多种经营的企业,投资方向很多,这些投资方向就业务内容而言,是互相独立的,而每个投资方向又可能有几个可供选择的方案,这些方案之间是互斥的,只允许在其中选一个最优方案。像这样的方案选择称为混合方案的选择。独立方案或互斥方案的选择,属于单项决策。但在实际情况下,需要考虑各个决策之间的相互关系。混合型方案的特点,就是在分别决策基础上,研究系统内诸方案的相互关系,从中选择最优的方案组合。

如果资金无限制,只要从独立方案中选择互斥方案中NPV(NAV)最大且不小于零的方案加以组合即可。当资金有限时,选择方法比较复杂,可以依据具体情况采用混合方案群互斥化方法、整数规划法或者效率指标排序法。

独立方案互斥化方法适用于备选方案较少的情况,当备选项目增多时,其计算工作量很大,可以采用计算机辅助解决,即可以采用整数规划法。互斥化方法的求解过程已经在上一节阐述了,这里不再赘述。

效率指标排序法就是在资金限额内选择内部收益率(或者净现值率)较大的投资项目,直到资金限额分配完为止。该方法应用简单,一般能求得投资经济效益较大的项目组合,但不一定能取得最优组合。在下文中通过一个例子来描述混合方案的效率指标排序法的使用。

万加特纳(Weingartner)优化选择模型是将项目中各种约束条件进行分类表述的0-1整数规划模型。该模型具有不可分性,对原本独立项目的选择只有两种可能:被选取或者被拒绝。该模型的建立使方案间复杂的相关关系数学化,并在计算机及相应软件的辅助下大大简化了选择过程,提高了工作效率。

5.4.2 净现值解法

使用净现值解法的目标是使净现值最大。当多个方案的寿命期不等时,首先将寿命期进行调整,使各方案具有可比性,再进行NPV的计算,具体解法如下:首先按照共同寿命期计算每个方案的NPV,按照方案NPV由大到小进行排序,在不超过投资总额的情况下,从排列的方案中选定现值最大的方案。

【例5-13】 某公司拟在其所属的A、B、C三个分厂进行项目投资和技术升级改造,每个厂都提出了有待选择的方案,各方案的预测数据如表5-16所示。

表5-16 各方案有关指标计算表

所在厂	方案	投资/万元	净现值/万元	净现值率/%
A	A_1	100	45	0.45
	A_2	220	80	0.36
	A_3	280	90	0.32

(续)

所在厂	方案	投资/万元	净现值/万元	净现值率/%
B	B_1	80	38	0.48
	B_2	180	80	0.44
	B_3	300	120	0.40
C	C_1	50	20	0.40
	C_2	120	40	0.33

解:计算各方案的净现值,然后进行排序,如表 5-17 所示。

表 5-17 NPV 指标排序

所在厂	方案	投资/万元	净现值/万元	排序
A	A_1	100	45	3
	A_2	220	80	2
	A_3	280	90	1
B	B_1	80	38	3
	B_2	180	80	2
	B_3	300	120	1
C	C_1	50	20	2
	C_2	120	40	1

(1) 在 200 万投资限额下,以净现值为判断依据,应该选择 B_2 方案。效益:NPV = 80(万元)。

(2) 在 350 万投资限额下,以净现值为判断依据,应该选择 B_3,C_1 两个方案,组合效益:NPV = 120 + 20 = 140(万元)。

5.4.3 效率指标排序法

使用该方法解决多个方案内资金分配问题,一般按照以下步骤进行。

首先,计算各方案的整体效率指标(例如内部收益率、净现值率),并舍去不可行方案;其次,将各方案的效率指标按照由大到小进行排序,按照排序选择方案,直至尽量符合资金预算的限额为止。当方案选择的结果中有一部分没有得到利用时,则应从可接受的多方案中加以组合,以求得最大的总体投资收益率。

【例 5-14】 使用净现值率法解决【例 5-13】。

解:首先,各方案的净现值都为正,说明方案都通过绝对评价,即方案是可行的。

其次,A,B,C 三个分厂的项目投资是独立的,而每一个分厂内部投资的具体方案是互斥的。在进行净现值率排序时需要注意以上的项目关系。

(1) 在 200 万投资限额下,以净现值率为判断依据,应该选择 A_1,B_1 两个方案。

组合效益:NPV = 45 + 38 = 83(万元)。

(2) 在 350 万投资限额下,以净现值率为判断依据,应该选择 A_1,B_2,C_1 三个方案

组合效益:NPV = 45 + 90 + 50 = 185(万元)。

可以看出,在限定投资总额的条件下,一般使用效率指标排序法要优于净现值排序法,然

而,为了得到组合方案的最大收益,应将两者结合使用。根据效率指标排除优劣,然后进一步试算,找出组合净现值最大的方案组合。

5.4.4 万加特纳优化选择模型

前述当备选项目增多时,其计算工作量很大,可以采用计算机辅助解决,即可以采用整数规划法。下面介绍一个典型的 0-1 整数规划模型——万加特纳优化选择模型。该模型是 H. M Weingartner 于 1963 年提出的对有约束的混合方案进行优化的一种解法,以净现值最大为目标函数。在该目标函数及一定的约束条件下,力图寻求某一项目组合方案,使其净现值比其他任何可能的组合方案的净现值都大。

模型的目标函数:所选方案的净现值最大,即

$$\max Z = \max \sum_{j=1}^{n} NPV_j \times X_j \quad (5-10)$$

式中 j——项目方案序号,$j = 1,2,\cdots,n$;

X_j——决策变量,$X_j = \begin{cases} 0, 拒绝 j 项目 \\ 1, 接受 j 项目 \end{cases}$。

该目标函数表明,模型将在 n 个待选项目中选择净现值最大的那个组合方案。

影响项目方案相关性的各种因素以约束方程的形式表达出来,这些因素有以下六类。

(1) 资金、人力、物力等资源可用量约束限制

该目标函数满足下列约束:

$$\sum_{j=1}^{n} C_{jt} X_j \leq b_t \quad (t = 1,2,3,\cdots,n) \quad (5-11)$$

式中 C_{jt}——方案 j 在第 t 年资源需用量;

b_t——某种资源在第 t 年的可用量。

(2) 方案之间的互斥性约束

$$X_a + X_b + \cdots + X_k \leq 1 \quad (5-12)$$

式中 $X_a,X_b,\cdots,X_k$——m 个待选项目方案中的互斥方案 $a,b,\cdots,k$ 的决策变量。该式表明互斥方案至多选一个。

(3) 方案之间的依存关系约束

$$X_c \leq X_d \quad (5-13)$$

式中,c 依存于 d 方案,即若 d 不被选取($X_d = 0$),则 c 必定不被选取($X_c = 0$);若 d 被选取($X_d = 1$),才可考虑 c 的选取($X_c = 0$ 或 1)。

(4) 方案之间的紧密互补关系约束

$$X_e = X_f \quad (5-14)$$

式中,项目方案 e、f 为紧密互补型方案,即二者或者都不被选取,或者同时被选取。

(5) 方案之间的非紧密互补关系约束

$$\begin{cases} X_g + X_{gh} \leq 1 \\ X_h + X_{gh} \leq 1 \end{cases} \quad (5-15)$$

式中,g、h 为非紧密互补方案。例如 g 为生产橡胶的方案,h 为生产轮胎的方案,两者同时被选取(gh)也是一个待选组合方案——橡胶轮胎联合生产项目,而且也可能会由于其专业化生产和规模经济性带来额外的节约和收益。但 gh 与 g 和 h 是互斥方案,这就是上述式子的意义。

(6) 项目的不可分性约束

$$X_j = 0,1 \quad (j = 1,2,\cdots,m) \quad (5-16)$$

即任一方案 j,或者被选取($X_j = 1$),或者被拒绝($X_j = 0$),不允许只取完整方案的一个局部而舍弃其余部分,用数学语言表述即不允许 X_j 为一小数($0 < X_j < 1$)。

由于实际经济活动中项目群的选择面临的约束条件是多种多样的,在解决实际的项目群决策问题时,这个模型中有许多约束方程可能不适用,有些重要的约束关系则可能在该模型中未予描述而需另外列出相应的约束方程。

0-1 整数规划用于项目群优选,其原理与方案群互斥化方法是完全相同的,都是从可行的金额和方案中选取经济效果最好的组合方案。但两者在对问题的描述方式和解答效率上有明显的差别。下面举一个简单的例子,通过对比分析 0-1 整数规划方法与方案群互斥化方法的异同。

【例 5-15】 现有 A、B、C、D 四个项目,每个项目仅有一个项目方案。其净现金流量如表 5-18 所示。当全部投资的限额为 2400 万元时,应当如何根据经济效益最佳原则进行决策(基准收益率为 12%)?

表 5-18 项目 A、B、C、D 的经济数据及净现值 （单位:万元）

项目	第 0 年初始投资	第 1~10 年净收益	净现值($i_0 = 12\%$)
A	800	160	104
B	1000	200	130
C	1100	220	143
D	1500	300	195

按照常规的方案组合法,须先列出由这四个项目所能组成的 15 个互斥项目群方案,逐一检查各方案组合投资额是否在限额以内,再对不超出限额的方案逐一计算净现值,并按净现值准则进行方案备选,结果如表 5-19 所示。其中,由于超出投资限额而不可行的方案有 7 个,余下 8 个方案中净现值最大,且大于零的方案是第 7 个方案。即 A、D 两方案中选,净现值之和为 299 万元。

表 5-19 各项目方案的净现值 （单位:万元）

序号	决策变量				净现值($i_0 = 12\%$)	投资额	投资限额内方案排序	备注
	A	B	C	D				
1	1	0	0	0	104	800	8	
2	0	1	0	0	130	1000	7	
3	0	0	1	0	143	1100	6	
4	0	0	0	1	195	1500	5	
5	1	1	0	0	234	1800	4	
6	1	0	1	0	247	1900	3	
7	1	0	0	1	299	2300	1	可以接受的最优方案
8	0	1	1	0	273	2100	2	
9	0	1	0	1	325	2500		超出投资限额不可行
10	0	0	1	1	338	2600		同上

(续)

序号	决策变量 A	B	C	D	净现值($i_0=12\%$)	投资额	投资限额内方案排序	备注
11	1	1	1	0	377	2900		同上
12	1	1	0	1	429	3300		同上
13	1	0	1	1	442	3400		同上
14	0	1	1	1	468	3600		同上
15	1	1	1	1	572	4400		同上

注:决策变量取"1",表示上马该项目;决策变量取"0",则不上马该项目。

如果在本例中采用优化技术进行项目选择,则可以构造如下纯整数规划模型:
目标函数是使所选项目的净现值之和最大,即

$$\max NPV = [-800 + 160(P/A,12\%,10)]X_A + [-1000 + 200(P/A,12\%,10)]X_B \\ + [-1100 + 220(P/A,12\%,10)]X_C + [-1500 + 300(P/A,12\%,10)]X_D$$

或 $\max NPV = 104X_A + 130X_B + 143X_C + 195X_D$

并满足投资限额约束:

$$800X_A + 1000X_B + 1100X_C + 1500X_D \leq 2400$$

式中,X_A、X_B、X_C、X_D 为 0-1 决策变量。

利用整数规划计算机软件上机求解,得,即接受 A、D 项目,拒绝 B、C 项目,目标函数 NPV = 299 万元。优选结果与表 5-19 完全相同。

对照表 5-19 的常规组合法可知,万加特纳优化模型中满足约束的各项目群方案是隐含的,它能保证优化计算是在可行域解空间内进行的。这样,可以不必知道满足投资约束的具体方程是什么,也就无需像表 5-19 那样一一列出,模型方法的这种优点(特别是当方案数目巨大时)是显而易见的。采用万加特纳优化模型可以使项目群优选的工作效率大大提高。

5.5 电子表格的应用

5.5.1 寿命期相等的互斥方案评价

【例 5-16】 实施某公益项目可以采用四种方案,净现金流量如表 5-20 所示,试使用增量分析指标对下列方案进行评价。

表 5-20 各方案有关指标计算表

	方案 1	方案 2	方案 3	方案 4
期初投资	-5000	-6500	-10000	-15000
年运营成本	-3500	-3200	-3000	-1400
残值	500	900	700	1000
寿命期	8	8	8	8

解:采用增量分析法,首先计算出方案之间的差额现金流,本例中没有给出收益的决对数值,可以将某方案相对于另一方案所带来的运营成本的节约视为项目收益,然后分别利用 NPV 函数和 IRR 函数计算差额 NPV 和差额 IRR,对方案进行评价。

如图 5-3 所示,可以看出,4 方案为最优方案。如果直接计算四个方案的 NPV,也能得到相同的结论。

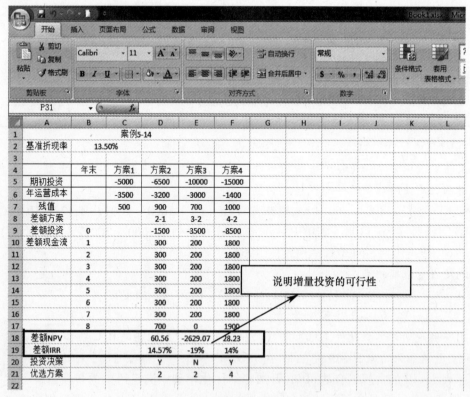

图 5-3 增量分析法计算示意图

5.5.2 寿命期不等的互斥方案评价

【例 5-17】 某企业拟改进生产能力,先有四种设备可供选择,现金流量如表 5-21 所示。基准折现率为 16%,请就这四种设备进行评价选择(假设方案可持续反复进行)。

表 5-21 各方案有关指标计算表

	设备1	设备2	设备3	设备4
投资	-6000	-7000	-9000	-17000
年净收益	3000	3500	4500	3700
残值回收	0	200	300	500
寿命期	3	4	6	12

解:由于寿命期不等,所以进行方案评价时首先要解决时间可比性原则,有两种方法:
(1) 直接采用 NAV 指标计算。
(2) 采用最小公倍数法。
图 5-4 描述了这两种方法的评价结果,可以看出结论是一致的,即方案 3 为最优方案。

【例 5-18】 某企业现有 6 个备选项目,投资分 2 期进行,两期的投资限额分别为 850 万元和 600 万元,各个项目的净现值已估算完毕(见图 5-5)。由于计算工艺或市场原因,项目 A、B、C 为三择一项目,项目 B 为 D 的预备项目,项目 E 和 F 为互斥项目。企业的基准收益率为

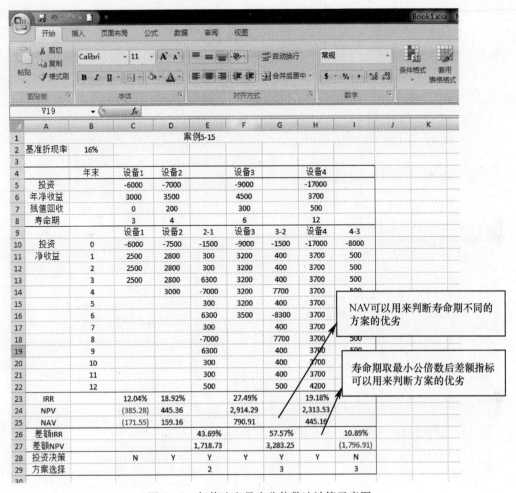

图 5-4 年值法和最小公倍数法计算示意图

15%。

根据图 5-5 的有关资料,则可以列出如下的最优组合决策模型:

目标函数:

$$\text{Max}\{\sum \text{NPV}\} = \sum_{t=0}^{1}\left[\frac{1}{1.15^{t}}(150x_{1,t} + 100x_{2,t} + 260x_{3,t} + 200x_{4,t} + 130x_{5,t} + 280x_{6,t})\right]$$

约束条件:

$$\begin{cases} 200x_{1,0} + 230x_{2,0} + 350x_{3,0} + 330x_{4,0} + 280x_{5,0} + 600x_{6,0} \leq 850 \\ 200x_{1,1} + 230x_{2,1} + 350x_{3,1} + 330x_{4,1} + 280x_{5,1} + 600x_{6,1} \leq 600 + 850 - (200x_{1,0} + \\ 230x_{2,0} + 350x_{3,0} + 330x_{4,0} + 280x_{5,0} + 600x_{6,0}) \\ x_{1,0} + x_{2,0} + x_{3,0} + x_{1,1} + x_{2,1} + x_{3,1} = 1 \\ x_{2,0} - x_{4,0} + x_{2,1} - x_{4,1} = 0 \\ x_{5,0} + x_{6,0} + x_{5,1} + x_{6,1} = 1 \\ x_{i,0} + x_{i,1} = 0 \text{ 或 } 1 \\ x_{i,t} = 0 \text{ 或 } 1 \quad (i = 1,2,3,4,5,6; t = 0,1) \end{cases}$$

约束条件中,第一个式子表示第0年投资额限制条件;第二个式子表示第1年投资额限制条件;第三个式子表示项目A、B、C三个项目选择其中一个;第四个式子表示项目B为项目D的预备项目;第五个式子表示项目E、F为互斥项目;第六个式子表示每个项目投资年度约束条件,$i = 1,2,3,4,5,6$分别表示项目A、B、C、D、E、F,例如,若项目A在第0年投资,则在第1年就不投资,即$x_{1,0} = 1, x_{1,1} = 0$。

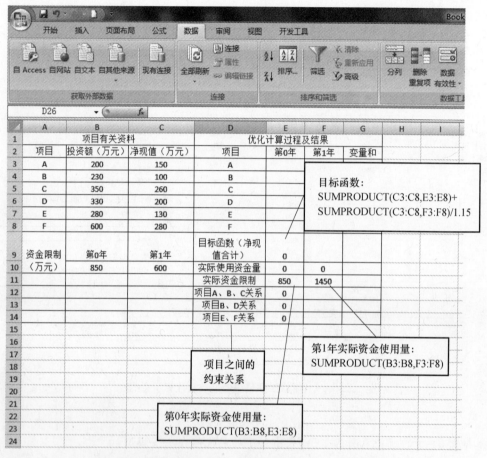

图5-5 投资项目最优组合及投资安排的Excel求解设计

则利用Excel求解上述模型的步骤如下:

(1) 设计工作表格(如图5-5所示),其中单元格E9存放目标函数(净现值合计),计算公式为:"=SUMPRODUCT(C3:C8,E3:E8)+SUMPRODUCT(C3:C8,F3:F8)/1.15";单元格E3:F8为变动单元格,存放决策变量$x_{i,t}$的值;

(2) 在单元格G3中输入项目A的决策变量求和公式"=E3+F3",项目B~F的决策变量求和公式分别填入单元格G4:G8,可采用复制方法,将单元格G3复制到单元格G4:G8中即可而完成其他项目决策变量求和公式的输入;

(3) 在单元格E10输入第0年的实际资金使用量计算公式"=SUMPRODUCT(B3:B8,E3:E8)",在单元格F10输入第1年的实际资金使用量计算公式和"=SUMPRODUCT(B3:B8,F3:F8)";在单元格E11中输入第0年资金限额"=B10";在单元格F11中输入第1年资金限额计算公式"=C10+(E11-E10)";

(4) 在单元格 E12 中输入项目 A、B、C 关系的约束条件计算公式"= SUM(E3:F5)";在单元格 E13 中输入项目 B、D 关系的约束条件计算公式"= E4 - E6 + F4 - F6";在单元格 E14 中输入项目 E、F 关系的约束条件计算公式"= SUM(E7:F8)";

(5) 单击 Excel【工具】菜单,选择【规划求解】项,出现【规划求解参数】对话框;在【规划求解参数】对话框中,【设置目标单元格】设置为单元格"$E$9";【等于】设置为"最大";【可变单元格】设置为"$E$3:$F$8";在【约束】中输入约束条件"$E$10 <= $E$11, $F$10 <= $F$11, $E$3:$F$8 <=1, $E$3:$F$8 >=0, $E$3:$F$8 = 整数, $G$3:$G$8 >=0, $G$3:$G$8 <=1, $E$12 =1, $E$13 =0, $E$14 =1",如图 5-6;

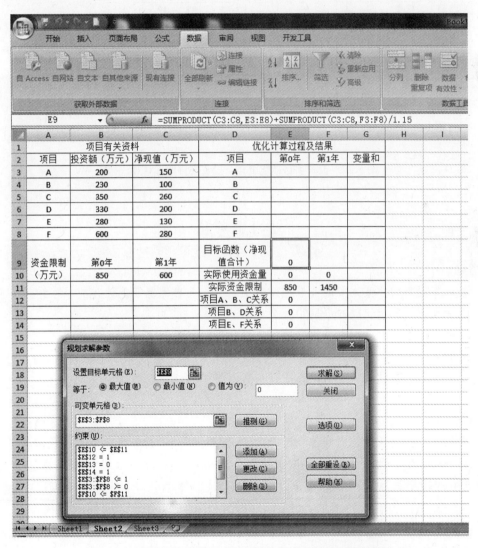

图 5-6 投资项目最优组合及投资安排的线性规划求解设计

(6) 单击【求解】,即可得到优化的结果(如图 5-7 所示),并出现【规划求解结果】对话框,然后按确定键,保存规划求解结果。最终优化结果为:$x_{1,0}=0, x_{1,1}=0; x_{2,0}=1, x_{2,1}=0; x_{3,0}=0, x_{3,1}=0; x_{4,0}=1, x_{4,1}=0; x_{5,0}=0, x_{5,1}=0; x_{6,0}=0, x_{6,1}=1$,即第 0 年投资项目 B 和 D,第 1 年投资项目 F,可得到最大净现值 543.48 万元,共使用资金 1160 万元,剩余资金 290 万元。

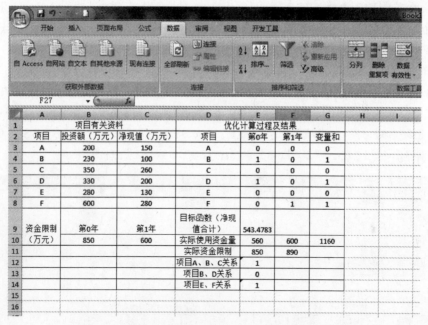

图5-7 投资项目最优组合及投资安排的EXCEL求解

复习思考题

一、简答题

1. 投资方案群内方案之间的关系包括哪些类型？各自的特征是什么？
2. 互斥型方案优选比较的原则是什么？
3. 寿命期相等的互斥型方案比选的本质是什么？方法有哪些？
4. 寿命期不等的互斥型方案比选的方法有哪些？
5. 有约束条件的独立方案的比选的方法有哪些？
6. 混合型项目方案的选择方法有哪些？

二、计算题

1. 为完成某一项任务提出五种备选方案，分析期为5年，投资者最低期望收益率为15%。每个方案所需总的投资、年净收益和期末残值如表所列（单位：万元）。问哪一种方案将被选中？请使用：(1)增量NPV法；(2)单个方案NPV法。

方案	1	2	3	4	5
投资	50	60	70	80	100
年净收益	15	18	20	25	28
残值	10	12	15	18	20

2. 有四种功能相同的设备，使用寿命均为10年，残值不计。初始投资和年经营成本如表所列（单位：元）。已知四个方案中至少最优方案是可行方案，设基准收益率为10%，试用增量投资内部收益率法进行选择。

指标 \ 方案	A	B	C	D
初始投资	3000	3800	4500	5000
年经营成本	1800	1700	1400	1300

3. 某企业现有若干互斥投资方案,资料如表所列(单位:万元)。各方案的寿命均为7年,"0"表示不投资方案。试讨论以下问题:

(1) 当基准收益率为10%时,哪个方案最优?

(2) 当考虑到非经济性因素,B方案必须实施,要使B方案在经济上也是最优的,此时的基准收益率应在多大的范围内?

方案	0	A	B	C	D
投资	0	200	300	400	500
年净收益	0	50	90	110	138

4. 有甲、乙两个投资项目,甲投资项目2000万元,年收入1000万元,年经营成本500万元;乙项目投资3000万元,年收入1500万元,年经营成本800万元。若基准投资回收期为6年,试计算并分析:

(1) 试用投资回收期法评价两个方案的可行性;

(2) 用差额投资回收期法分析方案的优劣;

(3) 若方案的寿命期均趋近于无穷大,试分别计算两方案的内部收益率,并评价。

5. 某施工机械有A、B两种不同的型号,其有关经济参数如表所列,利率为10%,试问购买哪种型号的机械在经济上更为有利?

方案	投资/万元	年收益/万元	年经营成本/万元	残值/万元	寿命期/年
A	12	7	0.6	2	10
B	9	7	0.85	1	8

6. 某企业现有互相独立的8个投资方案,初期投资额和年净收益如表所列(单位:万元),各方案的寿命期均为8年,基准收益率为10%。因资金总额有限,需将各投资方案进行优劣排序,以便按资金的限额条件予以选择。

(1) 求出按各方案净现值和净现值率大小的排列顺序;

(2) 当资金限额为50万元时,用净现值率指标对该企业的方案进行优劣排序的顺序是什么?这种选择的净现值是多少?

(3) 在相同金额的制约条件下,若以净现值指标进行优劣排序,则该企业做何种选择?此时的净现值为多少?请将结果与上述结果进行比较。

投资方案	初期投资额	年净收益	投资方案	初期投资额	年净收益
A	10	3.42	E	18	5.56
B	14	4.56	F	17	4.96
C	8	3.00	G	6	2.16
D	15	4.50	H	12	3.80

7. 某经营商品批发的公司,已有多家分店,现准备增加A、B、C三家分店的店员人数,估计

增加店员后营业利润会增加,但各店效率不同。三家分店的雇用计划是独立的,但每个分店的增员方案却是互斥的,各分店具体数据如表所列。

分店	增员方案/人	营业利润/万元
A	A1(1)	46
	A2(2)	58
	A3(3)	96
B	B1(1)	6
	B2(2)	44
	B3(3)	60
C	C1(1)	30
	C2(2)	56
	C3(3)	70

问当计划的增员总额分别为 3 人、4 人、5 人、6 人和 7 人时,具体应向 A、B、C 三家分店增加多少店员?

8. 某企业下属的 A、B、C 三个分厂提出了如表所列(单位:万元)的技术改造方案。各分厂之间是相互独立的,而各分厂内部的技术改造方案是互斥的。

分厂	投资方案	初始投资	年净收益
A	A1	100	40
	A2	200	70
	A3	300	90
B	B1	100	20
	B2	200	55
	B3	300	75
	B4	400	95
C	C1	200	85
	C2	300	100
	C3	400	138

若各方案的寿命期均为 8 年,基准收益率为 12%。试问:
(1) 若资金供应没有限制,如何选择方案?
(2) 当企业的投资额在 600 万元以内时,从整个企业角度出发,最有利的选择是什么?
(3) 当企业的投资额在 600 万元以内时,如果 B 分厂的方案必须投资,则如何选择?

第6章 工程项目经济不确定性与风险分析

学习目标

- 了解项目不确定性及风险产生原因；
- 掌握盈亏平衡分析方法；
- 掌握敏感性分析方法；
- 掌握概率分析方法；
- 了解风险决策树的使用。

导入案例

轨道交通投资的不确定性分析

轨道交通是一项规模庞大的基础设施工程，它的行业特殊性以及投资数额庞大，使得外资和民营资本进入轨道交通行业时，必须先分析预测项目在计算期内的效益与费用。在遵守国家现行财税政策和市场价格体系下，计算净现值、内部收益率、投资回收期等财务指标，然后结合评价标准，考察和分析拟建项目的财务可行性。

但是，项目的投入产出效益受到多种因素影响，在未来20年的经营期中存在着很大的不确定性。尤其是在预测体系尚不完善的条件下，决定经济评价结果的票价、客流量等基础数据的发展变化难以把握，可能会造成项目实施后的实际结果与预测的基本方案产生较大偏差，从而影响到决策所依据的经济评价指标的准确性，使决策带有一定程度的风险。不确定性分析正是有针对性地解决这一问题，将影响项目效益的主要因素作为自变量，预测其在计算期内可能的变化幅度，将变化后的数值替代基本方案数据进行经济评价，计算项目效益的变化范围，观察项目在风险发生时保持自身财务可行性的程度，从而做出最有利的决策。

资料来源：李刚．轨道交通投资的不确定性分析[J]．北京：北京交通大学，2010年．

6.1 概 述

1. 不确定性产生的原因

在前面的章节中，已经讨论了对拟建工程项目利用经济指标进行分析和评价的过程，这种分析可以统称为"确定性分析"。在确定性分析过程中,投资决策基本方法都是建立在对项目的现金流量和投资收益率预测的基础上。但是由于项目所处的环境、条件及相关因素不断变化,具有明显的不确定性。不确定性的直接后果就是使方案经济效果的实际值与评价值相偏离,从而使做出的评价决策具有风险。因此为了提高项目投资决策的可靠性,减少决策时所承担的风险,就必须对投资项目的风险和不确定性进行正确的分析和评价。

一般情况下,产生不确定性的主要原因如下:
(1) 所依据的基本数据的不足或者统计偏差。
(2) 预测方法的局限,预测的假设不准确。
(3) 未来经济形势的变化,如通货膨胀、市场供求结构的变化。
(4) 技术进步,如生产工艺或技术的发展和变化。
(5) 无法以定量来表示的定性因素的影响。
(6) 其他外部影响因素,如政府政策的变化,新的法律、法规的颁布,国际政治、经济形势的变化等。

2. 不确定性分析与风险分析的关系

不确定性分析和风险分析严格来讲是有区别的。主要区别在于,不确定性分析是基于不确定未来发生的结果,或者不知道结果发生的可能性而进行的分析;风险分析是建立在未来发生的结果和结果产生的概率都已知的基础上。但两者之间也存在必然的联系,通过不确定性分析可以找出影响项目效益的敏感因素,确定敏感程度,但不知这种不确定性因素发生的可能性及影响程度。借助于风险分析可以得知不确定性因素发生的可能性以及给项目带来经济损失的程度。不确定性分析找出的敏感因素又可以作为风险因素识别和风险估计的依据。

不确定性分析包括盈亏平衡分析和敏感性分析两种方法。风险分析包括概率分析和风险决策。通常盈亏平衡分析仅能适用于项目的财务评价,敏感性分析和概率分析适用于项目的财务评价和国民经济评价。

6.2 盈亏平衡分析

在工程项目的实施和管理过程中,各种不确定因素(如投资、成本、销售量、产品价格、项目寿命期等)的变化会影响投资方案的经济效果,当这些因素的变化达到某一临界值时,就会影响方案的取舍。盈亏平衡分析(也被称为量本利分析)是指通过分析产品的产量、成本和利润之间的关系,找出方案盈利和亏损时产量、单价、成本等方面的临界值,也称为盈亏平衡点(BEP),以判断不确定性因素对方案经济效果的影响程度,说明方案实施的风险大小,为决策提供依据。盈亏平衡分析不仅可以针对单个方案进行分析,而且还适用于对多个方案进行比选。

【补充理解6-1】

民航运输业的盈亏平衡点

客座率是反映航空客运公司运营效率的指标,可以理解为航空公司的产能利用率。如果客座率不高,说明公司的运力和航线资源没有被充分利用,导致业绩不佳。但客座率也不是越高越好,如果长期客座率接近90%甚至以上会导致服务质量下降,乘客流失,航空公司若不增加新的运力同样也会导致业绩不佳,或丧失业务扩展机会。

世界公认的"盈亏平衡点"客座率应当在68%左右,根据历史数据分析,我国民航运输业盈亏平衡点为60% 左右。2001年的民航客座率只有46%,2010年正班客座率平均为

80.2%,2015年正班客座率为82.5%,这表明我国民航运输业的盈利能力越来越强,同时为民航业如何提升服务质量,拓展新的市场机会提出新的挑战。

6.2.1 线性盈亏平衡

1. 线性盈亏平衡的基本前提

(1) 产品销售量等于产品产量,产销平衡。
(2) 产品价格不变,因此营业收入是销售量的线性函数。
(3) 单位可变成本不变,因此总成本是产量的线性函数。
(4) 只生产单一产品,或者生产多种产品,但可以换算成为单一产品计算。

2. 线性盈亏平衡的基本公式

线性盈亏平衡涉及销售收入、总成本、(销售)利润三个基本要素。其中营业收入计算公式为:

$$TR = P \cdot Q \tag{6-1}$$

式中　TR——营业收入;
　　　P——单位产品价格(不含税);
　　　Q——产品销售量。

项目投产后,其总成本费用可分为固定成本和变动成本两部分。固定成本指在一定的生产规模限度内不随产量的变动而变动的费用,变动成本指随产品产量的变动而变动的费用。在经济分析中一般可近似认为变动成本与产品产量成正比例关系。总成本计算公式为:

$$TC = F + C_v Q \tag{6-2}$$

式中　TC——总成本费用;
　　　F——总固定成本;
　　　C_v——单位产品变动成本。

【补充理解 6-2】

固定成本与变动成本的计算

从理论上讲,年成本费用可以分为固定成本、变动成本和混合成本三大类。

(1) 固定成本是指在一定的产量范围内不随着产量变化而变化的成本,如按直线法计提的固定资产折旧费、计时工资及修理费等。

(2) 变动成本是指随着产量的变化而变化的成本,如原材料费用、燃料和动力费用。

(3) 混合成本是指介于固定成本和变动成本之间、既随着产量变化又不成正比例变化的成本,同时具有固定成本和变动成本的特征。在进行线性盈亏平衡分析时,要求对混合成本进行分解,以区分出其中的固定和变动部分,并分别计入固定成本和变动成本总额之中。

在工程项目的经济分析中,为了便于计算和分析,可将总成本费用中的原材料费用、燃料及动力费用视为变动成本,其余各项均视为固定成本。

盈亏平衡点是指项目方案既不盈利又不亏损,营业收入等于总成本费用之点。

将式 6-1 和式 6-2 表示在同一坐标图上,就得出线性盈亏平衡分析图(图 6-1)。从图中可以看出,当产量在 $0 < Q < Q^*$ 范围时,TC 曲线位于 TR 曲线之上,此时企业处于亏损状态;而当产量在 $Q > Q^*$ 范围时,TR 曲线位于 TC 曲线之上,此时企业处于盈利状态。因此 TR 曲线与 TC 曲线的交点对应的产量 Q^*,就是盈亏平衡点产量。

根据盈亏平衡点的定义,当达到盈亏平衡状态时,总成本费用与总营业收入相等,如果用

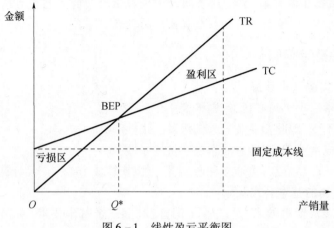

图 6-1 线性盈亏平衡图

Q^* 表示盈亏平衡时的产量,有

$$PQ^* = F + C_v Q^*$$

即

$$Q^* = \frac{F}{P - C_v} \tag{6-3}$$

式(6-3)即为用代数法求解盈亏平衡点产量的计算公式。

如果价格是含税的,可用公式(6-4)计算盈亏平衡点产量。即

$$pQ(1 - r) = F + C_v Q$$

$$Q^* = \frac{F}{(1-r)p - C_v} \tag{6-4}$$

式中　r——产品销售税率;

　　　p——产品含税价格,$P = (1-r)p$

3. 其他线性盈亏平衡点的表达方式

盈亏平衡点除了可以用产量表示外,还可以用营业收入、生产能力利用率、销售价格和单位产品变动成本进行表示。

(1) 盈亏平衡营业收入

在产品销售价格、固定成本和变动成本不变的情况下,盈亏平衡营业收入 TR^*,可以表示为:

$$TR^* = PQ^* = \frac{PF}{P - C_v} = \frac{F}{1 - \frac{C_v}{P}} \tag{6-5}$$

式中,C_v/P 为变动成本率,其经济意义为:每单位产品的营业收入中含有多少单位变动成本。C_v/P 值越大,说明变动成本占营业收入的比重越大,表明产品的直接消耗比越大,是企业经营中的不利因素。$1 - \frac{C_v}{P}$ 为边际利润率,其值越大,说明企业单位产品的利润越多。

(2) 盈亏平衡生产能力利用率

假设方案设计生产能力为 Q_c,在产品销售价格、固定成本、变动成本不变的情况下,盈亏平衡生产能力利用率(q^*)可以表示为:

$$q^* = \frac{Q^*}{Q_c} \quad (6-6)$$

盈亏平衡生产能力利用率的经济意义是：为使企业不至亏本时的最低生产能力利用率。q^*值越小，说明只占用少许生产能力就可以达到平衡点产量，意味着技术方案的风险性越小。

（3）盈亏平衡价格

如果按照设计生产能力进行生产，且产品固定成本、变动成本保持不变，盈亏平衡价格（P^*）可以表示为：

$$P^* = \frac{\text{TR}}{Q_c} = \frac{F + C_v Q_c}{Q_c} = \frac{F}{Q_c} + C_v \quad (6-7)$$

式中，F/Q_c表示盈亏平衡产量时对应的单位固定成本。$F/Q_c + C_v$表示盈亏平衡产量时的产品平均成本，即单位产品成本。

（4）盈亏平衡单位变动成本

如果按照设计生产能力进行生产，且产品价格、固定成本保持不变，盈亏平衡单位变动成本（C_v^*）可以表示为：

$$C_v^* = \frac{\text{TC} - F}{Q_c} = \frac{\text{TR} - F}{Q_c} = P - \frac{F}{Q_c} \quad (6-8)$$

（5）盈亏平衡固定成本

如果按照设计生产能力进行生产，且产品价格、变动成本保持不变，盈亏平衡固定成本（F^*）可以表示为：

$$F^* = \text{TC} - C_v Q_c = \text{TR} - C_v Q_c = (P - C_v) Q_c \quad (6-9)$$

【例6-1】 某项目年生产能力70万吨，单位产品含税售价为150元/吨，单位产品可变费用为40元/吨，固定费用总额为6000万元，产品销售税率为4%，计算盈亏平衡点产量及其他盈亏平衡点。

解：盈亏平衡产量：

$$Q^* = \frac{F}{p(1-r) - C_v} = \frac{6000 \times 10^4}{150 \times (1-4\%) - 40} = 57.69 \times 10^4 (\text{吨})$$

盈亏平衡点生产能力利用率：

$$q^* = \frac{Q^*}{Q_c} \times 100\% = \frac{57.69}{70} \times 100\% = 82.4\%$$

盈亏平衡营业收入（税前）：

$$\text{TR}^* = PQ^* = 150 \times 57.69 \times 10^4 = 8653.5 \times 10^4 (\text{元})$$

盈亏平衡销售价格（含税）：

$$P^* = \frac{\text{TR}}{Q_c} = \frac{F + C_v Q_c}{Q_c} = \frac{6000 \times 10^4 + 40 \times 70 \times 10^4}{70 \times 10^4} = 125.71 (\text{元})$$

盈亏平衡单位产品变动成本：

$$C_v^* = \frac{\text{TC} - F}{Q_c} = \frac{\text{TR} - F}{Q_c} = P(1-r) - \frac{F}{Q_c} = 150 \times (1-4\%) - \frac{6000}{70} = 58.29 (\text{元})$$

通过计算，可以对该投资方案发生亏损的可能性进行大致判断。如果该项目未来的销售价格与生产成本预测相一致，那么项目未来不发生亏损的条件是产品的销量（产量）大于57.69万吨，生产能力利用率不低于82.4%；如果项目按照设计能力进行生产，生产成本与预期相同，那么项目未来不发生亏损的条件是产品的销售价格不低于25.71元；如果项目销量、产品价格与预期相同,项目未来不发生亏损的条件是单位变动成本不高于58.29元。

销售量、产品价格及单位变动成本等不确定因素发生变化时,引起项目盈利能力的变动称为经营风险。因此盈亏平衡点反映了项目对市场变化的适应能力和抗风险能力。从图6-1中可以看出,盈亏平衡点越低,达到此点的盈亏平衡产量和收益或者成本也就越少,项目投产后的盈利的可能性就越大,适应市场变化的能力越强,抗风险的能力也就越大。根据经验,若盈亏平衡点处的生产能力利用率小于70%,则项目相当安全,或者说可以承受较大的风险。

4. 对线性盈亏平衡方法的评价

线性盈亏平衡分析方法简单明了,但这种方法隐含了以下几个前提:

(1)假定产品的市场价格不变,营业收入只随产量变化而变化。

(2)假定产品的单位变动成本不变,固定成本不随产量增加而发生变化,总成本只与产量有关。

(3)该方法始终不考虑投资资金的时间价值,是一种静态分析方法。

(4)隐含了产品的市场销量、产量、市场有效需求量是等同的,即生产的产量一定能全部销售出去,满足市场需求。

(5)只要产量大于盈亏平衡点产量,项目一定是盈利的,而且随产量的增加其利润也不断增加。

而这些隐含条件恰恰体现了盈亏平衡分析的局限性,这是因为:

(1)在产品市场上,市场销售价格不一定总是常数,短期内可能会有市场价格的相对稳定,但从长期而言,市场价格一定是变化的。比如,处于不同生命期的产品其销售价格会有所不同。

(2)单件产品的变动成本会随着生产规模的变化而变化。比如当产品成批量生产时,原材料也会批量购进,当要素市场竞争较激烈时,原材料的进价会随着购买量的增加而降低,也即分摊到每件产品中的原材料成本降低了,此时总成本就不仅是产量的函数,还受单位变动成本的影响。

(3)盈亏平衡分析过程中未考虑资金的时间价值。不考虑资金时间价值大小而进行的盈亏平衡分析,不能动态地反映项目资金的运营情况,其结果不能真实地反映项目的盈亏水平,求得的盈亏平衡产量值要比考虑资金时间价值的盈亏平衡产量值小得多,从而夸大了项目的可行性,甚至可能把本来风险较大的项目错误地判断为盈利项目,增加了项目实际投资后的风险性。

(4)在实际生产销售活动中,产品销量、产量与市场有效需求量有时并不是一个概念,当市场需求较旺时,可以把它们看作为同一概念;而当该产品市场已处于饱和状态时,或者该产品是一种新产品,正处于投入期时,这几个概念就会有所不同。

(5)在一定的产量范围内项目的营业收入会随着产量的增加而增加,成本也会下降,但当产量增加到超过某一范围后,会造成原有厂房、设备等的不足,为了提高产量,必须增加厂房、设备等的投资。因此,利润并不总是随产量的增加而增加的。

此时就需要用到非线性盈亏平衡分析方法。

6.2.2 非线性盈亏平衡

在进行线性盈亏平衡分析时进行了严格的假设,即产品产量等于销量、销售价格不变、固定成本和可变成本不变。但是在实际情况中,根据供求曲线可知,随着产品销量的增加,市场上该产品的售价就要下降,因此营业收入与产销量之间是非线性关系。同时企业增加产量时需要购进更多的原材料,因此原材料价格可能上涨,使产品的单位可变成本增加,从而总成本与产销量之间也成非线性关系。这种情况下盈亏平衡点可能出现一个以上。

如图 6-2 所示,总成本曲线和营业收入曲线有两个交点,对应着两个点就存在两个盈亏平衡点 Q_1 和 Q_2,此时,使企业利润最大的产量为 Q_{max}。

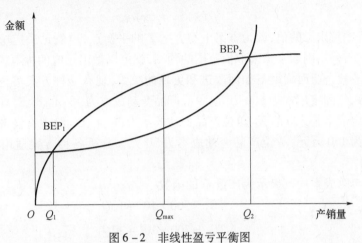

图 6-2　非线性盈亏平衡图

【例 6-2】　某项目投产后,年固定成本为 10 万元,单位变动成本为 50 元,产品单位售价为 120 元。对于该企业而言,每多采购一单位原料(可以生产一件产品),单位成本可以下降 0.05 元;每多销售一件产品,售价下降 0.15 元,试求盈亏平衡点产量和使利润最大时的产量。

解:单位产品的售价随着销量的变化而变化,可以表示为:$120 - 0.15Q$

单位产品的变动成本随着产量的变化而变化,可以表示为:$50 - 0.05Q$

该项目可以产生的销售收入:$TR = (120 - 0.15Q)Q = 120Q - 0.15Q^2$

项目的总成本:$TC = 100000 + (50 - 0.05Q)Q = 100000 + 50Q - 0.05Q^2$

根据盈亏平衡原理:$TR = TC$

即:
$$120Q - 0.15Q^2 = 100000 + 50Q - 0.05Q^2$$
$$0.1Q^2 - 700Q + 100000 = 0$$
$$Q_1 = 200(件), Q_2 = 500(件), Q_{max} = 350(件)$$

根据题意,该项目的盈亏平衡点分别为 200 件、500 件,能够使企业获得利润最大化的产量是 350 件。

如果一个企业生产多种产品,可换算成单一产品,或选择其中一种不确定性最大的产品进行分析。运用盈亏平衡分析,在方案选择时优先选择盈亏平衡点较低者,盈亏平衡点越低意味着项目的抗风险能力越强,越能承受意外的风险。

6.2.3　优劣平衡分析

在对若干个互斥方案进行比选的情况下,如果某一个共同的不确定因素影响了这些方案的取舍,可以采用下面介绍的优劣平衡分析方法帮助决策。

优劣平衡分析的思路如下:

(1)设两个互斥方案的经济效果都受到某种不确定因素 x 的影响,我们把 x 看作一个变

量,把两个方案的经济效果指标都表示为 x 的函数:
$$E_1 = f_1(x)$$
$$E_2 = f_2(x)$$
(6 – 10)

(2) 式(6 – 10)中 E_1 和 E_2 分别为方案1与方案2的经济效果指标,当两个方案的经济效果相同时,有:
$$f_1(x) = f_2(x)$$
(6 – 11)

(3) 从方程中解出 x 的值,即为方案1与方案2的平衡点,也就是决定这两个方案优劣的临界点。结合对不确定因素 x 未来取值范围的预测,就可以做出相应的决策。

【例6 – 3】 某企业面临设备如何改进和更新的决策,现有三种方案可选择:A. 从国外引进全新生产设备,年固定成本为500万元,单位产品变动成本为10元;B. 对现有设备进行大型技术改造,年固定成本为300万元,单位产品变动成本为20元;C. 对现有设备进行小型技术改造,年固定成本为150万元,单位产品变动成本为30元。分析各种方案适用的生产规模和经济性。

解:各方案年总成本均可表示为产量 Q 的函数:
$$TC_A = 500 \times 10^4 + 10Q$$
$$TC_B = 300 \times 10^4 + 20Q$$
$$TC_C = 150 \times 10^4 + 30Q$$

各方案的年总成本函数曲线如图6 – 3 所示。

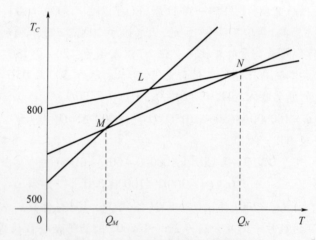

图6 – 3 各方案的年总成本函数曲线

由图6 – 3 中可看出,三条成本曲线分别相交于 L、M、N 三点,各个交点所对应的产量就是相应的两个方案的盈亏平衡点。Q_M 是方案B与方案C的盈亏平衡点;Q_N 是方案A与方案B的盈亏平衡点。显然,当 $Q < Q_M$ 时,方案C的总成本最低;当 $Q_M < Q < Q_N$ 时,方案B的总成本最低;当 $Q > Q_N$ 时,方案A的总成本最低。

当 $Q = Q_M$ 时,$TR_B = TR_C$,即 $300 \times 10^4 + 20Q_M = 150 \times 10^4 + 30Q_M$,$Q_M = 15$(万件);

当 $Q = Q_N$ 时,$TR_A = TR_B$,即 $500 \times 10^4 + 10Q_N = 300 \times 10^4 + 20Q_N$,$Q_N = 20$(万件)。

由此可知,当预期产量低于15万件时,应采用方案C;当预期产量在15万件至20万件之间时,应采用方案B;当预期产量高于20万件时,应采用方案A。

在例6 – 3中采用产量作为盈亏平衡分析的共有变量,根据年总成本费用的高低判断方案的优劣。在各种不同的情况下,根据实际需要,也可以用投资额、产品价格、经营成本、贷款利率、项目寿命期、期末固定资产残值等作为盈亏平衡分析的共有变量,用净现值、净年值、内部收益率等作为衡量方案经济效果的评价指标。

6.2.4 盈亏平衡分析的优缺点

盈亏平衡分析是对拟建技术方案进行不确定性分析的方法之一。因为这时一方面需要对技术方案的一些主要参数如销售量(产量)、售价和成本等做出决定,而另一方面某些经济数据(如总投资、收益率等)尚且还不易确定,因此用盈亏平衡分析法粗略地对高度敏感的产量、售价、成本和利润等因素进行分析,会有助于确定各技术方案的各项经济指标,了解技术方案可能承担的风险。

盈亏平衡分析除了有助于确定技术方案的合理生产规模外,还可以用于对生产能力不同的设备、工艺流程不同的方案进行选择。设备生产能力的变化会引起总固定成本的变化。同样,工艺流程的变化则会影响到单位产品的可变成本。当采用技术上先进的工艺流程时,由于效率的提高,原材料和劳动力都会有所节约而使单位产品的可变成本降低。所以,通过对这些方案盈亏平衡点指标的计算,可以为方案抉择提供有用的信息。盈亏平衡分析的优点还在于它不仅可以用于多个互斥方案的优选,还可以用于对具有多个不确定因素的多个互斥方案的比较和分析。

盈亏平衡分析的缺点有两个:一是它建立在产量等于销售量的基础上,即产品能全部销售完而无积压;二是它所用的一些数据是以类似工厂正常生产年份的历史数据修正得到的,其精确度不高。因此,盈亏平衡分析法只适用于现有技术方案的短期分析。尽管盈亏平衡分析有上述缺点,但由于它计算简单和可以直接对技术方案的关键因素(盈利性)进行分析,因此至今它仍作为技术方案不确定性分析的方法之一而被广泛地采用。

6.3 敏感性分析

6.3.1 敏感性分析概述

1. 敏感性分析的概念

敏感性分析是投资项目评价中最常用的一种不确定性分析方法。所谓敏感性是指影响因素的变化对投资项目经济效果的影响程度。若影响因素的小幅度变化能导致经济效果指标的较大变化,则称投资项目的经济效果指标对参数的敏感性大,或称这类影响因素为敏感性因素;反之,则称为非敏感性因素。

敏感性分析的目的就是通过分析及预测影响工程项目经济评价指标的主要因素(投资、成本、价格、折现率、建设工期等)发生变化时,经济评价指标(如净现值、内部收益率、偿还期等)的变化趋势和临界值,从中找出敏感因素,并确定其敏感程度,从而对外部条件发生不利变化时投资方案的承受能力做出判断。

2. 敏感性分析的分类

按照同时纳入分析的敏感性因素的数量,可以把敏感性分析分为单因素敏感性分析和多因素敏感性分析。

单因素敏感性分析是指每次只变动一个因素而其他因素保持不变时所做的敏感性分析。

单因素敏感性分析虽然对项目分析中不确定因素的处理是一种简便易行、有效使用的方法,适用于判别最敏感的因素,但它是以假定其他因素不变为前提的,而这种假定条件在实际经济活动中很难实现,可能会有两个或两个以上的不确定因素在同时变动,此时单因素敏感性分析就很难准确反映项目承担风险的状况,因此还须进行多因素敏感性分析。

多因素敏感性分析是指在假定其他不确定性因素不变条件下,计算分析两种或两种以上不确定性因素同时发生变动时,对项目经济效益的影响程度,确定敏感性因素及其极限值。多因素敏感性分析一般是在单因素敏感性分析基础进行,且分析的基本原理与单因素敏感性分析大体相同,但需要注意的是多因素敏感性分析需进一步假定同时变动的几个因素都是相互独立的,且各因素发生变化的概率相同。多因素敏感性分析要考虑可能发生的各种因素不同变动幅度的多种组合,计算起来要比单因素敏感性分析复杂得多,在这里就不做具体介绍了。

6.3.2 单因素敏感性分析的一般步骤

1. 确定分析指标

由于投资效果可用多种指标来表示,在进行敏感性分析时首先必须确定分析指标。一般而言,可以选择经济评价指标体系中的一系列评价指标。在选择时应根据经济评价深度和项目的特点来选择一种或两种评价指标进行分析。需要注意的是,选定的分析指标必须与确定性分析的评价指标相一致,这样便于进行对比说明问题。在工程经济分析评价实践中,最常用的敏感性分析指标主要有投资回收期、方案净现值和内部收益率。

确定分析指标可以遵循以下两个原则:

第一,与经济效果评价指标具有的特定含义有关。如果主要分析不确定性因素变化对方案投资回收快慢的影响,则可选用投资回收期作为分析指标;如果主要分析产品价格波动对方案超额净收益的影响,则可选用净现值作为分析指标;如果主要分析投资大小对方案资金回收能力的影响,则可选用内部收益率指标。

第二,与方案评价的要求深度和方案的特点有关。如果在方案机会研究阶段,深度要求不高,则可选用静态的评价指标;如果在详细可行性研究阶段,则需选用动态的评价指标。

2. 选定不确定性因素

影响技术项目方案经济指标的因素众多,不可能也没有必要对全部不确定因素逐个进行分析。要慎重选择某些因素作敏感性分析。首先,要把很少发生变化的因素事先剔除在外。对于不同行业、不同规模和不同技术水平的项目,选择的因素应有所不同。一般发生在项目寿命初期、金额大的因素比发生在寿命期后期、金额小的因素对项目的经济评价指标影响要大的多。同样,对项目自始至终起作用的效益以及成本(费用)构成中所占比例大的因素以及在项目实施过程中有可能发生较大变化的因素(如寿命期)应当做敏感性分析。

在选定需要分析的不确定因素时,可从两个方面考虑:

第一,选择的因素要与确定的分析指标相联系。否则,当不确定性因素变化一定幅度时,并不能反映评价指标的相应变化,达不到敏感性分析的目的。比如折现率因素对静态评价指标没有影响。

第二,根据方案的具体情况,选择在确定性分析中采用的预测准确性把握不大的数据或未来变化的可能性较大,且其变化会比较强烈地影响评价指标的数据,作为主要的不确定性因素。例如,高档消费品的销售受市场供求关系变化的影响较大,而这种变化不是方案本身能控制的,因此销售量是主要的不确定性因素。生活必需品如果处于成熟阶段,则产品售价直接影响其竞争力,能否以较低的价格销售,主要取决于方案的变动成本,因此就需要将变动成本作为主要的不确定性因素加以分析。对高耗能产品而言,燃料和动力等价格因素是能源短缺地区投资方案或能源价格变动较大方案的主要不确定性因素。

通常设定的不确定性因素有:产品价格、产销量、项目总投资、年经营成本、项目寿命期、建设工期及达产期、基准折现率、主要原材料和动力的价格等。在选定了需要分析的不确定性因素之后,还要结合实际情况,根据各不确定性因素可能波动的范围,设定不确定性因素的变化幅度。

3. 计算因素变动对分析指标影响的数量结果

首先对于所选定的不确定性因素,应根据实际情况设定这些因素的变动幅度,其他因素固定不变。重复计算各种可能的不确定因素的变化对经济指标的影响。然后采用敏感性分析计算表或分析图的形式,把不确定因素的变动与分析指标的对应数量关系反映出来,以便于测定敏感因素。

4. 确定敏感因素

敏感性分析的目的在于确定敏感性因素,由于各因素的变化都会引起经济指标一定的变化,但影响程度各不相同。有些因素可能仅发生较小幅度的变化就能引起经济指标发生较大的变动,这些因素被称为敏感性因素;而另一些因素即使发生了较大幅度的变化,对经济评价指标的影响也不太大,这些因素称为非敏感性因素。

敏感性分析测定某特定因素敏感与否,可采用两种方式进行。

(1) 相对测定法

相对测定法即设定要分析的因素均从基准值开始变动,且各因素每次变动幅度相同,比较在同一变动幅度下各因素的变动对经济效果指标的影响,就可以判别出各因素的敏感程度。

敏感度系数可以用来表示项目经济评价指标对不确定性因素的敏感程度。其计算公式为:

$$S_{AF} = \frac{\Delta A/A}{\Delta F/F} \tag{6-12}$$

式中 S_{AF}——评价指标 A 对于不确定性 F 的敏感度系数;

$\Delta F/F$——不确定性因素 F 的变化率;

$\Delta A/A$——经济评价指标 A 的变化率。

$S_{AF} > 0$,表示经济评价指标与不确定性因素同方向变化;

$S_{AF} < 0$,表示经济评价指标与不确定性因素反方向变化;

$|S_{AF}|$越大,说明该不确定性因素越敏感。

(2) 绝对测定法

绝对测定法即求解临界点。假设各因素均向降低投资效果的方向变动,并设该因素达到可能的"最坏"值,然后计算在此条件下的经济效果指标,看其是否已达到使项目在经济上不可取的程度。如果项目已不能接受,则该因素就是敏感因素。绝对测定法的一个变通方式是先设定有关经济效果指标为其临界值,如令净现值等于零,令内部收益率为基准折现率,然后求待分析因素的最大允许变动幅度,并与其可能出现的最大变动幅度相比较。如果某因素可能出现的变动幅度超过最大允许变动幅度,则表明该因素是方案的敏感因素。

5. 结合确定性分析进行综合评价,选择可行的比选方案

根据敏感因素对技术项目方案评价指标的影响程度,结合确定性分析的结果作进一步的综合评价,寻求对主要不确定因素变化不敏感的比选方案。

在技术项目方案分析比较中,对主要不确定因素变化不敏感的方案,其抵抗风险能力比较强,获得满意经济效益的潜力比较大,优于其他敏感方案,应优先考虑接受。有时还根据敏感性分析的结果,采取必要的应对措施。

6.3.3 单因素敏感性分析案例

单因素敏感性分析就是每次只变动某一个不确定因素而假定其他的因素都不发生变化,分别计算其对确定性分析指标影响的敏感性分析方法。

【例6-4】 某投资方案预计总投资为100万元,年销售收入38万元,年经营成本为12万元,方案经济寿命期为10年,届时设备残值为5万元,基准折现率为10%,由于未来影响经济环境的因素具有不确定性,预计各参数的最大变动范围-30%~30%,试就投资额、销售收入、经营成本和方案寿命期进行敏感性分析。

解:以净现值作为经济评价指标,基准方案的净现值为:

$$NPV_0 = -100 + (38-12)(P/A,10\%,10) + 5(P/F,10\%,10) = 61.7(万元)$$

确定性分析的结果显示,初步评价项目在经济效果上可以接受。

1) 下面用净现值指标分别就投资额、产品价格和寿命期等三个不确定因素作敏感性分析,结果如下。

(1) 投资额变动的百分比为x,分析投资额变动对方案净现值影响的计算公式为:

$$NPV = -100(1+x) + (38-12)(P/A,10\%,10) + 5(P/F,10\%,10)$$
$$= 61.7 - 100x$$

(2) 设销售收入变动的百分比为y,分析产品价格变动对方案净现值影响的计算公式为:

$$NPV = -100 + [38(1+y) - 12](P/A,10\%,10) + 5(P/F,10\%,10)$$
$$= 61.7 + 233.51y$$

(3) 设经营成本变动的百分比为z,分析产品价格变动对方案净现值影响的计算公式为:

$$NPV = -100 + [38 - 12(1+z)](P/A,10\%,10) + 5(P/F,10\%,10)$$
$$= 61.7 - 73.74z$$

对投资额、销售收入及经营成本逐一按在基准基础上变化±10%、±15%、±20%取值,所对应的方案净现值变化结果如表6-1和图6-4所示。可以看出,以同样的变动率下,产品价格的变动对方案的净现值影响最大,其次是投资额的变动,寿命周期变动的影响最小。

表6-1 单参数的敏感性计算　　　　　　　　　　　(单位:万元)

净现值　变动率　参数	-30%	-20%	-10%	0	10%	20%	30%
投资额	101.7	91.7	71.7	61.7	51.7	31.7	21.7
销售收入	-31.7	-8.35	38.35	61.7	85.05	131.75	155.1
经营成本	83.81	76.44	69.07	61.7	54.33	46.96	39.59

根据表6-1中的数据,可以绘制敏感性分析图,见图6-4。

从表6-1和图6-4可以看出,在相同的变动幅度下,年销售收入的变动对方案净现值的影响最大,其次分别是投资额和经营成本。

2) 利用相对评价(S_{AF}分析法)判别敏感性

(1) 净现值对于投资额的敏感度系数为:

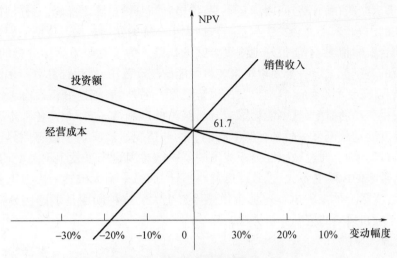

图 6-4　例 6-5 的敏感性分析图

$$S_{AF} = \frac{\Delta A/A}{\Delta F/F} = \frac{\frac{51.7-61.7}{61.7} \times 100\%}{10\%} = -1.62$$

(2) 净现值对于销售收入的敏感度系数为：

$$S_{AF} = \frac{\Delta A/A}{\Delta F/F} = \frac{\frac{85.05-61.7}{61.7} \times 100\%}{10\%} = 3.78$$

(3) 净现值对于经营成本的敏感度系数为：

$$S_{AF} = \frac{\Delta A/A}{\Delta F/F} = \frac{\frac{54.33-61.7}{61.7} \times 100\%}{10\%} = -1.19$$

由此可见，该项目敏感性由大到小的不确定性因素依次为销售收入、投资额、经营成本。

3) 利用绝对评价(临界值分析)判别敏感性

如果以 NPV=0 作为方案是否可接受的临界条件，那么从上面的公式中可以算出，当：实际投资额超出预计投资额的 61.7%，或者产品价格下降到比预计价格低 26.42%，或者经营成本增加 83.67% 时，方案就变得不可接受。

根据上面的分析可知，对于本方案来说，销售收入是最敏感因素，其次分别是投资额、经营成本。所以该项目应对未来销售收入进行更准确的测算。如果未来销售收入变化的可能性较大，则意味着这一方案的风险亦较大。

6.3.4　敏感性分析的优缺点

敏感性分析具有分析指标具体，能与项目方案的经济评价指标紧密结合，分析方法容易掌握，便于分析决策等优点，有助于找出影响项目方案经济效益的敏感因素及其影响程度，对于提高项目方案经济评价的可靠性具有重大意义。

但是，敏感性分析每次都是对单一因素进行，这里隐含着两个基本假设：一是当计算某种特定因素变动对经济效益产生影响时，都假定其他因素固定不变；二是各个不确定性因素变动的概率相同。实际上，许多因素的变动存在着相关性，一个因素变动往往导致其他因素随之变动。

比如,产品的需求曲线在一段时间内稳定不变,价格升高其销量随之下降。另外,即使看起来不那么直接相关的因素,未来也会发生与基本数据大小不等的变动。这就说明敏感性分析的第一个假设并不符合实际情况,不能很好地测度方案的风险。为了克服敏感性分析的这一不足,可以在研究分析的基础上设定各个因素将来各自可能的变动范围,然后计算分析多因素联动对经济效益的影响程度,从而有助于判定方案的风险程度。另外,敏感性分析没有考虑各种不确定因素在未来发生变动的概率,这可能会影响分析结论的准确性。实际上,各种不确定因素在未来发生某一幅度变动的概率一般是有所不同的。这种情况显然有别于敏感性分析的第二个假设。可能有这样的情况,通过敏感性分析找出的某一敏感因素未来发生不利变动的概率很小,因而实际上所带来的风险并不大,以致可以忽略不计,而另一不太敏感的因素未来发生不利变动的概率很大,实际上带来的风险比那个敏感因素更大。这种问题是敏感性分析所无法解决的,必须借助于项目风险的概率分析方法。

6.4 风险分析

风险是指未来发生不利事件的概率或可能性。投资建设项目的经济风险是指由于不确定性的存在导致项目实施后偏离预期财务和经济效益目标的可能性。经济风险分析是通过对风险因素的识别,采用定性或定量分析的方法估计各风险因素发生的可能性(概率)及对项目的影响程度,揭示影响项目成败的关键风险因素,提出项目风险的预警、预报和相应的对策,为投资决策服务。

6.4.1 主要风险因素的识别

投资过程中引发风险的不确定因素很多,因此首先需要对引发风险的因素加以识别和分析。投资风险依据风险因素的性质可划分为市场风险、技术风险、环境风险、资源风险及管理风险五大类。

1. 市场风险

市场风险是指未来市场价格(利率、汇率、股票价格和商品价格)的不确定性对企业实现其既定目标的影响。市场风险可以分为利率风险、汇率风险、股票价格风险和商品价格风险,这些市场因素可能直接对企业产生影响,也可能是通过对其竞争者、供应商或者消费者间接对企业产生影响。市场风险又分为以下风险因素:①新产品由于性能、稳定性或消费者惯性等因素一时难以被市场接受;②市场需要开拓且难度较大;③因价格等原因,市场需求不旺或增长不快;④市场定位不准,营销策略、营销组合失误;⑤新产品寿命短或开拓的市场被更新的产品代替。

2. 技术风险

随着知识经济时代的到来,技术越来越显现出它的重要性。技术的生命周期决定产品的功能特性。科学技术是第一生产力。在现代经济生活中,新技术层出不穷,替代技术出现的广度不断扩大,深度不断加深,力度不断加强,频率不断加快,从而使技术因素对投资收益的影响越来越大。技术风险又分为以下风险因素:①技术开发难度大,关键技术预料不足;②技术只是知识获得;③关键技术难于突破;④存在技术障碍和技术壁垒;⑤实验基地、设备和工具缺乏。

3. 环境风险

环境风险是由人类活动引起的,或由人类活动与自然界的运动过程共同作用造成的,通过环境介质传播,对人类社会及其赖以生存、发展的环境产生破坏、损失乃至毁灭性作用等不利后果。环境风险广泛地存在于各种经济活动中,根据它产生的原因可以分为化学风险、物理风险和自然灾害风险。

对于公司或企业而言,环境风险是指外部力量可能影响公司(企业)实现其目标的能力,甚至对公司的生存构成危险,它包括竞争对手、敏感性、股东关系、资本的可获性、灾害损失、权利风险/政治风险、法律、监管/管制、行业以及金融市场等不同层面的因素。

引起环境风险的因素有:
(1) 国家宏观经济政策变化,使企业受到意外的风险损失。
(2) 企业的生产经营活动与外部环境的要求相违背而受到的制裁风险。
(3) 社会文化、道德风俗习惯的改变使企业的生产经营活动受阻而导致企业经营困难。

4. 资源风险

资源是与投资项目相关的各种各样的投入,主要表现为资金、信息、时间、物质和能源等。资金是投资的强有力保证,充足的资金供给使项目能够顺利进行,并能够使相关资源发挥更为积极的作用。信息是一种特殊的资源表现形式,及时、准确的信息能够帮助企业在经营中少花精力,对信息的有效分析能够将其转化为企业生产经营和决策的可靠依据,使信息发挥作用。时间是最容易被忽视的资源,充分利用好时间资源,不但可以减少投入、降低成本,而且能迅速占领市场份额,提高产品的竞争力和项目的收益水平。物料和能源是最容易受到人们关注的资源。物料资源是生产的起点,能源是生产的动力,及时、充足的物料资源和能源供应能使企业以最大的生产能力向社会提供产品,从而缩短投资回收期。

5. 管理风险

管理风险和上述其他风险相比,一般被看作软风险。管理风险是指管理运作过程中因信息不对称,判断失误等影响管理的水平。管理的主要功能就是在风险尚未出现时,充分利用现有的资源和条件监视风险,采取相应的措施使风险尽可能不发生。在风险初见端倪时把它消灭在萌芽阶段,在风险确实出现时对它加以有效的控制与管理,以减小管理不善所带来的不利影响,以获取盈利。管理风险又分为以下几个风险因素:①组织协调不力、其他部门配合不好;②高层领导关注不够;③调研不充分、市场信息失真;④创新主体的领导人做出错误的决策;⑤风险决策机构机制不健全、研发过程不协调。

6.4.2 投资方案经济效果的概率描述

严格说来,影响方案经济效果的大多数因素都是随机变量。我们可以预测其未来可能的取值范围,估计各种取值或值域发生的概率,但不可能肯定地预知它们取什么值。投资方案的现金流量序列是由这些因素的取值所决定的。所以,实际上方案的现金流量序列也是随机变量。

要完整地描述一个随机变量,需要确定其概率分布的类型和参数。在经济分析与决策中使用最普遍的是均匀分布与正态分布。

1. 经济效果的期望值

投资方案经济效果的期望值是指参数在一定概率分布下,投资效果所能达到的概率平均值。其一般表达式为:

$$E(x) = \sum_{i=1}^{n} x_i p_i \tag{6-13}$$

式中 $E(x)$——变量的期望值;

p_i——变量 x_i 的概率。

【例 6-5】 已知某方案的净现值及概率如表 6-2 所示,试计算该方案净现值的期望值。

表 6-2 方案的净现值及其概率

净现值/万元	23.5	26.2	32.4	38.7	42	46.8
概率	0.1	0.2	0.3	0.2	0.1	0.1

解:

$$E(NPV) = 23.5 \times 0.1 + 26.2 \times 0.2 + 32.4 \times 0.3 + 38.7 \times 0.2 + 42 \times 0.1 + 46.8 \times 0.1$$
$$= 33.93(万元)$$

即这一方案净现值概率平均值为 33.93 万元。

2. 经济效果的标准差

标准差反映了一个随机变量实际值与其期望值偏离的程度。这种偏离在一定意义上反映了投资方案风险的大小。标准差的一般计算公式为:

$$\sigma = \sqrt{\sum_{i=1}^{n} p_i [x_i - E(x)]^2} \tag{6-14}$$

式中 σ——变量 x 的标准差。

【例 6-6】 利用例 6-5 中的数据,试计算投资方案的净现值的标准差。

$$\sigma = \sqrt{\begin{array}{l}0.1 \times (23.5 - 31.68)^2 + 0.2 \times (26.2 - 31.68)^2 + 0.3 \times (32.4 - 31.68)^2 \\ + 0.2 \times (38.7 - 31.68)^2 + 0.1 \times (42 - 31.68)^2 + 0.1 \times (46.8 - 31.68)^2\end{array}}$$
$$= 7.152(万元)$$

3. 经济效果的离散系数

标准差虽然可以反映随机变量的离散程度,但它是一个绝对量,其大小与变量的数值及期望大小有关。一般而言,变量的期望值越大,其标准差也越大。特别是需要对不同方案的风险程度进行比较时,标准差往往不能够准确反映风险程度的差异。为此引入另一个指标,称作离散系数。它是标准差与期望值之比,即:

$$C = \frac{\sigma(x)}{E(x)} \tag{6-15}$$

式中 C——离散系数;

$\sigma(x)$——变量 x 的标准差;

$E(x)$——变量 x 的期望值。

【例 6-7】 假设有 C、D 两个项目,其净现值分别为 500 万元和 200 万元,其标准差分别为 200 万元和 150 万元,请通过离散系数分析项目风险。

$$C_C = 200/500 = 0.4$$
$$C_D = 150/200 = 0.75$$

虽然 C 项目的标准差大于 D 项目,但离散系数则表明 D 项目的实际净现值相对期望值的离散程度大于 C 项目,因而 D 项目的风险大于 C 项目。由于离散系数是一个相对数,不会受变量和期望值的绝对值大小的影响,因而能更好地反映投资方案的风险程度。

根据方差评价决策技术项目方案时,一般认为如果两个方案收益指标的期望值相等时,则其方差较小的技术方案风险比较小,可以考虑作为决策方案。如果期望值不等时,则还需要计算它们的离散系数,离散系数比较小的方案风险亦比较小,较为经济合理,可以考虑接受。

【例 6-8】 假定某企业要从三个互斥方案中选择一个投资方案。各个方案的净现值及其概率情况如表 6-3 所示。选择最优投资方案。

表 6-3　各方案的净现值及概率

市场销路	概率	方案净现值/万元		
		A	B	C
销路差	0.25	2000	0	1000
销路一般	0.50	2500	2500	2800
销路好	0.25	3000	5000	3700

解：(1) 计算各方案净现值的期望值和方差。

$$E(\mathrm{NPV}_A) = 2000 \times 0.25 + 2500 \times 0.5 + 3000 \times 0.25 = 2500(万元)$$

$$E(\mathrm{NPV}_A^2) = 2000^2 \times 0.25 + 2500^2 \times 0.5 + 3000^2 \times 0.25 = 6375000(万元)$$

$$\sigma(\mathrm{NPV}_A) = \sqrt{6375000 - 2500^2} = 353.55(万元)$$

$$E(\mathrm{NPV}_B) = 0 \times 0.25 + 2500 \times 0.5 + 5000 \times 0.25 = 2500(万元)$$

$$E(\mathrm{NPV}_B^2) = 0 \times 0.25 + 2500^2 \times 0.5 + 5000^2 \times 0.25 = 9375000(万元)$$

$$\sigma(\mathrm{NPV}_B) = \sqrt{9375000 - 2500^2} = 1767.77(万元)$$

$$E(\mathrm{NPV}_C) = 1000 \times 0.25 + 2800 \times 0.5 + 3700 \times 0.25 = 2575(万元)$$

$$E(\mathrm{NPV}_C^2) = 1000^2 \times 0.25 + 2800^2 \times 0.5 + 3700^2 \times 0.25 = 7592500(万元)$$

$$\sigma(\mathrm{NPV}_C) = \sqrt{7592500 - 2575^2} = 980.75(万元)$$

(2) 根据方案净现值的期望值和方差评价方案。

因为方案 A 与方案 B 净现值的期望值相等，均为 2500 万元，故需要通过比较它们的方差来决定方案的优劣取舍。

从上面第 1 步计算中得出：方案 A 的方差最小，所以方案 A 的风险较小，其经济效益优于方案 B。因此，舍去方案 B，保留方案 A。

至于方案 C 跟方案 A 进行比选，由于它们的净现值期望不相等，方案 C 的净现值期望优于方案 A。但是，方案 A 的净现值方差优于方案 C，究竟哪个方案较为经济合理不是那么明显，故必须通过计算它们各自的离差系数，才能进一步确定两个技术方案风险的大小和优劣取舍。

(3) 计算离差系数，决策投资方案。

$$C_A = 253.55/2500 = 0.101$$

$$C_C = 980.75/2575 = 0.381$$

因为 $C_A < C_C$，故方案 A 的风险比方案 C 小。因此，应该最后选择方案 A 为最优投资方案。

6.4.3　概率分析

1. 概率分析的定义

风险分析可以通过估算风险概率进行，这就是下面要介绍的概率分析方法。

概率是指事件的发生所产生某种后果的可能性的大小。概率分析是在选定不确定因素的基础上，通过估计其发生变动的范围，然后根据已有资料或经验等情况，估计出事件发生的概率，并根据这些概率的大小，来分析测算事件变动对项目经济效益带来的结果和所获结果的稳定性。由于事件的发生具有随机性,故概率分析又称为简单风险分析。

概率分析是研究各种不确定因素按一定概率值变动时,对项目方案经济评价指标影响的一种定量分析方法。其目的是为了在不确定情况下为决策投资项目或方案提供科学依据。

概率分析的关键是确定各种不确定因素变动的概率。概率分析的内容应该根据经济评价的要求和项目方案的特点确定。应特别注意概率分析时所选定的分析指标,应与确定性分析的评价指标保持一致。

2. 概率分析的步骤

概率分析一般只计算项目净现值的期望值以及净现值大于等于零时的累计概率,累计概率越大,项目的风险越小,反之,则风险越大。概率分析可以按以下步骤进行:

(1) 选定工程项目经济评价指标作为分析对象,通常可以将财务净现值、财务内部收益率作为评价指标。

(2) 选定需要进行概率分析的风险因素,通常有产品价格、销量、原材料价格、投资额等,一般可以通过敏感性分析,选择最敏感的因素进行概率分析。

(3) 预测每个风险因素的变化范围及其概率分布。

(4) 根据测定的风险因素值和概率分布,计算评价指标的相应取值和概率分布。

(5) 计算评价指标的期望值和项目的可接受概率。

(6) 分析计算结果,判断其可接受性,研究减轻和控制风险因素的措施。

风险因素概率分布的测定是概率分析的关键,也是进行概率分析的基础。例如,将产品售价作为概率分析的风险因素,需要测定产品售价的可能区间以及在各区间价格发生变动的概率。风险因素概率分布的测定方法应根据评价需要及资料的可得性和费用条件来选择,或者通过专家调查法确定,或者用历史资料和数理统计分析方法进行测定。

【例 6-9】 已知某投资方案参数及其概率分布如表 6-4 所示,试求净现值大于或等于零的概率。(使用 Excel 计算过程见本章第五节)

表 6-4 方案参数值及其概率

投资额/万元		年净收入/万元		折现率		寿命期/年	
数值	概率	数值	概率	数值	概率	数值	概率
180	0.4	28	0.4	10%	1.00	12	1.00
250	0.5	38	0.4				
350	0.1	60	0.2				

解:根据参数不同数值,共有 9 种可能组合状态,每种状态的组合概率及所对应的净现值计算结果如表 6-5 所示:

表 6-5 方案所有组合状态的概率及净现值

组合	投资/万元	180			250			350		
	年净收入	28	38	60	28	38	60	28	38	60
	组合概率	0.16	0.16	0.08	0.2	0.20	0.1	0.04	0.04	0.02
	净现值/万元	10.78	78.92	228.82	-59.22	8.92	158.82	-159.22	-91.08	58.82

以投资 150 万元计算:

年净收入为 28 万元:组合概率为两者概率之积,即 $0.4 \times 0.4 = 0.16$

$$净现值 = -180 + 28(P/A,10\%,12) = 1.73$$

年净收入为38万元：组合概率 $= 0.4 \times 0.4 = 0.16$

$$净现值 = -180 + 38(P/A,10\%,12) = 12.63$$

以此类推可以得出表中其他的数据。

将表中数据按净现值大小进行重新排列，可进行累计概率分析，如表6-6所示：

表6-6 净现值累积概率分布

净现值/万元	-159.22	-91.08	-59.22	8.92	10.78	58.82	78.92	158.82	228.82
概率	0.04	0.04	0.2	0.2	0.16	0.02	0.16	0.1	0.08
累积概率	0.04	0.08	0.28	0.48	0.64	0.66	0.82	0.92	1

根据表6-6可以得出，净现值大于或等于零的概率为：

$$P(\text{NPV} \geq 0) = 1 - 0.28 = 0.72$$

上述分析是在已知参数的概率分布条件下进行的，然而，在实际投资评价中，往往会遇到缺少足够的信息来判断参数的概率分布，或者概率分布无法用典型分布来描述。在这种情况下，可采用蒙特卡罗模拟方法来对方案进行风险分析。

6.4.4 风险决策树

概率分析可以给出方案经济效果指标的期望值和标准差以及经济效果指标的实际值发生在某一区间的概率，这为人们在风险条件下决定方案取舍提供了依据。但是，概率分析并没有给出风险条件下方案取舍的原则和多方案比选的方法，而这正是我们下面要讨论的问题。

1. 风险决策的条件

风险决策的条件包括：

（1）存在决策者希望达到的目标（如收益最大或损失最小）。

（2）存在两个或两个以上的方案可供选择。

（3）存在两个或两个以上不以决策者意志为转移的自然状态（如不同的市场条件或其他经营条件）。

（4）可以计算出不同方案在不同自然状态下的损益值（损益值指对损失或收益的度量结果，在经济决策中即为经济效果指标）。

（5）在可能出现的不同自然状态中，决策者不能肯定未来将出现哪种状态，但能确定每种状态出现的概率。

在风险决策中，存在着不同自然状态下的不可控因素，这种客观自然状态是不确定的，只能大致估计各种自然状态的概率及其损益。因此，风险决策便有一个选择决策方案的标准问题。在决策理论的发展过程中，选择风险型决策方法有很多标准，其中应用比较普遍的是损益期望值标准、效用决策标准等。由于在决策中引入了概率的概念，因此在依据不同概率所拟定的多个决策方案中，不论选择哪一种，都可能承担一定的风险。

【例6-10】 某企业拟开发一种新产品取代将要滞销的老产品，新产品的性能优于老产品，但生产成本要比老产品高，投入市场后可能面临四种前景：

（1）很受欢迎，能以较高的价格在市场上畅销（我们称为状态1，记作 θ_1）；

（2）销路一般，能以适当的价格销售出去（θ_2）；

（3）销路不太好（θ_3）；

(4) 没有销路(θ_4)。

经过周密的市场研究,销售部门做出判断:

状态1出现的概率$P(\theta_1)=0.3$;状态2出现的概率$P(\theta_2)=0.4$;状态3出现的概率$P(\theta_3)=0.2$;状态4出现的概率$P(\theta_4)=0.1$。

技术部门提出了三种方案:

A1:立即停止老产品的生产,改造原生产线生产新产品,这一方案投资比较少但有停产损失,而且生产规模有限。

A2:改造原生产线生产新产品,并将部分零部件委托其他厂生产,以扩大生产规模。

A3:暂时维持老产品生产,新建一条高效率的生产线生产新产品,这一方案投资较大。

这三个方案在不同的状态下具有不同的经济效果,在一定计算期内,各方案在不同状态下的净现值见表6-7。

表6-7 各方案在不同状态下的净现值

	θ_1	θ_2	θ_3	θ_4
	$P(\theta_1)=0.3$	$P(\theta_2)=0.4$	$P(\theta_3)=0.2$	$P(\theta_4)=0.1$
A1	140	100	10	-80
A2	210	150	50	-200
A3	240	180	-50	-500

这个例子是一个典型的风险决策问题。企业的目标是取得最好的经济效果,决策者面临3个备选方案,4种可能状态,并且已经了解各种方案在不同状态下的经济效果指标及各种状态发生的概率,决策者要解决的问题是确定选择哪个方案。

2. 风险决策的原则

风险决策通常遵循以下四种原则进行,每种原则都与特定的决策方法相适应。

(1) 期望值原则

期望值原则是指根据各备选方案损益的期望值大小进行决策,如果损益值用费用表示,则应选择期望值最小的方案;如果损益值用收益表示,则应选择期望值最大的方案。以期望值为标准的决策方法适用于以下几种情况:①概率的出现具有客观性,比较稳定,不易发生变化;②决策不是解决一次性问题,而是解决多次重复的问题;③决策的结果不会对决策者带来严重的后果。

假设方案A1、A2、A3的净现值的期望值为$E(NPV_1)$、$E(NPV_2)$、$E(NPV_3)$,且$E(NPV_1)=75$;$E(NPV_2)=103$;$E(NPV_3)=84$。按照期望值原则应当选择方案A2。

(2) 最小方差原则

由于方差越大,实际发生的方案损益值偏离期望值的可能性就越大,从而方案的风险越大,所以人们在按照期望值原则进行方案比选时,还需考虑方案的方差。当对两个投资方案进行比较时,如果期望值相同,则标准差较小的方案风险更低;如果两个方案的期望值与标准差均不相同,则离散系数较小的方案风险更低。

再假设方案A1、A2、A3的净现值的方差为:$D(NPV_1)=4764$;$D(NPV_2)=13961$;$D(NPV_3)=48684$。按照最小方差原则,应该选择方案A1。这显然与按照期望值原则选择的结论不一致。

对于在按照期望值原则和最小方差原则选择方案导致结果不一致的情况下如何权衡的问题,目前还没有有效方法进行协调统一。具体选择哪一原则来进行决策取决于决策者本人的性格与素质,以及投资主体对风险的承受能力。一般来说,风险承受能力较强的投资者倾向于按照期望值原则进行决策,而风险承受力较弱的投资者倾向于按照最小方差的原则进行决策。

(3) 最大可能原则

在风险决策中,如果一种状态发生的概率明显大于其他状态,就把这种状态视为肯定状态,于是根据这种状态下各方案损益值的大小进行决策。按照最大可能性原则进行风险决策实际上是把不确定性问题转化为确定性问题。最大可能性为标准的决策方法适用于各种自然状态中其中某一状态的概率显著高于其他方案所出现的概率,同时期望值相差不大。

在例 6-10 中,状态 θ_2 发生的概率最大,如果按照最大可能原则决策,应该选择 θ_2 下净现值最大的方案 A3,但是,必须注意到,θ_2 发生的概率为 0.4,与其他状态发生的概率差别不大,而且方案 A3 在不同状态下净现值相差较大,所以,在上例中用最大可能原则进行决策是不太合适的。

(4) 满意原则

由于在风险决策中,影响决策的变量众多,变量的变化也存在不确定性,决策者也难以充分了解所有信息,因此对于比较复杂的风险决策,人们往往难以找到最佳方案,应该采用满意性原则。

3. 基于期望值原则——决策树法

以期望值为标准的风险决策常用的方法有矩阵法和决策树法,下面我们主要介绍决策树法。风险决策问题可以利用一种树形决策网络描述与求解,称决策树法。图 6-5 为一个典型的决策树。决策树由不同的节点与分枝组成。符号"□"表示的节点称决策点,从决策点引出的每一分枝表示一个可供选择的方案;符号"○"表示的节点称状态点,从状态点引出的每一分枝表示一种可能发生的状态。图 6-5 中 $\theta_j (j=1,2,3,\cdots)$ 表示第 j 种状态,θ_j 后括号内的数值表示该状态发生的概率,每一状态分枝末端的数值为相应的损益值。根据各种状态发生的概率与相应的损益值分别计算每一方案的损益期望值,并将其标在相应的状态点,就可以直观地判断出应该选择哪个方案。

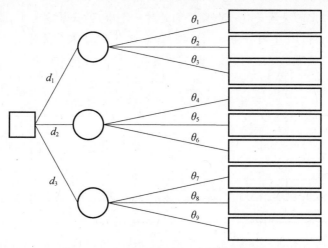

图 6-5 用决策树描述的风险决策问题

决策树法常用于多阶段风险决策,下面我们尝试使用风险决策树来分析问题。首先来看一个一阶段决策的例子。

【例 6-11】 企业生产某种产品,有 4 中备选方案,未来的市场销售状态也有 4 种并且发生的概率一致,每种生产方案及各销售状态可以获得的收益如表 6-8 所示,试使用决策树法选择最优方案。

表 6-8 各方案在不同状态下的净现值

方案\NPV	1 $P(1)=0.3$	2 $P(2)=0.4$	3 $P(3)=0.2$	4 $P(4)=0.1$
A	10	9	12	15
B	20	12	8	10
C	12	10	15	10
D	10	15	10	12

解:该题可以直接通过计算各方案的期望收益值进行评价。请大家自己画出风险决策树然后计算。

$$E(NPV_A) = 10 \times 0.3 + 9 \times 0.4 + 12 \times 0.2 + 15 \times 0.1 = 10.5(万元)$$
$$E(NPV_B) = 20 \times 0.3 + 12 \times 0.4 + 8 \times 0.2 + 10 \times 0.1 = 13.4(万元)$$
$$E(NPV_C) = 12 \times 0.3 + 10 \times 0.4 + 15 \times 0.2 + 10 \times 0.1 = 11.6(万元)$$
$$E(NPV_D) = 10 \times 0.3 + 15 \times 0.4 + 10 \times 0.2 + 12 \times 0.1 = 12.2(万元)$$

根据期望值最大原则,应选择方案 B。

这是一个一阶段风险决策,可以直接通过计算期望值进行决策,下面是一个多阶段风险决策的案例,需要构造风险决策树再进行决策。

【例 6-12】 某公司拟生产一种新研制的微型计算机,根据技术预测和市场预测,该产品可行销 10 年,有三种可能的市场前景:

θ_1——10 年内销路一直很好,发生的概率为 $P(\theta_1)=0.6$;
θ_2——10 年内销路一直不好,发生的概率为 $P(\theta_2)=0.3$;
θ_3——前两年销路好,后 8 年销路不好,发生的概率为 $P(\theta_3)=0.1$。

公司目前需要作出的决策是建一个大厂还是建一个小厂:如果建大厂,需投资 400 万元,建成后无论产品销路如何,10 年内将维持原规模;如果建小厂,需投资 150 万元,两年后可根据市场情况再作是扩建还是不扩建的新决策,如果扩建小厂需再投资 300 万元。各种情况下每年的净收益见表 6-9。

表 6-9 不同情况下各年净收益　　　　　　　　　　　　　　（单位:万元）

方案	市场前景 年净收益	θ_1		θ_2		θ_3	
		1~2 年	3~10 年	1~2 年	3~10 年	1~2 年	3~10 年
建大厂		100	100	50	50	100	60
建小厂	两年后扩建	30	80	/	/	30	50
	不扩建	30	30	18	18	30	18

解:本例是一个两阶段风险决策问题,根据以上数据,可以构造如图 6-6 所示的决策树。

在图 6-6 所示的决策树上有两个决策点:D_1 为一级决策点,表示目前所要作的决策,备选方案有两个,A_1 表示建大厂,A_2 表示建小厂;D_2 为二级决策点,表示在目前建小厂的前提下两年后所要作的决策,备选方案也有两个,A_{21} 表示扩建,A_{22} 表示不扩建。

三种市场前景可以看作是四个独立事件的组合,这四个独立事件是:前 2 年销路好(记作 b_1)后 8 年销路好(记作 b_2);前 2 年销路不好(记作 W_1);后 8 年销路不好(记作 W_2)。决策树上各种状态的发生概率计算如下:

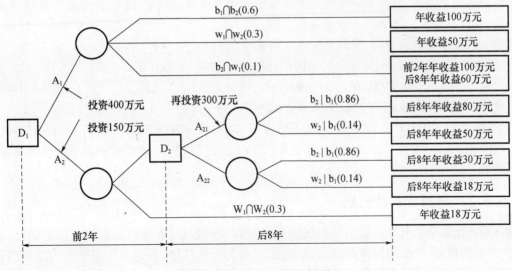

图6-6 例6-10中的决策树

10年内销路一直很好的概率:$P(b_1 \cap b_2) = P(\theta_1) = 0.6$

10年内销路一直不好的概率:$P(W_1 \cap W_2) = P(\theta_2) = 0.3$

前2年销路好,后8年销路不好的概率:$P(b_1 \cap W_2) = P(\theta_3) = 0.1$

则有前2年销路好的概率:$P(b_1) = P(b_1 \cap b_2) + P(b_1 \cap W_2) = 0.7$

在前2年销路好的条件下,后8年销路好的概率:$P(b_2|b_1) = P(b_1 \cap b_2)/P(b_1) = 0.86$

在前2年销路好的条件下,后8年销路不好的概率:$P(W_2|b_1) = P(b_1 \cap W_2)/P(b_1) = 0.14$

利用决策树进行多阶段风险决策要从最末一级决策点开始,在本例中,要先计算第二级决策点各备选方案净现值的期望值。设基准折现率为10%。

扩建方案净现值的期望值(以第二年末为基准年)

$$E(NPV)_{21} = 80(P/A,10\%,8) \times 0.86 + 50(P/A,10\%,8) \times 0.14 - 300 = 104.4$$

不扩建方案净现值的期望值(以第二年为基准年)

$$E(NPV)_{22} = 30(P/A,10\%,8) \times 0.86 + 18(P/A,10\%,8) = 151.1$$

$$E(NPV)_{21} < E(NPV)_{22}$$

根据期望值原则,在第二级决策点应选择不扩建方案(如果两方案净现值的期望值相等,可按方差原则进行选择)。

用不扩建方案净现值的期望值$E(NPV)_{22}$代替第二级决策点,可得到如图6-7所示的缩减决策树。

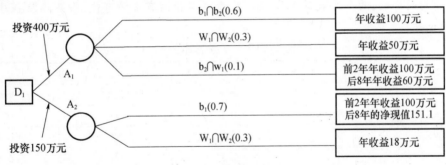

图6-7 缩减决策树

根据缩减决策树,计算第一级决策点各备选方案净现值的期望值(如果缩减决策树有多个决策点,仍应从最末一级决策点开始计算)。

建大厂方案净现值的期望值(第0年末为基准处):

$E(NPV)_1 = 100(P/A,10\%,10) \times 0.6 + 50(P/A,10\%,8) \times 0.3 +$
$\qquad [100(P/A,10\%,2) + 60(P/A,10\%,8)(P/F,10\%,2)] \times 0.1 - 400 = 104.6$

建小厂方案净现值的期望值(以第0年末为基准年):

$E(NPV)_2 = [151.1(P/A,10\%,2) + 30(P/A,10\%,2) \times 0.7 + 1800(P/A,10\%,2) \times 0.3 - 150 = 7$

$E(NPV)_1$、$E(NPV)_2$ 均大于零,由于 $E(NPV)_1 > E(NPV)_2$,故在第一级决策点应选择建大厂方案。

6.4.5 蒙特卡罗模拟法

在经济计算中只有目前付出的投资额是比较固定的数值,而其他数据例如设备的使用寿命、产品的销售量、产品的销售价格、产品的成本等都是估计值,都是在一定范围内变动的值。如果把这些变动的值当做固定不变的值看待,那么计算的结果就难免不符合将来出现的实际情况,从而带来某种程度的风险。近年来的经济计算中越来越注意分析研究这种风险的程度和可能性,以便在决策时对今后出现的情况做到胸中有数。蒙特卡罗方法(Monte Carlo Method)是解决这类问题十分方便的方法。

【补充理解6-3】

蒙特卡洛法的起源

有一位数学家看见一个醉汉倚在广场上的一根灯杆站着,忽然无目的地向某一方向走几步,然后又向另一方向走几步,这样东倒西歪地走。这位数学家提出一个问题:醉汉走出几步之后离开灯杆的最可能的距离是多少?这个问题叫做随机行走(Random Walk)问题,如果按照通常的方法,我们必须观察这个醉汉大量的如1000次以上的行走,然后求出行走距离的平均值。但这样的观察是很困难的,或根本不可能的。这位数学家研究出一种所谓仿真试验的计算方法,后来发现这种方法可以用来测算赌博的规律,所以与世界著名的赌城Mont Carlo相联系,并被称为蒙特卡罗方法。

蒙特卡罗模拟法是运用反复进行随机抽样的方法模拟各种随机变量的变化,进而通过计算了解方案经济效果指标的概率分布的一种分析方法。运用蒙特卡罗模拟法进行概率分析时,通过利用随机数产生随机变量的值,并使这些值与它们所具有的概率分布相一致。实际上,运用蒙特卡罗模拟法开展方案比选时,其分析原理与期望值法相同。下面将以实例的方式对蒙特卡罗模拟法进行介绍。

【例6-13】 某项目有A、B两个方案,投资后第2年年末开始获益,基本数据如表6-10所示。受市场的影响,两个方案的年净收益及寿命周期均有多种可能,当基准收益率为10%时,该如何选择?

表6-10 方案基本数据

方案	A		B	
	状态	概率	状态	概率
年净收益/万元	80	0.2	90	0.3
	70	0.5	80	0.4
	60	0.3	70	0.3

(续)

方案	A		B	
	状态	概率	状态	概率
投资/万元	250	1.0	300	1.0
寿命周期/年	6	0.4	6	0.4
	17	0.4	7	0.4
	8	0.2	8	0.2

解：根据方案 A、B 的年净收益、寿命周期的变动概率的分布情况，将 0~99 间的随机数进行分组，分组结果如表 6-11 所示。

表 6-11 随机数分组

		状态	概率	随机数组
年净收益/万元	方案 A	80	0.2	0~19
		70	0.5	20~69
		60	0.3	70~99
	方案 B	90	0.3	0~29
		80	0.4	30~69
		70	0.3	70~99
寿命周期/年		6	6	0~39
		7	7	40~79
		8	8	80~99

利用相关软件从 0~99 中随机抽取 10 个数值，根据数值的分组来确定方案的寿命周期，详见表 6-12。

表 6-12 随机数与寿命周期

顺序	1	2	3	4	5	6	7	8	9	10
随机数	1	18	86	29	15	60	43	11	99	67
寿命周期/年	6	6	8	6	6	7	7	6	8	7

针对方案 A 和方案 B，利用相关软件从 0~99 中随机抽取 10 个随机数，共两组，确定方案 A、B 的年净收益。同时，结合表 6-12 中对应的寿命周期计算方案 A 与方案 B 的净现值。相关数据如表 6-13 和表 6-14 所示。

表 6-13 方案 A 相关数据

顺序	1	2	3	4	5
随机数	61	25	32	2	72
寿命周期/年	6	6	8	6	6
年净收益/万元	70	70	70	80	60

(续)

顺序	1	2	3	4	5
净现值/万元	-7.971	-7.971	54.371	23.358	-39.300
顺序	6	7	8	9	10
随机数	95	64	96	28	5
寿命周期/年	7	7	6	8	7
年净收益/万元	60	70	60	70	80
净现值/万元	-11.309	24.685	-39.300	54.371	60.678

表 6-14 方案 B 关数据

顺序	1	2	3	4	5
随机数	7	9	97	63	41
寿命周期/年	6	6	8	6	6
年净收益/万元	90	90	70	80	80
净现值/万元	9.232	9.232	8.917	-22.097	-22.097
随机数	46	59	18	79	21
寿命周期/年	7	7	6	8	7
年净收益/万元	80	80	90	70	90
净现值/万元	15.224	15.224	9.232	8.917	51.218

根据表 6-14 和表 6-15 中的净现值结果,把 10 组净现值结果进行平均可得出方案 A 和方案 B 的净现值分别为:

$$NPV_A = (-7.971 - 7.971 + 54.371 + 23.358 - 39.300 - 11.309 + 24.685 - 39.300 + 54.371 + 60.678)/10$$
$$= 11.162(万元)$$

$$NPV_B = (9.232 + 9.232 + 8.917 - 22.097 - 22.097 + 15.224 + 15.224 + 9.232 + 8.917 + 51.218)/10$$
$$= 8.330(万元)$$

通过比较方案 A 和方案 B 的净现值可知,应当选择方案 A。

6.5 电子表格的应用

6.5.1 盈亏平衡分析

【例 6-14】 某项目设计总产量 7800 吨,产品单价为 630 元/吨(不含税),年生产成本为 1352 万元,其中固定成本为 113 万元,单位可变成本为 413 元/吨。求项目投产后的盈亏平衡产量。

解:求解后的数据,如图 6-8 所示。

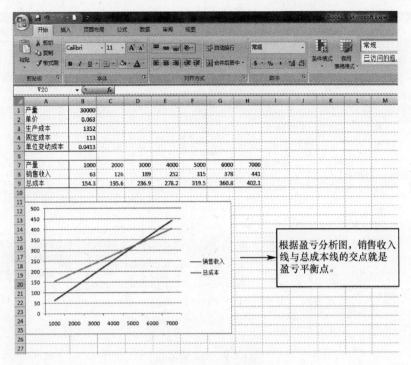

图 6-8 盈亏平衡分析

6.5.2 敏感性分析

【例 6-15】 某企业投资一个新的项目,该项目可能的投资和收益如表 6-16 所示,若基准折现率、投资额、净收益都有可能在 -30%~30% 的范围内发生变化,试就这三个因素进行敏感性分析。

表 6-15 项目净现金流量表

年末	0	1	2	3	4	5	6
净现金流量	-760	200	200	200	200	200	200

解:进行敏感性分析可以采用三种方法:
(1) 计算不确定性因素的变化导致净现值的变化。
(2) 求解使净现值为零时的三个不确定性因素的临界值。
(3) 根据使用不确定性因素描述的净现值的函数的斜率判断。
第一种方法相对计算量较大,使用 Excel 可以简化计算过程,帮助快速进行敏感性分析。计算结果如图 6-9 所示。

6.5.3 概率分析

详见【例 6-9】。
解:求解过程如下:
(1) 在表格中录入所有可能的方案组合。
(2) 计算每种方案发生的概率以及 NPV。

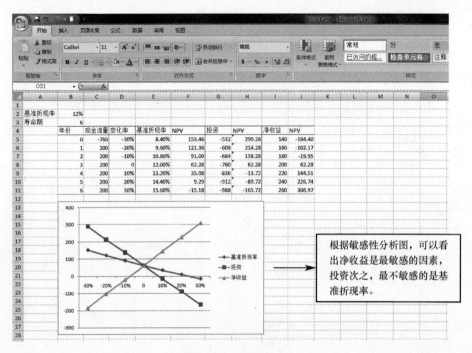

图 6-9 敏感性分析

（3）按照 NPV 由小到大进行排序。
（4）计算 NPV 大于零的累计概率。
计算结果如图 6-10 所示。

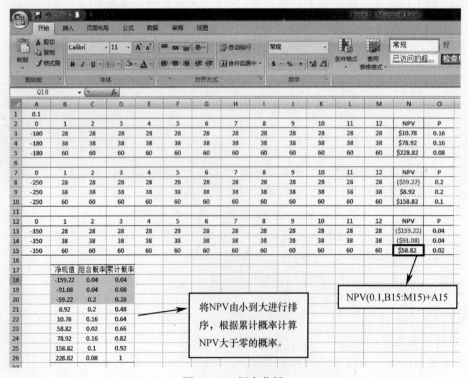

图 6-10 概率分析

复习思考题

一、简答题

1. 为什么要进行不确定性分析？
2. 什么是盈亏平衡点？如何求盈亏平衡点的产量、价格和单位变动成本？
3. 优劣平衡分析的基本思路是什么？
4. 什么是敏感性分析？如何判断某因素是敏感性因素？
5. 敏感性分析的目的是什么？分哪几个步骤？
6. 什么是风险决策？特点是什么？
7. 概率分析中，期望值和离散系数的经济含义有什么不同？如何进行概率分析？
8. 怎样用决策树法对方案进行风险决策分析？
9. 什么是蒙特卡罗模拟法？

二、计算题

1. 某家具制造厂生产一种书柜，售价150元，年固定费用为19万元，每台书柜的材料为52元，工资是20元，其他变动费用为8元，请做出如下决策：

   (1) 要使工厂不亏本，每年至少要生产多少？

   (2) 如果该工厂第一年内只能生产2000台，按这一产量进行生产，企业能获利吗？如果是考虑到第一年允许亏损3万元以下进行生产，企业该如何操作？

   (3) 如果企业要获得10万元/年的利润，至少应该生产多少台？

   (4) 如果企业最大生产能力为5万台/年，那么企业最高可得多少利润？

2. 加工某种产品有两种设备，若选用设备A需初始投资20万元，加工每件产品的费用为8元；若选用设备B需初始投资30万元，加工每件产品的费用为6元。假定设备残值均为零，试回答下列问题：

   (1) 若设备使用年限为8年，基准折现率为12%，年产量为多少时选用设备A比较有利？

   (2) 若设备使用年限为8年，年产量13000件，基准折现率在什么范围内选用设备A比较有利？

   (3) 若年产量15000件，基准折现率为12%，设备使用年限多长时选用A设备比较有利？

3. 某企业生产甲产品，固定成本为20万元，单位变动成本为100元，单价为150元，正常情况下年销售3000件。为了增加盈利，提出下列三个方案，应选哪个方案？

   (1) 提高售价到160元，估计年销售4000件。

   (2) 降价到140元，估计年销售8000件。

   (3) 降价到130元，估计年销售12000件。

4. 已知收入函数 $S(Q)=2000-Q^2$，总成本函数 $C(Q)=500+200Q+20Q^2$，求盈亏平衡点产量是多少？最大年利润为多少？请画出盈亏平衡图。

5. 某项目方案预计在计算期内的支出、收入如表所列（单位：万元），试以净现值指标对方案进行敏感性分析（基准收益率为10%）。

指标＼年份	0	1	2	3	4	5	6
投资	50	300	50				
年经营成本				150	200	200	200
年销售收入				300	400	400	400

6. 某厂生产钢材的设计能力为 15 万吨/年,每吨钢材价格为 5500 元,单位产品变动成本为 4200 元。总固定成本为 1.5 亿元,使用期限为 6 年,按平均年限法折旧。试做出以下分析:

(1) 以生产能力利用率表示的盈亏平衡点。

(2) 当价格、固定成本和变动成本分别变动 ±10% 时,对生产能力利用率盈亏平衡点的影响,并指出敏感因素。

7. 已知某工业投资项目的净现值概率分布为正态分布。净现值的期望值为 80 万元,标准差为 36 万元。试求:

(1) 净现值大于或等于零的概率。

(2) 净现值小于 50 万元的概率。

(3) 净现值大于 −10 万元的概率。

8. 某方案投资 25000 万元,预期寿命为 5 年,残值为 0,每年净现金流量为随机变量,其可能发生的三种状态的概率及变量值如下:(1)5000 万元($P=30\%$);(2)10000 万元($P=50\%$);(3)12000 万元($P=20\%$)。若利率为 12%,试计算项目净现值的期望值与标准差。

9. 某投资项目有两个方案,一个是建大厂,另一个建小厂。建大厂需投资 300 万元,建小厂需投资 160 万元,使用年限为 10 年,估计在此期间产品销路好的概率是 0.7,销路差的概率是 0.3,$i=10\%$,两方案年净收益如表所列(单位:万元)。

自然状态	概率	大厂方案	小厂方案
销路好	0.7	100	40
销路不好	0.3	−20	10

按前三年和后七年两期考虑,若建小厂,投入生产三年后产品销路好,则增加投资 160 万元再服务七年,每年净收益与建大厂方案相同,估计后七年产品销路好的概率为 0.9,销路差的概率为 0.1。如果前三年销路不好,后七年的销路也不会好。试用决策树法分析和决策。

下篇
工程项目的经济评价

第 7 章

工程项目的可行性研究

◆ 学习目标

- 了解项目可行性研究的含义及作用；
- 了解可行性研究的主要工作阶段；
- 了解可行性研究的内容和程序；
- 熟悉项目的投资估算；
- 理解项目的资本结构和财务杠杆效应。

◆ 导入案例

我国机场超大规模建设带来的问题

八五、九五期间我国机场建设普遍存在着超规模的现象，福州长乐国际机场的投建便是典型的一个例子。福州长乐国际机场在工程上马前论证的前景十分美好：台湾海峡两岸可能实现"三通"，福州将被选为"直航定点机场"，对台民航业务量会迅速增长，并预测到 2005 年长乐机场旅客吞吐量可达 650 万人次，货邮吞吐量可达 18 万吨。就是因为这份过于乐观的"可行性研究报告"，国家投资近 30 亿元建设长乐机场，而由于这个大型建设规模过度超前，实际业务量远低于同期预测水平，设施大量闲置，运营 5 年亏损 11 亿元。另外如绵阳机场于 2001 年 4 月建成通航，通航第一年，旅客吞吐量只是可行性研究报告预测水平的 34%，年亏损额高达 3800 多万元。辽宁省的锦州机场可行性研究报告设计的 2001 年旅客吞吐量为 211 万人次，实际只有 1.7 万人次，不到设计能力的 1%。对于机场货运而言，也存在这样的状况，四川省广元盘龙机场在可行性研究报告设计中 2001 年货邮吞吐量为 7178 吨，而实际只有 181 吨，不到设计能力的 3%，年亏损达 1209 万元，严重影响了机场的经营状况。机场超大规模建设带来了巨额的亏损，因此在机场建设之前需要对客货吞吐量进行合理的预测，并规范机场项目的可行性研究过程。

资料来源：李国彦. 民用机场建设项目航空业务量预测关键问题研究[J]. 南京：南京航空航天大学，2005.

7.1 工程项目概述

7.1.1 工程项目的分类

1. 根据其性质的不同可以划分为基本建设项目和更新改造项目

基本建设项目构成了我国投资项目的主要部分。基本建设项目是指用于增添固定资产扩大企业生产能力(或者增加使用效率)的工程项目,如新建一个工厂、一条铁路都属于一个建设项目。建设项目又可以划分为新建工程项目、改扩建工程项目、恢复工程项目和迁建工程项目。关于新建和改扩建项目的经济评价内容在第 8 章、第 9 章进行详细的介绍。

设备更新和技术改造项目简称更新改造项目,是指投资者为了提高产品质量、加速技术进步、促进产品升级换代、降低能耗和成本等采用新技术、新工艺、新材料等对现有设施、工艺设置进行设备更新或者技术改造项目,是我国投资项目的另外一个重要组成部分。关于设备项目的经济评价在第 11 章进行详细的介绍。

2. 根据用途和投资主体的活动范围可以分为竞争性项目、基础性项目和公益性项目

竞争性项目主要是指投资收益水平较高、能够主动参与行业市场竞争的项目。例如建筑业、工业(不含能源)类项目、商业、服务、咨询、金融、保险等行业的项目。竞争性项目由企业自主决策,承担风险,通过市场筹资、建设和经营。

基础性项目主要指具有一定的自然垄断、建设投资期长、投资量大而回报率较低的基础产业和基础设施项目。例如能源、水利、交通、邮电、通信、农、林、牧、渔等项目。基础性项目中具备市场竞争条件的项目需在政府的引导下逐步进入市场,不具备市场竞争条件的项目,其投融资应该由各级政府负责。

公益性项目是指那些非盈利性和具有社会效益性的项目。例如文、教、科研、卫生、环保、广播电视、公检法、国防实施等项目。公益性项目的特性决定了其投融资应该由政府承担。

基础性项目中需要由政府或其他公共部门筹划、出资、运行的项目以及公益性项目的经济评价在第 10 章进行详细的介绍。

7.1.2 工程项目建设的工作阶段

1. 联合国工业发展组织对项目建设周期的划分

任何一个项目从提出构想到实施完成都必须经过若干工作阶段。联合国工业发展组织编写的《工业可行性研究编制手册》将项目建设周期划分为三个阶段:投资前时期、投资时期和生产时期。

1) 投资前时期

投资前时期包括项目构想、项目初选(机会研究)、项目拟定(初步可行性研究和可行性研究)和项目评估(评估报告)四个阶段。对于我国的工程项目而言,投资前时期主要完成项目建议书、初步可行性研究和可行性研究。其中可行性研究是投资前时期的重要内容,决定了项目能否进行建设。投资活动的成败主要取决于投资前时期的研究和分析活动。

2) 投资时期

投资时期是项目的建设时期,包括签订合同、工程项目设计、施工安装、员工培训和试车生产。这个时期的主要工作是控制项目建设周期以及所发生的各项费用。投资时期可以划分为以下七个阶段：
(1) 为项目的实施建立法律、财力和组织基础。
(2) 技术的获得和转让，包括基本的工程安排。
(3) 详细的工程设计和合同签订，包括招标、评标和谈判。
(4) 取得土地、建筑施工和安装施工的权利。
(5) 试生产销售，包括取得供应品，建立企业的管理机构。
(6) 人员的招聘和培训。
(7) 工厂的试车生产和开始运转。

3) 生产时期

生产时期是从项目的正式投产到项目结束的整个周期，这个时期的工作重点在于保证项目能够达到预期的经济效益和社会效益。从短期角度来看，生产时期涉及开始进行生产的最初时期。在此时期，可能发生许多和生产技术的应用、设备的运转或者由于缺少合格的员工而引起的劳动生产率不高的问题。从长期角度来看，生产时期涉及项目生产、销售等与战略相关的问题。这些问题都与投资前时期所做的规划密切相关。

从上述内容可以发现，投资前时期的研究和分析是否充分在很大程度上决定了一项工业活动的成败。如果投资前时期的研究存在缺陷或者数据不充分，那么在项目执行和经营的过程中即使进行修正和调整也难以达到项目的预期效果。

2. 我国项目建设程序的划分

项目建设程序是指建设项目从设想、选择、评估、决策、设计到竣工验收、投入生产的整个过程。建设项目程序的合理性是保证科学决策和顺利生产的重要手段，建设项目的程序分成若干阶段，有着严格的先后次序，不能任意颠倒，否则就会影响项目发展的规律。

目前我国项目建设程序的主要阶段包括项目建议书阶段、可行性研究报告阶段、设计工作阶段、建设准备阶段、建设实施阶段、竣工验收和项目后评价。

7.2 可行性研究概述

7.2.1 可行性研究的概念

可行性研究(Feasibility Study)是在投资决策之前，对拟建项目进行全面的技术和经济分析论证的科学方法，也是投资前期的重要工作内容，是投资建设程序的重要环节。可行性研究运用了多种学科的知识，寻求使投资项目达到最好的经济效益的综合研究方法。它的任务是通过广泛的调查研究，综合论证一个工程项目在技术上是否先进、实用和可靠，在经济上是否合理，在财务上是否盈利，并对项目的环境影响、社会效益和抗风险能力进行分析和评价，为投资决策提供科学的依据。

可行性研究的采用始于20世纪30年代美国开发田纳西流域的项目活动。20世纪60年代后，西方工业发达国家对重要的投资项目普遍要求进行可行性研究。1978年，联合国工业发展组织为了推动和帮助发展中国家的经济发展，编写出版了《工业可行性研究编制手册》一书，系统地说明了工业项目可行性研究的内容和方法。我国从1982年开始将可行性研究列为工业投资的一项重要程序，1983年颁发了《建设项目可行性研究的试行管理办法》，1991年进行了修订，该办法对我国基本建设项目的可行性研究的编制程序、内容、审批等进行了规定。1993年，国家计委、建设部联合发布了《建设项目经济评价方法与参数》(第1版)，2006年已经发布了《建设项目经济评价方法与参数》(第3版)，为在社会主义市场经济条件下正确实行可行性研究与科学决策项目投资提供了指导原则。现在，可行性研究已经成为我国工程项目投资决策和银行贷款之前必须进行的一项重要工作，是投资决策中一个不可缺少的阶段。

7.2.2 可行性研究的作用

对投资项目进行可行性研究的主要目的在于为投资决策从技术、经济多方面提供科学依据，以提高项目决策的成功率，提高投资效益。在投资项目的管理中可行性研究具有以下作用。

1. 作为项目投资决策的依据

可行性研究所进行的经济评价可以为投资决策提供科学的依据，不仅能够反映项目自身的经济效果，而且可以从投资者角度考察不同的投资方式对项目盈利能力、偿债能力和生存能力的影响。

2. 作为向银行等金融机构申请贷款、筹集资金的依据

世界银行以及我国的金融机构都把可行性研究作为申请项目贷款的重要依据。通过可行性研究，可以对贷款项目进行全面评估，了解项目是否有偿还贷款的能力，从而有效地判别项目的风险。

3. 作为供所在地区政府、规划部门、环保部门审查的依据

项目的可行性研究不仅要进行经济评价，而且还要进行环境保护、三废治理以及选择对当地城市、区域规划和布局的影响分析，判断项目实施方案是否符合地区规划以及环保部门的要求，只有全部符合要求，地区政府以及各部门才颁发项目的建设许可证。

4. 作为编制设计及进行建设工作的依据

可行性研究报告中对项目的建设方案、产品方案、建设规模、场址、工艺流程、主要设备和总图布置都有了较为详细的设计与说明，这些都指导了后期项目建设工作的开展和实施。

5. 作为签订有关合同、协议的依据

根据可行性研究报告所拟定的方案，投资项目的企业和部门可以与有关部门签订项目执行过程中的各项协议、合同。例如项目的建设、生产过程中所需的原材料、协作件、配套件、燃料、运输、通信甚至产品销售等协议和合同，以确保项目建设及生产的顺利进行。

6. 作为企业组织管理、机构设置、劳动定员和职工培训工作安排的依据

可行性研究报告中已经设计了项目建设的整体方案，作为工艺设备的设计、组织结构的安排与定岗定编以及对员工的教育和培训计划的依据。

7. 作为项目后评价的依据

建设项目的后评价是在项目建成竣工验收并运行一段时间后，评价项目的实际运营效果是否达到预期目标。因此，项目后评价应该以可行性研究报告为依据，真实评价项目目标的达成情况。

7.2.3 可行性研究的工作阶段

联合国工业发展组织编写的《工业可行性研究编制手册》规定：投资前期的可行性研究工作分为机会研究、初步可行性研究、可行性研究、项目评估四个阶段。在可行性研究的任何一个阶段，只要得出"不可行"的结论，就不再继续进行下一步的研究工作；可行性研究的工作阶段和内容也可以根据项目规模、性质、要求和复杂程度的不同进行适当的调整和简化。在实践中，

只有大中型项目才要求完成全部过程。小型和简单项目,一般只做初步可行性研究、详细可行性研究、项目评估与决策三个阶段。

我国可行性研究的工作划分和国外略有不同,主要分成两个阶段进行。第一阶段是项目建议书阶段,基本上相当于国外的初步可行性研究。第二阶段是可行性研究阶段,即详细可行性研究。可行性研究的工作阶段如表7-1所列。

表7-1 联合国工业发展组织对可行性研究的工作阶段的划分

项目\工作阶段	机会研究	初步可行性研究	详细可行性研究	项目评估与决策
工作性质	项目设想	项目初选	项目拟定	项目评估
工作内容	鉴别投资方向,寻找投资机会(地区、行业、资源和项目的机会研究),提出项目的投资建议	对项目做专题辅助研究,广泛分析、筛选方案,确定项目的初步可行性	对项目进行深入细致的技术经济论证,重点对项目进行财务效益和国民经济效益分析评价,做多方案比较,提出项目投资的可行性和选择依据标准	综合分析各种效益,对可行性研究报告进行评估和审核,分析判断项目可行性研究的可靠性和真实性,对项目做出最终决策
工作成果及作用	提出项目建议,作为制定经济计划和编制项目建议书的基础,为初步选择投资项目提供依据	编制初步可行性研究报告,制定是否有必要进行下一步详细可行性研究,进一步判明项目的生命力	编制详细可行性研究报告,作为项目投资决策的基础和重要依据	提出项目评估报告,为投资决策提供最后决策依据,决定项目取舍和选择最佳的投资方案
估算精度/%	±30	±20	±10	±10
费用占总投资的百分比	0.2~1.0	0.25~1.25	大项目0.8~1.0 中小项目1.0~3.0	
需要时间/月	1~3	4~6	8~12或者更长	

【补充理解7-1】

我国机场建设可行性研究的科学化历程

按照现行国家基本建设程序,民用机场建设项目的实施分为项目建议书(预可行性研究)、可行性研究、初步设计、开工报告、项目施工、竣工验收和项目后评价等6个阶段。

1999年,民航总局颁布了《民用机场建设工程(项目)(预)可行性研究报告编制办法(试行)》,提出了机场建设项目预可行性研究、可行性研究的编制要求。2000年,民航总局规划发展科技司会同中国国际工程咨询公司交通项目部和国家开发银行评审二局编著了《民用机场建设项目评价方法》,规范了民用机场建设项目评价的内容和方法。在此期间,民航总局还相继出台了《民用机场总体规划管理规定》《民用机场选址规定》《支线机场设施设备最低配备标准》等法规性文件。

资料来源:李国彦. 民用机场建设项目航空业务量预测关键问题研究[J]. 南京:南京航空航天大学,2005.

7.3 可行性研究报告

7.3.1 可行性研究报告的主要内容

根据我国 2000 年颁布的《项目可行性研究指南》的规定,我国可行性研究的内容与联合国工业发展组织所规定的内容基本一致。虽然按照项目的规模、性质不同有所侧重,但是基本的研究内容都应包括以下几个方面。

1. 项目兴建的理由(必要性分析)

项目兴建的理由与目标研究是根据已经确定的初步可行性研究报告,进一步论证项目提出的依据、背景、理由和预期目标,即进行项目的必要性分析;同时要论证项目建设和生产运营必备的基本条件及获得的可能性,及项目建设的可能性分析。

项目兴建的理由根据项目类型不同而不同,兴建理由一般包括:新建或者扩大企业的生产能力,提供产品和服务,满足社会需求,获取经济利益;进行基础设施建设,改善交通运输条件,促进地区经济和社会发展;合理开发利用资源,增加社会财富,实施可持续发展战略;发展文化、教育、卫生等公益事业,满足人民物质及精神生活的需要;增强国防和社会安全能力。

工程项目建设必要性分析一般需要从项目自身和国民经济两个层面进行。项目自身分析主要包括对产品的市场前景、项目是否符合企业战略发展、项目能否带来投资效益等。国民经济分析主要包括项目的建设是否有利于资源的有效配置及合理应用、是否符合国民经济发展及地区和产业政策、是否符合环境保护的基本要求等。不同性质的项目分析的重点不同,必须突出项目自身的特点以及根本目标。

【补充理解 7-2】

西部支线机场建设必要性分析

西部大开发的政策给西部经济带来了历史性机遇,也为西部民航事业的发展加入了前所未有的推动力,西部地区机场的兴建主要是支线机场,机场的建设背景与其他地区机场的建设有很大的区别,对于不同地区的机场一定要挖掘各个地区独特的与民用航空相联系的点,并尽可能将这种联系进行量化,从而才能真正体现出一个机场建设的必要性。通常西部地区建设机场的必要性通常体现在:

1. 西部地区建设机场是改善硬件设施、优化投资环境的重要举措。
2. 西部地区旅游资源丰富,建设机场是带动旅游业发展的重要举措。
3. 其他必要性因素。比如鄂尔多斯机场对环境保护及生态建设的意义可谓是该机场建设必要性的一个重要内容。

资料来源:刘英. 西部支线机场建设必要性分析的特点[J]. 机场建设,2001 年.

2. 市场分析和建设规模

项目实施后的成果必须通过市场才能产生经济效益,市场前景的预测决定了项目的设计方案,因此市场既是项目的起点也是项目的终点。市场分析是论证项目建设必要性的关键问题,通过市场研究才能确定项目的生产规模、产品种类以及销售价格。项目的市场研究包括市场调查和市场预测两个方面。

1)市场调查

市场调查就是针对拟建项目的产品或服务,进行有关市场信息资料的调查和了解。主要包括市场容量、价格、市场竞争力和市场特征的调查。市场调查的基本方法包括整体调查和抽样调查。整体调查一般适用于被调查的对象范围比较小,因为该调查方式的工作量大、成本高,但调查结果能够反映市场的整体面貌,具有较高的准确性。抽样调查是抽取一定数量的样本进行调查,工作量可以控制,但是调查结果不可避免会受到抽取样本的影响。

2) 市场预测

在产品市场调查的基础上就可以进行项目产品的市场预测了。市场预测的内容主要包括产品的寿命周期、销售量、投入物和产出物的市场价格、未来市场各主要影响因素的变化情况等。市场预测的方法有很多,可以根据所获取的市场数据进行选择。如果可以根据历史统计资料获得以前各年份的各项市场数据时,可以采用时间序列分析方法;如果可以找到影响各市场数据的主要因素时,可以采用因果分析法;如果不能直接获取有效的数据,也可以使用专家判断法,利用专家个人或集体的知识、经验和推理判断能力,对市场的未来发展做出直觉性预测。

【补充理解7-3】

南京禄口机场货运吞吐量预测

根据缪尔达尔理论,目前在长三角城市圈中,上海虹桥和浦东两个机场的吸引与辐射效应最大,其次是南京禄口机场(以下简称南京机场)、杭州萧山机场和无锡硕放机场等。由于上海两大机场吸引和辐射了整个长三角经济圈,其必然会影响长三角其他机场的货运业务量。因此在传统预测方法的基础上辅以城市圈理论对南京禄口机场货运吞吐量进行预测。综上所述,可以设计预测思路:

(1) 首先预测全国机场货运吞吐量。通过建立计量经济模型,结合采用趋势预测和时间序列预测的方法。

(2) 根据总的货运吞吐量,按照递减法的原则分配到各个省份和地区。根据江苏的GDP在全国GDP中的比重,确定江苏地区机场货运吞吐量的权值。

(3) 参考机场过去货运吞吐量的数据,预测该机场未来的货运吞吐量。采用南京机场的货运吞吐量占江苏地区机场货运吞吐量的比例来预测南京机场未来的货运吞吐量。

资料来源:李国彦,张斌,李南,等. 民用机场货运吞吐量预测方法. 江南大学学报(自然科学版),2005年.

3) 生产规模确定

项目的生产规模是指项目建成之后的生产能力或效果。对于生产型建设项目,生产规模一般是指在一定时期内产出合格产品的数量,通常用年生产能力表示。非生产性项目则常以建设数量衡量生产规模。对于改扩建项目,生产规模是指新增加的生产能力或效果。

生产规模可以分为多种类型,比较重要的有最小经济规模和最优经济规模。最小经济规模是项目必须具备的起码规模,也就是盈亏平衡规模,此时营业收入等于总成本。最优经济规模是指经济效益最佳时项目的生产规模,即单位产品成本最低,获得最大的盈利。因此可行性研究要求确定的生产规模,是在符合市场需求和市场容量、不突破允许的投资上限、设备充分利用、原材料和能源正常供应条件下,可以获得最高盈利水平的年产量。

3. 场址选择

可行性研究阶段的场址选址是在初步可行性研究规划选择的基础上进行具体坐落位置的选择,也称为工程选址。场址选址是工程项目可行性研究中非常重要的一个环节。场址选择合理与否,不仅影响项目的建设施工,而且还影响到项目建成后的生产与经营。

以选择工厂场址为例,通常包括以下四个基本要求:一是要符合合理工业布局的总体要求,服从城市、区域总体规划及功能分布的要求;二是满足拟建项目建设和生产的技术、工程和经济等方面的要求;三是要满足工厂职工物质和文化生活的需要;四是要满足环境保护和国防安全的需要。此外还要考虑面积、地形、地址、水文、能源、运输、三废排放以及生产协作等方面的具体要求。

【补充理解7-4】

影响火力发电厂厂址选择的因素

符合法规、法令是确定一个厂址的基本条件,但要确定最优厂址,还必须对厂址的技术、经济和社会效益进行综合和客观的研究和评价。首要的任务就是要根据法规、法令及数理统计确定影响厂址成立的主要及决定因素。影响大型火力发电厂厂址选择的因素包括:经济、可靠的码头、稳定的水源、铁路运输条件和地质条件,其中码头是确定厂址的决定因素。

资料来源:王剑. 火力发电厂厂址选择及其优化理论研究[J]. 西安:西安建筑科技大学,2006.

4. 技术和设备选择、工程方案

在确定了项目的生产能力之后,要进一步确定项目所涉及的技术和设备,同时要确定各种结构和土建工程,例如厂房、辅助构筑物、工程基础结构设施等,并由此进行有关成本的估算。

(1)技术及设备方案。具体包括对产品、生产过程、机器及设备的描述。通常工艺流程方案设计也同时得到确定。

(2)工程方案。包括项目布置、建筑与土木工程、公用设施及废料处理等。

5. 环境影响评价

建设项目一般会引起项目所在地自然环境、社会环境和生态环境的变化。环境影响评价是在研究确定厂址方案和技术方案的基础上调查研究环境条件,识别和分析拟建项目影响环境的因素,提出治理和保护环境的措施,比选和优化环境保护方案。

环境影响评价的基本内容包括三个方面:项目建设的一般情况,周围区域的环境状况,项目对周边区域的影响。项目建设的一般情况涉及项目地点、规模、产品方案、工艺方法、原料、能源、三废情况、废弃物的回收利用、职工人数、土地利用等情况的描述。项目周围区域的环境状况涉及周边地区矿藏、森林、草原、水产等自然资源;自然保护区、风景游览区、名胜古迹以及重要的政治文化设施情况;现有工矿企业分布情况;生活居住分布情况、人口密度等;该区域大气、水源质量情况。项目对周边区域的影响涉及对地质、水文、气象可能产生的影响以及防范措施;对自然资源、自然保护区可能产生的影响以及防范措施;各种污染物的最终排放以及对周边环境、居民生活区的影响;绿化措施;专项环境保护措施的投资估算。

【补充理解7-5】

日本环境评价制度

日本于1972年开始将环境评价纳入公共事业中,1993年通过《环境基本法》,1997年制定《环境影响评价法》,并于1999年开始执行。环境影响评价法要求道路、坝区、铁路、飞机场、发电站等13种项目和规模较大的港湾项目都必须进行环境评价。

环境影响评价项目包括大气环境、水质、土壤及其他环境类型,共计十多个具体因素。例如在冲绳县石垣市的一个环境评价项目中,项目范围内的一个河口部处于红树林群落分布的特殊植物群落区,生存有一些贵重的动植物。如果对该区实施填土工程,将导致河谷低地的潮湿地带受到改变,破坏生态体系的完整性。所以要求该建设项目做出适当的范围调整、为保护地域内的自然特性做出最大的努力。

资料来源：朱桂田，韦龙明，吴烈善. 日本环境评价制度对我国环境评价的启示[J]. 矿产与地质，2002.

6. 投融资分析

1）投资估算

投资估算是在对项目的建设规模、技术方案、设备方案、工程方案以及项目实施进度等进行研究并基本确定的基础上，估算项目投入总资金（包括固定资产投资和流动资金投资）并测算建设期内分年资金需要量，投资估算是进一步制定融资方案、进行经济评价，编制初步设计概算的依据。

建设投资估算的方法有很多，其中生产能力估算法、生产能力指数法、比例估算法和系数估算法主要适用于投资机会研究和初步可行性研究阶段，指标估算法和分类估算法适用于项目的详细可行性研究阶段。流动资金是项目在运营期使用的长期周转的营运资金，不包括营运过程中临时性资金。流动资金常用的估算方法包括扩大指标估算法和分项详细估算法。

2）融资分析

资金筹措，也叫资金规划，它包括资金筹集和资金运用两个方面。前者主要是筹资渠道的选择和落实，后者主要是投资使用的进度安排和计划。资金筹集不当或者资金运用不合理都可能延误项目建设工期和影响经济效果，而且能够筹集到项目所需要的资金是项目能否得以上马的重要因素和必要条件之一，因此资金筹措是可行性研究的一个重要内容。

7. 经济及社会效果评价

可行性研究的核心就是进行项目的经济评价，并以此作为最终决策的依据。具体的评价内容包括以下三个部分。

1）财务评价

企业的财务评价包括盈利能力、清偿能力和生存能力分析，从企业的财务风险入手，评价企业面临的资金风险、经营风险、市场风险、投资风险等，对企业风险进行信号监测、评价，根据其形成原因及过程，制订相应切实可行的长短风险控制策略，降低甚至解除风险，使企业健康发展。财务评价从企业角度出发，使用市场价格，根据国家现行财税制度和现行价格体系，分析计算项目直接发生的财务效益和费用，编制财务报表，计算财务评价指标，考察项目的盈利能力、清偿能力和外汇平衡等财务状况，借以判别项目的财务可行性。在本书的第8章详细阐述了财务评价的指标、方法和流程。

2）国民经济评价

项目的国民经济评价是在合理配置社会资源的前提下，从国家经济整体利益的角度出发，计算项目对国民经济的贡献，采用国民经济评价参数，分析项目的经济效率、效果和对社会的影响，评价项目在宏观经济上的可行性。项目可行性的决策应该将国民经济评价和财务评价结合起来。在第9章详细阐述了国民经济评价的参数和指标。

3）社会评价

社会评价是识别、监测和评估投资项目的各种社会影响，促进项目相关利益者的有效参与，优化建设实施方案，规避投资项目社会风险的重要工具和手段。主要分析拟建项目对当地社会的影响和当地社会条件对于项目的适应性和可接受程度，如政治、国防、社会、生产环境、资源利用等方面的评价。其核心目的就是要关注各种社会发展目标的实现，减少项目投资可能引起的各种社会矛盾和风险，促进社会进步及经济社会协调发展。社会评价主要包括以下三方面内容。

（1）社会影响分析：旨在分析预测项目可能产生的正面影响和负面影响，主要有：对居民收入的影响，对居民就业的影响，对居民生活水平及生活质量的影响，对所在地区不同利益群体的影响，对弱势群体利益的影响，对所在地区文化、教育和卫生的影响，对当地基础设施、社会服务容量和城市化进程的影响，对所在地少数民族风俗习惯和宗教的影响。

（2）项目与所在地区的互适性分析：旨在分析预测项目所在地的社会环境、人文条件能否接纳、支持项目的存在和发展，考察项目与当地社会环境的相互适应关系。

（3）社会风险分析：旨在对可能影响项目的各种社会因素进行识别、排序的基础上选择影响面大、影响持续时间长，并容易导致较大社会矛盾的因素，分析其影响机理并找到减少风险的途径和措施。

8. 风险分析

建设项目具有投入资金大、开发周期长、影响因素多、效益与风险共存等特点。随着科技的发展和项目自身环境的变化，工程建设项目所涉及的不确定因素、随机因素和模糊因素越来越多，从筹划、设计、建造到竣工后使用，整个过程都存在着各种各样的风险，并伴随工程项目建设的全过程。投资项目的风险分析是在以上各项分析的基础上，进一步阐述项目建设和经营过程中潜在的主要风险，揭示风险的来源，判别风险程度，并提出有针对性的应对措施。

综上所述，可行性研究的主要内容不仅综合了项目建设的技术可行性的分析，同时也对项目建成后的财务及国民经济效益、费用进行了客观分析，因此可以根据可行性研究结论对拟建项目是否可以建设做出最终的结论。

7.3.2 可行性研究报告的编写

可行性研究的最后成果是编制一份可行性研究报告作为正式文件。根据国家规定，一般建设项目的可行性研究报告应该包括以下内容。

1. 总论

（1）项目背景、项目概况。

（2）研究的主要结论、存在的问题及建议。

2. 市场需求预测

（1）产品市场供应预测、产品市场需求预测、产品目标市场分析。

（2）价格现状与预测、市场竞争力分析、市场风险。

3. 资源、原材料条件评价

（1）资源可利用量、资源品质情况、资源赋予条件、资源开发条件。

（2）主要原材料供应、燃料供应、主要原材料价格、燃料价格。

（3）动力设施的供应方式、数量、供应条件。

4. 建设规模与产品方案

（1）总建设规模：建设规模的确定需要参考相关建设标准依据建设标准，同时根据第7章的市场分析（需求分析）来确定。

（2）产品方案。

5. 场址选择

场址所在位置现状、场址建设条件、场址条件对比。

6. 技术方案、设备方案和工程方案

（1）项目主要工程的构成范围、技术工艺、生产方式、设备选择。

(2) 总图布置、场内外运输、公用辅助工程。

7. 环境影响与劳动安全

(1) 场址环境条件、项目建设和生产对环境的影响、环境保护措施方案、环境投资保护、环境影响评价。

(2) 危险因素和危害程度分析、安全防范措施、卫生保健措施、消防措施。

8. 组织机构与人力资源配置

(1) 全厂管理机构的设置。

(2) 劳动定员的具体方案。

(3) 人员培训的规划和费用。

9. 项目实施计划与进度

建设工期、项目实施进度安排、项目实施进度表。

10. 投资估算及融资方案

(1) 投资估算依据、范围以及建设投资估算、流动资金估算、总投资估算。

(2) 资本金筹措、债务资金筹措、融资方案分析。

11. 经济效益及社会效益评价

(1) 财务评价。新建项目法人项目财务评价、既有项目法人项目财务评价、不确定性分析。

(2) 国民经济评价。影子价格及通用参数选择、效益费用范围调整、效益费用数值调整、国民经济评价效益费用流量表、国民经济评价指标计算。

(3) 社会评价。项目对社会的影响分析、项目对所在地区的互适性分析、社会风险分析、社会评价结论。

(4) 风险分析。项目主要风险因素识别、风险程度分析、防范和降低风险对策。

12. 结论与建议

推荐方案的总体描述、推荐方案优缺点描述、主要对比方案、结论和建议。

7.4 投资估算及资金筹措

投资估算和资金筹措是可行性研究中的重要组成部分，在这一节中将其单独列出并详细地进行介绍。

7.4.1 投资估算

1. 总投资构成

在第3章已经讨论了建设项目总投资的构成，按照投资是发生在建设期还是生产经营期，总投资可以被分为建设投资和流动资金投资。如果项目在建设期因为筹措债务资金而产生了利息，应按照利息发生的时间进行不同处理，投产之前的利息进行资本化，即计入项目建设投资总额之中，此后发生的借款利息应计入总成本费用。所以项目评价中的总投资是建设投资、建设期利息和全部流动资金之和。建设投资由形成固定资产的费用、无形资产的费用、其他资产的费用和预备费用四部分组成。项目总投资估算可以参考图7-1。

2. 建设投资估算

进行建设投资估算常用的方法有以下两种：简单估算法和分类估算法。简单估算法包括生产能力指数法、比例估算法、系数估算法和投资估算指标法。下面以生产能力指数法为例进行

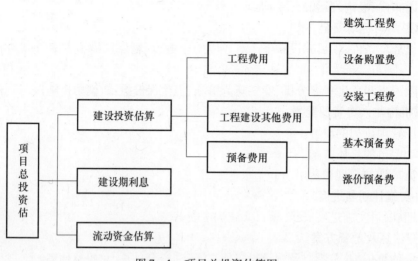

图7-1 项目总投资估算图

介绍。

1) 生产能力指数法

生产能力指数法是利用已知同类工程项目投资数额粗略估算拟建项目的投资额。计算公式如下:

$$K_2 = K_1 \left(\frac{Q_2}{Q_1}\right)^n p_f \qquad (7-1)$$

式中 K_1——已知项目建设投资;

K_2——拟建同类项目建设投资;

Q_1——已知工程项目生产能力;

Q_2——拟建同类项目生产能力;

n——生产能力指数;

P_f——差价系数(投资估算年份价格水平与已建成项目投资年份的价格水平之比)。

生产能力指数 n 一般采用平均值。可根据大量统计分析求得。根据经验,当主要靠增加设备或装置的容量、效率、尺寸来扩大生产规模时,n 取 0.6~0.7,当主要依靠增加单机(单台)设备或装置的数量来扩大生产规模时,n 取 0.8~1.0;高温高压的工业型工厂,n 取 0.3~0.5。一般 n 的平均值为 0.6 左右,故该法也称为"0.6 指数法"。采用这种方法特点:计算简单、速度快;但要求类似工程的资料可靠,条件与拟建项目基本相同,否则误差就会增大。

【补充理解7-6】

西安 A 酒店的固定资产投资预算

西安 A 酒店公司拟建造一座国际五星级仿唐博物馆酒店,该酒店设计建筑面积 62820.56 平方米,现在需要对该酒店固定资产投资进行估算。现有已经完工的"西安 B 酒店"建设项目,该项目建设投资额为 1.28 亿元,该项目的建筑面积为 8.7991 万平方米。请使用生产能力指数法根据该项目对"西安 A 酒店"项目的固定资产投资进行估算。

$$K_2 = K_1 \left(\frac{Q_2}{Q_1}\right)^n p_f$$

其中:$K_1 = 1.28$ 亿元;$Q_2 = 62820.56$ 平方米;$Q_1 = 87991$ 平方米;$n = 0.9$;$P_f = 1.5$

可以计算 $K_2 = 1.535$ 亿元。

所以根据生产能力指数法，可以粗略估计西安 A 酒店的固定资产投资为 1.535 亿元。

2) 分类估算法

这是较为详细的估算投资的方法，按照固定资产投资的构成：建筑工程费、设备及工具购置费、安装工程费、其他费用和基本预备费、建设期利息等内容，分别使用有关概算指标和定额编制投资概算，然后在此基础上再考虑物价上涨、汇率变动等动态投资因素，最后得到项目固定资产投资数额。采用分类估算法，需要有大量同类项目的投资资料，并要求估算人员有丰富的经验。

【补充理解 7-7】

建设期利息的计算

估算建设期利息应注意有效利率和名义利率的区别，项目在建设期内如能用非债务资金按期支付利息，应按单利计息；在建设期内如不支付利息，或用借款支付利息应按复利计息。

项目评价中对当年借款额在年内按月、按季均衡发生的项目，为了简化计算，通常假设借款发生当年均在年中使用，按半年计息，其后年份按全年计息。对借款额在建设期各年年初发生的项目，则应按全年计息。

(1) 若借款额在建设期各年年初发生，建设期利息的计算公式为：

各年应计利息 = (年初阶段本息累计 + 本年借款额) × 年利率

(2) 若借款额在建设期各年年内均衡发生，建设期利息的计算公式为：

各年应计利息 = (年初借款本息累计 + 本年借款额/2) × 年利率

注：以上年利率根据单利、复利计算方式的不同，可以具体分为名义年利率、实际年利率。

3. 流动资金估算

流动资金投资的估算一般有两种方法：扩大指标估算法（粗估法）和分项目详细估算法。

1) 扩大指标估算法

虽然扩大指标估算法简便易行，但准确度不高，一般适用于项目建议书阶段的流动资金估算。扩大指标估算法可以采用如下简化方法进行：

第一，按照经营成本一定比例估算；例如：流动资金 = 年经营成本 × 经营成本资金率；

第二，按照固定资产投资的一定比例估算；

第三，按照年收入的一定比例估算；

第四，按照每百万元产值占用的流动资金估算。

2) 分项目详细估算法

对构成的各项流动资产和流动负债分别进行估算。在可行性研究中，为简化起见，仅对存货、现金、应收账款和应付账款 4 项内容进行估算，计算公式为：

$$流动资金 = 流动资产 - 流动负债 \qquad (7-2)$$

$$流动资产 = 应收账款 + 预付账款 + 存货 + 现金 \qquad (7-3)$$

$$流动负债 = 应付账款 + 预收账款 \qquad (7-4)$$

$$流动资金本年增加额 = 本年流动资金 - 上年流动资金 \qquad (7-5)$$

在以上公式中，各具体项目的计算如下：

(1) 周转次数的计算。

$$周转次数 = \frac{360}{最低周转天数}$$

各类流动资产和流动负债的最低周转天数参考同类企业的平均周转天数并结合项目的特点确定,或按照部门(行业)规定,在确定最低周转天数时要考虑储存天数、在途天数,并考虑适当的保险天数。

(2) 流动资产的估算。

第一,存货的估算。存货是指企业在入厂生产经营过程中持有以备出售、或者仍然处在生产过程、或者在生产或提供劳务过程中即将消耗的原材料等。为简化计算,项目评价中仅对外购原材料、燃料、其他材料、在制品和产成品进行分项计算。

$$存货 = 外购原材料、燃料 + 在制品 + 产成品$$

$$外购原材料、燃料 = \frac{外购原材料、燃料费用}{分项周转次数}$$

$$在制品 = \frac{年外购原材料 + 年工资及福利费 + 年修理费 + 年其他制造费用}{在制品周转次数}$$

$$产成品 = \frac{年经营成本 - 年营业费用}{产成品周转次数}$$

第二,现金的估算。

$$现金 = \frac{年工资及福利费 + 年其他费用}{现金周转次数}$$

年其他费用 = 制造费用 + 管理费用 + 营业费用 - (以上三项费用中所含的工资及福利费、折旧费、摊销费、修理费)

第三,应收账款的估算。应收账款是指企业对外销售产品、提供劳务尚未收回的资金。

$$应收账款 = \frac{年经营成本}{应收账款周转次数}$$

第四,预付账款的估算。预付账款是指企业为购买各类材料、半成品或者服务所预先支付的款项,计算公式为:

$$预付账款 = \frac{外购产品或服务年费用金额}{预付账款周转次数}$$

(3) 流动负债的估算。

流动负债是指将在一年(含一年)或者超过一年的一个营业周期内偿还的债务。在项目评价中,流动负债的估算可以只考虑应付账款和预收账款两项。

$$应付账款 = \frac{年外购原材料、燃料、动力费用}{应付账款周转次数}$$

$$预收账款 = \frac{预收的营业收入年金额}{预收账款周转次数}$$

【补充理解 7-8】

估算流动资金应注意的问题

(1) 在采用分项详细估算法时,应根据项目实际情况分别确定现金、应收账款、存货和应付账款的最低周转天数,并考虑一定的保险系数。对于存货中的外购原材料和燃料,要分品种和来源,考虑运输方式和运输距离,以及占用流动资金的比例大小等因素确定。

(2) 在不同生产负荷下的流动资金,应按不同生产负荷所需的各项费用金额,分别按上述计算公式进行估算,而不能直接按照100%生产负荷下的流动资金乘以生产负荷求得。

(3) 流动资金的筹措可通过长期负债和资本金(一般要求占30%)的方式解决。流动资金可视为在投产的第一年开始按生产负荷安排流动资金需用量。其借款部分按全年计算利息，流动资金利息应计入生产期间财务费用，项目计算期末收回全部流动资金(不含利息)。

7.4.2 资金筹措

1. 资金筹措的主要渠道

建设项目各种资金来源总体上可以划分为股权资金和债务资金两类。股权资金包括吸收直接投资、发行股票、企业的保留盈余资金；债务资金包括发行债券、借款、融资租赁等。无论是何种投资项目，国家对项目的资本金都有一定要求。建设项目资金的主要来源包括如下几种方式。

(1) 直接吸收投资：按照经营方式分，吸收直接投资包括两类：合资经营、合作投资经营。

(2) 发行股票：发行股票是股份公司筹集自有资金的方式。股份有限公司的股东，按股票的票面金额依法对公司承担有限责任，并依法享有权利。股票是一种所有权证书，股票的持有者就是公司的所有者之一；股票是一种永不返还的有价证券，没有还本期限，持有者不能要求还本退股，要想收回投资，只能通过转让的方式将股份有偿转让给他人；股票的价格和收益具有不稳定性。

(3) 企业保留盈余资金：企业保留盈余资金的主要来源是折旧和税后未分配利润两个部分。

(4) 发行债券：债券是现代企业为筹集资金而发行的，承诺债权人按照约定的期限偿还本金的一种有价证券。我国企业要发行债券必须具备一定的条件，经过有关部门的批准。企业债券按照不同的标准分类，有记名债券和不记名债券。

(5) 贷款：国内贷款资金包括政策性银行和商业银行的贷款。其中商业银行贷款是我国建设项目获得短期、中长期贷款的重要渠道。国外贷款资金主要来源于国外商业银行、世界银行、亚洲开发银行、国际货币基金组织、国际金融组织、外国政府等金融及非金融机构。不同机构对贷款资金的使用及还款方式都提出特别的要求。例如外国政府贷款一般要求用于支付进口设备或某类项目建设的费用。

(6) 融资租赁：租赁是指出租人以租赁方式将出租物租给承租人，承租人以缴纳租金的方式取得租赁物的使用权，在租赁期间出租人仍保留出租物的所有权，并于租赁期满收回出租物的一种经济行为。现代租赁有金融租赁、经营租赁及平衡租赁三种租赁方式。

【补充理解7-9】

我国投资项目资本金比例规定

我国各行业固定资产投资项目的最低资本金比例按以下规定执行。

(1) 钢铁、电解铝项目，最低资本金比例为40%。

(2) 水泥项目，最低资本金比例为35%。

(3) 煤炭、电石、铁合金、烧碱、焦炭、黄磷、玉米深加工、机场、港口、沿海及内河航运项目，最低资本金比例为30%。

(4) 铁路、公路、城市轨道交通、化肥(钾肥除外)项目，最低资本金比例为25%。

(5) 保障性住房和普通商品住房项目的最低资本金比例为20%，其他房地产开发项目的最低资本金比例为30%。

(6) 其他项目的最低资本金比例为20%。

经国务院批准，对个别情况特殊的国家重大建设项目，可以适当降低最低资本金比例要求。

属于国家支持的中小企业自主创新、高新技术投资项目,最低资本金比例可以适当降低。外商投资项目按现行有关法规执行。

——国务院关于调整固定资产投资项目资本金比例的通知国发〔2009〕27号

2. 资金结构与财务杠杆效应

1）资金结构

使用不同来源的资金所需付出的代价是不同的。如何选择资金的来源与数量,不仅与项目所需的资金量有关,而且影响项目的经济效果。资金结构是指项目的资金来源与数量构成,项目资金结构的一个基本比例是项目的资本金与负债融资的比例。一般情况下,资本金比例越高,债务资金比例越低,项目贷款的风险就越低,贷款的利率可能越低,反之贷款的利率越高。当资本金比例降低到银行不能接受的水平时,银行会拒绝贷款。合理的资金结构需要各参与方的利益平衡决定。

2）财务杠杆效应

项目全部投资（自有资金与负债资金之和）的盈利能力基本上（除所得税外）不受融资方案的影响,可以反映项目方案本身的盈利水平,可供企业投资者和债权人决策是否值得投资或贷款。自有资金的盈利能力反映企业投资者的出资的盈利水平,反映企业从项目中获得的经济效果。因此,在有负债资金的情况下,一般来说全部投资的效果与自有资金投资的效果是不相同的。下面通过一个具体的实例来说明全投资盈利能力与自由资金投资盈利能力的差异。

现有一个投资项目,项目寿命期内年的净现金流量如图7-2所示。期初2000万元的投资中有1000万元源自银行借款,贷款利率为8%,还款方式是从投产当年开始,分六年等额偿清本利。

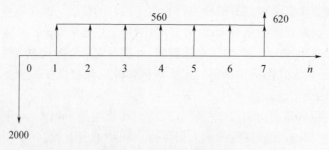

图7-2 项目现金流量图

（1）使用内部收益率指标反映该项目全部投资的收益情况。由于分析的对象是全部投资,因此不区分投资资金的来源,1000万元银行借款资金的利息并不构成现金流出,因此可以计算出全部投资的内部收益率为:$IRR_{全} = 20.64\%$。

（2）使用内部收益率指标反映该项目资本金的收益情况。由于分析的对象是投资者的自有资金,所以1000万元银行借款的本金、利息偿还就构成了现金流出,可以按照如下步骤计算自有资金投资的内部收益率。

第一步,计算还款期间各年的还本付息额。$A = 1000 \times (A/P, 0.08, 6) = 216.32$（万元）

第二步,画出资本金投资的现金流量图。

第三步,计算资本金的内部收益率:$IRR_{自} = 30.29\%$。

由本例的计算可以看出,对某一具体项目而言,全部投资盈利能力与资本金投资盈利能力之间存在差异。这主要是因为不同分析对象的现金流出存在差异。可以对分析结果进一步延

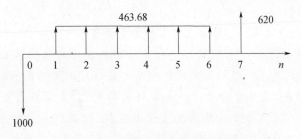

图 7-3 资本金投资净现金流量图

伸,如果项目的全部投资都源自自有资金,那么此时的全投资内部收益率与资本金内部收益率相等,均是 20.64%;如果项目投资中有一半资金源自银行借款,那么资本金的内部收益率便上升到 30.29%。显然,本例中采用借款的方式更有利于企业获得较高的经济效益。

【补充理解 7-10】

航空公司的高杠杆之美

众所周知,航空公司的典型特征是高固定资产投资,在近几年随着人民币持续升值及出境手续的便利,国内出境游客数量迅速增长,同时随着消费水平的升级,航空客座率极大增加,航空公司经历了高经营杠杆带来的巨大收益。而航空公司高投资的背后,也背负着巨大的债务,而正是这巨大的债务也给航空公司带来了高财务杠杆之美。依据财务杠杆的理论,债务资金的存在就像一个杠杆,在企业的产销量增加,息税前利润增加的情况下,就会带来财务杠杆的收益。事实上航空公司正在取得这样的杠杆收益。

资料来源:蓝莎. 财务杠杆原理及经典案例分析. 会计师,2012.

为什么借款会取得更好的经济效果呢?下面通过投资利润率指标为例来说明这个问题。通常,全部投资利润率不等于贷款利率,二者差额的后果将由项目主持人所承担,从而使自有资金投资的经济效果变好或变坏。

设全部投资为 K,资本金为 K_O,贷款为 K_L,全部投资收益率为 R,有资本金收益率为 R_O,贷款利率为 R_L,可以进行如下推导:

已知:$K = K_O + K_L$,且 $KR = K_O R_O + K_L R_L$,

$$R_O = \frac{KR - K_L R_L}{K_O} = \frac{(K_O + K_L)R - K_L R_L}{K_O} = R + \frac{K_L}{K_O}(R - R_L) \qquad (7-6)$$

由式(7-6)可知,当 $R > R_L$ 时,$R_O > R$;当 $R < R_L$ 时,$R_O < R$;而且全部投资收益率与贷款利率的差别 $(R - R_L)$ 被资金构成比 $\frac{K_L}{K_O}$ 所放大,这种放大效应称为财务杠杆效应,$\frac{K_L}{K_O}$ 称为债务比。可见,由于 R 不受融资方案的影响,对于一个确定的技术方案,所选择的资金构成比不同,对资本金的经济效果会产生不同的影响。

财务杠杆效应原理是分析投资项目的资金结构、进行融资方案决策的重要依据。而事实上,对企业来说,在投资项目自身具有好的经济效益的情况下,借款的好处还不仅限于获得财务效应。企业"举债经营"还可以分散经营风险,从而降低经营风险;还可以解决资金短缺问题等。

所以债务资金是一把双刃剑,当利用债务资金带来的利润率大于取得债务资金的利息率时,债务资金会带来杠杆收益,反之就会带来杠杆风险。我们在筹资、投资的实践中一定要对债务资金的运用进行合理、谨慎的决策,以求趋利避害,从而利于企业价值最大化的实现。

【补充理解 7-11】

韩国大宇公司的财务危机

大宇集团 1967 年由金宇中创建,曾经为仅次于现代集团的韩国第二大企业,世界 20 家大企业之一,资产达 650 亿美元。然而就是这样一个一度辉煌的大公司,在 1999 年 7 月被韩国 4 家债权银行接管,2000 年 12 月宣告破产。大宇公司的危机,是债务资金的固定财务费用导致财务杠杆风险的典型。1997 年年底韩国发生金融危机,依据财务杠杆原理,为了降低财务风险,企业应该偿还债务减少利息支出,但是大宇集团只顾"章鱼式"的扩张,忽略了企业内部经营效率的提升,企业的盈利能力锐减,出现了巨额经营赤字。

按照财务杠杆原理:当企业的息税前利润 EBIT 减少,尤其是利润率少到比利息率小的时候,就会有财务杠杆风险,此时要慎用债务资金,若必须存在债务资金,则要通过适当地调整负债比率来影响固定财务费用,从而来控制财务杠杆风险。大宇的危机是财务的危机,大宇的覆灭是财务杠杆风险的经典展示。

资料来源:蓝莎. 财务杠杆原理及经典案例分析. 会计师,2012.

复习思考题

简答题

1. 工程项目的分类标准有哪些?可以分成哪些类型?举例说明。
2. 工程项目建设的阶段如何划分?可行性研究属于其中哪个阶段?
3. 可行性研究具体包括哪几个阶段?不同阶段工作内容分别是什么?
4. 可行性研究报告的主要内容包括哪些?
5. 建设投资、流动资金投资的估算方法有哪些?
6. 项目投资资金的主要来源有哪些?如何理解资金结构?
7. 什么是财务杠杆效应?该效应为项目融资方案的设计带来什么启示?

第 8 章

工程项目的财务评价

◆ 学习目标

- 了解工程项目财务评价的基本过程；
- 学会编制财务评价的基本报表；
- 掌握财务评价的主要指标；
- 了解改扩建项目财务评价的过程。

◆ 导入案例

地铁项目的经济评价

2004年我国国内40多个百万人口以上的特大型城市中,已经有30多个城市开展了城市轨道交通的建设或建设前期工作。截止2013年6月全国获批轨道交通建设规划的城市已达36个,运营总里程约6000千米,其中17个已开通城市,轨道交通运营里程总计约2100千米。预计到2020年,全国布局轨道交通的城市将达到50个。

为了避免盲目的投资和将有限的投资用于最恰当的地方,应当发挥经济评价的作用。地铁建设项目可行性研究中的财务评价是经济评价的一部分,是整个可行性研究工作的一个重要环节,它直接为地铁工程项目的筹资、融资提供依据。因此,为确保可行性研究成果的科学性与公正性,提高地铁项目可行性研究财务评价成果的准确性和可靠性,便于政府组织的评审及融资评估,应当积极探索适应中国改革需要的一套相对完整的地铁建设项目财务评价指标及方法体系。

资料来源:李燕.城市轨道交通项目综合评价体系与方法研究.山东大学,2010年;卢春莉.地铁财务评价的研究.西南交通大学,2008年.

8.1 工程项目财务评价概述

8.1.1 财务评价概述

1. 财务评价的作用及目的

企业是独立的经营单位,是投资后果的直接承担者。财务评价是在确定建设方案、投资估算和融资方案的基础上,从项目投资者、经营者或企业角度进行财务可行性研究,是企业投资决策的基础。财务评价的目的体现在如下几方面。

(1) 从企业或项目角度出发,分析投资效果,判明企业投资所获得的实际利益。
(2) 为企业制订资金规划。
(3) 为协调企业利益和国家利益提供依据。

2. 财务评价的主要内容及步骤

(1) 选取财务评价基础数据与参数,包括主要投入品和产出品财务价格、税率、利率、汇率、计算期、固定资产折旧率、无形资产和递延资产摊销年限,生产负荷及基准收益率等基础数据和参数。
(2) 计算营业收入,估算成本费用。
(3) 编制基础财务报表和财务评价报表,主要有:借款偿还计划表、损益和利润分配表、财务现金流量表、资金来源与运用表、资产负债表等。
(4) 计算财务评价指标,对盈利能力、偿债能力、抗风险能力等进行分析。
(5) 进行不确定性分析,包括盈亏平衡分析和敏感性分析等。
(6) 编写财务评价报告。

3. 财务评价的两个层次

项目的财务评价阶段可以分为融资前分析和融资后分析两个阶段。融资前分析是指在考虑融资方案前就开始进行的财务分析,即不考虑债务融资条件下进行的财务分析。在融资前分析结论满足要求的情况下,再设计融资方案,从而进行融资后的财务分析。

(1) 融资前分析

融资前分析,是从项目投资总获利能力角度,考察项目方案设计的合理性。根据需要可从所得税前和(或)所得税后两个角度进行考察,选择计算所得税前和(或)所得税后指标。融资前分析应正确识别和选用现金流量,包括现金流入和现金流出。融资前分析的现金流量应与融资方案无关,主要包括营业收入、建设投资、流动资金、经营成本、营业税金及附加和所得税。

(2) 融资后分析

在融资前分析结果可以接受的前提下,可以开始考虑融资方案,进行融资后分析。融资后分析包括项目的盈利能力分析、偿债能力分析以及财务生存能力分析,用于判断项目方案在融资条件下的合理性。融资后分析是比选融资方案,进行融资决策和投资者最终决定出资的依据。可行性研究阶段必须进行融资后分析,实践中,在可行性研究报告完成之后,还需要进一步深化融资后分析,才能完成最终融资决策。

8.1.2 财务效益与费用的识别

识别费用与收益是编制财务报表的前提。企业对项目投资,其目的是在向社会提供有用产品或劳务的同时追求自身的发展或最大利润。因此,可以根据项目现金流量对项目盈利性的影响方向来识别费用与收益。为了与国民经济评价中的费用与效益相区别,习惯上把财务评价中的费用统称为支出,把效益统称为收益。支出是指以企业(实施者或投资主体)或投资项目系统自身为系统边界,由于投资项目实施而产生的货币支出(即由企业内流向企业外的货币),也称直接费用或现金流出。收益是指以企业或投资项目系统自身为系统边界,由于投资项目实施而带来的货币收入(即由企业外流向企业内的货币),也称为直接收益或现金流入。对工业投资项目来说,建设投资、流动资金投资、营业税金、经营成本等是支出;而营业收入、资产回收、补贴等是收益。

1. 财务效益

(1) 营业收入,是指销售产品或者提供服务所获得的收入。

(2) 补贴收入,是指企业从政府或某些国际组织得到的补贴,一般是企业履行了一定的义务后,得到的定额补贴。

(3) 回收固定资产余值,是指项目在寿命期末可以回收的固定资产净残值。

(4) 回收流动资金,是指项目寿命期末可以回收的当初垫付的流动资金。

2. 财务费用

(1) 投资,是指投资主体为了实现盈利或避免风险,通过各种途径投放资金的活动。

(2) 营业税金及附加,反映企业经营的主要业务应负担的营业税、消费税、资源税、教育费附加、城市维护建设税等。

(3) 经营成本,是指工程项目在运营期的经常性实际支出。

8.1.3 财务分析参数选择

财务分析的参数按照使用功能可以分为计算参数和判据参数,其中计算参数主要用于财务数据的计算;判据参数主要用于财务效果的评价,表现为各种财务指标。判据参数在 8.3 节进行了详细介绍,本节主要介绍财务计算参数和财务基准收益率。

1. 计算参数

财务分析中的计算参数主要用于计算项目财务费用和效益,具体包括财务价格、汇率、项目计算期等。

1) 财务价格

在财务分析中,估算财务效益与费用所采用的价格是影响方案比选和财务分析结果最重要、最敏感的因素之一。项目评价都是对未来活动的估计,所以需要采用预测价格对财务效益与费用进行估算。在对价格进行预测时,要注意以下问题。

(1) 财务分析应该采用以市场价值为基础的预测价格。

(2) 在不影响评价结论的前提下,可以针对不同投入物和产出物采用不同的预测方法。

第一,对于建设期的投入物:基于在投资估算中已经预留了建设期涨价预备费,因此建筑材料和设备等投入物可采用一个固定的价格计算投资费用,其价格不必年年变动。

第二,对于运营期的投入物和产出物价格:应根据具体情况选用固定价格或者变动价格进行财务评价。

2) 汇率

汇率的取值一般可按国家外汇管理部门公布的当期外汇牌价的卖出买入的中间价,也可以采用预期的实际结算的汇率值。

3) 项目计算期

财务评价计算期包括建设期和生产运营期,一般不超过 20 年。建设期是指项目建设过程中所耗用的时间长度,可从项目设计开始算起到建成投产或交付使用为止,也可从正式破土动工算起。建设期是安排建设计划、签订合同、筹集资金、组织施工、检查工程进度、进行生产准备的依据。为了使项目尽早发挥效益,应最大限度地缩短建设期。生产运营期是项目投产运行和发挥效益的时间长度。影响生产运营期的主要因素有产品寿命期、主要设施和设备的使用寿命期、主要技术的寿命期等。计算期中的生产期一般并不等于项目实际存在的时间,而是为了经济评价的需要,根据项目性质、自然寿命、技术水平和技术进步速度而假定的期限。计算期中的生产期不宜定的太长,最好不超过20年,一般取15年左右。生产期根据投产进度又可分为投产期和达到设计生产能力期(简称达产期)两个阶段。

2. 财务基准收益率

(1) 财务基准收益率的定义和作用

财务评价中最重要的基准参数是财务基准收益率。财务基准收益率是项目财务分析中计算财务净现值的基准收益率,是衡量项目财务内部收益率的基准值,是进行项目财务可行性分析和方案比选的主要依据。财务基准收益率反映投资者对相应项目占用资金的价值的判断,是投资者在相应项目上的最低可接受的财务收益率。

(2) 财务基准收益率的确定

项目所处的行业、投资者对于项目风险的判断、对待风险的态度以及对收益的预期会影响投资者在相应项目上设定最低可接受的财务收益率。政府作为一类特殊的投资者,政府项目的财务基准收益率由国家规定。

财务基准收益率测定的基准思路是:对于产出物由政府定价的项目,其财务基准收益率根据政府政策决定;对于产出物是市场定价的产品,可以按照图8-1的思路确定财务基准收益率。财务基准收益率的测定可以采用资本资产定价模型法(CAPW)、加权平均资金成本法(WACC)、典型项目模拟法、德尔菲法等方法,也可以同时采用多种方法进行测算,经协调后确定。

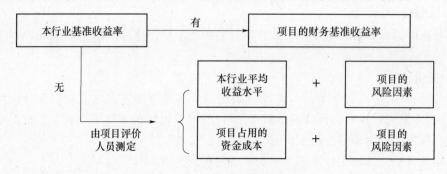

图8-1 财务基准收益率的确定

8.2 财务评价报表

为了计算评价指标,考察项目的盈利能力、清偿能力以及抗风险能力等财务状况,需要在编制基础财务报表的基础上编制财务评价报表。基础财务报表主要有固定投资估算表、流动资金估算表、借款还本付息计划表、总成本估算表等。

1. 借款还本付息计划表

借款还本付息计划表如表8-1所示,主要用于反映项目计算期内各年的借款、还本付息,以及偿债资金来源,计算借款偿还期、偿债备付率、利息备付率等指标。

编制借款还本付息表要注意下列问题。

(1) 建设期长期借款的利息计算可以简化为:长期借款的当年借款按半年计息,当年归还的借款按照全年计息。

(2) 流动资金借款及其他短期借款,均按照全年计息。

表8-1 借款还本付息计划表 （单位:万元）

序号	项目	计算期				合计
		1	2	…	n	
1	借款					
1.1	年初本息余额					
1.2	本年借款					
1.3	本年应计利息					
1.4	本年还本付息					
	其中:还本					
	付息					
1.5	年末本息余额					
2	债券					
2.1	年初本息余额					
2.2	本年发行债券					
2.3	本年应计利息					
2.4	本年还本付息					
	其中:还本					
	付息					
2.5	年末本息余额					
3	借款和债券合计					
3.1	年初本息余额					
3.2	本年借款					
3.3	本年应计利息					
3.4	本年还本付息					
	其中:还本					
	付息					
3.5	年末本息余额					
4	还本资金来源					
4.1	当年可用于还本的未分配利润					
4.2	当年可用于还本的折旧和摊销					
4.3	以前年度结余可用于还本资金					
4.4	用于还本的短期借款					
4.5	可用于还款的其他资金					

2. 财务现金流量表

财务现金流量表反映项目计算期内各年的现金收支(现金流入、现金流出和净现金流量)。该表可以计算各项动态和静态评价指标(如财务内部收益率、财务净现值等),进行项目财务盈利能力分析。现金流量表只反映项目在计算期内各年实际发生的现金收支,不反映非现金收支(如折旧费、摊销费等)。

按投资计算基础的不同,现金流量表又分为项目投资现金流量表、项目资本金现金流量表和投资各方财务现金流量表。

1) 项目投资现金流量表

项目投资现金流量表也称为项目全部投资现金流量表,项目投资现金流量分析就是融资前分析。项目投资现金流量表如表8-2所列。编制项目投资现金流量表要注意下列问题。

(1) 为体现与融资方案无关,各项现金流量的估算中都需要剔除利息的影响。

(2) 根据需要可以从所得税前和所得税后两个角度进行考察,分别选择相应的评价指标。

(3) 所得税前指标是项目投资盈利能力的完整体现,用以考察方案本身的财务盈利效果。不受融资方案和所得税政策变化的影响,仅仅体现项目方案本身的合理性。

(4) 调整所得税为息税前利润为基数计算的所得税,区别于"利润与利润分配表""项目资本金现金流量表""财务计划现金流量表"中的所得税。

表8-2 项目投资现金流量表 (单位:万元)

序号	项目	建设期		运营期					合计
				投产期		达到设计能力			
		0	1	2	3	4	5	...	n
	生产负荷/%								
1	现金流入								
1.1	营业收入								
1.2	补贴收入								
1.3	回收固定资产余值								
1.4	回收流动资金								
2	现金流出								
2.1	建设投资								
2.2	流动资金投资								
2.3	经营成本								
2.4	营业税金及附加								
2.5	维持运营投资								
3	所得税前净现金流量(1-2)								
4	累计所得税前净现金流量								
5	调整所得税								
6	所得税后净现金流量								
7	累计所得税后净现金流量								

【补充理解8-1】

为何要编制项目投资现金流量表

项目投资现金流量表是在项目确定融资方案之前,对投资方案进行分析,用以计算项目所得税前的财务内部收益率、财务净现值以及投资回收期等财务分析指标。由于项目各个融资方案不同,所采用的利率也是不同的,所以在编制项目投资现金流量表时,不考虑利息对项目的影响。此外,由于项目的建设性质和建设内容不同,项目的所得税税率和享受国家优惠政策也不相同,因此在编制项目全投资现金流量表时,一般只计算所得税前的财务内部收益率、财务净现值及投资回收期等指标。这样可以为方案(不论资金来源如何、利息多少和所得税的高低)进行比较建立共同基础。

2) 项目资本金现金流量表

融资后分析是在融资前分析结果可行的基础上,开始考虑融资方案,通过比选融资方案,完成融资决策。项目资本金现金流量分析是融资后的财务分析,判断项目方案在融资条件下的合理性。

项目资本金现金流量表也称为项目自有资金现金流量表,是从投资者角度出发,以投资者的出资额为计算基础,把借款本金偿还和利息支付作为现金流出,用以计算项目资本金的财务内部收益率、财务净现值等财务分析指标,如表8-3所列。编制该表格的目的是考察项目所得税后资本金可以创造的收益。

编制项目资本金现金流量表要注意下列问题:

(1) 项目资本金包括用于建设投资、建设期利息和流动资金投资的资金。

(2) 因为受到融资方案的影响,借款的本金和利息偿还作为现金流出。

(3) 该表的净现金流量反映了企业在缴税和还本付息后的净收益,因此不必分析税前和税后投资效果的差异。

表8-3 项目资本金现金流量表　　　　　　　　　　　　　　(单位:万元)

序号	项目	建设期		运营期					合计
				投产期		达到设计能力			
		0	1	2	3	4	5	…	n	
	生产负荷/%									
1	现金流入									
1.1	营业收入									
1.2	补贴收入									
1.3	回收固定资产余值									
1.4	回收流动资金									
2	现金流出									
2.1	项目资本金									
2.2	借款本金偿还									
2.3	借款利息偿还									
2.4	经营成本									
2.5	营业税金及附加									
2.6	所得税									
2.7	维持运营投资									
3	净现金流量(1-2)									

3) 投资各方现金流量表

投资各方现金流量表是通过计算投资各方财务内部收益率,分析投资各方投入资本的盈利能力的财务分析报表,如表8-4所列。

(1) 现金流入各项的含义。

第一,实分利润:投资者由项目获取的利润。

第二，资产处置收益分配：对有明确的合营期限或合资期限的项目，在期满时对资产余额按照持股比例或约定比例的分配。

第三，租赁费收入：出资方将自己的资产租赁给项目使用所获得的收入。

第四，技术装让或使用收入：出资方将专利或者专有技术转让或允许该项目使用所获得的收入。

(2) 编制投资各方现金流量表是要注意下列问题。

第一，投资各方现金流量表可按不同的投资方分别编制。

第二，投资各方现金流量表中的现金流入是指出资方因该项目的实施将实际获得的各项收入；现金流出是指出资方因该项目的实施将实际投入的各种支出。

表8-4 项目投资各方现金流量表 （单位：万元）

序号	项目	计算期				合计
		1	2	...	n	
1	现金流入					
1.1	实分利润					
1.2	资产处置收益分配					
1.3	租赁费收入					
1.4	技术转让收入					
1.5	其他现金流入					
2	现金流出					
2.1	股权投资					
2.2	租赁资产支出					
2.3	其他现金流出					
3	净现金流量(1-2)					

(3) 对以上三张现金流量表的总结。

第一，以上三张财务现金流量表所进行的都是项目盈利能力的动态评价，但是评价的目的各不相同。

第二，项目投资现金流量表在计算现金流量时，不考虑资金来源、所得税和项目是否享受国家的优惠政策，也不考虑借款本金的偿还、利息的支出和所得税。它为各个投资项目或投资方案进行比较建立了共同的基础。

第三，项目资本金现金流量表主要考察投资者的出资额的盈利能力。

第四，投资各方现金流量表主要考察投资各方的投资收益水平，投资各方可将各自的财务内部收益率指标与各自设定的基准收益率及其他投资方的财务内部收益率进行对比，以便寻求平等互利的投资方案，并判断是否进行投资。

3. 利润与利润分配表

利润与利润分配表是反映项目计算期内各年营业收入、总成本费用、利润总额以及所得税后利润的分配情况的表格，如表8-5所列，可以计算投资利润率、投资利税率和资本金利润率等指标。该表编制步骤如下。

(1) 计算利润总额。利润总额 = 营业收入 + 补贴收入 - 总成本费用 - 营业税金及附加。

(2) 计算净利润。净利润 = 利润总额 - 所得税。

(3) 计算可供分配利润。可供分配利润＝净利润＋期初未分配利润。

(4) 计算可供投资者分配利润。可供投资者分配利润＝可供分配利润－提取法定盈余公积金。

(5) 计算未分配利润。未分配利润＝可供投资者分配利润－应付优先股股利－提取任意公积金－各投资方利润分配。

表8-5　利润与利润分配表　　　　　　　　　　　　　　　　（单位：万元）

序号	项目	计算期						合计
		1	2	3	4	…	n	
	生产负荷/%							
1	营业收入							
2	营业税金及附加							
3	总成本费用							
4	补贴收入							
5	利润总额							
6	弥补以前年度亏损							
7	应纳税所得额							
8	所得税							
9	净利润							
10	期初未分配利润							
11	可供分配利润							
12	提取法定盈余公积金							
13	可供投资者分配利润							
14	应付优先股股利							
15	提取任意盈余公积金							
16	应付普通股股利							
17	各投资方利润分配							
18	未分配利润							
19	息税前利润							
20	息税折旧摊销前利润							

4. 财务计划现金流量表

财务计划现金流量表反映项目计算期各年的投资、融资及生产经营活动的资金流入和流出情况，分析项目是否有足够的净现金流量维持正常运营，是进行财务生存能力评价的重要财务报表，如表8-6所列。该表的"累计盈余资金"项目反映项目计算期内各年的资金是否充裕（是盈余还是短缺），是否有足够的能力清偿债务等。若累计盈余大于零，表明当年有资金盈余；若累计盈余小于零，则表明当年会出现资金短缺，需要筹措资金或调整借款及还款计划。因此，该表可用于选择资金的筹措方案，制定适宜的借款及偿还计划，并为编制资产负债表提供依据。

表8-6 财务计划现金流量表　　　　　　　　　　　　　　　（单位：万元）

序号	项目	计算期 1	2	3	4	…	n	合计
1	经营活动净现金流量							
1.1	现金流入							
1.1.1	营业收入							
1.1.2	增值税销项税额							
1.1.3	补贴收入							
1.1.4	其他流入							
1.2	现金流出							
1.2.1	经营成本							
1.2.2	增值税进项税额							
1.2.3	营业税金及附加							
1.2.4	增值税							
1.2.5	所得税							
1.2.6	其他流入							
2	投资活动净现金流量							
2.1	现金流入							
2.2	现金流出							
2.2.1	建设投资							
2.2.2	维持运营投资							
2.2.3	流动投资							
2.2.4	其他流出							
3	筹资活动净现金流量							
3.1	现金流入							
3.1.1	项目资本金流入							
3.1.2	建设投资借款							
3.1.3	流动资金借款							
3.1.4	债券							
3.1.5	短期借款							
3.1.6	其他流入							
3.2	现金流出							
3.2.1	各种利息支出							
3.2.2	偿还债务本金							
3.2.3	应付利润							
3.2.4	其他流出							
4	净现金流量 (1+2+3)							
5	累计盈余资金							

5. 资产负债表

资产负债表是反映项目在某一特定日期财务状况的会计报表,如表 8-7 所列。财务状况是指一个项目的资产、负债、所有者权益及相互关系。资产负债表反映了项目在某一特定日期所拥有的或者控制的经济资源、所承担的现有义务和所有者对净资产的要求权,该表可以计算资产负债率、流动比例和速动比率。

编制该表时需要注意下列问题。

(1) "流动资产"中的"货币资金"取自于财务计划现金流量表的累计盈余资金与流动资金估算表中的现金项之和。

(2) 在建工程是指建设期投资和建设期利息的累计额。

(3) "负债"项目中的"建设投资借款"等于建设投资和建设期利息之和扣除各年相应的本金偿还。

(4) 资产负债表满足等式:资产 = 负债 + 所有者权益。

表 8-7 资产负债表　　　　　　　　　　　　　　　　　　　(单位:万元)

序号	项目	计算期						合计
		1	2	3	4	…	n	
1	资产							
1.1	流动资产总额							
1.1.1	货币资产							
1.1.2	应收账款							
1.1.3	预付账款							
1.1.4	存货							
1.1.5	其他							
1.2	在建工程							
1.3	固定资产净值							
1.4	无形及其他资产净值							
2	负债及所有者权益							
2.1	流动负债总额							
2.1.1	短期借款							
2.1.2	应付账款							
2.1.3	预售账款							
2.1.4	其他							
2.2	建设投资借款							
2.3	流动资金借款							
2.4	负债小计							
2.5	所有者权益							
2.5.1	资本金							
2.5.2	资本公积金							
2.5.3	累计盈余公积金							
2.5.4	累计未分配利润							

8.3 财务评价指标

【补充理解8-2】

云南某集镇供水工程经济评价的三大方面

该项目的计算期为21年,其中建设期1年,运营期20年。工程项目总投资由建设投资、建设期贷款利息和流动资金三部分组成。

工程自开工建设的第二年开始投入运行,各年的水费收入能够满足总成本费用支出,工程能够维持基本运行,项目每年的盈余资金均大于0,所以该项目具有较好的财务生存能力。

该项目税前投资的内部收益率为71.71%,财务净现值为257137万元,投资回收期为11.2年;税后投资的内部收益率为61.10%,财务净现值为14137万元,投资回收期为12.6年;项目资本金内部收益率为61.05%,财务净现值为7140万元。供水行业基准收益率为6%,所以该项目能满足盈利能力要求。

该工程贷款年限为5年,经计算各年的利息备付率大于1,偿债备付率大于1,且工程具有一定的资产负债率,所以该项目具有较好的偿债能力。

通过阅读云南某集镇供水工程的经济评价,请思考:工程项目的财务评价包括哪些方面?涉及哪些指标?该如何进行?

资料来源:郭金玉等. 云南某集镇供水工程经济评价实例分析. 工程建设,2009,4(5).

8.3.1 财务评价指标的分类

项目财务分析的结果只有借助正确的评价指标体系才能有效地得到反映,并具有实际意义。财务评价指标体系依据不同的标准,可以进行不同的分类。其中最常用的是按照财务评价的目的来分类。

按照财务评价的目的不同,财务评价指标可以分为盈利能力指标、偿债能力指标和生存能力指标。财务报表与财务指标的对应如表8-8所列。

表8-8 财务评价指标类型

评价目的	财务报表	财务指标	静态/动态
盈利能力分析	项目投资现金流量表	动态投资回收期 全投资财务内部收益率 全投资财务净现值	动态
		静态投资回收期	静态
	项目资本金现金流量表	资本金财务内部收益率 资本金财务净现值	动态
	投资各方现金流量表	投资各方财务内部收益率 投资各方财务净现值	动态
	利润与利润分配表	总投资收益率 投资利润率 投资利税率 资本金利润率	静态

（续）

评价目的	财务报表	财务指标	静态/动态
偿债能力指标	借款还本付息表	借款偿还期 利息备付率 偿债备付率	静态
	资产负债表	资产负债率 流动比率 速动比率	静态
生存能力指标	财务计划现金流量表	累计盈余资金	

8.3.2 盈利能力分析

1. 静态指标

(1) 全部投资回收期

项目的全部投资包括自有资金出资部分和债务资金（包括借款、债券发行收入和融资租赁）的投资。对应的投资收益是税后利润、折旧与摊销以及利息。其中利息可以看作是债务资金的盈利。在研究全部投资的盈利能力时，按前面介绍的全部投资现金流量表计算投资回收期，根据基准投资回收期做出可行与否的判断。

全部投资的盈利能力指标基本上不受融资方案的影响，可以反映项目方案本身的盈利水平。

(2) 投资利润率

投资利润率是指项目达到设计生产能力后的一个正常生产年份的年利润总额或年平均利润总额与项目总投资的比率。对生产期内各年的利润总额变化幅度较大的项目，应计算生产期的年平均利润总额与项目总投资的比率。

$$投资利润率 = \frac{年利润总额（或年平均利润总额）}{项目总投资} \times 100\% \tag{8-1}$$

年利润总额 = 年营业收入 − 年营业税金及附加 − 年总成本费用

项目总投资 = 建设投资 + 建设期利息 + 流动资金投资

投资利润率可根据利润与利润分配表中的有关数据求得，并与行业平均投资利润率对比，以判别项目的单位投资盈利能力是否达到本行业的平均水平。

(3) 投资利税率

投资利税率是指项目达到设计生产能力后的一个正常生产年份的年利税总额或项目生产期内的年平均利税总额与项目总投资的比率。

$$投资利税率 = \frac{年利税总额（或年平均利税总额）}{项目总投资} \times 100\% \tag{8-2}$$

年利税总额 = 年利润总额 + 年营业税金及附加 = 年营业收入 + 年补贴收入 − 年总成本费用

项目总投资 = 建设投资 + 建设期利息 + 流动资金投资

投资利税率可由利润与利润分配表中有关数据求得，并与行业平均投资利税率对比，以判别项目的单位投资对国家积累的贡献水平是否达到本行业的平均水平。

(4) 资本金利润率

资本金利润率是项目达到设计生产能力后的一个正常生产年份的利润总额或项目生产期

内的年平均利润总额与资本金总额的比率,有所得税前与所得税后之分。资本金是项目吸收投资者投入企业经营活动的各种财产物资的货币表现。

$$资本金利润率 = \frac{年利润总额(或者年平均利润总额)}{资本金总额} \times 100\% \quad (8-3)$$

资本金利润率是衡量投资者投入项目的资本金的获利能力。在市场经济条件下,投资者关心的不仅是项目全部资金所创造的利润,更关心投资者投入的资本金所创造的利润。资本金利润率指标越高,反映投资者投入项目资本金的获利能力越大。资本金利润率还是向投资者分配股利的重要参考依据。一般情况下,向投资者分配的股利率要低于资本金利润率。

(5) 投资各方利润率

投资各方利润率以投资各方出资额为计算基础,考察投资各方可能获得的收益水平。

投资利润率、投资利税率、资本金利润率和投资各方利润率可以统称为投资收益率。投资收益率指标计算简便,能够直观地衡量项目的经济效益,可适用于各种规模的项目。但由于投资收益率指标没有考虑投资收益的时间因素,忽略了资金时间价值的重要性,且指标计算的主观随意性太强,在指标的计算中,对于应该如何计算投资资金占用、如何确定利润,都带有一定的不确定性和人为因素。因此以投资收益率指标作为主要的决策依据不太可靠。

2. **动态指标**

(1) 动态投资回收期

该指标的计算及评价方法在第七章已经详细介绍,这里不再赘述。

(2) 财务净现值

财务净现值是指按行业的基准收益率或设定的折现率,将项目计算期内各年净现金流量折现到建设期初的现值之和,其表达式为

$$FNPV = \sum_{t=1}^{n} (CI - CO)_t (1 + i_0)^{-t} \quad (8-4)$$

式中　CI——现金流入量;

　　　CO——现金流出量;

　　　$(CI-CO)_t$——第 t 年的净现金流量;

　　　n——计算期;

　　　i_0——行业基准的收益率或设定的折现率。

财务净现值可根据财务现金流量表的数据计算求得。如果 $FNPV \geq 0$,项目是可以考虑接受的。

(3) 财务内部收益率

财务内部收益率(包括全部投资内部收益率和资本金内部收益率)是指项目在整个计算期内各年净现金流量现值累计等于零时的折现率,它反映项目所占用资金的盈利率。

$$\sum_{t=0}^{n} (CI - CO)_t (1 + FIRR)^{-t} = 0 \quad (8-5)$$

式中　CI——现金流入量;

　　　CO——现金流出量;

　　　$(CI-CO)_t$——第 t 年的净现金流量;

　　　n——计算期。

财务内部收益率可根据财务现金流量表(项目投资现金流量表和项目资本金现金流量表)

中的净现金流量数据;用线性插值法计算求得,并与行业的基准收益率或设定的折现率 i_0 比较,当 FIRR$\geq i_0$,即认为其盈利能力已满足最低要求,财务上是可以考虑接受的。

8.3.3 偿债能力分析

1. 借款偿还期

借款偿还期是指在国家财政规定及项目具体财务条件下,以项目投产后可用于还款的资金偿还建设投资国内借款本金和建设期利息(不包括已用自有资金支付的建设期利息)所需要的时间。

$$I = \sum_{t=1}^{P_t} R_t \tag{8-6}$$

式中　I——建设投资国内借款本金和建设期利息之和;
　　　P_t——建设投资国内借款偿还期,从借款开始年计算;
　　　R_t——第 t 年可用于还款的资金,包括税后利润、折旧费、摊销费及其他还款资金。

借款偿还期可由财务计划现金流量表及国内借款还本付息表的数据直接推算,通常用"年"表示。从开始借款年份算起的偿还期的详细计算公式是

$$借款偿还期 = \left[\begin{array}{c}逐年偿还借款,首次\\出现欠款为零的年份数\end{array}\right] - 开始借款年份数 + \frac{当年偿还借款额}{当年可用于还款的金额} \tag{8-7}$$

当借款偿还期小于或等于贷款机构要求的期限时,即认为项目有清偿能力。

2. 利息备付率

利息备付率(ICR)表示项目的利润偿付利息的保证倍率,是指项目在借款偿还期内,各年可用于支付利息的税息前利润与当期应付利息费用的比值,即

$$利息备付率 = \frac{税息前利润}{当期应付利息费用} \tag{8-8}$$

其中:税息前利润 = 利润总额 + 计入总成本费用的利息费用;
　　　当期应付利息费用是指计入总成本费用的全部利息。

利息备付率可以分年计算。利息备付率高表明利息偿付的保障程度高,偿债风险小;利息备付率低表明没有足够的资金支付利息,偿债风险大。对于正常运营的企业,利息备付率应当大于2,否则,表示付息能力保障不足。

3. 偿债备付率

偿债备付率(DSCR)表示可用于还本付息的资金偿还借款本息的保证倍率,是指项目在借款偿还期内,各年可用于还本付息资金与当期应还本付息金额的比值,即

$$偿债备付率 = \frac{可用于还本付息资金}{当期应还本付息金额} \tag{8-9}$$

其中,可用于还本付息资金 = 息税前利润 + 折旧 + 摊销 - 企业所得税;
　　　当期应还本付息金额包括当期应还贷本金及成本中的利息。

偿债备付率应分年计算。偿债备付率高,表明可用于还本付息的资金保障程度高。正常情况下,偿债备付率应大于1。指标小于1表示当年资金来源不足以偿付当年债务,需要通过短期借款偿付已到期债务。

4. 资产负债率

资产负债率是负债总额与资产总额之比,它衡量企业利用债权人提供的资金进行经营活动

的能力,反映项目各年所面临的财务风险程度及债务清偿能力,因此也反映债权人发放贷款的安全程度。计算资产负债率所需要的相关数据可在资产负债表中获得。

$$资产负债率 = \frac{负债总额}{资产总额} \times 100\% \tag{8-10}$$

式中的负债总额不仅包括长期负债,还应包括短期负债;而资产总额则是扣除累计折旧后的净额。

一般认为资产负债率为0.5~0.7是合适的。由于财务杠杆效应的存在,权益的所有者从盈利出发,希望保持较高的债务率,赋予资本金有较高的杠杆力,用较少的资本来控制整个项目。但是,资产负债率越高,项目风险也越大。当资产负债率太高时,可通过增加自有资金出资和减少利润分配等途径来调节。通常,资产负债率大于100%时,说明项目资不抵债,视为已达到破产的临界值。

5. 流动比率

流动比率是反映项目各年偿付流动负债能力的指标,衡量项目流动资产在短期债务到期以前可以变为现金用于偿还流动负债的能力。所需相关数据可在资产负债表中获得。其计算公式为

$$流动比率 = \frac{流动资产总额}{流动负债总额} \times 100\% \tag{8-11}$$

流动比率被用来衡量企业资金流动性的大小,该指标越高说明偿还流动负债的能力越强,但该指标过高,说明企业资金利用效率低。国际公认的标准为2,但是行业间的流动比率会有很大差异。若行业的生产周期较长,流动比率就应相应提高,反之,就应相对降低。

在企业的流动资产中,存货是一类不易变现的流动资产,由于流动资产总额包含了存货,所以流动比率不能确切反映项目的瞬时偿债能力。

6. 速动比率

速动比率反映项目快速偿付(用可以立即变现的货币资金偿付)流动负债的能力。

$$速动比率 = \frac{流动资产总额 - 存货}{流动负债总额} \times 100\% \tag{8-12}$$

速动比率指标是对流动比率指标的补充,在分子中剔除了变现能力较差的存货后,计算企业实际的短期债务偿还能力,较流动比率更能反映企业的资产变现能力。与流动比率一样,该指标越高说明偿还流动负债的能力越强,但该指标过高,说明企业资金利用效率低。

影响速动比率可信性的重要因素是应付账款的变现能力,账面上的应付账款不一定都能变成现金,实际坏账可能比计提的准备金要多,而季节性的变化可能使报表的应收账款数额不能反映平均水平。一般认为,流动比率应保持在1.2~2.0,速动比率应保持在1.0~1.2之间比较符合要求。

8.3.4 财务生存能力分析

财务生存能力分析应该结合偿债能力分析进行,项目的财务可持续性体现在如下两个方面。

(1) 项目在运营期间,只有从各项经济活动中得到足够的净现金流量,项目才能持续生存。因此项目各年的累计盈余资金不出现负值是财务可持续的必要条件。如果出现负值,应进行短期借款,同时分析该短期借款的数额和期限,进一步判断财务生存能力。

(2) 为了分析短期借款的可靠性,可以结合偿债能力指标进行,例如资产负债率、流动比率和速动比率。

8.4 新建项目的财务评价

8.4.1 新建项目评价流程

新建项目财务评价的主要内容是在编制财务报表的基础上进行项目的盈利能力分析、偿债能力分析和生存能力分析。新建项目评价的流程,如图 8-2 所示。

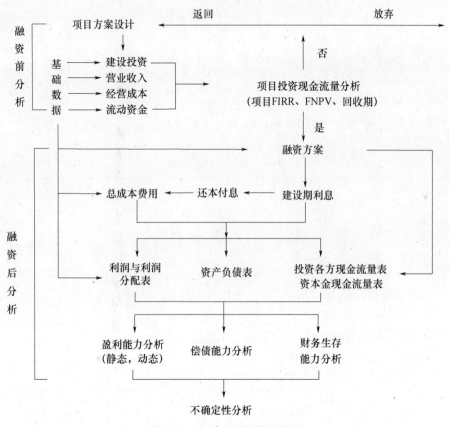

图 8-2 新建项目评价的流程

8.4.2 新建项目财务评价案例

本部分以一个新建项目为例,说明投资项目财务评价的主要内容和方法,进行项目资金投资和项目资本金投资的盈利能力和偿债能力分析(设基准收益率 $i_0 = 10\%$)。

1. 财务预测及总成本费用估算

某化学纤维厂是新设项目法人项目。该项目财务评价是在可行性研究完成市场需求预测、生产规模、工艺技术方案、原材料、燃料及动力的供应、建厂条件和厂址方案、公用工程和辅助设施、环境保护、工厂组织和劳动定员及项目实施规划诸方面的研究论证和多方案比较后,在确定了最佳方案的基础上进行的。

预计此项目计算期为10年。项目建设期为2年,第3年投产,生产能力负荷为70%,第4年达到设计生产能力。

(1) 固定投资5000万元,其中项目资本金投资为2000万元。不足部分向银行借款。银行贷款条件是年利率为6%,建设期只计息不还款,第三年投产后开始还贷,每年付清利息并分5年等额偿还建设期资本化后的全部借款本金。

(2) 流动资金投资约需2000万元,全部采用银行借款,年利率为7%。项目分年投资及贷款情况如表8-9所列。

表8-9 项目分年投资及贷款情况 (单位:万元)

项目＼年末	0	1	2	合计
固定投资	2000	3000		5000
流动资金投资			2000	2000
项目资本金	500	1500		2000
借款需要量	1500	1500	2400	5400

(3) 营业收入、营业税金及附加(营业收入的3%)和经营成本的预测值如表8-10所列,其他支出忽略不计。

表8-10 预测数据 (单位:万元)

项目＼年份	3	4	…	10
营业收入	5950	8500	…	8500
营业税金及附加	178.5	255	…	255
经营成本	3360	4800	…	4800

(4) 按平均年限法计算固定资产折旧。折旧年限为10年,残值率为5%。
(5) 假设每年特种基金为零。
(6) 假设每年可分配利润扣除公积金后全部向投资者分配。

总成本费用估算表如表8-11所列。

表8-11 总成本费用估算表 (单位:万元)

| 序号 | 项目＼年份 | 投产期 | 达到设计能力生产期 | | | | | | 备注 |
		3	4	5	6	7	8	9	10	
1	折旧费	492.36	492.36	492.36	492.36	492.36	492.36	492.36	492.36	
2	摊销费									
3	利息支出	330.96	292.77	254.58	216.38	178.19	140	140	140	
4	经营成本	3360	4800	4800	4800	4800	4800	4800	4800	
5	总成本费用 (1+2+3+4)	4183.32	5585.13	5546.94	5508.74	5470.55	5432.36	5432.36	5432.36	
	其中:1. 固定成本									
	2. 可变成本									

2. 编制主要财务评价报表、计算财务评价指标

(1) 编制借款还本付息计划表,如表8-12所列。对于建设期的借款,其当年借款额只计一半利息。本例中,第三年初的累计欠款 3182.7 万元即为利息资本化后的总本金。根据借款条件,从第三年开始,每年支付当年的利息,同时偿还本金的 1/5,5 年内还清本金。

表 8-12 借款还本付息计划表　　　　　　　　　　　（单位:万元）

序号	项目	利率	建设期		投产期	达到设计能力生产期							期末
			1	2	3	4	5	6	7	8	9	10	
1	借款												
1.1	年初借款本息累计		0	1545	3182.7	2546.16	1909.62	1273.08	636.54				
1.1.1	本金			1500	3000								
1.1.2	建设期利息			45	182.7								
1.2	本年借款		1500	1500	2000								
1.2.1	长期借款	6%	1500	1500									
1.2.2	短期借款	7%			2000								
1.3	本年应计利息		45	137.7	330.96	292.77	254.58	216.38	178.19	140	140	140	
1.3.1	长期借款利息		45	137.7	190.96	152.77	114.58	76.38	38.19				
1.3.2	短期借款利息				140	140	140	140	140	140	140	140	
2	还本付息												
2.1	本年还本				636.54	636.54	636.54	636.54	636.54				2000
2.2	本年付息				330.96	292.77	254.58	216.38	178.19	140	140	140	
2.3	期末本息余额		1545	3182.7	2546.16	1909.62	1273.08	636.54					
3	偿还借款本金的资金来源				1564.38	2287.77	2313.55	2339.33	2365.11	2390.89	2390.89	2390.89	2000
3.1	可用于还本的未分配利润				1072.02	1795.41	1821.19	1846.97	1872.75	1898.53	1898.53	1898.53	
3.2	折旧				492.36	492.36	492.36	492.36	492.36	492.36	492.36	492.36	
3.3	摊销												
3.4	以前结余可用于还本资金												
3.5	其他资金												2000

将建设期利息计入固定资产原值内,根据平均年限法计算固定资产折旧如下:

$$年折 = \frac{(5000 + 182.7) \times (1 - 5\%)}{10} = 492.36(万元)$$

第 10 年(项目寿命期末)回收固定资产余值为

$$5000 + 182.7 - 492.36 \times 8 = 1243.82(万元)$$

（2）编制利润与利润分配表,以及利息备付率计算表和偿债备付率计算表(表 8-13-1 至表 8-13-3)。

表 8-13-1 利润与利润分配表 (单位:万元)

序号	项目	年份	建设期 1	建设期 2	投产期 3	达到设计能力生产期 4	5	6	7	8	9	10
	生产负荷				70%	100%	100%	100%	100%	100%	100%	100%
1	营业收入				5950	8500	8500	8500	8500	8500	8500	8500
2	营业税金及附加				178.5	255	255	255	255	255	255	255
3	总成本费用				4183.32	5585.13	5546.94	5508.74	5470.55	5432.36	5432.36	5432.36
4	补贴收入											
5	利润总额(1-2-3+4)				1588.18	2659.87	2698.06	2736.26	2774.45	2813	2813	2813
6	弥补以前年度亏损											
7	应纳税所得额(5-6)				1588.18	2659.87	2698.06	2736.26	2774.45	2813	2813	2813
8	所得税(25%)				397.04	664.97	674.52	684.06	693.61	703.16	703.16	703.16
9	净利润(5-8)				1191.13	1994.90	2023.55	2052.19	2080.84	2109.48	2109.48	2109.48
10	期初未分配利润											
11	可供分配利润(9+10)				1191.13	1994.90	2023.55	2052.19	2080.84	2109.48	2109.48	2109.48
12	提取法定盈余公积金(10%)				119.11	199.49	202.35	205.22	208.08	210.95	210.95	210.95
13	累计盈余公积金				119.11	318.60	520.96	726.18	934.26	1145.21	1356.16	1567.11
14	可供投资者分配的利润(11-12)				1072.02	1795.41	1821.19	1846.97	1872.75	1898.53	1898.53	1898.53
15	未分配利润(11-12-14)											
16	息税前利润(利润总额+利息支出)				1919.14	2952.64	2952.64	2952.64	2952.64	2952.64	2952.64	2952.64
17	息税折旧摊销前利润(息税前利润+折旧+摊销)				2411.5	3445	3445	3445	3445	3445	3445	3445
	利息备付率				5.799	10.085	11.598	13.645	16.570	21.090	21.090	21.090
	偿债备付率				1.617	2.462	2.596	2.743	2.903	17.078	17.078	17.078

表 8-13-2 利息备付率计算表

序号	项目 \ 年份	3	4	5	6	7	8	9	10
1	利息支出	330.96	292.77	254.58	216.38	178.19	140	140	140
2	利润总额	1588.18	2659.87	2698.06	2736.26	2774.45	2812.64	2812.64	2812.64
3	息税前利润(1+2)	1919.14	2952.64	2952.64	2952.64	2952.64	2952.64	2952.64	2952.64
4	利息备付率(3÷1)	5.799	10.085	11.598	13.645	16.570	21.090	21.090	21.090

表8-13-3 偿债备付率计算表

序号	项目\年份	3	4	5	6	7	8	9	10
1	可用于还本的未分配利润	1072.02	1795.41	1821.19	1846.97	1872.75	1898.53	1898.53	1898.53
2	折旧	492.36	492.36	492.36	492.36	492.36	492.36	492.36	492.36
3	可用于还本付息资金(1+2)	1564.38	2287.77	2313.55	2339.33	2365.11	2390.89	2390.89	2390.89
4	本年还本	636.54	636.54	636.54	636.54	636.54			
5	本年付息	330.96	292.77	254.58	216.38	178.19	140	140	140
6	当期应还本付息金额(4+5)	967.50	929.31	891.12	852.92	814.73	140	140	140
7	偿债备付率(3÷6)	1.617	2.462	2.596	2.743	2.903	17.078	17.078	17.078

(3) 编制项目投资现金流量表(表8-14)并计算全部投资的经济效果指标,使用Excel的财务函数进行计算,计算方法在第3章已经做出介绍。

由表8-14的项目3(所得税前现金流量)数据计算税前经济效果指标:

项目全部投资的财务内部收益率为31.16%,财务净现值为8439.17万元,动态投资回收期为4.33年。

由表8-14的项目6(所得税后现金流量)数据计算税后经济效果指标:

项目全部投资的财务内部收益率为25.17%,财务净现值为5656.97万元,动态投资回收期为4.87年。

表8-14 项目投资现金流量表 （单位:万元）

序号	项目\年份	建设期			投产期	达到设计能力生产期						
		0	1	2	3	4	5	6	7	8	9	10
	生产负荷/%				70	100	100	100	100%	100	100	100
1	现金流入				5950	8500	8500	8500	8500	8500	8500	11743.8
1.1	营业收入				5950	8500	8500	8500	8500	8500	8500	
1.2	补贴收入											
1.3	回收固定资产余值											1243.8
1.4	回收流动资金											2000
2	现金流出	2000	3000	2000	3538.5	5055	5055	5055	5055	5055	5055	5055
2.1	建设投资	2000	3000									
2.2	流动资金投资			2000								
2.3	经营成本				3360	4800	4800	4800	4800	4800	4800	4800
2.4	营业税金及附加				178.5	255	255	255	255	255	255	255
2.5	维持运营投资											
3	所得税前净现金流量(1-2)	-2000	-3000	-2000	2411.5	3445	3445	3445	3445	3445	3445	6688.8
4	累计所得税前净现金流量	-2000	-5000	-7000	-4588.5	-1143.5	2301.5	5746.5	9191.5	12636.5	16081.5	22770.3
5	调整所得税(25%)				479.79	738.16	738.16	738.16	738.16	738.16	738.16	738.16
6	所得税后净现金流量(3-5)	-2000	-3000	-2000	1931.72	2706.84	2706.84	2706.84	2706.84	2706.84	2706.84	5950.64
7	累计所得税后净现金流量	-2000	-5000	-7000	-5068.29	-2361.45	345.40	3052.24	5759.08	8465.92	11172.76	17123.40

(4) 编制项目资本金现金流量表(表8-15)并计算资本金的经济效果指标。

由表8-15的项目3(净现金流量)数据计算项目资本金投资的经济效果指标：项目资本金的财务内部收益率为48.67%,财务净现值为6567.88万元。

表8-15 项目资本金现金流量表 （单位：万元）

序号	年末项目	建设期			投产期	达到设计能力生产期							合计
		0	1	2	3	4	5	6	7	8	9	10	
	生产负荷/%												
1	现金流入				5950	8500	8500	8500	8500	8500	8500	11743.8	
1.1	营业收入				5950	8500	8500	8500	8500	8500	8500	8500	
1.2	补贴收入												
1.3	回收固定资产余值												1243.8
1.4	回收流动资金												2000
2	现金流出	500	1500	0	4903.05	6649.28	6620.63	6591.99	6563.34	5898.16	5898.16	7898.16	
2.1	项目资本金	500	1500										
2.2	借款本金偿还				636.54	636.54	636.54	636.54	636.54	0	0	2000	
2.3	借款利息偿还				330.96	292.77	254.58	216.38	178.19	140	140	140	
2.4	经营成本				3360	4800	4800	4800	4800	4800	4800	4800	
2.5	营业税金及附加				178.5	255	255	255	255	255	255	255	
2.6	所得税				397.04	664.97	674.52	684.06	693.61	703.16	703.16	703.16	
2.7	维持运营投资												
3	净现金流量(1-2)	-500	-1500	0	1046.95	1850.72	1879.37	1908.01	1936.66	2601.84	2601.84	3845.64	

(5) 编制财务计划现金流量表，如表8-16所列。

表8-16 财务计划现金流量表 （单位：万元）

序号	年份项目	建设期		投产期	达到设计能力生产期						合计
		1	2	3	4	5	6	7	8	9	10	
1	经营活动净现金流量			2014.46	2780.03	2770.48	2760.94	2751.39	2741.84	2741.84	2741.84	
1.1	现金流入			5950	8500	8500	8500	8500	8500	8500	8500	
1.1.1	营业收入			5950	8500	8500	8500	8500	8500	8500	8500	
1.1.2	增值税销项税额											
1.1.3	补贴收入											
1.1.4	其他收入											
1.2	现金流出			3935.54	5719.97	5729.52	5739.06	5748.61	5758.16	5758.16	5758.16	
1.2.1	经营成本			3360	4800	4800	4800	4800	4800	4800	4800	
1.2.2	增值税进项税额											
1.2.3	营业税金及附加			178.5	255	255	255	255	255	255	255	
1.2.4	增值税											
1.2.5	所得税			397.04	664.97	674.52	684.06	693.61	703.16	703.16	703.16	
1.2.6	其他流出											

（续）

序号	项目＼年份	建设期 1	建设期 2	投产期 3	达到设计能力生产期 4	5	6	7	8	9	10	合计
2	投资活动净现金流量	-2000	-3000	-2000								
2.1	现金流入											
2.2	现金流出	2000	3000	2000								
2.2.1	建设投资	2000	3000									
2.2.2	维持运营投资											
2.2.3	流动投资			2000								
2.2.4	其他流出											
3	筹资活动净现金流量	2000	3000	-39.52	-2724.72	-2712.31	-2699.90	-2687.48	-2038.53	-2038.53	-2038.53	
3.1	现金流入	2000	3000	2000	0	0	0	0	0	0	0	
3.1.1	项目资本金投入	500	1500									
3.1.2	建设投资借款	1500	1500									
3.1.3	流动资金借款			2000								
3.1.4	债券											
3.1.5	短期借款											
3.1.6	其他流入											
3.2	现金流出			2039.52	2724.72	2712.31	2699.90	2687.48	2038.53	2038.53	2038.53	
3.2.1	各种利息支出			330.96	292.77	254.58	216.38	178.19	140	140	140	
3.2.2	偿还债务本金			636.54	636.54	636.54	636.54	636.54				
3.2.3	应付利润（股利分配）			1072.02	1795.41	1821.19	1846.97	1872.75	1898.53	1898.53	1898.53	
3.2.4	其他流出											
4	净现金流量(1+2+3)	0	0	-25.07	55.31	58.17	61.04	63.90	703.31	703.31	703.31	
5	累计盈余资金			-25.07	30.24	88.42	149.46	213.36	916.67	1619.98	2323.29	

（6）编制资产负债表并计算资产负债率，如表8-17所列。

表8-17 资产负债表　　　　　　　　　　　　　　　　　　（单位：万元）

序号	项目＼年份	建设期 1	建设期 2	投产期 3	达到设计能力生产期 4	5	6	7	8	9	10	备注
1	资产	2045	5182.7	6665.27	6228.22	5794.04	5362.72	4934.26	5145.21	5356.16	5567.11	
1.1	流动资产总额			1974.93	2030.24	2088.42	2149.46	2213.36	2916.67	3619.98	4323.29	
1.1.1	货币资金			1974.93	2030.24	2088.42	2149.46	2213.36	2916.67	3619.98	4323.29	
1.1.2	应收帐款											
1.1.3	预付账款											
1.1.4	存货											
1.1.5	其他											
1.2	在建工程	2045	5182.7									
1.3	固定资产净值			4690.34	4197.98	3705.62	3213.26	2720.9	2228.54	1736.18	1243.82	

(续)

序号	项目	建设期 1	建设期 2	投产期 3	达到设计能力生产期 4	5	6	7	8	9	10	备注
1.4	无形及其他资产净值											
2	负债及所有者权益(2.3+2.4)	2045	5182.7	6665.27	6228.22	5794.04	5362.72	4934.26	5145.21	5356.16	5567.11	
2.1	建设投资借款	1545	3182.7	2546.16	1909.62	1273.08	636.54					
2.2	流动资金借款			2000	2000	2000	2000	2000	2000	2000	2000	
2.3	负债小计(2.1+2.2)	1545	3182.7	4546.16	3909.62	3273.08	2636.54	2000	2000	2000	2000	
2.4	所有者权益	500	2000	2119.11	2318.60	2520.96	2726.18	2934.26	3145.21	3356.16	3567.11	
2.4.1	资本金	500	2000	2000	2000	2000	2000	2000	2000	2000	2000	
2.4.2	资本公积金											
2.4.3	累计盈余公积金			119.11	318.60	520.96	726.18	934.26	1145.21	1356.16	1567.11	
2.4.4	累计未分配利润											
	资产负债率	0.756	0.614	0.682	0.628	0.565	0.492	0.405	0.389	0.373	0.359	

3. 分析与说明

（1）盈利能力分析

由项目投资现金流量表(表8-14)列出的所得税前和所得税后的净现金流量,以及项目资本金现金流量表(表8-15)列出的所得税后的净现金流量分别计算出财务内部收益率、财务净现值及投资回收期等财务指标(如表8-18所示),以进行项目的盈利能力分析。

表8-18 各财务指标计算结果汇总

评价指标	项目投资		项目资本金投资
	所得税前	所得税后	
财务内部收益率/%	31.16%	25.17%	48.67%
财务净现值/万元	8439.17 万元	5656.94 万元	6567.88 万元
动态投资回收期/年	4.33 年	4.87 年	

本例中,项目全部投资的税前和税后财务内部收益率大于基准收益率(10%),财务净现值大于零,表明方案本身的经济效果好于投资者的最低预期,方案是可行的。项目资本金投资的财务内部收益率和财务净现值都分别大于项目全部投资的财务内部收益率和财务净现值,说明在总投资中采用借款可以使企业获得更好的经济效果,因为项目投资的财务内部收益率大于基准收益率,财务杠杆效应可使项目资本金的经济效果变得更好。

（2）资金平衡及偿债能力分析

由财务计划现金流量表可以看出,除了第3年以外,其他各年用项目筹措的资金和项目的净收益足可支付各项支出,不需要用短期借款即可保证资金收支相抵有余。在表8-16中,除第3年以外,各年的累计盈余资金均大于零,可满足项目资金运行的要求。但在第3年,累计盈余资金为负值,说明当年会出现资金短缺,需要筹措资金或调整借款及还款计划。

由表 8-13-2 和表 8-13-3 可知,利息备付率和偿债备付率都大于 1,说明该项目付息能力和偿付当年债务能力比较强,由资产负债表(表 8-17)的资产负债率指标来看,项目的负债比率除了第 1 年以外,都在 0.7 以下,随着生产经营的继续,资产负债率在减小。因此,该项目整体偿债能力较强。

从总体看,该项目投资效果较好,对于投产期出现的资金短缺情况,可通过短期借款或者调整还款计划的方式进行调整。

8.5 改扩建和技术改造项目的财务评价

在《建设项目经济评价方法与参数》(第三版)中,将投资项目分为新建项目和改扩建与技术改造项目。《投资项目可行性研究指南》按照项目的融资方式将投资项目分为既有项目法人项目和新建项目法人项目。

新建项目法人项目是指由新组建的项目法人负债融资,并承担融资责任和风险。既有法人项目是由现有法人进行融资活动,并承担融资责任和风险,大多依托现有企业进行建设,项目建成后仍由现有企业管理,并不组建新的项目法人。依托现有企业进行改、扩建和技术改造的项目和由现有企业发起的新建项目均属于此类。

8.5.1 改扩建和技术改造项目财务评价概述

1. 改扩建和技术改造项目的特点

与新建项目相比,既有项目法人项目的财务评价需要的数据较多,复杂程度高。究其原因,它涉及企业和项目两个层次,"有项目"和"无项目"两个方面,其特殊性可以从以下几个方面表现出来。

(1) 改扩建和技术改造项目在不同程度上利用了原有资产和资源,以增量调动存量,以较小的新增投入取得较大的效益。

(2) 原来已在生产经营,而且其状况还会发生变化,因此项目效益与费用的识别和计算较复杂。

(3) 建设期内建设与生产可能同步进行。

(4) 项目与企业既有联系,又有区别。既要考察项目给企业带来的效益,又要考察企业整体财务状况。

(5) 改扩建和技术改造项目的目标可以是增加产量、扩大品种、提高质量、降低能耗、合理利用资源、提高技术装备水平、改善劳动条件、保护环境和综合利用等,但有的目标是难以定量计算的。

2. 改扩建和技术改造项目财务评价的注意要点

1) 项目范围的界定

一般来说,既有项目都是在企业现有基础上进行的,涉及范围可能是企业整体改造,也可能是部分改建,或者扩建、新建项目。因此,应该科学地划分和界定效益和费用的计算范围。如果拟建项目建成后能够独立经营,形成相对独立的核算单位,项目涉及的范围就是财务评价的对象;如果项目投产后的生产运营与现有企业无法分开,也不能单独计算项目发生的效益与费用,则应该将整个企业作为项目财务评价的对象。

例如,某企业有 A、B、C 三个生产车间,拟建项目仅涉及对 A 车间的改扩建,而 A 车间与其他车间仅有简单的供料关系，投入产出关系明晰，此时为简化工作，可仅将项目范围局限在 A 车间，分析该范围内的效益和费用。但是如果 A、B、C 三个生产车间关系紧密，其效益和费用难以分割，就只能将项目范围界定在整个企业。

2）效益与费用的计算方法

既有项目强调以"有项目"和"无项目"对比得到的增量数据进行增量分析为主，以增量分析的结果作为财务评价的主要依据。

对既有项目进行财务评价,常见的计算方法有"前后法",即将投资后和投资前的效益差视为投资引起的效益。还有一种方法叫"有无法",即分别考察有投资和无投资两种情况下的效益。对于新建项目,这两种方法是一致的,因为所有效益都是由新投资产生的。而在研究改扩建和技术改造项目时,"前后法"采用投资前和投资后的效益相减,可能不满足时间可比性原则。图 8-3 所示为采用前后法计算增量效果时可能出现的错误。

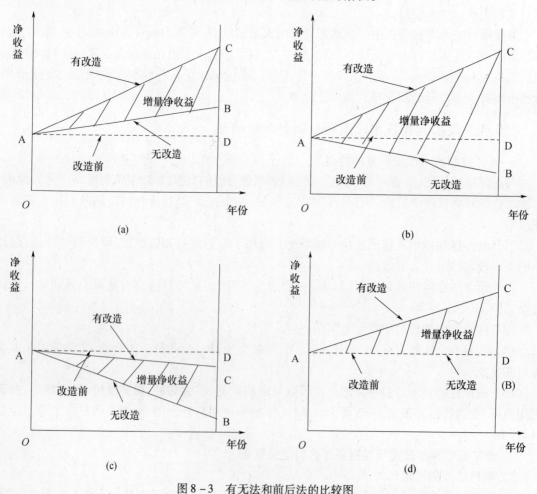

图 8-3 有无法和前后法的比较图

第一种情况：有改造项目和无改造项目的净收益都增长,其增量净收益为有、无改造项目时的净收益之差。如图 8-3(a)所示,技术改造项目的增量净收益为 ABC 部分,是用"有无比较法"计算的结果。而用"前后比较法"计算的技术改造效益则是 ADC 部分,多算了 ADB 部分,这样就过高地估计了技术改造项目的增量净收益。

第二种情况：有改造项目净收益逐年增长,无改造项目净收益逐年下降,如图 8-3(b)所示。"有无法"其增量净收益为 ABC 部分,而"前后法"为 ADC 部分,又少算了效益 ABD。这样用"前后法"就低估了技术改造项目的增量净收益。

第三种情况:有改造项目和无改造项目时的净收益都逐年下降,但有改造项目延缓了净收益的下降速度,如图 8-3(c)所示。如果用"前后法"就会错误地认为,技术改造没有产生增量净收益。

第四种情况:无改造项目净收益不变,有改造项目净收益增加如图 8-3(d)所示。只有在这种情况下,"前后法"与"有无法"之间才没有差别,因此可以说,"前后法"只是"有无法"的一种特殊情况。由此可见,"有无对比法"是计算增量指标有关数据的正确方法,从而得出的评价结论也是准确科学的。

采用"有无法"进行项目评价可能涉及以下 5 种数据:
(1) 现状数据,反映项目实施前的费用和效益现状,是单一的状态值。
(2) "有项目"数据,是预测项目实施后各年的效益与费用状况的数据。
(3) "无项目"数据,是预测在不实施项目的情况下,该企业各年的效益与费用状况的数据。
(4) "增量"数据,是指"有项目"减去"无项目"数据的差额,用于进行增量分析。
(5) "新增"数据,是指"有项目"相对"无项目"的变化额,即"有项目"效益与费用与现状数据的差额。

在这些数据中,"无项目"数据的预测是一个难点,也是增量分析的关键所在。和现状对比,"无项目"情况下的效益和费用在计算期内可能增加,可能减少,也可能保持不变。如果不区分项目的实际情况,而一律简单的使用现状数据替代"无项目"数据,可能会影响增量数据的可靠性,进而影响财务评价结果的准确性。

3) 计算期的可比性

进行"有项目"与"无项目"对比时,效益与费用的计算范围、计算期应保持一致,且具有可比性。为使计算期保持一致,应以"有项目"的计算期为基准,对"无项目"的计算期进行调整,在一般情况下,可以假设通过追加投资使"无项目"时的生产运营期延长到与"有项目"的计算期相同,并在计算期末将固定资产的余值回收。在某些情况下,通过延长寿命的方式在技术上不可行或者经济上明显不合理时,应将"无项目"的经营期适时终止,其后各年的现金流量为零。

4) 原有资产的利用和处理

在既有项目融资的财务评价中,已有资产应作为沉没成本考虑,无论其是否在项目中得到应用。原因是从"有无对比"的角度看,没有当前项目,原有的资产也不能发挥潜力,故在计算项目增量投资和新增投资时,原有资产不应计入。例如,过去企业为以后发展预留的厂房等,若没有当前项目,这笔已经花的费用也无法收回,因此将其计入沉没成本。但是如果该厂房能够脱离企业进行销售或者出租,此时可以在无项目的效益预测中加以反映。如果由于改扩建与技术改造而使部分原有资产不再有用并能转让出售或者其他有价处理,应把转让资产的收入视作现金流入。

8.5.2 改扩建和技术改造项目财务评价的内容

改扩建和技术改造项目的财务评价包括盈利能力分析、清偿能力分析和生存能力分析,对于涉及外汇收支的项目,还应该进行外汇平衡分析。

1. 盈利能力分析

改扩建和技术改造项目的盈利能力分析一般采用增量分析法。因为改扩建和技术改造项目的盈利能力分析实质上是对"建项目"和"不建项目"两个方案的对比,并且进行优选。方案比选的实质就是对增量效益与增量费用进行盈利能力分析指标的计算,分析在财务上的可行性。增量现金流的计算应采用"有无法",分别对有项目、无项目的未来现金流量进行预测。增量分析主要报表为项目增量财务现金流量表、资本金增量财务现金流量表。增量法进行盈利能力分析所采用的经济效果指标主要是增量净现值、增量内部收益率,当然也可以根据实际情况选择增量投资利润率、增量投资利税率、增量资本金利润率、增量投资回收期等指标。这些指标的含义、计算与判别准则与新建项目相同,区别在于所依据的报表是"有无对比"的增量数据报表。

【例 8-1】 某企业项目改扩建之前设备的市场估值为 300 万元。如果进行技术改造,则其中 150 万元的设备将在改造后继续使用,而此外其他设备可以变卖 150 万元。进行技术改造估计新增投资为 400 万元,改造后预测每年的净收益为 100 万元,而不进行改造预测每年的净收益为 50 万元,假定进行技术改造和不进行技术改造项目的寿命期均为 10 年,基准折现率为 10%,试判断该企业是否在进行技术改造。

解:首先分别画出"有项目"和"无项目"的现金流量图,如图 8-4 所示。

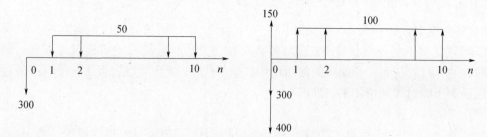

图 8-4 "无项目"与"有项目"现金流量对比图

$$\text{NPV}_{\text{无}} = -300 + 50(P/A,10\%,10) = 7.23(\text{万元})$$
$$\text{NPV}_{\text{有}} = -300 - 400 + 150 + 100(P/A,10\%,10) = 64.469(\text{万元})$$

因为 $\text{NPV}_{\text{有}} > \text{NPV}_{\text{无}}$,所以该企业进行设备的技术改造在经济上是合理的。

2. 清偿能力分析

从法律上讲,改扩建项目是由既有企业出面向银行借款,当然还款的财务主体是现有企业,也就是只应考虑既有企业的偿债能力。然而,企业借款是为了项目,不管项目将来是否独立核算,都应当考察项目本身的还款能力,这是企业财务管理本身的需要。因此,改扩建和技术改造项目应进行以下两个层次的分析。

1) 项目层次的偿债能力分析

编制借款还本付息计划表并分析拟建项目的"有项目"收益是否有偿还新增债务的能力。计算利息备付率和偿债备付率。考察还款资金来源(折旧、摊销、利润)是否能按期足额偿还借款利息和本金。

2) 企业层次的偿债能力分析

项目决策人(既有企业)要根据企业的经营与债务情况,在计入项目借贷及还款计划后,分析既有企业总体的偿债能力。

当项目范围与企业范围一致时(整体改扩建),"有项目"数据与报表都与企业一致,可直接利用企业财务报表进行借款偿还计算、资金平衡分析和资产负债分析。在项目范围与企业范围不一致时(局部改扩建),偿债能力分析就有可能出现项目和企业两个层次。

3. 生存能力分析

改扩建和技术改造项目只进行"有项目"状态的生存能力分析,分析的内容同一般新建项目。

复习思考题

一、简答题

1. 简述工程项目财务评价的指标与方法。
2. 如何识别项目财务评价的效益和费用?
3. 简述五张基本财务报表在财务评价中的作用以及可以计算的主要指标。
4. 对技术改造项目进行经济评价时往往采用"有无法"而不采用"前后法",为什么?

二、计算题

某新建项目财务评价基础数据如下:

(1) 项目设计规模为年产 P 产品 24000 吨,建设期为 3 年,第 4 年投产,当年生产负荷达到设计能力的 70%,第 5 年达到 90%,第 6 年达到 100%,生产期按 15 年计算。

(2) 项目固定资产投资估算额为 54678 万元,其中,工程费用为 43865 万元,其他费用为 3823 万元(含土地费用 623 万元),预备费为 6990 万元。流动资金按分项详细估算,周转天数分别为:应收账款 30 天;现金 15 天;应付账款 30 天。正常年份需要占用存货 6940 万元。

(3) 项目自有资金 22000 万元(其中 2400 万元用于流动资金,并于投产第 1 年投入),其余均为借款,固定资产投资借款年利率为 9.5%,流动资金借款年利率为 8.64%。建设期内各年投资比例分别为 20%,55% 和 25%。

(4) 每吨产品出厂价(含税价)按 16850 元计算。项目需缴纳增值税,税率为 17%;城市维护建设税按增值税税额的 7% 计取;教育费附加按增值税税额的 3% 计取。

(5) 生产 P 产品需要消耗六种原材料,正常年份原材料费用为 16526 万元;燃料及动力主要是水、电和煤,正常年份燃料动力费为 2054 万元;项目定员 500 人,人均月工资为 2650 元,福利费按工资额的 14% 计取;项目固定资产投资中的工程费用、土地费用、预备费和建设期利息计入固定资产原值,按直线折旧,净残值率取 4%;固定资产投资中的"其他费用"除土地费用外,计入无形及其他资产(其中无形资产为 2476 万元),无形资产按 10 年摊销,其他资产按 5 年摊销;固定资产修理费按折旧额的 50% 计取;成本中的其他费用按工资及福利费总额的 2.5 倍,再加每年 70 万元的土地使用税计算。

(6) 项目所得税按利润总额的 25% 计取。从还本资金有余额的年份起,每年按可供分配利润的 10% 提取盈余公积金,按可供分配利润的 80% 向投资者分配利润。偿还固定资产投资借款本金的资金来源为折旧费、摊销费和未分配利润,并按最大能力偿还。流动资金借款本金在计算期末用回收的流动资金偿还。

(7) 行业基准收益率为 12%,基准投资回收期为 10 年,行业平均投资利润率为 7%,平均投资利税率为 11%,固定资产投资借款偿还年限要求不超过 10 年。试根据以上资料进行项目的财务评价。

第 9 章

工程项目的国民经济评价

▶ 学习目标

- 理解国民经济评价与财务评价的异同点；
- 了解国民经济费用与效益的识别；
- 理解影子价格体系；
- 理解国民经济评价参数；
- 了解国民经济评价指标及计算。

▶ 导入案例

百亿化工项目立项之争

X 市是一个空气清新、气候宜人的海滨旅游城市。历年来，X 市几乎囊括了国内所有与城市环境有关的荣誉称号。然而 X 市的经济增长却显得相对平淡，培育经济增长点，促进经济快速增长，已经成为 X 市政府面临压力最大的工作难题之一。

在这样的背景下，X 市在桑田区同时正式动工了腾龙芳烃年产 80 万吨 PX 项目与翔鹭石化年产 150 万吨的 PTA（对苯二甲酸）二期项目，这是 X 市有史以来投资额最大的工业项目，投产后的年产值达 800 亿元以上。

桑田区在还没有兴建化工厂以前，常被 X 市市民称为"城市氧吧"。随着化工厂的迁入和生产规模的扩大，桑田区的空气质量已经发生了很大的变化，居民的生活环境持续恶化。桑田区的房地产业受损最明显，毗邻 PX 项目所在地的一个大型高尚住宅区的购房者纷纷要求退房。其周边的二手房价格亦应声而落。被影响的可能还包括 PX 项目邻近的几所学校，一些家长正试图将子女转学到其他城区的学校，生源问题已经变得越来越明显了。

这是一个政府经常要面对的难题：经济增长、环境保护的矛盾。这一问题使 X 市政府陷入一个两难的选择：以优美人居环境著称于世的海滨旅游城市在经济增长上相对落后，而能够给该市 GDP 带来巨大增长并提高就业水平的大型化工项目可能会产生严重的环境污染和安全隐患。

9.1 国民经济评价概述

国民经济评价与财务评价共同组成了完整的项目经济分析。但由于这两类分析所代表的利益主体不同,使它们分析问题的视角不同。对于私人投资者而言,财务评价的结果已经可以满足投资决策的需求,然后对于政府而言,必须通过有效的投资活动使国家资源在全社会范围内进行合理配置,因此单纯只依靠财务评价是不够的,还应从国家和全社会角度进行项目的国民经济评价。

所谓国民经济评价是指按照资源合理配置的原则,从整个国家整体角度考察项目的效益和费用,使用影子价格、影子工资、影子汇率和社会折现率等经济参数,从国民经济角度考察项目所耗费的社会资源以及项目对社会的贡献,从而评价项目的经济合理性。

9.1.1 国民经济评价的必要性

在市场经济条件下,企业财务评价可以反映出建设项目给企业带来的直接效益,但是由于市场在资源配置过程中不可避免会出现失灵现象,建设项目的经济效果不可能通过财务评价完全体现出来。市场失灵情况下的项目必须进行国民经济评价,同时国民经济评价的结论是主要的决策依据,财务评价只起到辅助作用。

现实中,导致市场失灵的原因可能是市场本身造成的,也有可能是政府不恰当的干预造成的。主要表现在以下几类项目中:①具有自然垄断或公共产品特征的项目,如电力、电信、交通运输以及其他基础建设项目;②外部效果显著的项目;③涉及国家控制的战略性资源开发和关系国家经济安全的项目;④受过度行政干预的项目。

概括来看,国民经济评价具有如下意义。

1. 国民经济评价能够真实反映项目对国民经济的净贡献

我国和大多数发展中国家一样,不少商品的价格不能反映价值,也不能反映供求关系。在这种商品价格严重"失真"的条件下,按现行价格计算项目的投入或产出,不能确切地反映项目建设给国民经济带来的效益与费用,此时就必须运用能反映资源真实价值的影子价格,借以计算建设项目的费用和效益。国民经济评价按照项目真正的投入产出进行计算,不仅考虑项目本身的盈利能力、资金回收能力,同时也考虑项目对财政收入、环境、资源利用的影响。所以国民经济评价是站在"国家整体利益"角度进行思考和评价,更加客观和准确。

2. 国民经济评价能够引导投资决策科学化

国家的资源(包括资金、外汇、土地、劳动力以及其他自然资源)总是有限的,必须在资源的各种相互竞争的用途中做出选择,而这种选择必须借助于国民经济评价,从国家整体的角度来考虑。这主要体现在以下三个方面:①有利于引导投资方向。运用经济净现值、经济内部收益率等指标及影子价格、影子汇率等参数,可以起到鼓励或抑制某些行业或项目发展的作用,促进国家资源合理分配。②有利于控制投资规模。最明显的是国家可以通过调整社会折现率这个重要的评价参数调控投资规模。当投资规模膨胀,可以适当提高社会折现率,控制一些项目的通过。③有利于提高计划质量。

3. 国民经济评价提供了统一标准

国民经济评价采用了统一的评价体系和评价参数,包括影子价格、影子汇率、影子工资、社会折现率等。通过统一标准,为不同地区、不同行业的投资项目,在效益、费用方面提供了可比性,有利于选择最优投资方向。

9.1.2 国民经济评价与财务评价的相同点

项目财务评价和国民经济评价构成一个完整的投资项目经济评价。二者之间的共同之处有以下几点。

(1) 评价目的相同。两者都是寻求以最小的投入获得最大的产出。

(2) 评价的基础工作相同。两者都是在完成产品需求预测、厂址选择、工艺技术路线和工程技术方案论证、投资估算和资金筹措基础上进行的。

(3) 基本分析方法和主要指标的计算方法类同。两者都基于资金时间价值的原理,采用现金流量分析方法,通过基本报表计算净现值、内部收益率等指标。

9.1.3 国民经济评价与财务评价的区别

1. 评价的层次不同

财务评价从项目自身利益出发,从项目经营者、投资者和债权人角度出发分析项目的盈利能力、偿债能力和生存能力;国民经济评价从国民经济的整体利益出发,分析项目对整个国民经济以至整个社会产生的效益,也就是分析国民经济对这个项目付出的代价(成本),以及这个项目建成之后可能对国民经济做出的贡献(效益)。

2. 效益与费用的划分范围不同

企业的目标是盈利,社会的目标是通过资源的有效配置和福利的公平分配促进经济的可持续性发展。因此财务评价只根据项目直接发生的财务收支计算项目的费用和效益;而对于国民经济评价而言,有些在财务评价中被列为收入的,在国民经济评价中不列为收入(如财政补贴),有些在财务评价中被列为支出的,在国民经济评价中不列为支出(如税金,国内银行贷款利息)。此外国民经济分析不仅需要识别项目自身的内部经济效果,而且需要识别项目对国民经济其他部门和单位产生的外部效果。

3. 采用的价格体系不同

财务评价对投入物和产出物采用财务价格进行计算。财务价格是以现行价格(市场交易价格)体系为基础的预测价格。国民经济评价采用影子价格体系来代替不合理的国内市场价格。影子价格反映资源(货物)的价值及稀缺程度,可以使有限的资源得到最佳的分配,从而带来最大的经济增长,或者说实现最佳经济效益。

4. 采用的主要参数不同

为了进行盈利能力分析,财务评价中使用了财务基准收益率,而国民经济中则使用了社会折现率。财务基准收益率依行业的不同而不同,而社会折现率在全国范围内都是一致的。财务评价采用国家统一规定的官方汇率,而国民经济评价采用影子汇率。

5. 评价的内容不同

财务评价主要进行项目的盈利能力、偿债能力和生存能力的分析,而国民经济评价只进行建设项目的盈利能力分析。

【补充理解9-1】

财务评价与国民经济评价的取舍标准

① 一般应以国民经济评价的结论作为项目决策的主要依据。

② 两者都否定,则项目否定;两者都肯定,则肯定项目。

③ 如国民经济评价否定而财务评价肯定,则否定项目。

④ 如国民经济评价肯定而财务评价否定,应重新考虑方案,必要时可提出优惠政策,使项目具有财务生存能力。

9.2 费用与效益的识别

9.2.1 费用与效益识别的基本原则

费用和效益都是相对于目标而言的。效益是对目标的正贡献,费用是对目标的负贡献。国民经济评价是以社会资源的最优配置从而使国民收入最大化为目标,凡是增加国民收入的就是国民经济效益;凡是减少国民收入的就是国民经济费用。国民经济费用与效益识别的基本原则包括以下四部分。

1. 增量分析原则

项目经济费用效益分析应建立在增量效益和增量费用识别和计算的基础上,不应考虑沉没成本和已经实现的效益。因此,评价应该按照"有无法"进行增量分析,通过项目的实施效果和无项目情况下可能发生的情况进行对比分析。

2. 考虑关联效果原则

国民经济评价是从国民经济的整体效益出发,系统分析的边界是整个国民经济,对项目所涉及的所有成员及群体的费用和效益做出全面分析,不仅要识别项目自身的内部效果,而且需要识别项目对国民经济其他部门和单位产生的外部效果。

3. 以本国居民为分析对象的原则

经济效益与费用的识别应该以本国社会成员作为主要分析对象。对于对本国之外的其他社会成员也产生重要影响的项目,应重点分析项目给本国社会成员带来的效益和费用,项目对国外社会成员所产生的效用应予以单独陈述。

4. 剔除转移支付原则

转移支付代表购买力的转移行为,接受转移行为的一方所获得的效益与付出方所产生的费用相等,转移支付行为本身并没有导致新增资源的产生。因此,在国民经济评价中应该剔除税金、补贴、借款和利息等转移支付的影响。

9.2.2 直接效益与直接费用

1. 直接效益

项目的直接效益是指由项目本身产生,由其产出物提供,并用影子价格计算的产出物的经济价值。项目直接效益的确定分为以下两种情况:

(1) 如果项目的产出物用以增加国内市场的供应量,其效益就是所满足的国内市场需求,用消费者的支付意愿来确定。

(2) 如果国内市场的供应量不变:①项目产出物增加了出口量,其效益为所获得的外汇;②项目产出物减少了总进口量,即替代了进口货物,其效益为节约的外汇;③项目产出物顶替了原有项目的生产,致使其减产或停产的,其效益为原有项目减产或停产向社会释放出来的资源,其价值也就等于这些资源的支付意愿。

2. 直接费用

项目的直接费用主要指国家为满足项目投入(包括固定资产投资、流动资金及经常性投入)的需要而付出的代价。这些投入物用影子价格计算的经济价值即为项目的直接费用。项目直接费用的确定,也分为以下两种情况。

(1) 如果拟建项目的投入物来自国内供应量的增加,即增加国内生产来满足拟建项目的需求,其费用就是增加国内生产所消耗的资源价值。

(2) 如果国内总供应量不变:①项目投入物来自国外,即增加进口来满足项目需求,其费用就是所花费的外汇;②项目的投入物本来可以出口,为满足项目需求,减少了出口量,其费用就是减少的外汇收入;③项目的投入物本来用于其他项目,由于改用于拟建项目将减少对其他项目的供应,因此而减少的效益,也就是其他项目对该投入物的支付意愿。

9.2.3 间接效益与间接费用

项目的费用和效益不仅体现在它的直接投入物和产出物中,还会在国民经济相邻部门及社会中反映出来。这就是项目的间接费用(外部费用)和间接效益(外部效益),也可统称为外部效果。工程项目的外部效果通常有以下几种情况。

1. 价格性外部效果、技术性外部效果

项目的价格性外部效果是指不影响项目之外的生产和消费总量,只引起某些商品和劳务相对价格发生变化而产生的间接费用与间接效益。例如,实施某一生产化纤原料的大型工程项目,项目产出物增加化纤原料市场供给,使这种化纤原料的价格下降。采用这种化纤原料的化纤纺织部门的利润会因此增加,服装加工部门、服装销售商直至服装消费者都因此得到好处(消费者剩余)。这一系列的价格连锁效益并没有全部反映到该项目的直接效益中。同理,项目投产使投入品需求增加,所带来的一系列价格连锁也没有全部反映到直接费用中。

项目的技术性外部效果是那些能够真正引起项目之外的生产和消费发生变化的收益和费用。在建设钢铁厂的同时修建了一套厂外运输系统,不仅可以为钢铁厂服务,还可以使当地工农业生产受益,属于项目的技术性间接收益;然而工业项目产生的废水、废气和废渣引起的环境污染及对生态平衡的破坏,属于项目的技术性间接费用。

【补充理解9-2】

价格性外部效果

某企业响应国家号召,实施了一项节能水泵的技术改造项目。节能水泵将使使用单位节省可观的能源,而水泵制造厂需要为此付出一定的费用(研制费和制造成本的增加等)。如果水泵在使用期内所节省能源的费用足以补偿制造厂增加的各种费用,显然这是有利于国民经济的。由于制度上的原因,新水泵的销售价格还是与老水泵一样,或者是新水泵的销售价格的增加不能补偿制造厂增加的各种费用在每件产品上的分摊额,那么新水泵的效益就不能全部反映到工程项目的效益上,因而对使用水泵的项目产生一个正的外部效果。

资料来源:李南. 工程经济学(第三版). 科学出版社,2013.

2. 相邻外部效果、乘数外部效果

项目的相邻外部效果包括"正向"相邻效果和"逆向"相邻效果。例如,某地区的电机加工厂生产能力过剩,设备劳力闲置。由于建立了一个电风扇厂,对电机的需求增加,使原来的电机工厂生产能力得以充分利用,产生"逆向"相邻效果。反过来,若电风扇工厂原来就有,但因电机供应不足,使生产不饱满,那么建立电机厂就有"正向"相邻效果。

项目的乘数效果是指由于某一类工程项目的投入使原来闲置的社会资源能够利用起来而产生效益的外部效果。例如,兴建汽车厂会带动零部件厂的发展,带动各种金属材料和非金属材料生产的发展,进而带动机床生产等。

外部效果的识别和计量比较困难,极易造成遗漏和重复计算,为了减少计量上的困难,应力求明确项目的"边界"。一般情况下可以采用以下两种方法处理。第一,扩大项目的范围,特别是一些相互关联的项目可合在一起作为"联合体"进行评价,这样可使外部费用和效益转化为直接费用和效益。第二,采用影子价格计算收益和费用,因为使用影子价格计算的费用和效益在很大程度使外部效果在项目内部得到了体现。通过扩大项目范围和调整价格两步工作,实际上已将很多外部效果内部化了。

【补充理解9-3】

民航空域系统社会经济效益评估

从宏观层面上看,就民航运输生产活动来说,按照其产生社会影响的不同可以分为以下几类:

1. 与实际运输活动相关的外部影响,包括空气污染、噪声污染、飞行事故和交通拥挤等。

2. 与航空器相关的外部影响,包括航空器的生产和处置所导致的污染、航空器停放的土地占用以及机场维修场地占用等。

3. 与运输基础设施相关的外部性,包括视觉干扰、对社区的隔离障碍效应、对生态系统的分离效应等。

4. 与运输活动的紧邻区域相关的外部性,包括对居民、工厂和财产的地方性影响,噪声污染对社区生活的影响是最明显,同时还存在着地方性的空气污染物。

在研究民航空域系统产生的社会经济效益时,不能单单依据那些反映经济效益的财务统计指标,还应综合考虑运作于运输市场之外、视为系统效益外部性的社会效益、生态效益等方面,否则就会出现理论与事实的矛盾。

资料来源:李铮. 民航空域系统社会经济效益评估方法研究,中国民航大学,2008年.

9.2.4 转移支付

在识别费用与效益范围的过程中,某些财务费用和收益并不真正反映资源投入和产出的变化,即没有造成国内资源的真正增加或耗费的支付,因此并不影响国民收入的变化。例如企业向国家缴纳税金,向国内银行支付利息,或企业从国家得到某种形式的补贴,这些都是财务评价中的实际收入或支出,但是从国民经济的角度看只是国民经济各部门之间的转移支付,没有涉及社会最终产品和资源的增减,因此不能作为项目的费用或效益。常见的转移支付包括以下几项。

1. **税金**

项目在投资建设和生产经营活动中需要缴纳一系列税金,包括关税、资源税、增值税、消费税、营业税、城市维护教育费附加和所得税等。税金从拟建项目来说是一项支出,从国家财政来说就是一项收入。但实际上税金只是将资源的支配权由企业转移到国家,并不伴随着资源的变化和国民收入的增减。因此,在进行国民经济评价时,它们既不是经济费用也不是经济效益。需要注意的是,能够体现资源补偿和环境补偿的税费需要计入国民经济费用项目。

2. **补贴**

补贴是国家为了鼓励使用某些资源或者扶持某些项目建设而给予的资金,包括出口补贴、价格补贴等。补贴虽然增加了拟建项目的财务收益,但从社会资源变动的角度看,补贴既未增加社会资源,也未减少社会资源。所以国家提供的各种形式的补贴都不能视作国民经济评价中的费用或效益。

3. **国内借款利息**

项目在使用国内贷款时需要支付相应的贷款利息,利息是企业与金融机构之间的一种资金转移,并不涉及资源的增减变化,所以在进行国民经济评价时,利息也不能作为经济成本或经济效益。而项目的国外借款利息支付,是企业将资源转移到国外金融机构手中,国民收入因此减少,所以国外银行利息需列入项目的国民经济费用。

9.3 国民经济评价的通用参数

国民经济评价参数是国民经济评价的基础。正确理解和使用评价参数,对准确计算费用、效益和评价指标,以及比选优化方案具有重要作用。国民经济评价参数体系有两类,一类是通用参数,如社会折现率、影子汇率和影子工资等,这些通用参数由有关专门机构组织测算和发布;另一类是货物影子价格等一般参数,由行业或者项目评价人员测定。

9.3.1 社会折现率

社会折现率(i_s)是社会对资金时间价值的估值,代表投资项目的社会资金所应达到的按复利计算的最低收益水平,即资金的影子利率。对以优化配置资源为目的的国民经济分析来说,社会折现率是从整个国民经济角度对资金的边际投资内部收益率的估值。它主要用来作为计算净现值时的折现率,或用作评判项目国民经济内部收益率高低的基准。

社会折现率作为一个基本的国民经济参数,是国家评价和调控投资活动的重要杠杆之一。社会折现率取值的高低对国民经济的发展具有不可忽视的作用。与财务评价的基准贴现率类似,社会折现率的取值直接影响项目经济可行性判断的结果和项目的优选与方案的排序结果。因此,社会折现率可以作为国家总投资规模的控制参数。当需要缩小投资规模时,可以通过提高社会折现率得以实现。

根据对我国国民经济运行的实际情况、投资收益水平、资金供求状况、资金机会成本以及国家宏观调控等因素综合分析,国家计委于1987年首次颁布社会折现率为10%,目前的取值是8%。

【补充理解9-4】

社会折现率的确定

不同国家的社会折现率存在较大的差异,如美国环保部的社会折现率为:2%~3%,菲律宾的社会折现率则高达15%。同一国家的不同政府部门、一个国家在发展的不同阶段的社会折现率也不尽相同,这其间存在一定的规律性。

第一,随着经济发展水平的提高,社会折现率呈现出递减的趋势。

第二,发达国家估算社会折现率的依据是本国的社会时间偏好率,而发展中国家社会折现率的理论基础主要是资本的边际社会机会成本,一些发展中国家或者多边发展银行则采用社会时间偏好率和资本的边际社会机会成本的加权平均值来替代社会折现率。

我国在估算社会折现率时采用的是加权平均法,估算的社会时间偏好率大约为:4.5%~6%,资本的回报率大约为:9%~11%,因此加权平均后得到8%的社会折现率。

资料来源:根据Zhuang et al(2007)的文献整理补充。

9.3.2 影子汇率

汇率是用一个国家的货币折算成另一个国家的货币的比率,相当于以一个国家的货币表示另一个国家货币的"价格"。通常的汇率就是官方汇率,是由财政部、中央银行等规定的汇率。

但是影子汇率不同于官方汇率,是经过调整后的国外货币与国内货币购买力的真实比率,相当于外汇的"影子价格",能够反映项目投入或产出所导致的外汇的减少或增加,给国民经济带来的损失或收益。

影子汇率是一个重要的经济参数,由国家统一制定和定期调整。国家可以利用影子汇率作为杠杆,影响项目投资决策。对于要引进国外设备或零部件的项目,外汇影子价格较高时,不利于引进方案,但有利于国产设备的方案。而对于产出物为外贸货物的建设项目,外汇影子价格较高时,则有利于这些项目获得批准实施。

在国民经济评价中,影子汇率通过影子汇率换算系数计算。投资项目投入物和产出物涉及进出口的,应采用影子汇率换算系数调整计算影子汇率。

$$影子汇率 = 官方汇率 \times 影子汇率换算系数 \tag{9-1}$$

影子汇率换算系数的影响因素包括国家外汇收支状况、主要进出口商品的国内价格与国外价格的比较、出口换汇成本以及进出口关税等,目前我国的影子汇率换算系数取值为 1.08。

9.3.3 影子工资

影子工资反映了社会为项目使用劳动力所付出的代价。影子工资由劳动力的边际产出和劳动就业或者转移而引起的社会资源消耗两部分组成。影子工资一般通过影子工资换算系数计算。

$$影子工资 = 财务工资 \times 影子工资换算系数 \tag{9-2}$$

影子工资受到项目所在地的劳动力就业情况、劳动力就业或转移成本的影响。我国目前技术性工作的劳动力的工资报酬一般由市场供求决定,影子工资换算系数一般取值为 1,即影子工资可等同于财务分析中使用的工资。根据我国非技术劳动力就业状况,非技术劳动力的影子工资换算系数在 0.25~0.8 之间。非技术劳动力较为富余的地区可取较低值,不太富余的地区可取较高值,中间状况可取 0.5。

9.4 国民经济评价的一般参数——影子价格

在财务分析中,采用市场价格体系计算项目的效益和费用,价格反映了产品的市场价值。但是在国民经济评价中,应该采用影子价格体系计算项目的效益和费用,以便反映资源的经济价值。因此在国民经济评价中,需要将市场价格体系调整为影子价格体系,使之客观反映产品及服务的真实价值与稀缺性,实现资源优化配置及有效利用。

【补充理解 9-5】

影子价格的提出

影子价格(Shadow Price)是 20 世纪 30 年代末,由荷兰经济学家詹恩·丁伯根和苏联经济学家列·维·康特洛维奇分别提出来的。影子价格在国外称为预测价格、计算价格,在苏联称为最优计划价格。

詹恩·丁伯根将影子价格定义为:在均衡价格的意义上表示生产要素或产品内在的或真正的价格。影子价格可以通过线性规划的数学方式计算出,反映了社会资源获得最佳配置的一种价格。

列·维·康特罗维奇从资源的有限性为出发点,以资源最佳配置作为价格形成的基础,即最优价格不取决于部门的平均消耗,而是在最劣等生产条件下的个别消耗(边际消耗)决定的。

康特罗维奇的最优价格与丁伯根的影子价格,其内容基本是相同的,都是运用线性规划把资源和价格联系起来。但二者又有差异：丁伯根的理论是以主观的边际效用价值论为基础，而康特罗维奇的理论是同劳动价值论相联系；前者的理论被人们看成一种经营管理方法，后者则作为一种价格形成理论；前者的理论主要用于自由经济中的分散决策，而后者的理论主要用于计划经济中的集中决策。

9.4.1 影子价格的含义

影子价格是指当社会经济处于某种最优状态时，能够反映社会劳动的消耗、资源稀缺程度和最终产品需求情况的价格。可见，影子价格是人为确定的、比交换价格更为合理的一种价格。从定价原则来看，这个"合理"的标志能更好地反映产品的价值、市场供求状况、资源稀缺程度；从价格产出的效果来看，这个"合理"的标志使资源配置向优化的方向发展。

影子价格反映在项目的产出物上是一种消费者"支付意愿"。只有在供求完全均衡时，市场价格才代表愿付价格。影子价格反映在项目的投入物上就是如果是资源不投入该项目，而投在其他经济活动中所能带来的效益。这表明项目的投入物是以放弃了本来可以得到的效益为代价的，西方经济学家把它称作"机会成本"。根据"支付意愿"或"机会成本"的原则确定影子价格后，就可以测算出拟建项目要求经济整体支付的代价和为经济整体提供的效益，从而得出拟建项目的投资能给社会带来多少国民收入增加额或纯收入增加额。

【补充理解9-6】

关键概念：支付意愿与机会成本

1. 支付意愿

支付意愿是指消费者对一定数量某物品所愿意支付的最高价格，以衡量消费者对产品的评价。

2. 机会成本

机会成本是指当经济资源有多种用途时，把资源投入到某一特定用途以后，在所放弃的其他用途中，可能给选择者带来的最大收益。在资源稀缺的世界中，人们必须做出选择，机会成本就是特指拒绝备择品或机会的最高价值的估价，它是为了获取已挑选的具体实物中具有更高价值的选择物而放弃或损失的价值。

9.4.2 市场定价货物的影子价格的计算

随着我国市场经济发展和贸易范围的扩大，大部分货物的价格由市场决定，价格可以近似反映其真实价值。进行国民经济评价可将这类货物的市场价格加上或者减去国内运杂费等，作为投入物或产出物的影子价格。

一个项目的产出和投入，必然会对国民经济产生各种影响。就产出物的产量来看，可能会增加国民经济对这个产出物的总消费、减少国民经济其他企业的生产、减少进口或增加出口。就投入物的消耗来看，可能会减少国民经济其他部门对该投入物的消费、增加国民经济内部生产该投入物的产量、增加进口或减少出口。如果主要影响国家的进出口水平，应划为外贸货物；如果主要影响国内供求关系，应划为非外贸货物。

1. **外贸货物的影子价格**

外贸货物的影子价格以口岸价为基础，乘以影子汇率，加上或者减去国内运杂费和贸易费用。

$$投入物影子价格 = 到岸价(CIF) \times 影子汇率 + 国内运杂费 + 贸易费用 \quad (9-3)$$

$$产出物影子价格 = 离岸价(FOB) \times 影子汇率 - 国内运杂费 - 贸易费用 \quad (9-4)$$

贸易费用是指外经贸机构为进出口货物所耗用的、用影子价格计算的流通费用,包括货物的储运、再包装、短途运输、装卸、保险、检验等环节的费用支出,以及资金占用的机会成本,但不包括长途运输费用。一般用货物的口岸价乘以贸易费用率估算贸易费用。

2. 非外贸货物影子价格

一种货物之所以成为非外贸货物,大多是由于运输费用太大,以致它的出口成本将高于可能的离岸价格,或者运到使用地的进口成本将高于当地的生产成本。也有的是限于国内或国外贸易政策的限制,还有一些是边远地区的自给产品和低质量产品,所以不同地区非外贸货物的比重也不同。一般越往内地,非外贸货物的比重越大。

非外贸货物影子价格以市场价格加上或者减去国内运杂费作为影子价格。投入物影子价格为到厂价,产出物影子价格为出厂价。

9.4.3 政府调控价格货物影子价格的计算

有些货物或者服务不完全由市场机制形成价格,而是由政府调控价格,例如由政府发布指导价、最高限价和最低限价等。这些货物或者服务的价格不能完全反映其真实价值。在进行国民经济评价时,应对这些货物或者服务的影子价格采用特殊方法确定。一般原则是:投入物按机会成本分解定价,产出物按消费者支付意愿定价。

1. 电价

电价作为项目投入物的影子价格,一般按完全成本分解定价,电力过剩时按可变成本分解定价。电价作为项目产出物的影子价格,可按电力对当地经济边际贡献率定价。

2. 铁路运价

铁路运价作为项目投入物的影子价格,一般按完全成本分解定价,对运输能力富余的地区,按可变成本分解定价。铁路项目产出品的国民经济效益有特殊性,通常采用"有无对比法"计算其国民经济效益(内容涉及专门的"交通运输项目国民经济效益分析方法",本书不探讨)。

3. 水价

水价作为项目投入物的影子价格,按后备水源的边际成本分解定价,或者按恢复水功能的成本计算。水价作为项目产出物的影子价格,按消费者支付意愿或者按消费者承受能力加政府补贴计算。

9.4.4 特殊投入物的影子价格的计算

项目的特殊投入物是指在建设、生产运营中使用的土地、劳动力和自然资源等。

1. 土地的影子价格

土地的影子价格反映土地用于该拟建项目后,不能再用于其他目的所放弃的国民经济效益,以及国民经济为其增加的资源消耗。

在我国,投资项目占用的土地可能具有也可能不具有直接费用(征购费等)。但是占用土地的经济费用几乎总是存在的。因为项目占用土地,将致使这些土地对国民经济的其他潜在贡献不能实现,这种因有了项目而不能实现的贡献就是项目占用土地的经济费用。因此,土地的影子价格是建立在被放弃的收益这一机会成本的概念上,同时还要考虑国民经济为其增加的资源消耗。土地的影子价格按农用土地和城镇土地分别计算。

(1) 农用土地影子价格:指项目占用农用土地后国家放弃的收益,由土地的机会成本和占用该土地而引起的新增资源消耗两部分构成。农用土地的机会成本可以根据土地的农业生产率来计算其影子价格。新增资源消耗一般包括拆迁费用和劳动力安置费用等。

$$土地影子价格 = 土地机会成本 + 新增资源消耗 \tag{9-5}$$

（2）城镇土地影子价格：通常按市场价格计算，主要包括土地出让金、征地费、拆迁安置补偿费等。

【补充理解9-7】

土地影子价格的计算

1. 属于机会成本性质的费用，例如土地补偿费和青苗补偿费，按照机会成本方式进行调整：

（1）土地补偿费：用地单位依法对被征地的农村集体经济组织因其土地被征用造成经济损失而支付的一种经济补偿。

（2）青苗补偿费：用地单位对被征用土地上的青苗因征地受到毁损，向种植该青苗的单位和个人支付的一种补偿费用。

2. 属于新增资源消耗的费用，例如安置补助费和附着物补偿费等，按照影子价格进行计算。

（1）附着物补偿费：用地单位对被征用土地上的附着物，如房屋、其他设施，因征地被毁损而向该所在人支付的一种补偿费用。

（2）安置补助费：用地单位对被征地单位安置因征地所造成的富余劳动力而支付的补偿费用。

3. 属于转移支付的费用主要包括征地管理费、耕地占用税、土地管理费和土地开发费等税费。

2. 劳动力的影子价格

劳动力的影子价格是项目工资成本的影子价格，即影子工资。影子工资反映国民经济为项目使用劳动力所付出的真实代价，由劳动力机会成本和劳动力转移而引起的新增资源耗费两部分构成。劳动力机会成本是指劳动力如果不就业于拟建项目而从事于其他生产经营活动所创造的最大效益。它与劳动力的技术熟练程度和供求状况（过剩与稀缺）有关，技术越熟练，稀缺程度越高，其机会成本越高，反之越低。新增资源消耗费是指项目使用劳动力，由于劳动就业或者迁移而增加的城市管理费用和城市交通等基础设施投资费用等。

劳动力影子价格由两部分组成：

$$劳动力影子价格 = 劳动力机会成本 + 新增资源消耗 \tag{9-6}$$

（1）劳动力机会成本。劳动力机会成本是指受雇于某项目的劳动力，如果不被项目雇佣而是从事其他生产经营活动所能创造的最大效益；或者项目使用自愿失业劳动力而支付的税后净工资额。

（2）新增资源消耗是指劳动力在本项目新就业或由其他就业岗位转移到本项目而发生的经济资源消耗。劳动力的影子价格（即影子工资）一般可采用（9-2）公式计算。

3. 自然资源的影子价格

自然资源是一种特殊的投入物，项目使用的矿产资源、水资源、森林资源等都是对国家资源的占用和消耗。在经济评价中可以使用项目投入物的替代方案的成本，对这些资源资产由于其他用途的机会成本等进行分析测算。矿产等不可再生自然资源的影子价格按资源的机会成本计算，水和森林等可再生自然资源的影子价格按资源再生费用计算。

9.5 国民经济评价报表及指标

9.5.1 国民经济评价报表

为了计算国民经济评价的各项指标,需要编制国民经济评价的基本报表。主要包括:

(1) 项目国民经济效益费用流量表。该表以全部投资(包括国内投资和国外投资)作为分析对象,考察项目全部投资的盈利能力,用以计算全部投资经济净现值、经济内部收益率指标。

(2) 国内投资国民经济效益费用流量表。该表以国内投资作为分析对象,考察项目国内投资部分的盈利能力,用以计算国内投资经济净现值、经济内部收益率指标。国民经济效益费用流量表一般在项目财务评价基础上进行调整编制,有些项目也可以直接编制。

(3) 经济外汇流量表。如果项目有出口创外汇或替代进口节汇效果时需编制该表。用以计算经济外汇净现值、经济节汇成本等。

9.5.2 国民经济评价指标

国民经济评价只做盈利能力分析,可以根据国民经济效益费用流量表计算经济内部收益率和经济净现值等评价指标。

1. 国民经济盈利能力分析指标

(1) 经济净现值

经济净现值(ENPV)是反映项目对国民经济净贡献的绝对指标,是用社会折现率将项目计算期内各年的净效益流量折算到建设期初的现值之和。计算公式为

$$\text{ENPV} = \sum_{t=0}^{n} (CI - CO)_t (P/F, i_s, t) \tag{9-7}$$

式中 i_s——社会折现率;

CI——效益流量;

CO——费用流量;

n——计算期。

项目经济净现值等于或大于零,就认为项目是可以考虑接受的。经济净现值等于或大于零的经济意义是:国家为拟建项目付出的代价可以得到符合社会折现率要求的社会盈余,或者除得到符合社会折现率要求的社会盈余外,还可以得到以现值计算的超额社会盈余。

【例9-1】 某投资项目需要进行国民经济评价,间接效益、费用已经通过其产品及投入物的影子价格的计算包含在直接效益和直接费用中,项目的投资国民经济效益费用流量表如表9-2所列,社会折现率为8%,试计算该项目全部投资的经济净现值并判断项目在国民经济上的可行性。

表9-2 项目国民经济效益费用表 (单位:万元)

序号	项目	建设期			投产期		达产期		
		0	1	2	3	4	5	6	7
1.	效益流量				650	720	830	830	910
1.1	项目直接效益				650	720	830	830	830
1.2	项目余值回收								80

(续)

序号	项目	建设期			投产期		达产期		
		0	1	2	3	4	5	6	7
1.3	项目间接效益				0	0	0	0	0
2	费用流量	520	0	170	530	600	530	530	530
2.1	建设投资	520							
2.2	维持运营投资				120	120	120		
2.3	流动资金			50					
2.4	运营费用				410	480	530	530	530
2.5	项目间接费用	0	0	0	0	0	0	0	0
3	净效益流量	-520	0	-170	120	120	300	300	380

解:该项目的全部投资的经济净现值为:

$$\text{ENPV} = -520 - 170(P/F, 0.08, 2) + 120(P/F, 0.08, 3) + 120(P/F, 0.08, 4) + 300(P/F, 0.08, 5)$$
$$+ 300(P/F, 0.08, 6) + 380(P/F, 0.08, 7)$$
$$= 132.67(万元)$$

根据计算可以看出该项目全部投资的经济净现值大于零,说明该项目不仅能达到8%的收益率,而且还能获得132.67万元的超额收益,在经济上是可行的。

(2) 经济内部收益率

经济内部收益率(EIRR)是反映项目对国民经济净贡献的相对指标,表示项目占用资金所获得的动态收益率。它是项目在计算期内各年经济净效益流量的现值累计等于零时的折现率。计算公式为:

$$\sum_{t=0}^{n} (\text{CI} - \text{CO})_t (P/F, \text{EIRR}, t) = 0 \quad (9-8)$$

经济内部收益率等于或大于社会折现率,表示项目对国民经济的净贡献达到或者超过要求的水平,应认为项目可以接受。

(3) 经济净现值率

经济净现值率(ENPVR)反映了项目单位投资对国民经济所做的贡献,体现了单位投资现值的经济净现值。该指标一般多用于在投资总额限定时多个投资方案的比较选择。计算公式为:

$$\text{ENPVR} = \frac{\text{ENPV}}{I_P} \quad (9-9)$$

式中 I_P——投资现值。

以上指标按分析效益费用的口径不同,可分为整个项目的经济内部收益率和经济净现值以及国内投资经济内部收益率和经济净现值。如果项目没有国外投资和国外借款,则全部投资指标与国内投资指标相同;如果项目有国外资金流入与流出,应以国内投资的经济内部收益率和经济净现值作为项目国民经济评价的评价指标。

2. 外汇效果分析指标

1) 经济外汇净现值

经济外汇净现值是反映项目实施后对国家外汇收支直接或者间接影响的重要指标。用以衡量项目对国家外汇真正的净贡献或者净消耗。其计算公式为:

$$\text{ENPV}_F = \sum_{t=0}^{n} (\text{FI} - \text{FO})_t (P/F, i_s, t) \quad (9-10)$$

式中 i_s——社会折现率;

FI——外汇流入量；

FO——外汇流出量；

n——计算期。

2）经济节汇成本

经济节汇成本（EFC）是指项目生产出口产品或替代进口产品时，用影子价格、影子工资和社会折现率计算的为生产而投入的国内资源现值（以人民币表示）与产出品的经济外汇净现值（通常以美元表示）的比值，即获取1美元净外汇收入或节省1美元耗费所需消耗的国内资源价格（人民币元）。其计算公式为：

$$\text{EFC} = \frac{\sum_{t=0}^{n} \text{DR}_t (P/F, i_s, t)}{\sum_{t=0}^{n} (\text{FI} - \text{FO})_t (P/F, i_s, t)} \quad (9-11)$$

式中 DR_t——项目在第 t 年为生产出口产品或替代进口产品所投入的国内资源价格（按影子价格计算）；

FI_t——第 t 年的外汇流入量（美元）；

FO_t——第 t 年的外汇流出量（美元）。

经济节汇成本若小于影子汇率，表明项目生产出口品或替代进口品的经济效益好。经济节汇成本用于分析评价项目实施后其产品在国际上的竞争力，进而判断其产品是否应出口或进口。

9.5.3 国民经济案例分析

案例概述：某铁矿为新建大型采选联合企业，其采矿为露天开采。矿石地质储量为1.5亿吨，平均含铁品位34.45%。金属矿物主要为磁铁矿，其次是赤铁矿和少量褐铁矿等。该露天采矿场内的矿石量1.34亿吨，岩石量2.2亿吨，平均剥采比为1.63吨/吨，开采年限40年。

根据矿山基本情况，可以预计：矿山设计生产规模为年产含铁67%的铁精矿158万吨。根据矿山的投入与开发，各年的生产负荷、产量和经营成本如表9-3所列：

表9-3 矿山开发项目生产负荷与产量

项目	1-3年	4年	5年	6年	7-24年
生产负荷/%	0	30	50	80	100
精矿量/万吨	0	51.19	85.32	136.51	170.64
经营成本/万元	0	4000	5200	6300	7200

该项目固定资产投资29200万元，全部使用银行贷款，年利率为3.6%。流动资金投资为经营成为的35%，总额为2520万元，其中70%是银行贷款，年利率表8%，其余30%为自有资金。从5年开始投入更新改造资金，各年投入资金如表9-4所列。

表9-4 矿山开发项目投资表　　　　　　　　　（单位：万元）

项目	0	1	2	3	4	5	6	7	……	24
固定资产投资	2600	4000	14000	8000	150	150	150	150		
流动资金投资					1400	420	385	315		
更新改造资金					230	340	440	1200	……	1200

项目生产期20年，基本折旧率5%，不考虑固定资产残值。

财务评价部分：（略），下面主要讨论该矿山项目的国民经济评价。

国民经济评价：

1. 效益与费用数值的调整

本项目产品直接替代澳大利亚进口矿,每吨 67% 的铁精矿可替代 62% 的铁矿粉 1.08 吨,本项目年产铁精矿 158 万吨,共可替代 170.64 万吨澳大利亚铁矿粉。含铁 67% 的澳大利亚铁矿到岸价为 25.74 美元/吨。社会折现率为 10%,影子汇率为 4.00 人民币/美元,国内铁路货运费用的调价系数 2.41,贸易费率为 6%,电的分解成本为 0.154 元/(kW·h)。

(1) 收益分析(计算产出物影子价格)

含铁 67% 的澳大利亚铁矿到岸价为 25.74 美元/吨,折算人民币 102.96 元/吨。由港口到用户每吨粉矿的铁路运费为 44.83 元。矿山到用户每吨粉矿的铁路运费为 15.18 元,由此可以计算项目产出物的影子价格:

$$X = (1.06 \times CIF + L_1) \times 1.08 - L_2 = (1.06 \times 102.96 + 44.83) \times 1.08 - 15.18 = 151.11(元/吨)$$

其中,CIF:到岸价;

L_1:口岸到用户的铁路运费;

L_2:项目到用户的铁路运费。

根据产出物的影子价格和各年的产量预测可以计算出项目各年的产品销售收入。

(2) 固定资产费用调整

项目假设所用到的固定资产包括:三材(钢材、水泥、木材)、机械投资、通用机械投资。

① 钢材影子价格 = 到岸价 × 影子汇率 + 进口费用 = 1170 + 54.47 = 1224.47 元

钢材投资总费用 = 钢材影子价格 × 消耗量 = 1224.47 × 15797 万吨 = 783.27 万元

同理可算:水泥投资总费用 118.41 万元,木材投资总费用 50.65 万元

② 机械投资调整额 = 调整价格差异 + 贸易费用 + 运费增加额

$$= 1389.7 + 462.39 + 33.47 = 1885.56 万元$$

③ 通用机械投资调整额 = 调整价格差异 + 贸易费用 + 运费增加额

$$= 22.28 + 68.02 + 3.58 = 93.83 元$$

④ 合计调整固定资产投资增加额 = 953.33 + 1885.56 + 93.83 = 2932.72 万元,

因此,固定资产投资合计调整为 = 29200 + 2932.72 = 32132.72 万元,各年固定资产投资计算(略)。同理也可以进行更新改造投资额的调整计算。

(3) 物料投入费用调整(经营成本中原材料影子价格计算)

① 弱化油浆状炸药,该物料为非贸易货物。

影子价格 = 市场价格 + 国内运杂费 = 755.27 + 38.49 = 793.76 元/吨

② 钢球,该物料为非贸易货物。

影子价格 = 市场价格 + 国内运杂费 = 1358.06 元/吨

③ 衬板,该物料为非贸易货物。

影子价格 = 市场价格 + 国内运杂费 = 2074.62 元/吨

④ 电费,电力分解成本为 0.154 元/度,调整为 12.01 元/吨。

因此,经营成本依据主要投入物的影子价格进行调整,调整为 7977.6 万元。

(4) 流动资金调整

流动资金按照经营成本的 35% 计算。

2. **国民经济评价指标**

(1) 国民经济效益费用流量如表 9-5 所示。

表9-5 项目投资经济费用效益流量表

序号	项目	建设期				投产期				达产期			
		0	1	2	3	4	5	6	7	8	9	……	24
	生产负荷					30	50	80	100	100	100	……	100
1	效益流量	0	4401.74	15406.1	8803.48	7735.62	12892.71	20628.33	25785.4	25785.41	25785.41	……	26667.54
1.1	产品销售收入		4401.74	15406.1	8803.48	7735.62	12892.71	20628.33	25785.4	25785.41	25785.41	……	23875.38
1.2	回收固定资产余值												0
1.3	回收流动资金												2792.16
2	费用流量	2861.13		15406.1	8803.48	6396.67	6759.23	8047.25	9787.69	9273.6	9273.6	……	9273.6
2.1	固定资产投资	2861.13	4401.74	15406.1	8803.48	165.07	165.07	165.07	165.07				
2.2	流动资金					1551.2	465.36	426.58	349.02				
2.3	经营成本					4432	5761.6	6980.4	7977.6	7977.6	7977.6	……	7977.6
2.4	更新改造资金					248.4	367.2	475.2	1296	1296	1296	……	1296
3	净效益流量	-2861.1	-4401.7	-15406.1	-8803.5	765.944	5178.46	11053.05	14087.7	14601.78	14601.78	……	17393.94
4	累计效益流量	-2861.1	-7262.9	-22668.97	-31472	-30707	-25528.05	-14475	-387.302	14214.48	28816.26	……	265236.9

（2）国民经济评价指标计算

根据上表，可以计算：

① 国民经济盈利能力分析指标

$$EIRR = 29\%, ENPV = 114460.99 \text{ 万元}$$

② 外汇效果分析指标

表9-6 节汇效果分析表

年份	1-3	4	5	6	7-24	总计
精矿量/万吨	0	47.4	79	126.4	158	3096.8
代替进口矿石	0	51.192	85.32	136.51	170.64	3344.54
外汇节约额	0	1317.68	2196.14	3513.82	4392.27	86088.56

社会折现率为10%，由此可以计算出：节汇现值 = 24581.04 万美元

3. 项目结论：

对该项目进行国民经济评价，结果显示能够获取较好的国民经济效益。

（案例整理改编自：李万亨. 矿山建设项目可行性研究及经济评价[M]. 北京：地质出版社，1998.）

复习思考题

一、简答题

1. 工程项目的国民经济评价与财务评价有什么区别？
2. 何为国民经济评价？国民经济评价有什么意义？
3. 简述国民经济费用与效益识别的基本原则。
4. 外部效果如何分类？举例说明。
5. 如何理解乘数效果？
6. 在国民经济费用和效益的计算中，哪些项目属于转移支付？为什么？
7. 什么是社会折现率？使用社会折现率对国家资源的合理分配会产生什么影响？
8. 什么是影子价格？为什么在国民经济评价中要使用影子价格？
9. 简述工程项目国民经济评价的指标。

二、计算题

1. 已知2014年8月1日国家外汇牌价中人民币对美元的比值为615.8/100，求人民币对美元的影子汇率。
2. 某项目生产的产品销售到美国，出口离岸价为120美元/吨，其中国内运费为人民币50元/吨，贸易费用为60元/吨，当时外汇牌价为1美元 = 7.6元人民币，试计算该产品的出厂影子价格。
3. 某工程项目的计算期为8年，社会折现率为8%，该项目各年经济净现金流量如表9-5所列（单位：万元）。试通过计算该项目的经济净现值、经济内部收益率指标分析该项目的国民经济可行性。

年份	1	2	3	4	5	6	7	8
经济净现金流量	-100	-50	60	80	80	80	80	100

第 10 章

公共项目的经济评价

◆ 学习目标

- 了解公共项目与私人项目的区别；
- 理解公共项目效益与费用的衡量方法；
- 掌握费用效益分析方法；
- 理解费用效果分析方法。

◆ 导入案例

德国公共交通投资项目评价

公共交通项目投资大、建设周期长，如何有效利用有限的资金，科学、透明地比较选择不同地区不同的交通投资项目，是决策者必须面对的难题。为保证投资效益，德国国家预算法联盟规定公共交通投资项目要达到：总效益/总成本 >1.0。

德国标准化评估的主要原则及步骤：

1. 标准化评估过程是基于有项目和无项目原则(注意和改扩建项目的有无法相区别)进行的。通过比较交通规划在有项目和无项目条件下的实施效果，显示项目建设的必要性。

2. 评估过程包括不同的成本收益主体。公共交通项目的投资者更多地关注社会和国民经济效益，比如项目要为尽可能多的人提供便利，要保护环境和景观、保证安全、减少事故等。而运营者的兴趣则更多地在于经济效益的最大化。

3. 标准化评估的实施包括以下步骤：与投资者界定研究领域、项目描述、交通供给和需求数据分析、计算相应指标、计算国民经济评价指标、后续成本计算、敏感性分析、研究结论。

资料来源：安宁. 德国公共交通投资项目标准化评估程序与方法. 城市交通，2009 年.

10.1 公共项目概述

10.1.1 公共项目的分类

公共项目通常是由政府或其他公共部门筹划、出资、运行，旨在不盈利的基础上用公共设施为公众提供服务，包括交通运输、邮电、水利等生产性基础设施建设项目；教育、科学、卫生、体育、气象等社会性基础设施建设项目;城市交通、能源动力、城市绿化等公用事业项目。公共项目通常投资额大、回收期长、收益率低,例如邮政业投资回收期为19年,基准收益率只有2%。虽然公共项目的投资与管理呈现出多元化的趋势,但政府的主导作用是不容质疑的。一方面是由于公共项目不以营利为目标,且投资周期较长,私人或企业往往不愿涉足;另一方面,为体现公众利益,即使是由企业或私人投资和管理的公共项目,也要受到政府的严格监管。

公共项目可以划分为纯公共项目、准公共项目、战略性或政策性项目。

1. 纯公共项目

纯公共项目指提供公用物品的项目,项目产出具有非排他性(公共性)和非竞争性。这类项目一般需要资源的投入,能够为社会公众提供服务,但是没有直接的现金流入,例如防洪治沙、义务教育、公共卫生、环境治理等。此外,还包括国家的立法、执法和行政所必须的各类建设项目,如公检法司、工商、税务、海关和城镇化建设等项目。这类项目为社会公众提供服务,以营利为目标的民间投资者一般不会提供公用物品。

2. 准公共项目

准公共项目指项目本身存在一定的市场化,具有一定的竞争性和排他性。但是这些产出涉及人们的基本需要,或者是因为存在外部效果,收费不能直接反应项目的效益,因此需要政府补充投入,例如农业、水利、通信、教育、基本医疗和交通运输等项目。

3. 战略性或政策性项目

战略性或政策性项目包括对国家有战略意义的特大型项目,虽然有较大风险但有重大前景的项目,资源型项目,涉及国家领土的项目,减少地区间经济发展差异、促进公平分配的项目。对于此类项目,发起者和建设者必须是政府。

10.1.2 公共项目的特点

1. 非完全市场性

完全市场性是指项目的产出和投入主要通过竞争充分的市场交易实现,具有边际性,没有显著的外部效果。完全市场项目一般由企业自主投资决策。公共项目的产出或投入虽然通过市场交易实现,但由于市场竞争不充分、外部效果显著或受到政府制度的约束,必须由政府主导开发和建设,因此公共项目具备显著的非完全市场性。

2. 非竞争性

对于私人物品来说,一个人一旦消费了这一产品,其他人就无法再消费同一产品,并且新增加其他人的消费就要增加成本,由此产生了私人物品消费的竞争性。P. 萨缪尔森在《公共支出的纯粹理论》中提出非竞争性指一个人对公共物品的消费不会影响到他人对公共物品的消费中获得的效用,即增加额外一个人消费该公共物品不会引起产品成本的任何增加。例如,电台和电视台提供的天气预报的成本与某个受众是否接收关系不大。如果每增加一个消费者的消费,社会所需要增加的成本等于零,则称该商品为非竞争性商品。因此许多公共物品具有非竞争性。

3. 非排他性(公共性)

在纯私人物品中,财产权决定人们对产品的所有权。拥有财产权的个人完全有权享受该产品的好处,并能因此而排斥其他人对该产品的占有。但对于公共物品来说,无法排除他人从公共物品获得利益,例如由国家提供的国防服务,要把居住在这个国家的任何居民排除在保护范围之外是显然不可能的。此外,即使这种排除在技术上是可行的,但排他的成本或许很高,超过了使用该物品带来的收益,这种排他就是无效率的,因此公共项目具备非排他性。

10.2 公共项目经济评价概述

10.2.1 公共项目经济评价的内容

公共项目的经济评价是从社会或国家角度考察项目实施的资源配置合理性的分析论证工作。由于公共项目是基于效率和公平性目标,因此经济评价就是从资源配置的效率和公平角度分析和评估所提出的项目方案是否可行,是否优于其他方案。

公共项目经济评价的内容一般应包括:备选方案和推荐方案的描述、资源配置效率分析、受益受损及分配效果分析和不确定性及风险分析。对重大项目还需要进行产业、区域以及宏观经济影响分析;对自然资源及环境有重要影响的项目还要进行独立的资源环境经济可持续性分析。

按照公共项目类型的不同,项目经济评价的主要内容也会发生调整。对于有些完全市场性项目,投资营利性分析和社会资源配置效率分析是一致的,因此可以使用投资盈利性分析代替资源配置效率性分析;对于有些不完全市场性的项目,可以在投资盈利性分析的基础上进行资源配置效率分析;而对于有些不完全和非市场性项目,由于市场机制缺失或不充分,投资盈利性分析不能取代资源效率分析,因此有必要进行单独的资源配置效率性分析。而对于一些特殊的非市场项目,例如国防、保证社会政治安全的项目,不一定把项目的费用——效益分析作为评价项目的唯一决策依据,因为这类项目并不以经济净效益最大化为目标。

10.2.2 公共项目经济评价的原则

1. 以目标为依据

项目目标是收益和成本识别与计量的基本依据,也是项目经济效果评价的依据。公共项目常常具有多目标性。例如一个大型水利工程项目的目标不仅是提供电力供应,还有灌溉、防洪、航运、旅游等其他目标。收益和成本的识别和计量需要围绕着这些目标而展开,例如某大型水利水电工程项目的成本与收益如表10-1所列。公共项目的多目标性使经济评价更加复杂。

表10-1 某大型水利水电工程项目的成本与收益

目标	内部收益	外部收益	内部成本	外部成本
水力发电	电力销售收入	消费者剩余	投资与运行	土地淹没损失
防洪		减少洪涝灾害	投资与维护	土地淹没损失
灌溉	水费收入	农作物增产收益	投资与维护	水库周围土壤盐碱化
航运	航船收费	提高运量 成本节约	投资与维护	减少公路运输需求
游览	开办旅游服务收入	由旅游业带来的其他商业发展	投资与维护	原有自然景观与人文景观的破坏

2. 注重外部效果

公共项目评价一定要重视项目产生的外部效果。外部性是一个经济机构对他人福利施加的一种未在市场交易中反映出来的影响。外部性分为正外部性和负外部性。正外部性是指一种经济活动给外部造成的积极影响,引起他人效用增加或成本减少。由于在消费上具有非排他性与非竞争性,使得人们可以通过"搭便车"来分享利益,如水利项目的防洪、除涝、水环境保护等对生态、社会经济环境的改善效果等。负外部性是经济人的行为对外界具有一定的侵害或损伤,引起他人或厂商效用降低或成本增加,诸如工业生产过程中排放的废水使环境受损,因水利工程实施而使区域自然、社会人文景观环境遭到破坏。

3. 有无对比原则

在识别和计量项目的收益和成本时,需要分析和预测项目本身所带来的收益成本变化,即增量成本和增量收益。增量分析过程中需采用"有无对比法"反映项目实施的真实效益。

4. 选择恰当的评价量纲

在市场经济体制下,项目经济效果最常用的度量标准就是货币。对于有些不直接表现为货币的量纲,也应尽量转化为货币。例如,在旅客选择交通方式出行时,安全、舒适等效果可以通过调整转化为货币进行度量。但是在项目决策过程中,有些目标具有明显的非货币属性,为了能够将目标全面考虑进来,这些非货币属性和多目标就成为决策过程中附加判据的基础。

10.2.3 公共项目经济评价的依据

公共项目的经济评价就是从资源角度衡量方案是否值得执行以及是否比其他可替代方案更好。确定按照何种依据进行选择和评价是直接影响公共项目经济评价的重要方面。在现实社会中,几乎所有的资源都是稀缺的,项目的建设和运营都不可避免耗用资源,因此经济评价重在从资源配置的效率和公平角度对项目方案进行分析和评价。社会经济资源的配置效率和经济主体在社会生产全过程中的公平一直是人类社会活动所追求的目标,这两大目标产生了现代经济社会的两难抉择:效率与公平。

1. 效率与公平的内涵

经济学中的效率就是指劳动生产率,即投入与产出之比。如果一个方案能够以同样的投入获取更多的产出,就提高了效率。通常追求高效率的投资方案是项目评价的一个重要目标。在对公共项目进行经济评价时使用的费用效益分析法就是基于对项目投入与产出的衡量考察项目的效率。

公平的本质是社会成员之间利益进行合理调整的一种分配理念和由此而建立的分配机制,同时也包括利益分配不合理时的相应补偿机制。从现实性来看,它必须以经济的发展为基础,以人类社会的文明与进步为价值导向,是社会各种关系就利益问题成功合作、达成妥协的产物。

2. 效率与公平的关系

在效率和公平的关系上,西方经济学有三种基本观点:效率优先、公平优先和效率与公平兼顾。持效率优先的经济学家认为效率与自由是不可分割的,效率建立在自由基础上,追求结果公平,或者说追求公平的收入分配是对自由的破坏,同时会损坏市场对社会资源的配置效率;持公平优先的经济学家认为自由市场竞争决定的收入分配存在悬殊的差别,悬殊的收入分配差别反过来又使法律面前平等和机会公平成为一种虚伪的社会承诺,进一步损害人的积极性、工作热情、个人尊严,最终降低和损害社会经济效率;持效率与公平兼顾观点的经济学家既不赞成效率优先,也不赞成公平优先,而是主张两者兼顾。他们试图找到一条既能保持市场机制的优点,又能消除收入差距过大的途径,在效率提高的同时又不过分损害公平。

虽然从理论上讲,政府投资公共项目是基于效率和公平目标,但从实践看,公共项目的投资与经营却时常表现出效率不高的问题。究其原因,一是因为公共项目的投资支出和收益之间缺乏内在联系,导致其无法像一般投资项目那样以收抵支、自负盈亏;二是由于项目管理者(政府)与真正的出资人(纳税人)目标的不一致性,导致在项目投资决策和经营管理上草率粗放。此外,投资决策者不承担个人责任和损益的投资体制,经营者缺乏有效激励和监督的管理体制,也是造成公共项目低效的原因,因此提高公共项目效率依赖于对投资体制和管理体制的改善。

【补充理解10-1】

道路项目投资中公平性的主要表现

依据现代经济学的观点,工程项目应该增进和提高社会福利,体现在效率性和公平性两个方面。交通项目评价方法中最典型的费用效益分析法,重在项目效率性的评价,但忽视了项目投资公平性的分析。道路项目投资中公平性的主要表现在:

1. 项目的公众参与度

道路项目牵扯到不同利益主体的协调,如果决策过程没有公众的参与,不同利益主体没有均等的机会和发言权,项目决策的有效性以及公众利益的体现不禁令人怀疑。

2. 区域公平性

对道路设施项目的投资决策时需要考虑区域间经济水平的差距,采用对不发达地区的项目效益补偿,以减少区域间的差距,促进社会经济公平合理的发展。

3. 归属公平性

从交通的可持续发展角度考虑,部分群体在获得交通便利的同时,不能牺牲社会其他群体的交通权益,特别是交通弱势群体的交通权益。

资料来源:杨朗,石京,陆化普.道路设施项目投资公平性的评价方法.清华大学学报(自然科学版),2005.

10.3 公共项目效益与费用的识别与计算

由于公共项目具有政府主导性、公益性、外部性等特征,所以以实际价格为基础的收入和支出不足以反映项目的社会经济效益和费用。因此要进行合理的经济评价首先要对公共项目的效益和费用进行分析和计算。按照项目经济评价的补偿原则,项目产出的效益就是得益者的支付意愿,项目投入的费用就是受损者的接受补偿意愿。

10.3.1 公共项目效益与费用的分类

1. 直接与间接的效益与费用

直接效益是指由于投资兴建某项目而直接由项目提供的货物或者劳务所获得的利益。项目直接效益的真实价值一般体现在消费者为此愿意付出的最大代价。例如,修建立交桥项目的直接效益体现为减少拥堵、消除车辆等待时间的浪费、减少交通事故带来的损失等。直接费用是指建造和经营某项目而必须付出的代价,包括项目所有的货币支出,以及由于兴建该项目而引起的经济损失,以及项目受益者承担的相关费用。例如,水利灌溉项目实施以后,农民为使用灌溉用水而必须支付的费用。如果将相关费用在直接效益中扣除,也可以免于计算。

间接效益和费用是指项目直接收益和成本以外的效益和费用。间接效益和费用从属于直接收益和成本,是由直接效益和费用所引发的。例如,公路建设项目还会导致公路沿线土地价值的提高、商业活动的频繁、节省职工上下班时间、改善居民文化生活等间接收益,同时也会产生由农田减少引起的农产品产出减少、农业设施被分割破坏、环境污染等间接成本。

公共项目的建设除了带来直接效益和费用外,还会带来间接效益和费用,这正是公共项目的基本特性。因此在公共项目经济评价的过程中,必须全面考察项目的效益和费用。

2. 内部与外部的效益与费用

内部效益和费用是由项目的投资经营主体获得的效益及承担的费用,外部效益和费用是指项目投资经营主体外的效益和费用。我们以政府出资修建的高速公路为例,说明可能产生的效益和费用(图10-2)。通常来说,项目的间接效益包含在外部效益之中,项目的内部效益包含在直接效益之中。

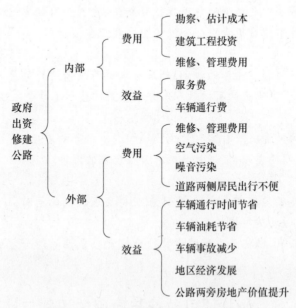

图10-2 高速公路建设项目的费用与效益

3. 有形与无形的效益与费用

有形效益与费用是指能以市场货币价值计量的成本与效益,无形效益与费用即不能以市场货币价值计量的成本与效益。例如"先进制造系统"的环境效果主要表现:生态环境影响、资源综合利用、职业健康、安全性和宜人性,而这些效果都不存在直接市场价格,难以用货币计量,因此都属于无形效益。为了能够合理反映公共项目的效益与费用,应对这些无形效果进行合理的估算与衡量。

因此在对项目的成本与收益进行分类识别和计算时,或者按照"直接"与"间接"的方式分类,或者按照"内部"与"外部"的方式分类,不能交叉分类,避免效益与费用的遗漏和重复。

【补充理解10-2】

德国公共交通投资项目的效益、费用分类

德国公共交通项目的收益主要以内、外部效益及费用为分类原则,包括:

第一,可量化的内部费用。包括动力成本、车辆和设施维护成本、人员成本以及纳税。

第二,可量化的内部效益。包括票款收入以及其他营运和非营运收入。

第三,外部成本通常是项目之外的费用,并且占用社会资源。包括环境、景观、安全保卫和城市发展,这部分指标通常以文字性描述为主,作为项目比较的参考。

第四,外部量化效益。包括改善乘客的收益,减少空气和噪音污染以及事故成本。

效益和费用中的每一项都从众多方面进行衡量,例如改善乘客的收益就包括:减少出行时间、改善出行舒适度、减少出行成本、改善可达性、改善区域交通网络和改善和适应交通需求波动六个方面。

资料来源：安宁．德国公共交通投资项目标准化评估程序与方法．城市交通，2009年．

10.3.2 公共项目效益和费用的衡量

1. 效益和费用识别的基本原则

1）衡量外部效果

公共项目的经济评价是从社会或国家角度考察项目实施的资源配置合理性的分析论证工作。所以效益和费用的衡量和国民经济评价中的描述是一致的。由于公共项目的外部性，所以除了产生直接的、主要的效益和费用外，还产生一些间接的、外部的效益和费用也统称为外部效果。项目外部效果的衡量通常有以下几种情况：

（1）项目对环境的影响。这种影响包括好的和坏的影响。例如，有的工业项目对环境和生态产生破坏，有的项目包含环境治理工程。针对不同的影响应分别计入项目的外部效益和外部成本。

（2）相邻效果。项目实施后对于其他行业产生的辐射效果也应计入项目的外部效果。但是对这类效果的估算不能被盲目扩大化，否则会直接影响公共项目的经济评价结果。

（3）技术扩散效果。由于某个项目率先采用了先进技术而对整个行业和社会的影响。

2）避免重复计算

避免对效益和费用的重复计算，首先要能够区分真实效益和钱币效果。真实效益是指项目使最终消费者增加效用，反映了公众福利的增加；钱币效果是指由项目引起的相对价格变化或供求变化而产生的效益和费用在国民经济系统内部的重新分配和转移，并未实际增加效益或产生费用。例如对于城市轨道交通项目，节省出行时间、减少交通事故、减轻空气污染等属于真实效益，沿线土地和房地产的升值属于钱币效果。对于高等教育项目，增加受教育者的收入、减少犯罪、社会稳定等属于真实效益，教职工收入的增加则属于钱币效果。

3）注意转移支付

对于公共项目而言，有些效益和费用的流量并不代表实际经济效益或者费用的的增加，仅仅是资源的支配权从社会的一个群体转移到另一个群体，例如税金、国内借款利息和本金偿还以及政府补贴。从投资主体角度考察，税金、利息等会影响项目的效益和费用，但是从社会角度考虑，这些都只是国民经济各部门之间的转移支付，没有涉及社会最终产品和资源的增减，因此不能作为项目的费用或效益。

4）调整项目边界

对于不宜进行量化的外部效果，可以考虑将外部效果内部化，即通过扩大项目边界，达到易于衡量系统的效益和费用。

2. 效益和费用计算的基本原则

项目投资所造成的经济效益和费用的计算，应在利益相关者分析的基础上，研究在特定的社会经济背景条件下相关利益主体获得的效益及付出的代价，计算项目相关的效益和费用。

（1）支付意愿原则。项目产出物的正面效果的计算遵循支付意愿（WTP）原则，适用于分析社会成员为项目所产出的效益愿意支付的价值。

（2）受偿意愿原则。项目产出物的负面效果的计算遵循接受补偿意愿（WTA）原则，适用于分析社会成员为接受这种不利影响所得到补偿的价值。

(3) 机会成本原则。项目投入的经济费用的计算应遵循机会成本原则,适用于分析项目所占用的所有资源的机会成本。机会成本应按资源的其他最有效利用所产生的效益进行计算。

(4) 实际价值计算原则。项目经济效益费用分析应对所有效益和费用采用反映资源真实价值的实际价格进行计算,不考虑通货膨胀因素的影响,但应考虑相对价格变动。

10.3.3 一些典型的无形效果衡量方法

1. 时间节约的经济价值

在和交通运输相关的公共项目评价中,对于旅客和货物运输时间的节约可以视为一项非常重要的效益,一般占项目总效益的大部分。在市场经济中,出行和运输时间的节约价值可以通过人们对运输价格的支付意愿表现出来,但是由于这类项目有较大的外部效果,票价支付不足以反映效益,因此需要对时间节约的经济价值进行计算。

对旅客而言影响时间节约价值的主要因素包括出行者收入、出行距离、交通方式、出行时间、出行者类型、出行地区等。出行时间节约的价值是指为了得到这种节约受益者所愿意支付的货币数量,需根据节约时间的使用性质分别进行测算。如果所节约的时间用于工作,时间节约的价值应体现为如果将其用于工作可以增加的产出,可以根据企业负担的所得税前工资、保险、退休金及有关的其他劳动成本综合分析计算。如果所节约的时间用于闲暇,应从受益者个人角度,综合考虑个人家庭情况、收入水平、对闲暇的偏好等因素,采用意愿调查方法进行估算。例如非工作出行时间节约价值按照每小时收入的30%计算;在日本铁路项目评价中,换车时间价值是车内时间价值的2倍。

对货物运输而言项目收益体现为节约了货运运输的时间,那么运输时间节约的价值是指为了得到这种节约受益者所愿意支付的货币数量,可以根据不同货物对时间的敏感程度测算其时间价值。

通常可以采用以下两种方法估算时间节约的经济价值。

(1) 机会成本法

人们通常把节约出的时间用于生产或者休闲活动,机会成本法就是基于这样一个基本认识,通过衡量人们在生产过程中创造的价值,在休闲活动中获得的收益来综合反映时间节约的经济价值。通常可采用生产法、收入法、费用法、收入—费用法、生产—费用法进行计算。

(2) 支付意愿法

所谓支付意愿法,即通过对旅客的抽样调查或通过旅客对不同交通运输方式选择的偏好,利用数学工具估算得到时间节约的经济价值。

此外,对于时间价值的测算需要按照有无对比的原则分析"有项目"和"无项目"情况下的时间耗费情况,区分不同人群、货物,根据项目具体特点测算时间节约的价值。

【补充理解10-3】

节约旅行时间的价值与高铁运输方式的关系

在交通运输领域,节省旅行时间的价值是一个极为重要的研究领域。随着生产率和收入水平的提高,节约旅行时间的经济价值也不断提高,只有当节约旅行时间的总价值超过相应的总成本,该交通建设项目才是可行的。

因不同交通方式的具体情况不同,高铁只在中等距离有竞争优势的判断已经被日本和欧洲发展高速铁路的实践所证实。欧洲的一项研究说明,乘高铁出行的商务旅客可以接受的时间限度为3个小时。巴黎到里昂高速列车运行2小时,高铁的市场份额约为86%。伦敦到利兹的高速列车需运行2小时25分钟,高铁的市场份额约为80%,伦敦到爱丁堡高速列车需运行4小时20分钟,高铁的市场份额随着下降到22%。

资料来源:赵坚,苏红健. 节约旅行时间的价值与交通方式选择分析. 综合运输,2010.

2. 生命和健康的经济价值

通常涉及卫生、安全的公共项目最基本的作用即是保证公众的生命和健康。在评价这一类项目时,不容易进行定量评价,因为对于生命、健康这类非价值因素,不能简单用货币来进行衡量。为了使评价的过程客观合理,必然首先要解决生命的价值如何量化的问题。

对于项目的产出效果表现为增加或者减少死亡的机制,应该尽可能分析由于死亡风险的增加或减少所产生的价值,可以根据社会成员为避免死亡而愿意支付的价格进行计算。可以采用人力资本法,通过分析人员死亡所带来的为社会创造收入的减少来评价死亡引起的损失测算生命的价值,或者通过分析不同工资差别来测算人们对生命价值的支付意愿。

对于项目的效果表现为对人们健康的影响,一般应通过分析疾病发病率与项目影响之间的关系,测算发病率的变化所导致的收入损失,看病、住院、医药等医疗成本以及其他各种相关支出的变化,并综合考虑人们对避免获得健康生活所愿意付出的代价测算经济价值。

(1) 人力资本法

人力资本法是将人视为一种"资本",根据其对社会的贡献和对社会资源的消费来衡量一个人的价值。应用人力资本法估算生命价值主要可以按照国内生产总值、国民生产总值、人均国民收入、人均消费水平进行估算,计算公式为:

$$P = M \times \sum_{n=1}^{N} \frac{(1+g)^n}{(1+r)^n} \tag{10-1}$$

式中 P——生命价值;

M——人均国内生产总值或人均国民生产总值或人均国民收入或人均消费水平;

g——M 的预期增长率;

r——折现率。

(2) 支付意愿法

支付意愿法是一种用以测量健康改善所带来的价值的方法,通常基于观察到的为减少早死亡所愿意付出的价格或者为已造成过早死亡愿意接受的补偿。可以通过社会调查的方法来了解人们为安全、健康等的支付意愿。调查的群体会直接影响到进行支付意愿市场调查的结果,例如富人群体和穷人群体对于生命的认识就存在很大差别。因此在调查过程中,需尽量保证调研的群体具有代表性,能够有效反应社会群体的基本特征。

【补充理解10-4】

人力资本法和支付意愿法的主要区别

1. 两种理论各自隐含的哲学观或价值观不同。人力资本法看重的是一个人的伤残或死亡,不仅对家庭和企业造成了损失,而且还对整个国家的财富创造或经济增长所造成重大的损失。而支付意愿法强调的是一个人对伤残或死亡风险的个人支付意愿。

2. 两种理论的出发点不同。人力资本法是从人的生产能力来定义人的生命价值的。而支付意愿法是从个人对风险的权衡与交易角度来定义人的生命价值的。

3. 两种理论的应用领域不同。人力资本法主要用于评估战争、灾害或瘟疫导致大量人口死亡所造成的经济损失,以及运用于人寿保险领域。而支付意愿法描述了个人对预防风险的成本与效益之间进行比较的行为,运用于法律经济学和管制经济学。

资料来源:程启智. 人的生命价值理论比较研究. 中南财经政法大学学报,2005.

3. 环境和生态损害的经济价值

环境具有经济价值,人类活动对环境的影响将引起社会福利的增减,项目的建设和运营对环境可能造成正面或负面的影响,从而影响社会福利的变化。除了少数环保和污染治理项目外,项目实施一般都对环境造成危害,引起环境质量的下降。项目对生态环境的影响往往没有在投资者的支出中得到足够的补偿,这就导致了项目的外部费用,主要表现在废水、废气以及噪声的污染,对自然环境和人类文化遗产造成的损失等。在环境评价过程中,这些损害要尽量货币化,记为项目的费用。

环境损害所产生的不良后果包括三大类型:一是对人体健康的影响;二是对其他经济活动的影响;三是生态价值的损失。目前对环境和生态损害的经济价值的度量可以采用以下两类方法。

(1) 当市场机制完善,数据充足的情况下,可以采用生产率变动法、人力资本法、资产价值法、工资差额法、影子工程法、重置成本法进行度量。例如,当市场机制完善,数据充足的情况下对人体健康的影响衡量可以采用人力资本法;如果项目对环境的影响可能导致地区生产能力发生变化,可以根据项目所造成的相关产出物的产量的变化,对环境影响效果进行量化。如果产出物具有完全竞争的市场价值,可以直接采用市场价格计算经济价值,否则应对其市场价值进行调整后计算经济价值;在对生态价值的影响分析中,如果是直接的可测定的影响可以通过例如重置成本法进行衡量。

(2) 当市场机制不完善,缺乏市场数据时,可以采用市场调查的方式获取公众对高质量环境的支付意愿。例如对人体健康的影响衡量以及对相关经济活动的影响可以采用支付意愿法。在对生态价值的影响分析中,如果是难以测定的影响需要通过意愿调查法进行衡量。

【补充理解 10-5】

生产率变动法的应用

菲律宾贝库特海湾(Bacuit Bay)有伐木、手工捕鱼、潜水及与其相联系的海滨旅游业,为了研究伐木对生态系统的影响,使用生产率变动法进行估计这些产业的总收入。该研究比较了两种情况:继续伐木,损害海湾的生态系统使捕鱼和旅游业的收入减少;禁止伐木,失掉伐木收入,但保持并增加捕鱼收入和旅游收入。通过分析两种情况下由于生产结构的变动而引起的收入的变动,发现禁止伐木的损失由捕鱼和旅游收入的增加弥补而且有余。继续伐木使捕鱼和旅游收入都减少,但最大的影响是旅游收入。所以,应该选择禁止伐木的方案。

10.4 公共项目经济评价的参数与方法

10.4.1 公共项目经济评价的参数

与第九章一致,公共项目进行经济评价的主要参数包括社会折现率、影子价格、影子汇率和影子工资换算系数。这在国民经济评价章节已经详细阐述过,这里不再赘述。

10.4.2 费用效益分析法

1. 费用效益分析法概述

由于公共项目投资由政府负担,效益面向社会大众,所以国民经济评价是公共项目评价的关键。公共项目的经济评价以国民经济评价为主,财务评价为辅。

大部分国家在进行公共项目经济评价时,都尽可能将费用和效益货币化,然后进行对比,判断项目的可行性或者挑选优质的投资方案,这就是费用效益分析的基本思想。使用费用效益分析方法的主要工作在于费用和效益的界定和计算。

费用效益分析指标包括经济净现值、经济内部收益率等,此外还包括效益—费用比指标。由于经济净现值、经济内部收益率在第九章已经详细描述过,本章主要阐述效益—费用比指标的计算和评价准则。

2. 费用效益分析法的应用范围

费用效益分析法建立在成本与收益的货币计量基础上。运用该方法应满足以下三个基本条件:

(1) 费用和效益可以用货币单位来计量,对于非货币性费用和效益,可以比较合理地转化成为货币性费用和效益。

(2) 可以用于评价一个或一系列相互排斥的可行方案。每个可行方案的信息是可知的,包括项目的投资、寿命、内外效果等。

(3) 如果进行多方案比选,那么这些方案应该具有共同的目标,这是项目间具有可比性的基础。

3. 评价指标与评价准则

(1) 效益—费用比

目前常用的效益—费用比指标有两种形式,比值形式和差值形式。这两种指标都适用于进行项目的绝对评价。效益—费用比的计算公式如下:

$$(B/C)_j(i) = \frac{\sum_{t=1}^{n} B_{jt}(1+i)^{-t}}{\sum_{t=0}^{n} C_{jt}(1+i)^{-t}} \quad (10-2)$$

式中 $(B/C)_j$——项目 j 的效益费用比;

B_{jt}——项目 j 第 t 年的效益,$t=1,2,\cdots,n$;

C_{jt}——项目 j 第 t 年的费用,$t=0,1,\cdots,n$;

i——基准收益率;

n——项目 j 的寿命年限。

评价准则为:

$(B/C)_j \geq 1$,项目可以接受;

$(B/C)_j < 1$,项目应予拒绝。

也可以用效益—费用差进行评价,公式如下:

$$(B-C)_j(i) = \sum_{t=0}^{n}(B_{jt}-C_{jt})(1+i)^{-t} \quad (10-3)$$

评价准则为:

$(B-C)_j \geq 0$,项目可以接受;

$(B-C)_j < 0$,项目应予拒绝。

【例 10-1】 某地区拟新建一个水利工程项目用于灌溉河流南岸的农田。由于项目的实施,30 万亩农田的灌溉由地下水浇灌改为河水灌溉,灌溉成本由每亩 70 元降低为每亩 40 元,此外还可以新增灌溉农田 15 万亩,每亩可以为农民新增收益 450 元。该项目期初需要投资 52000 万元,每年包括工程设施维修费在内的经营成本为 480 万元,该水利项目的试用期为 40 年,假定投资收益率为 8%。不考虑该项目寿命期结束时的资产残值,请评价该项目是否值得投资?

解:该项目带来的收益体现为以下两个方面:

(1) 灌溉成本的降低:$30 \times 30 = 900$(万元)

(2) 农民的增收:$15 \times 450 = 6750$(万元)

项目的总效益现值:$B = (900 + 6750) \times (P/A, 8\%, 40) = 7650 \times 11.925 = 91226.25$(万元)

项目的总费用现值:$C = 52000 + 480 \times (P/A, 8\%, 40) = 52000 + 480 \times 11.925 = 57724$(万元)

效益—费用比:$(B/C)_j(i) = \dfrac{\sum_{t=1}^{n} B_{jt}(1+i)^{-t}}{\sum_{t=0}^{n} C_{jt}(1+i)^{-t}} = \dfrac{91226.25}{57724} = 1.58 > 1$

也可以用效益—费用差评价:

$(B - C)_j(i) = \sum_{t=0}^{n}(B_{jt} - C_{jt})(1+i)^{-t} = 91226.25 - 57724 = 33502.25 > 0$

可以看出该水利项目能够获得较大的经济效益,值得投资。

(2) 增量效益—费用比

如果使用效益—费用比指标进行互斥方案间的相互比选,不能按照效益—费用比最大原则进行比较,这种情况类似于不能按照内部收益率最大原则进行比较一样,这时可以使用增量效益—费用比指标进行比较。

使用增量效益—费用分析法需按照如下步骤进行:首先,将所有方案按费用由小到大排列;其次,计算各方案的效益—费用比,并选择一个费用最小的可接受方案作为基准方案;再次,依次计算相邻两方案间的增量效益—费用比,并进行比较;最后选择最优方案。

增量效益—费用比的计算公式如下:

$$(\Delta B/\Delta C)_{2-1}(i) = \dfrac{\Delta B_{2-1}(i)}{\Delta C_{2-1}(i)} = \dfrac{\sum_{t=1}^{n}(B_{2t} - B_{1t})(1+i)^{-t}}{\sum_{t=0}^{n}(C_{2t} - C_{1t})(1+i)^{-t}} \quad (10-4)$$

评价准则为:

$(\Delta B/\Delta C)_{2-1} \geq 1$,选择效益现值大的方案;

$(\Delta B/\Delta C)_{2-1} < 1$,选择效益现值小的方案。

也可以用增量效益—费用差比较方案,公式如式(10-5)所示。

$$\begin{aligned}\Delta(B-C)_{2-1}(i) &= \Delta B_{2-1}(i) - \Delta C_{2-1}(i) \\ &= \sum_{t=1}^{n}(B_{2t}-B_{1t})(1+i)^{-t} - \sum_{t=0}^{n}(C_{2t}-C_{1t})(1+i)^{-t}\end{aligned} \quad (10-5)$$

评价准则为:

$\Delta(B-C)_{2-1} \geq 0$,选择效益现值大的方案;

$\Delta(B-C)_{2-1} < 0$,选择效益现值小的方案。

4. 评价案例

(案例整理自:李南. 工程经济学(第四版)[M]. 北京:科学出版社,2013.)

【例10-2】 某城市计划修建一条高速公路以取代原来破旧而危险的普通公路。原公路的长度为26千米。方案一计划花费300万元重修路面，随后每10年需要花费250万元翻新路面。此外，每年路面的维护费是每千米1万元。方案二是建造一条22千米的新公路，最初投资1000万元，每10年的翻新费为225万元，每年维护费为每千米1万元。方案三是建设一条20.5千米的直线公路，其最初投资为1800万元，每10年的翻新费为225万元，每年维护费为每千米1.8万元。考虑计划期为30年，忽略残值，基准折现率为8%。试选择最佳方案。

解：根据上述条件，可以计算出各方案的投资年值如下：

(1) 投资年值。

方案一：$AC_1 = [300 + 250(P/F, 8\%, 10) + 250(P/F, 8\%, 20)](A/P, 8\%, 30)$
$= [300 + 250 \times 0.4632 + 250 \times 0.2145] \times 0.0888$
$= 41.68(万元/年)$

方案二：$AC_2 = [1000 + 225(P/F, 8\%, 10) + 225(P/F, 8\%, 20)](A/P, 8\%, 30)$
$= [1000 + 225 \times 0.4632 + 225 \times 0.2145] \times 0.0888$
$= 102.34(万元/年)$

方案三：$AC_3 = [1800 + 225(P/F, 8\%, 10) + 225(P/F, 8\%, 20)](A/P, 8\%, 30)$
$= [1800 + 225 \times 0.4632 + 225 \times 0.2145] \times 0.0888$
$= 173.38(万元/年)$

(2) 年维护成本。

方案一：$1 \times 26 = 26(万元)$

方案二：$1 \times 22 = 22(万元)$

方案三：$1.8 \times 20.5 = 36.9(万元)$

显然，从项目内部看，方案一的内部成本现值最低。

但是，从社会和国家角度看，是否能认为方案一是最优方案呢？显然不能。因为，公共项目投资的决策依据是公共利益的最大化，而上述分析仅仅代表项目投资的一个方面——内部支出方面。我们还需要对项目的外部公共收益方面进行分析，才能得出正确的结论。

公路建设项目的外部收益包括：节省机动车的运行费、时间节约和增加行车安全、减少车祸损失等。表10-2显示了该公路日均机动车流量及运行成本情况；表10-3显示了三个方案的行车速度和年均事故数量等数据。

表10-2 公路日均机动车流量及运行成本表

项目＼车型	轻型卡车	重型卡车	摩托车	轿车
日均流量/辆	350	250	80	3320
运行费用/(元/km)	0.50	0.85	0.15	0.30

表10-3 行车速度和事故成本

项目＼方案		方案一	方案二	方案三
公路长度(km)		26	22	20
车速/(km/h)	重型卡车	35	40	40
	其他	45	50	50
年均事故数量(辆)		105	75	70

假设商务用车(所有卡车和25%的轿车)的时间成本为22元/h,非商务用车的时间成本为8元/h;每辆汽车事故成本(包括物质财产损失、医药费、误工费和其他相关费用)为9000元,则可以计算出项目各方案的年公共运行成本、时间成本和事故成本。

(3) 运行成本。

方案一:$[350×0.50+250×0.85+80×0.15+3320×0.30]×26×365=13243295(元)$

方案二:$[350×0.50+250×0.85+80×0.15+3320×0.30]×22×365=11205865(元)$

方案三:$[350×0.50+250×0.85+80×0.15+3320×0.30]×20.5×365=10441829(元)$

(4) 时间成本。

方案一:$[(350/45+250/35)×22+80/45×8+3320/45×(0.25×22+0.75×8)]×26×365=11301925.7(元)$

方案二:$[(350/50+250/40)×22+80/50×8+3320/50×(0.25×22+0.75×8)]×22×365=8575237(元)$

方案三:$[(350/50+250/40)×22+80/50×8+3320/50×(0.25×22+0.75×8)]×20.5×365=7990562(元)$

(5) 事故成本。

方案一:$105×9000=945000(元)$

方案二:$75×9000=675000(元)$

方案三:$70×9000=630000(元)$

将上述计算结果汇总到表10-4。表中的投资和维护成本为政府成本,即项目的成本方面。而项目的"收益"方面可以定义为项目方案所带来的运行成本、时间成本和事故成本的节约。但在本例题中没有给出收益的绝对数值,需要将某方案相对于另一方案所带来的外部成本节约作为项目收益,才能进行成本—收益分析。

表10-4 项目成本汇总表

项目	方案	方案一	方案二	方案三
内部成本	投资/万元	41.68	102.34	173.38
	维护成本/万元	26.00	22.00	36.90
	内部总成本/万元	67.68	124.34	210.28
外部成本	运行成本/万元	1324.33	1120.59	1044.18
	时间成本/万元	1130.18	857.52	799.06
	事故成本/万元	94.50	67.50	63.00
	外部总成本/万元	2549.01	2045.61	1906.24
总成本/万元		2616.69	2169.95	2116.52

(1) 选择内部成本最低的方案一作为临时最优方案,对方案一和方案二进行比选。

ΔB_{2-1} = 方案一外部总成本 - 方案二外部总成本 = 2549.01 - 2045.61 = 503.40(万元)

ΔC_{2-1} = 方案二内部总成本 - 方案一内部总成本 = 124.34 - 67.68 = 56.66(万元)

$(\Delta B/\Delta C)_{2-1} = \Delta B_{2-1}/\Delta C_{2-1} = 503.40 / 56.66 = 8.88$

由于收益成本比大于1,因此方案二优于方案一。

(2) 视方案二为临时最优方案,对方案二和方案三进行比选。

$$\Delta B_{3-2} = 2045.61 - 1906.24 = 139.37(万元)$$

$$\Delta C_{3-2} = 210.28 - 124.34 = 85.94(万元)$$

$$(\Delta B/\Delta C)_{3-2} = \Delta B_{3-2}/\Delta C_{3-2} = 139.37 / 85.94 = 1.62$$

结论:由于收益成本比大于1,方案三优于方案二。因此应选择方案三。

此外,本题也可以用增量收益成本法来进行选择,可以得出相同的结论。

$$\Delta(B-C)_{2-1} = \Delta B_{2-1} - \Delta C_{2-1} = 503.40 - 56.66 = 446.74(万元) > 0$$

$$\Delta(B-C)_{3-2} = \Delta B_{3-2} - \Delta C_{3-2} = 139.37 - 85.94 = 53.43(万元) > 0$$

因此,方案三为最优选择方案。

表10-4的最后一行列出了各方案的年总成本。它等于各方案的内部成本和外部成本之和。以年总成本最小作为判别依据也可得出与上述分析完全相同的结论。

完成上述分析之后,还应进行盈亏平衡分析、敏感性分析和风险分析等。由于公共项目的成本和收益具有较大的不确定性。在收益成本分析的基础上进行盈亏平衡分析、敏感性分析和风险分析等,可以有助于减小不确定性,提高分析的可靠性,确保决策的有效性。

10.4.3 费用效果分析法

1. 费用效果分析法概述

费用效益分析方法适用于收益与成本均能用货币度量的项目。但是有些项目的成本常常可以表现为货币形式,而产出的效益由于缺乏市场化,或者由于技术性困难、伦理等因素难以货币化,例如环境、卫生、安全、教育等项目,产出效果主要体现在提高健康水平、挽救生命、改善环境以及提高知识水平等方面。费用是实施某项具体方案所耗费的社会资源,通常可以采用货币形式进行体现,效果是实现目标的情况,即满足人们需求的属性,通常有各种实务效果指标反映,例如减少死亡率、空气中硫含量的减少、升学率等。

由于费用效果分析直接选用恰当的实物指标代表项目的目标和实现程度,因此更容易被接受。从根本上而言,费用效益分析(CEA)和费用效果分析(CBA)在本质上是一致的,CEA是CBA的一种特殊形式——当效果可以使用货币进行表现。

2. 费用效果分析法的应用范围

在费用效果分析中,成本是用货币单位计量的,而效果(或效能、效用)是用非货币单位计量的,它是对项目目标的直接或间接度量。由于计量单位不同,不具有统一的量纲,致使费用效果分析法无法像费用效益分析法那样用于项目方案的绝对经济效果评价,即无法判断项目方案自身的经济性,例如一个空气治理项目的投资为8000万,我们无法将项目所花的成本(费用)与空气质量的提升(效果)进行比较,因此无法判定项目本身的可行与否。但费用效果分析法可以对互斥方案进行选优,例如政府已经决定花费一定费用对空气质量进行改善,假设有多套方案可以达到该目的,那么对空气质量改善最佳的方案即为最优方案。

运用费用效果分析法,需要满足以下三个基本条件。

(1) 比选方案必须有共同的、可识别和可实现的目标或目的。

(2) 必须有两个或两个以上可以满足目标的、相互排斥的方案。

(3) 必须有若干约束条件形成问题的边界,其中费用采用货币单位计量,效果采用非货币单位计量。

3. 效果指标的选择

费用效果分析中,效果指标的选取非常重要,因为它关系到评价结果反映目标实现的程度,从而影响方案的评价和选择结果。在实践中,可以用投入物指标、过程指标和产出物指标度量项目效果。例如供水工程选用供水量(吨),教育项目选用受教育人数等。

如果项目的效果主要体现在一个方面,就选择与项目效果相关的单一指标进行评价;如果项目的效果体现在众多方面,可以采用加权的方法,将不同方面的效果指标综合为一个指标,所选取的效果指标要与项目的最终目标成果紧密联系起来。例如水利水电工程项目,就有水力发电、防洪、灌溉、航运等多个目标,我们需要把几个方面的指标综合而形成一个指标衡量,同时还需要根据目标的重要性不同而赋予不同的权重。

$$A = \sum_{i=1}^{n} W_i A_i \quad (10-6)$$

式中 A_i——效果 i 的指标;

W_i——效果 i 的权重;

n——该项目具有的目标效果数量。

4. 费用效果分析评价方法

费用效果分析法是指在确定的控制目标下,分析达到目标效果的不同方法和费用,其基本思想有两个方面:其一实现相同目标下对各种方案的费用进行分析;其二在同样的费用基础上实现最佳的目标值。评价方法一般可以分为三种情况。

(1) 最小费用法。如果效果已经明确无误被确定而费用可以货币化,则可以采用最小费用法。最小费用法就是对被评价项目必须达到的最低效用水平做出规定后,以一定的效用水平为条件,根据成本高低来评选方案,该方法在实践中最为常用。最小费用法在实际中的应用可以表现为临界折现率法、平均增量费用法、直接比价费用现值法。

(2) 固定费用法。固定费用法通常适用于项目成本有严格限定的情况。当被评价项目可利用的资金是固定有限时,可以以一定的资金或成本为条件,根据效用的高低来评选方案。

(3) 费用效果比。实践中多数情况是费用和效果都不确定,这时应该使用费用效果比指标。该指标表示为达到一单位的效果必须花费的费用。例如每延续生命一年花费多少万元。但是需要注意的是,最佳费用效果比的方案不一定是最有效的方案,还需要考虑为得到更好效果而多付出的成本是否值得。

5. 费用效果分析的基本步骤

费用效果分析与加权费用效果分析两种方法的步骤是相同的。

(1) 明确项目所要实现的预期目标或目的。项目的目标可能是单一的,也可能是多重的,如果被评价项目有多重效果目标时,可以选择基本效果目标作为费用效果分析的对象。

(2) 制定达到目标的基本要求。确定要求的过程就是将目标转化为具体、可量化的效果指标的过程。

(3) 寻找、设计、拟定各种可以完成任务的方案,进行分析比较和初步筛选。

(4) 对各种备选方案的费用和效果予以正确的识别与衡量,选择合适的分析方法(费用效果分析或加权费用效果分析)。

(5) 备选方案间的比较。对比不同方案的费用和效果,从中选择最优的方案或提出优先采用的次序。

(6) 进一步分析比较备选方案,进行必要的材料补充和深化研究。

(7) 进行敏感性分析和其他不确定性分析。
(8) 写出分析和研究报告。

5. 评价案例

【例 10-3】 某地区拟实施一项卫生保健项目进行结核病的防治工作，该项目涉及两类独立的措施 A、B，其中实施 A 措施有 A_1、A_2、A_3 三套方案，B 措施有 B_1、B_2 两套方案，各方案的费用及效果如下描绘，请对方案进行评价和选择。

分析：设计卫生保健类的项目主要的效果指标有：

(1) 挽救生命人数。该指标能够定量反映不同项目医疗保健效果上的差异，但是无法解决个体生命价值的差异性和公平性。

(2) 增加的寿命年限(YLG)。该指标适用于涉及很多安全性的医疗项目，及患病后宜导致死亡率的提高，但是不适用于评价防止慢性病的项目。

(3) 增加的健康寿命年限(HYLG)。该指标能够综合反映患病率和死亡率的下降。

(4) 失能调整生命年(DALY)。该指标综合反映了各种疾病和事故造成的早逝和残疾所导致的健康生命年的损失，综合考虑了死亡、疾病、伤残的程度、年龄重要性和折现率等因素。

(5) 质量调整生命年(QALY)。该指标和 DALY 都属于综合性指标。两者相比区别在于：DALY 是从生命损失的角度出发，而 QALY 是从增加生命年角度出发。此外，QALY 指标不仅限于疾病和伤残，而且涵盖了难以用货币衡量的隐形指标如疼痛、悲伤、抑郁等，这些因素能够直接影响生命的质量。

解：(1) 指标选择。WHO 建议，医疗卫生类项目的费用和效果都按照 3% 的折现率计算现值，并推荐使用 DALY 指标，但是目前发达国家多数学者主张使用 QALY 指标。本项目采用 QALY 指标进行评价和选择。计算费用—效果比指标(也可以计算效果—费用比)，基本公式为：

$$\frac{\Delta C}{\Delta E} = \frac{C_2 - C_1}{QALY_2 - QALY_1}$$

该指标的意义是每增加一质量调整生命年，干预方案要增加费用的限制。

(2) 列出各方案的费用、效果和费用—效果比。互斥方案按照增量费用由小到大排列，如表 10-6 所示：

表 10-6 各方案费用及效果

方案	费用	效果	费用-效果比
A_1	100	12.0	8.33
A_2	120	20.0	6.00
A_3	140	23.0	6.09
B_1	50	22.0	2.27
B_2	70	24.5	2.86
B_3	120	29.0	4.14
B_4	170	32.0	5.31

(3) 根据费用-效果指标的意义，假定总投资限额为 170 单位，那么选择 $A_2 + B_1$ 方案为最佳，可以获得最佳的效果，即 $\Delta E = 42$。如果考虑增加预算 20 单位，那么可以选择的方案为 $A_3 + B_1$ 或者为 $A_2 + B_2$，直观感觉 $A_2 + B_2$ 要优于 $A_3 + B_1$ 方案，这个结论是否正确？可以通过下面两种方法进行选择。

第一,直接比较,如表10-7所列。

表10-7 对比方案组合的费用与效果

方案	增量费用	增量效果
A_3+B_1	190	45
A_2+B_2	190	44.5

所以选择 A_3+B_1 较好。

第二,采用增量分析指标,如表10-8所列。

表10-8 增量费用—效果比

方案	增量费用	增量效果	费用-效果比
A_3-A_2	20	3	6.67
B_2-B_1	20	2.5	8

以上增量费用和效果都是与(A_2+B_1)方案相比的结果。

根据表10-8,可以看出,根据费用—效果比,可以看出应该选择 A_3 方案。

10.5 电子表格的应用

10.5.1 单方案的费用效益分析

【例10-4】 一个水坝及水库用于防洪和发电,其费用和效益情况如表10-9所列,假设规划为40年,基准折现率为8%,问该项目是否可行?

表10-9 项目净现金流量表

	项目	净现金流量/万元
投资	水坝	39160
	发电机传输设施	20000
	土地	2750
	高速公路迁置费	3460
	居民住宅迁置费	1780
	其他费用	225
运行维护费用	为总投资的3%	2021.65
每年收益	洪涝损失的减少值	6500
	动产的增加值	2000
	电能使用权的增值	4000

解:公共项目评价,当项目的费用和效益都可以量化时,可以采用费用效益分析法。

图10-3中,分别计算了基准折现率为8%和16%时项目的效益-费用比,可以看出,当基准折现率为8%时,该水利项目是可行的。当基准折现率提高为16%,项目就变得不可行了。除了效益—费用比外,使用效益—费用差也可以反映项目的可行性。

10.5.2 多方案的费用效益分析

【例10-5】 某地区政府拟在市区内新建一个公园,目前开发商提供了四个建设方案(表

第10章 公共项目的经济评价

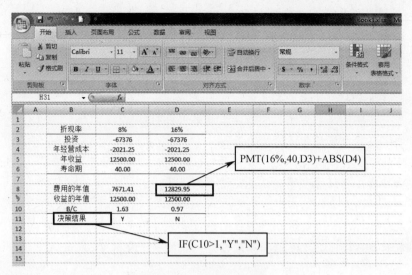

图10-3 费用效益分析

10-10),假定基准率为8%,请利用增量B/C指标分析最佳的建设方案。

表10-10 四个公园建设方案的现金流量表 （单位:万元）

	方案1	方案2	方案3	方案4
项目投资	25	35	50	80
年运营维护费	2.5	3.5	5	8
门票及其他收入	32	34	38	50

解:对于有两个或者两个以上方案的公共项目,在进行相互评价时,可以采用增量(差额)费用效益分析法。

从图10-4中可以看出,当基准折现率为8%时,第四种方案是最优方案。除了差额成本收益比外,使用产额成本收益差也可以反映项目方案的优劣。

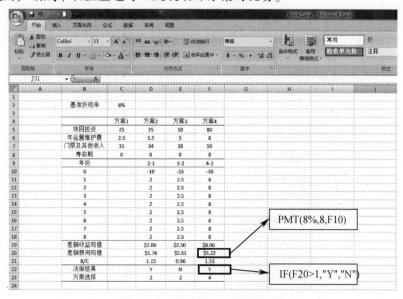

图10-4 增量效益—费用比分析

复习思考题

一、简答题

1. 公共项目与私人项目的主要差别。
2. 什么是公共项目的公共性和外部性？请举例说明。
3. 如何理解公共项目经济评价的内容？
4. 公共经济评价的依据有哪些？如何理解效率和公平的关系？
5. 公共项目效益与费用有哪些分类？请举例说明。
6. 公共项目经济评价的基本参数有哪些？
7. 费用效益分析与费用效果分析的区别是什么？如何使用这两种方法？
8. 费用效果分析的评价是怎样实施的？

二、计算题

1. 某公共工程项目有三个方案可供选择，项目的投资、收益数据如表所列（单位：万元），假设社会折现率为8%，请选择合适的方法对方案进行评价。

方案	A	B	C
一次性投资	48	45	58
年费用	1.5	1.2	2.5
年收益	6.6	5.4	10.5

2. 某机构研发了四种水压机，使用可靠性作为评价效果的基本指标，四种水压机的有关数据如表所列，假设预算为2.3万元，应该选择哪种水压机？

方案	费用/万元	可靠性
1	2.3	98%
2	2.3	97%
3	2.15	96%
4	2.2	96%

第 11 章

设备项目的经济评价

◢ 学习目标

- 了解设备的磨损与补偿方式;
- 理解设备的四种寿命;
- 掌握设备大修理的经济分析方法;
- 掌握设备更新的经济分析方法;
- 了解设备租赁的经济分析方法。

◢ 导入案例

宝钢股份有限公司设备更新决策

宝山钢铁股份有限公司设备部固定资产投资管理处召开:关于如何处理 $2^{\#}$ 拖船专题评审会议。

张经理说:"$2^{\#}$ 拖船的主动力设备机械磨损严重,而且设计落后,已经不能满足高负荷的工作需要。所以运输部建议将 $2^{\#}$ 拖船整船出售,再投资更新一台全新的 4000 马力拖船。"

设备部赵经理说:"从技术角度分析,更新方案要优于改造方案。但是在做出决策之前还应该作进一步的经济分析。"

运输部成本处的小孙说:"近来 $2^{\#}$ 拖船维修和定期大修的费用明显增加,虽然经过修复改造使其再用十几年没有问题,但是十几年后的报废残值只有最初购置成本的 3%,如果近期出售,还有需求者愿意以远高于账面残值的价格购买。"

设备采购处的代表说:"可是你们的分析没有考虑新拖船的购置成本。"

固定资产投资管理处的老王说:"如果更新拖船建造投入为 2135.44 万元,通过出售 $2^{\#}$ 拖船可以获得 305.35 万元的收益,那么新拖船的投入费用将下降到 1830.09 万元,而改造 $2^{\#}$ 拖船只需要投入 800.9616 万元。"

到底该如何进行 $2^{\#}$ 拖船的维修及更新决策呢?

资料来源:朱琳. 设备更新决策案例设计与分析. 东北大学,2003 年.

11.1 设备的磨损与补偿

工程项目投资必然形成大量的固定资产,固定资产在生产使用过程中会发生磨损、效率降低和功能不足等现象,如果不能及时对设备进行升级、换代或者更新,将有可能严重影响企业的生产效率。因此掌握设备更新分析方法对保证生产系统的正常运行非常重要。设备更新是消除设备磨损的重要手段,做好设备更新决策对企业的劳动生产率直至经济效益有着重要影响。过早的设备更新将造成资产浪费,增加投资负担;过迟的设备更新将造成生产成本迅速上升,使企业失去价格优势。因此,企业在做设备更新决策前先要决断设备是否值得维修,更新决策中需要判断更新的最佳时间,此外有时还包括设备是直接购置还是租赁的分析判断。所以本章主要从设备大修、设备更新和设备租赁三个方面介绍设备项目的经济评价方法。第四章所介绍的方案优选的评价方法依然适用于设备项目更新的问题分析。

11.1.1 设备的磨损

设备在使用(或闲置)过程中会发生磨损,磨损可以分为两类:有形磨损和无形磨损。设备磨损是有形磨损和无形磨损共同作用的结果。

1. 设备的有形磨损

1) 有形磨损的定义及分类

机械设备在力的作用下,零部件产生摩擦、振动、疲劳、生锈等现象,致使设备的实体产生磨损,称为设备的有形磨损。有两种形式的有形磨损:第一种形式是物理磨损(如实体磨损、损坏),第二种形式是化学磨损(如闲置时锈蚀)。

(1) 第一种有形磨损。设备在使用过程中,由于外力的作用使零部件发生摩擦、振动和疲劳等现象,导致机器设备的实体发生磨损,这种磨损称为第一种有形磨损。它通常表现为:机器设备的零部件的原始尺寸改变,甚至形状也发生改变;公差配合性质改变,精度降低;零部件损坏。如在工厂中使用的金属切削机床,由于第一类有形磨损的作用使其加工精度、表面粗糙度和劳动生产率下降。磨损到一定程度,整个机器就会出现故障,功能下降,设备的使用费用增大。有形磨损达到比较严重的程度时,设备便不能继续正常工作甚至发生事故。

(2) 第二种有形磨损。设备在闲置过程中,由于自然力的作用而使其丧失了工作精度和使用价值,叫做第二种有形磨损。设备闲置或封存产生的有形磨损,是由于机器生锈、金属腐蚀、橡胶和塑料老化等原因造成的,时间长了也会丧失精度和工作能力。第二种有形模型与生产过程的使用无关,甚至与使用程度成反比。

设备在使用中产生有形磨损一般可以分为三个阶段,如图11-1所示。第一阶段为初期磨损期,磨损量较大;第二阶段为正常磨损期,零部件的磨损基本随时间匀速缓慢增加;第三阶段为剧烈磨损期,零部件的磨损超过一定限度,磨损量迅速增大,设备的精度、性能、生产率迅速下降。

2) 有形磨损的度量

当设备的有形磨损达到一定程度时,设备的使用价值降低,使用费用提高。要消除这种磨损,可通过修理来恢复。当磨损导致设备丧失工作能力,即使修理也无法达到原有功能时,则需要更新设备。所以设备的磨损程度是衡量设备使用经济性的基础。

(1) 零部件有形磨损的度量。在机械设备中,当零部件的有形磨损情况可以被有效的观测

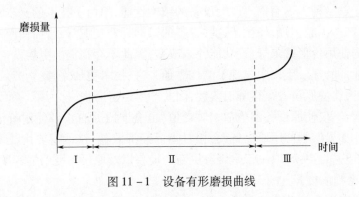

图 11－1 设备有形磨损曲线

时,通常用尺寸的变化来反映零件的有形磨损量。设 n 个零件发生了磨损,第 i 个零件的磨损程度 α_i 为:

$$\alpha_i = \frac{\delta_{pri}}{\delta_{mi}} \times 100\% \tag{11-1}$$

式中 δ_{pri}——第 i 个零件的实际磨损量;

δ_{mi}——第 i 个零件的最大允许磨损量。

（2）设备有形磨损的衡量。在测量出个别零件的磨损之后,可以确定整个设备的平均磨损程度,由于并非所有的零件在设备中都扮演同等重要的角色,所以要用加权的办法来区分各个零件的磨损量在影响设备功能的程度方面的主次轻重。设 n 个被测零件对机械功能的影响之和为 100%,其中,第 i 个零件的影响程度(重要性)为 W_i,则整台机械设备的磨损度为:

$$\alpha_p = \frac{\sum_{i=1}^{n} \alpha_i W_i}{\sum_{i=1}^{n} W_i}, (i = 1, 2, \cdots, n) \tag{11-2}$$

式中 α_p——设备整机的平均磨损程度;

α_i——第 i 个零件的磨损程度;

n——磨损零件的总数;

W_i——第 i 个零件的影响程度(或者第 i 个零件的重要性)。

（3）使用修理费衡量。在实际分析中,也可以用修理费用作指标从价值上来度量有形磨损程度。这时:

$$\alpha_p = \frac{R}{K_1} \tag{11-3}$$

式中 R——补偿设备磨损(包括装拆)所需的修理费;

K_1——在确定机械设备磨损时,该种设备再生产(或再购)的价值。

α_p 应小于 1。若 $\alpha_p \geq 1$,则此设备已无修理的必要,可以购买新设备取代旧设备。

2. 设备的无形磨损

1）无形磨损的定义及分类

所谓设备的无形磨损是由于非使用和非自然力作用所引起的机器设备价值的一种损失。与有形磨损不同,无形磨损在实物形态上看不出来,无形磨损亦称经济磨损或精神磨损。无形磨损有两种形式:

（1）第一种无形磨损。由于相同结构设备再生产价值的降低而使原有设备价值贬低,称为第一种无形磨损。第一种无形磨损不改变设备的结构性能,但由于技术的进步,工艺的改善,成本的降低,劳动生产率不断提高,使生产这种设备的劳动耗费相应降低,而使原有设备贬值。在这种磨损下设备的使用价值并未降低,功能并未改变,因此不存在提前更换设备的问题。

(2) 第二种无形磨损。生产中出现了结构更加先进、技术更加完善、生产效率更加高、耗材更加少的新型设备,而使原设备显得陈旧落后,因此产生经济磨损,称为第二种无形磨损。第二种无形磨损的出现,不仅使原设备的价值相对贬值,也会造成原有设备使用价值局部或者完全丧失的技术后果。如果继续使用原设备,会相对降低经济效益,这就需要用技术更先进的设备来代替原有设备,但是否更换,取决于是否有更新的设备以及原设备贬值的程度。

2) 设备无形磨损的度量

无形磨损的程度用设备的价值降低系数 α_I 来估计:

$$\alpha_I = \frac{K_0 - K_1}{K_0} \tag{11-4}$$

式中 K_0——设备的原始价值(购置价格);

K_1——考虑无形磨损时,设备的再生产(再购)价值。

3. 设备的综合磨损及度量

设备在购置安装后不论使用与否同时存在着有形磨损和无形磨损,两者都使它的价值降低。设备有形磨损后的残余价值系数为 $1-\alpha_p$;设备无形磨损后的残余价值系数为 $1-\alpha_I$;因此考虑到两类磨损后,设备的残余价值系数为 $(1-\alpha_p)(1-\alpha_I)$。

由此,机器设备在某个时刻的综合磨损程度为

$$\alpha = 1 - (1-\alpha_p)(1-\alpha_I) \tag{11-5}$$

设 K_L 为设备的残值,也就是在经历有形磨损和无形磨损后的残余价值,这是决定设备是否值得修理的重要依据。

$$K_L = (1-\alpha)K_0 \tag{11-6}$$

将式(11-3)、式(11-4)、式(11-5)代入式(11-6),得:

$$K_L = K_1 - R \tag{11-7}$$

即设备残值等于再生产的价值减去修理费用。

当 $K_1 > R$ 时,$K_L > 0$,设备还有价值,值得修理;

当 $K_1 = R$ 时,$K_L = 0$,设备已无价值;

当 $K_1 < R$ 时,$K_L < 0$,设备不再具有修理的意义。

【例 11-1】某设备原始价值为 15000 元,由于发生磨损后需要修理,修理费为 9000 元,若该设备此时的再购价值为 12000 元,问该设备在经济上是否值得修理?

解:该设备有形磨损的磨损程度:

$$\alpha_p = \frac{R}{K_1} = \frac{9000}{12000} = 0.75$$

由于发生了无形磨损,其磨损程度:

$$\alpha_I = \frac{K_0 - K_1}{K_0} = \frac{15000 - 12000}{15000} = 0.2$$

设备的综合磨损程度:

$$\alpha = 1 - (1-\alpha_p)(1-\alpha_I) = 1 - 0.25 \times 0.8 = 0.8$$

故该设备目前的残值:

$$K_L = (1-\alpha)K_0 = 0.2 \times 15000 = 3000(元)$$

因此设备在经济上还值得修理。

此外,也可以直接根据 $K_1 > R$ 来说明设备在经济上值得修理。

11.1.2 设备磨损的补偿方式

为了维持生产过程的正常进行,必须对设备的磨损进行补偿。由于机器设备遭受磨损的形式不同,补偿磨损的方式也不一样。若有形磨损程度较轻,可以通过修理来恢复其功能。例如零部件的弹性变形,可以在拆卸后进行校正;在使用中逐渐丧失的硬度,可用热处理的办法恢复它;表面光洁度的丧失,可以重新加工。但如果有形磨损比较严重,修理费较高或者无法进行修理,则应该采用更新进行补偿,例如零件断裂、材料老化等。如果无形磨损使得设备的使用价值降低,应该采用局部(现代化改装)或者全部更新(设备购置和设备租赁两种方式)方式进行补偿。设备磨损的三种补偿方式,如图 11-2 所示。

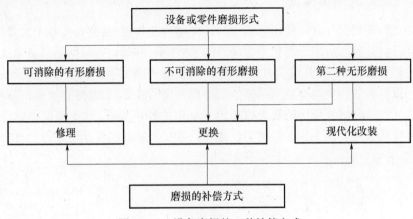

图 11-2 设备磨损的三种补偿方式

11.2 设备大修理的经济分析

11.2.1 设备维修的分类

通常把保持设备在平均寿命期限内的使用状态而进行的局部更换或者修复工作称为维修。维修的目的在于消除设备在寿命期内的有形磨损并排除机械故障,保障设备具备必要的性能以发挥正常的功效。

按设备维修实际发生的费用和修理的性质可以将修理工作分为日常维护、小修理、中修理和大修理。日常维护是指经常性发生的维修内容,通常不涉及拆除、更换设备中的磨损零件,例如设备的润滑及保养、定期检验与调整等。小修理是工作量最小的修理活动,是指设备使用过程中为保证设备工作能力而进行的调整、修复和更换个别零件的修理工作。中修理是对设备进行部分解体的修理计划,例如更换、修复部分磨损零件,修理、调整设备的部分零件以满足工艺要求,在修理程度上大于小修理,小于大修理。设备大修理是对发生磨损的设备,采用较大范围或规模的调整、修复或更换已经磨损的零部件的方法,来恢复或基本恢复设备局部丧失的生产能力。大修理是维修工作中规模最大、花钱最多的一种设备磨损补偿方式,因此对设备的修理工作的经济性分析,主要是针对设备大修理而言的。

【补充理解 11-1】

飞机维修方案直接影响航空公司成本

航空公司作为民航运输企业,高昂的运营成本和维护费用造成了民航企业始终处在一个竞争激烈的环境中。和国外航空公司相比,我国航空公司的维修成本占总运行成本的比例较大。

在航空公司的维修方案或飞机制造厂推荐的 MPD(维修计划文件)中给出了一系列针对飞机各系统和部件以及飞机区域的维修项目,所有规定的维修项目及任务都有明确的执行周期。为了执行方便通常将同周期的维修项目组合在一起同时执行,根据修理周期由短到长使用字母编号:A 检、B 检、C 检和 D 检。飞机的结构检查(或被成为大修或 D 检)是飞机机身的最高级别的检修,其目的是保持飞机结构的持续适航状态。通常来说飞机大修的平均周期为 4 年,平均费用都在 100 万美元左右,大修时间平均为 40 天。

11.2.2 设备大修理概述

尽管设备大修理对保持其在使用过程中的工作能力非常重要,但是实践中大修理过的设备无论从精确度、运行速度、故障率等技术方面,还是生产率、有效运行时间等经济角度,与同类型的新设备相比都要逊色不少,其综合性能都有不同程度的降低。同时大修的成本一次比一次高,越修越贵,设备的使用费用也越来越高。当修理一定的次数后,其综合性能指标特别是经济性能指标再也无法达到继续使用的要求或超出了一定的经济界限,就不应该再修理,因此必须掌握好设备大修的限度。图 11-3 表示了设备经过数次大修后的性能变化趋势,体现在以下两个方面:

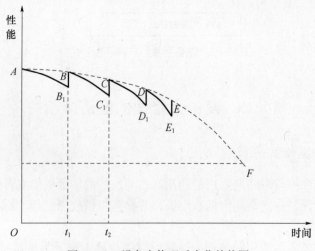

图 11-3 设备大修理后劣化趋势图

(1) 设备的综合劣化的趋势

A 点表示新设备的标准性能,在使用中设备的性能会沿着 AB_1 线所表示的趋势下降,根据情况在使用了 t_1 时间后需要第一次大修理,修理后恢复的性能为 B 点所表示的性能水平,B 点的性能水平比 A 点表示新设备的标准性能要下降了一些。自 B 点开始进入第二个使用周期,其性能又继续劣化。当下降至 C_1 点时又需要大修理,修理后恢复的性能水平为 C 点所表示的性能水平,又要比 B 点所示的性能水平下降了一些。如此循环,假设 F 点代表的性能水平为维持设备运转所需要的最低界限,则设备的劣化趋势超过这个界限就表示没有修理的必要了。图中 ABCDEF 各点连接起来形成的曲线就表示了设备在使用过程中综合劣化的趋势。

(2) 大修理的周期会随着设备使用时间的延长而越来越短,即大修理的间隔时间呈现边际递减的现象。如图 11-3 所示,$t_1 - 0 > t_2 - t_1$。由于大修理是需要花费较大费用的,既然修理的间隔时间越来越短,那么设备每年分摊的修理费就越来越多,从而大修理的经济性逐步降低。由此可以知道,设备的大修理不是无止境的,需要分析其经济界限。

一般来说,采用大修理的方法来恢复设备原有的功能要比制造新设备来得快,它还可以继续利用大量被保留下来的零部件,因而节约大量原材料和加工工时,这些都是保证设备修理的经济性的有利条件。但是,设备是否值得大修理必须取决于经济性,即是否超出其经济界限。

11.2.3 设备大修理的经济分析

常见的设备大修理决策一般可以从以下两个经济界限来进行分析。

1. 设备大修理的经济界限 I

如果设备进行大修的费用超过了购置同种新设备所需要的费用,在经济上就是不合理的,应该考虑进行设备更新。这一标准是设备大修理在经济上具有合理性的基本条件,也成为最低条件。

$$R \leqslant K_j - L_j \tag{11-8}$$

式中 R——某次大修理的费用;
K_j——设备第 j 次大修理时该种设备的再生产价值(即在大修理年份购买相同设备的市场价);
L_j——设备第 j 次大修理时的残值。

由式(11-8)可知,当大修理费小于或等于设备现价(新设备费)与设备残值的差,则大修理在经济上是合理的;否则,宁可去购买新设备也不应进行大修理。应注意的是,利用式(11-8)进行判断时要求大修理后的设备在技术性能上与同种新设备的性能大致相同时,才能成立,否则不如把旧设备卖掉,购置新设备使用。

经济界限 I 是设备大修理的最低经济界限,其成立的前提是经过大修后的设备在使用性能上与新购设备没有区别,但是大修后的设备的性能存在综合劣化趋势,当劣化到某一幅度时,经济界限 I 就不适合作为判断大修的依据了,此时需要采用设备大修理的经济界限 II 进行分析。

2. 设备大修理的经济界限 II

设备大修理的经济界限,不能仅从大修理费用与设备价值之间的关系来判断是否进行大修理,而必须与生产成本联系起来。事实上,这是更为重要的设备大修理的经济界限。

设备大修理的经济效果,可用下列计算公式表示

$$I_j = \frac{C_j}{C_0} \leqslant 1 \tag{11-9}$$

或

$$\Delta C_j = C_0 - C_j \geqslant 0 \tag{11-10}$$

式中 I_j——第 j 次大修理后的设备与新设备加工单位产品成本的比值;
C_j——在第 j 次大修理后的设备上加工单位产品的成本;
C_0——在新设备上加工单位产品的成本;
ΔC_j——在新设备与第 j 次大修理后的设备上加工单位产品成本的差额。

由上式可知,只有当 $I_j \leq 1$ 或 $\Delta C_j \geq 0$ 时,设备的大修理在经济上才是合理的。C_j 和 C_0 的计算可以采用第四章介绍的方法进行。

【例 11-2】 某企业一台生产设备已经使用了 10 年,需要进行第二次大修理。预计大修理费用为 10000 元,大修后该设备年均生产零件 5 万件,年运行成本为 2600 元,该设备大修时的市场价格为 5000 元。设备大修后还可以继续使用 4 年,第三次大修时设备残值预计为 2000 元。同时,如果购买新设备需花费 30000 元,预计使用 5 年后要进行第一次大修,大修后的残值为 7500 元,在此期间新设备年均生产零件 6.8 万件,年运行费用为 2200 元。问该设备应选择进行大修还是进行更新?($i=10\%$)

解:(1)如果按照经济界限Ⅰ,该设备进行大修理费用为 10000 元,小于新设备的再购价值与该设备残值之差(30000-5000)元,因此应该选择进行大修理。

(2)现在按照经济界限Ⅱ进行分析,分别画出大修设备以及新购设备的现金流量图(图 11-4),然后计算出在第 j 次大修理后的设备以及新购设备上加工单位产品的成本,然后进行判断。

在画出现金流量时需要注意以下两点:第一,旧设备方案第二次大修的投入不是期初购入的价值,而是修理费与残值之和(10000+50000)元;第二,新购设备的经济效益应该站在一个客观的立场上,5000 元残值是旧设备的现金流入,但是不是新设备的现金流入。

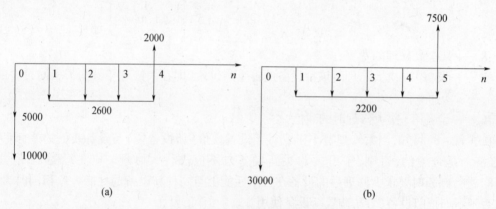

图 11-4 不同方案现金流量图
(a)大修设备的现金流量图;(b)新购设备的现金流量图。

$$C_j = \frac{[10000+5000-2000(P/F,0.1,4)](A/P,0.1,4)+2600}{50000} = 0.138(\text{元})$$

$$C_0 = \frac{[30000-7500(P/F,0.1,5)](A/P,0.1,5)+2200}{68000} = 0.131(\text{元})$$

因为 $C_j > C_0$,所以对设备进行大修是不经济的。

11.3 设备的经济寿命及估算

11.3.1 设备寿命的分类

对于一台设备该不该进行更新、何时更新、选用什么设备进行更新,都取决于更新前后的经济效益分析,设备更新时机的选择,一般取决于设备的寿命。由于磨损的存在,设备的使用价值和经济价值逐渐消失,因而设备具有一定的寿命。工程运用中设备的寿命可以分为以下四种。

1. 自然寿命

自然寿命也称物质寿命,是由有形磨损所决定的设备的使用寿命,是指设备从投入使用开始由于产生有形磨损,造成设备逐渐老化、损坏,直至报废所经历的全部时间。正确使用,维护保养,计划检修可以延长设备的自然寿命,但不能从根本上避免其磨损。任何一台设备磨损到一定程度时,必须进行修理或更新。

2. 技术寿命

由于科学技术的迅速发展,不断出现比现有技术更先进、经济性能更好的新型设备,从而使现有设备在自然寿命尚未结束前就被淘汰。技术寿命是指一台设备可能在市场上维持其价值的时间。也就是说一台设备开始使用到由于技术落后而淘汰为止所经历的时间,也叫设备的技术老化周期。技术寿命的长短,主要取决于技术进步的速度,而与有形磨损关系不大。通过现代化改装,可以延长设备的技术寿命。

3. 经济寿命

当设备处于自然寿命后期,由于设备的老化,磨损严重,要花费大量的维修费用才能保证设备正常使用。因此从经济上考虑,要对使用费用加以限制,这便产生经济寿命的概念。所谓经济寿命是指从设备开始使用到其年平均成本最低年份的延续时间长短。经济寿命既考虑了有形磨损,又考虑了无形磨损,它是确定设备合理更新期的依据。一般说经济寿命短于自然寿命。

设备的经济寿命是由维护费用的提高和使用价值的降低决定的,设备使用年限越长,每年所分摊的设备购置费用(年资本费或年资产消耗成本)越少。但是随着设备使用年限的增加,一方面需要消耗更多的维护费用维持原有功能,另外一方面机器设备的操作成本及原材料、能源消耗量也会增加,设备年运行成本上升、生产效率、产品质量将下降。就整个变化过程来看,年均总成本成为设备使用时间的函数,因而就存在某一年份对应设备年均总成本最低,该年份就是设备的经济寿命,如图 11 - 5 所示。

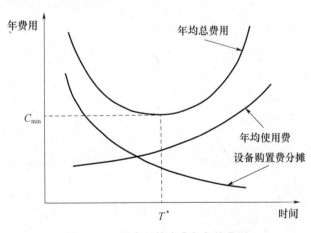

图 11 - 5　设备经济寿命与年均费用

4. 折旧寿命

设备的投资通常是通过折旧的方式逐年回收的。所谓折旧寿命是指设备开始使用到其投资通过折旧的方式全部回收所延续的时间。折旧寿命主要由提取折旧的方式决定。

11.3.2 设备经济寿命的计算

设备使用的年费用由两个部分组成:①设备购置费的分摊,指设备的原始费用扣除设备弃置不用时的估计残值(净残值)后分摊到设备使用各年上的费用;②年平均使用费,包括运行费(人工、燃料、动力、刀具、机油等消耗)和维修费(保养费、修理费、停工损失费、废次品损失费等)。

1. 静态模式下设备经济寿命的计算

设备投入使用之后,使用时间越长,设备的有形磨损越大,其维护修理费用及燃料、动力消耗等(运行费用)越高,这叫做设备的低劣化。静态模式下,设备经济寿命的确定方法是指在不考虑资金时间价值的基础上计算设备年平均成本,并使其为最小的年份就是设备的经济寿命。

(1) 低劣化数值法

若设备的低劣化呈线性变化,例如运行费用按等差序列逐年递增,设备运行费用的低劣化程度用低劣化值 λ 来表示,即设初始运行费用为 C_1,则第 2 年的运行费用为 $C_1 + \lambda$,第 3 年的运行费用为 $C_1 + 2\lambda$,第 T 年的运行费用为 $C_1 + (T-1)\lambda$。

可知年平均运行费用为:

$$\frac{C_1 + (C_1 + \lambda) + (C_1 + 2\lambda) + \cdots + [C_1 + (T-1)\lambda]}{T} = C_1 + \frac{T-1}{2}\lambda$$

故设备的年平均总费用 $\overline{C_T}$ 为:

$$\overline{C_T} = C_1 + \frac{T-1}{2}\lambda + \frac{K_0 - L_T}{T} \tag{11-11}$$

为求解使 $\overline{C_T}$ 最小的设备使用年数 N^*,令

$$\frac{d(\overline{C_T})}{dT} = 0$$

可以得到设备的最佳更新期(即经济寿命)

$$T^* = \sqrt{\frac{2(K_0 - L_T)}{\lambda}} \tag{11-12}$$

式中 T^*——设备的经济寿命;
　　　K_0——设备目前的实际价值;
　　　L_T——某年设备的残值;
　　　λ——设备运行费用的低劣化值。

【例 11-3】 假设有一台设备,目前实际价值为 8000 元,预计残值为 200 元,第一年设备的运行费用为 600 元,每年低劣化增加值为 318,求解该设备最佳更新期。

解:直接利用公式计算。

$$T^* = \sqrt{\frac{2(K_0 - L_T)}{\lambda}} = \sqrt{\frac{2 \times (8000 - 200)}{318}} \approx 7(年)$$

即该设备最佳更新期为 7 年。

(2) 经济寿命法

通常设备的低劣化并不是线性的,而且设备的残值也是随着使用年限的增加而减少的,低劣化数值法确定的经济寿命与实际更新期有较大出入。为了解决这一问题,我们可以通过计算在整个使用期内各年的平均费用,从中选出平均费用最小的一年,就是设备的经济寿命。

年平均费用法的计算公式为

$$\overline{C_T} = \frac{\sum_{t=1}^{T} C_{pt} + (K_0 - L_T)}{T}, T = 1, 2, \cdots, n \quad (11-13)$$

式中 $\overline{C_T}$——某一确定年份的年平均费用；

K_0——设备目前的实际价值；

C_{pt}——某年的运行费用；

L_T——第 T 年设备的残值。

【例 11-4】 某设备原始价值为 62000，其各年设备余值及运行费用如表 11-1 所列，求设备合理更新期。

表 11-1 资料表 单位：元

使用年数	1	2	3	4	5	6	7
年运行费	10000	12000	14000	18000	22500	27500	33000
设备余值	32000	17000	9500	5750	4000	2000	1000

解：根据公式(11-14)计算结果，如表 11-2 所列。

(计算示例) 若设备使用 4 年，则年平均费用：

$$\overline{C_4} = \frac{\sum_{t=1}^{4} C_{pt} + (K_0 - L_4)}{4} = 27563(元)$$

表 11-2 经济寿命法(静态)最优更新期计算表 （单位：元）

使用年限 T	累计运行费 $\sum C_{pt}$	设备费用 $K_0 - L_T$	总使用费用	年平均费用 $\overline{C_T}$
1	10000	30000	40000	40000
2	22000	45000	67000	33500
3	36000	52500	88500	29500
4	54000	56250	110250	27563
5	76500	58000	134500	26900
6	104000	60000	164000	27333
7	137000	29000	166000	41500

由计算可知，该设备使用到第 5 年时年平均费用为 26900 元，是年平均费用的最小值，所以设备使用 5 年后若继续使用该设备，年平均费用会递增，则该设备的经济寿命为 5 年，即使用 5 年后更新最优。

(3) 动态模式下的经济寿命法

动态模式下，设备经济寿命的确定需要考虑资金的时间价值。计算设备的年平均费用的计算公式与第四章节介绍的费用年值的计算公式是一致的，如下所示：

$$AC_T = \left[K_0 - L_T(P/F, i, T) + \sum_{t=1}^{T} C_{pt}(P/F, i, t) \right](A/P, i, T) \quad (11-14)$$

如果使用年限 T 为变量，当出现 AC 最小时，所对应的使用年限即为经济寿命。

【例 11-5】 数据如【例 11-4】,当考虑资金的时间价值(设基准收益率为 10%),求设备的合理更新期。

根据公式(11-15)计算结果如表 11-3 所示。

若设备使用 4 年,则年平均费用为:

$$AC_4 = \begin{bmatrix} 62000 - 5750 \times 0.683 + \\ (10000 \times 0.909 + 12000 \times 0.826 + 14000 \times 0.751 + 18000 \times 0.683) \end{bmatrix} \times 0.315$$
$$= 31822(元)$$

表 11-3 经济寿命法(动态)最优更新期计算表 （单位:元）

使用年限 T	设备原值 K_0	设备残值的折现值 $L_T(P/F,10\%,T)$	累计的运行费折现值 $\sum_{t=1}^{T} C_{pt}(P/F,i,t)$	年平均费用 AC_T
1	62000	16421	9091	60137
2	62000	8724	19008	41650
3	62000	4875	29527	34844
4	62000	2951	41821	31822
5	62000	2053	55792	30532
6	62000	1026	71315	30374
7	62000	513	88249	30757

由表 11-3 可知,在考虑资金时间价值的情况下,该设备使用到第 6 年时年平均费用为 30374 元,是年平均费用的最小值,所以设备使用 6 年后若继续使用该设备,年平均费用会递增,则该设备的经济寿命为 6 年。

11.4 设备更新的经济分析

11.4.1 设备更新概述

设备更新就是用经济性更好、性能更完善、技术更先进和使用效率更高的设备去更换已陈旧过时的设备,这些被更换的设备可能是在技术上已经不能继续使用,也可能是在经济上不宜继续使用的设备。就实物形态而言,设备更新是用新设备替换陈旧落后的设备;就价值形态而言,设备更新是指设备在使用运营中由于磨损使价值或使用价值下降,通过更新等方式使设备的价值或功能得到恢复。设备更新的主要目的是为了维持或提高企业生产的现代化水平,尽快形成新的生产能力。

设备更新有原型更新和技术更新两种形式。原型更新又称简单更新,是指用相同结构、性能、效率的同型号设备来代替原有设备。这种更新主要是用来更换已经损坏的或陈旧的设备。技术更新是以结构更先进、技术更完善、性能更好、效率更高的设备代替原有设备。这种更新主要用来更换遭到第二种无形磨损、在经济上不宜继续使用的设备。

设备更新方案比选的基本原理和评价方法与第四章互斥方案比选相同。但是在设备更新方案比选时,应遵循如下原则。

(1) 不考虑沉没成本。在进行方案比选时,原设备的价值应该按照目前实际价值计算,而不考虑其沉没成本。例如,某设备 5 年前购置时的原始成本是 50 万元,目前净残值为 10 万元,再进行设备更新分析时,5年前所发生的50万元属于沉没成本,与现在的决策没有关系,因此应将设备现在的残值10万元作为评价的基础数据。

(2) 客观描述新旧设备的现金流。

(3) 逐年滚动比较,在确定最佳更新期时,应首先计算现有设备的剩余经济寿命和新设备的经济寿命,然后利用逐年滚动的方法进行比较。

11.4.2 设备原型更新的经济分析

有些设备在其整个使用期内并不过时,即在一定时期内还没有更先进的设备出现,不存在第二种无形磨损。但设备在使用中,仍然存在着有形磨损,如11.2节所述,由于设备性能低劣化速度越来越快,大修理费用和设备运行费用不断增加,一定程度后,即使用新的原型设备更换在经济上也是合算的,这就是设备原型更新的问题。其分析的基本方法就是通过分析设备的经济寿命来进行更新决策。

原型更新分析主要有三个步骤:

(1) 确定方案的共同分析期。

(2) 用费用年值法确定各方案设备的经济寿命。

(3) 通过比较每个方案设备的经济寿命确定最佳方案。

11.4.3 设备技术更新的经济分析

在技术不断进步的条件下,多数情况是设备使用一段时间后,由于第二种无形磨损的作用,原有的设备显得陈旧和过时,已经出现了生产效率更高和经济效果更好的新型设备。这种情况就是要比较继续使用旧设备和马上购置新设备,哪一种方案在经济上更合理。

设备的技术更新可以采用差额投资回收期法或者费用年值比较法进行。

1. 差额投资回收期法

差额投资回收期法也叫做追加投资回收期法,即通过计算差额投资回收期来判断购置新设备多出的投资是否是值得的。一般情况下,大修理、更新、现代化改装方案的经济性各不相同,各方案的投资、成本、生产率如表11-4所示。

表11-4 大修理、更新、现代化改装方案的经济性

指标名称	方案		
	大修理	现代化改装	更新
投资	K_r	K_m	K_n
年产量	Q_r	Q_m	Q_n
年总生产成本	C_r	C_m	C_n

一般情况下,大修理、更新、现代化改装方案的经济性指标关系为:

$$K_r < K_m < K_n$$

$$Q_r < Q_m < Q_n$$

$$C_r > C_m > C_n$$

因此,在考虑设备更新方案时,可以根据以下标准进行决策:

(1) 当 $\dfrac{K_r}{Q_r} > \dfrac{K_m}{Q_m}$,且 $\dfrac{C_r}{Q_r} > \dfrac{C_m}{Q_m}$ 时,生产单位产品所需要的大修理投资大于现代化改装,同时大

修理后单位产品生产成本高于现代化改装后单位产品生产成本,因此应该进行现代化改装。

(2) 当 $\frac{K_r}{Q_r} < \frac{K_m}{Q_m}$,且 $\frac{C_r}{Q_r} > \frac{C_m}{Q_m}$ 时,生产单位产品所需要的大修理投资小于现代化改装,但是大修理后单位产品生产成本高于现代化改装后单位产品生产成本,此时无法直接进行决策,需要借助差额投资回收期指标进行判别。

$$P_a = \frac{\frac{K_m}{Q_m} - \frac{K_r}{Q_r}}{\frac{C_r}{Q_r} - \frac{C_m}{Q_m}} \qquad (11-15)$$

如果 P_a 小于行业或者企业规定的投资回收期,那么就选择现代化改装方案,否则选择大修理方案。

(3) 当 $\frac{K_m}{Q_m} > \frac{K_n}{Q_n}$,且 $\frac{C_m}{Q_m} > \frac{C_n}{Q_n}$ 时,生产单位产品所需要的现代化改装投资大于更新,同时现代化改装后单位产品生产成本高于更新后单位产品生产成本,因此应该进行现代化改装。

(4) 当 $\frac{K_m}{Q_m} < \frac{K_n}{Q_n}$,且 $\frac{C_m}{Q_m} > \frac{C_n}{Q_n}$ 时,生产单位产品所需要的现代化改装投资小于更新,但是现代化改装后单位产品生产成本高于更新后单位产品生产成本,此时无法直接进行决策,需要借助差额投资回收期指标进行判别。

$$P_a = \frac{\frac{K_n}{Q_n} < \frac{K_m}{Q_m}}{\frac{C_m}{Q_m} > \frac{C_n}{Q_n}} \qquad (11-16)$$

如果 P_a 小于行业或者企业规定的投资回收期,那么就选择更新方案,否则选择现代化改装方案。

2. 费用年值法

运用费用年值法对出现新型设备的更新决策,要解决两个问题:一个是旧设备是否值得更新;另一个是如果旧设备需要更新,何时更新。分析的具体步骤如下。

(1) 计算新设备在其经济寿命条件下的费用年值。新设备的费用年值的计算就是将其经济寿命期内所发生的投资和各年的运行费用换算成与其等值的等额支付序列的年值。计算过程中需要将设备的残值扣除。其计算公式同前面章节介绍的费用年值公式一样。

(2) 计算旧设备在继续使用条件下的费用年值。这时计算考虑的时间是旧设备还剩余的经济寿命,将其在决策点的设备残值视为设备在那一时点的投资,计算时仍然要扣除无法再使用的残值。一般情况下,其运行费用是逐年递增的。

(3) 新、旧设备费用年值的比较。如果旧设备的费用年值小于新设备的费用年值,就无需更新,继续使用旧设备直至其经济寿命;如果新设备的费用年值小于旧设备的费用年值,就需要进一步判断何时更新。

(4) 假设旧设备继续使用1年,计算这时的费用年值并与新设备的费用年值比较,如果其值小,则保留,继续使用旧设备,否则淘汰并更新为新设备。

(5) 当旧设备处于继续保留使用的情况下,计算保留2年的费用年值,并与新设备的费用年值进行比较,比较原则同第(4)步,如此循环直至旧设备被更新淘汰。

【例11-6】 某企业为生产一种新产品,需决策是继续使用现有设备还是购置新设备。现有设备是 4 年前花 2000 万元购置的,现市场价值估计值为 500 万元,还能使用 6 年,年使用费和设备残值如表 11-5 所列;购置新设备需花费 1400 万元,寿命 10 年,年使用费 80 万元,期末残值 160 万元。设基准折现率为 10%,应该如何抉择?如果选择购置新设备,问何时购置最合适?

表 11-5 资料表 (单位:万元)

使用年限	0	1	2	3	4	5	6
年末设备净残值	500	450	400	350	300	250	200
年运行费	—	150	170	200	240	290	350

解:4 年前购买设备花费 20000 元,该费用属于沉没成本,不予考虑。

(1) 判断是否需要购置新设备。分别计算两种方案的年费用(使用老设备为 1 方案,购置新设备为 2 方案)

$$AC_1 = [500 + 150(P/F,10\%,1) + 170(P/F,10\%,2) + 200(P/F,10\%,3) + 240(P/F,10\%,4)$$
$$+ 290(P/F,10\%,5) + 350(P/F,10\%,6) - 200(P/F,10\%,6)](A/P,10\%,6)$$
$$= 311.3(万元)$$

$$AC_2 = 80 + 1800(A/P,10\%,10) - 200(A/F,10\%,10) = 297.8(万元)$$

由于新设备的费用年值小于旧设备,所以应该更换设备。

(2) 判断何时更换为宜。

① 保留 1 年:

$$AC_1(1) = [500 - 450(P/F,10\%,1) + 150(P/F,10\%,1)](A/P,10\%,1) = 227.27(元)$$

$AC_2 > AC_1(1)$,则保留使用 1 年是合适的。

② 保留 2 年,即继续使用 2 年后更换:

$$AC_1(2) = [500 - 400(P/F,10\%,2) + 150(P/F,10\%,1) + 170(P/F,10\%,2)](A/P,10\%,2)$$
$$= 257.14(元)$$

$AC_2 > AC_1(2)$,则保留使用 2 年是合适的。

③ 保留 3 年,即继续使用 3 年后更换:

$AC_1(3) = 267.07(元)$

$AC_2 > AC_1(3)$,则保留使用 3 年是合适的。

④ 保留 4 年,即继续使用 4 年后更换:

$AC_1(4) = 279.55(元)$

$AC_2 > AC_1(4)$,则保留使用 4 年是合适的。

⑤ 保留 5 年,即继续使用 5 年后更换:

$AC_1(5) = 294.37(元)$

$AC_2 > AC_1(5)$,则保留使用 5 年是合适的。

⑥ 保留 6 年,即继续使用 6 年后更换:

$AC_1(6) = 311.3(元)$

$AC_2 < AC_1(2)$,故保留使用 5 年后就应该更换,如果旧设备使用 6 年的话,其年均费用要比使用新设备高。

当设备由于大修后性能下降以及出现了更好的设备,可能会出现现有设备生产能力不足的问题,可以采取两种方案解决该问题:第一,重新购入新型设备;第二,老设备继续使用,同时再购入一台附加的新设备,或者对现有设备进行现代化改装,以满足生产需求。

【例 11-7】 某工厂 4 年前购置了一台生产设备 A,当时花费了 25000 元,当时估计其寿命为 10 年,残值为 3200 元,年使用费用基本保持在 3500 元,该设备现在价值为 15000 元。现在该设备加工的零件供不应求,出现生产能力不足的问题,有如下两个解决方案,设基准折现率为 10%,应该如何抉择?

(1) 老设备继续使用,同时再购进与老设备完全相同的 A 型设备,现在购买价格为 20000 元,寿命期为 10 年,残值为 2400 元,年使用费用为 3500 元。

(2) 老设备不再使用,购进一台可以加工相同零件的 B 型设备,生产能力是 A 型设备的 2 倍,能够解决现有生产能力不足的问题。该设备购置费为 38000 元,寿命期为 10 年,年使用费为 5200 元,残值估计为 6000 元。

解:分别画出两个方案的现金流量图,如图 11-7 中(a)、(b)所示。

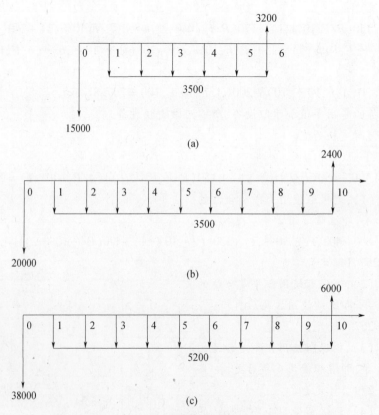

图 11-6 不同方案的现金流量图
(a)继续使用旧的 A 设备;(b)购买新的 A 型设备;(c)购买新的 B 型设备。

分别计算方案 1 和方案 2 的费用年值:

$AC_1 = [15000 - 3200(P/F, 0.1, 6)](A/P, 0.1, 6) + 3500 + 20000 - 2400(P/F, 0.1, 10)]$
$(A/P, 0.1, 10) + 3500]$
$= 6529.4 + 5604.4 = 13133.8(元)$

$AC_2 = [38000 - 6000(P/F, 0.1, 10)](A/P, 0.1, 10) + 5200 = 11008(元)$

因为 $AC_1 > AC_2$,所以选择方案 2,即购入选择全新的 B 型设备用于更替旧的 A 设备。

11.5 设备的现代化改装

新设备的出现表示现有设备的技术落后,从理论上来说,当新型设备投入市场后应该用它替换过去的旧型设备。但是实际上没有任何一个国家能够按照设备的改型周期对现有设备进行全部更换,原因在于经济合理性问题以及新设备生产能力问题。例如我国的金属切削机床年产量仅为拥有量的5%,也就是如果每年生产的新机床用于更换旧机床,也需要20年的时间才能全部轮换一遍。企业需要降低成本、提高竞争力,但是我国设备制造部门的产品更新换代缓慢,在解决这个突出矛盾的过程中,就产生了另外一种设备补偿方式,即现代化改装。现代化改装后的设备有时比新设备具有更好的经济效益。大修是部分补偿,更新是完全补偿。而现代化改装既能补偿有形磨损,又能补偿无形磨损,是另一种有效的补偿方式。

11.5.1 现代化改装概述

所谓设备的现代化改装,就是应用现代化的技术成就和先进经验,根据生产的具体需要,改变旧设备的结构或增加新装置、新部件等,以改变旧设备的技术性能与使用指标,使它局部达到或全部达到目前生产的新设备的水平。在资金紧缺的情况下,设备的现代化改装是提高现有设备技术能力的重要手段。许多发达国家也非常重视现代化改装。因此可以看出设备现代化改装的意义在于以下几点:

(1) 技术上能克服现有设备技术落后的状态,促进设备的技术进步,扩大设备生产能力,提高设备质量。

(2) 经济上所需投资比用新设备少,可以节约投入资金。

(3) 现代化改装具有针对性和适应性,能适应生产的具体要求,某些情况下还能超过新设备。

11.5.2 现代化改装的经济分析

在一般情况下,与现代化改装并存的可行方案有以下四种。

(1) 旧设备原封不动的继续使用。

(2) 对旧设备进行大修理。

(3) 相同结构新设备更换旧设备。

(4) 用效率更高、结构更好的新设备更新旧设备。

现代化改装的经济分析的任务在于从不同的方案中选择经济性最好的方案。现代化改装的经济评价可以采用差额投资回收期法或者最低总费用法进行。差额投资回收期法的计算在11.4节已经介绍过。最低总费用法是通过分别计算各种方案在不同服务年限内的总费用现值,并加以比较,根据所需要的服务年限,按照总费用最低的原则,进行方案选择的一种方法。通过计算旧设备继续使用、设备更新、设备大修理和设备现代化改装的总使用费用,选取最小总使用费用方案为最优方案。最小费用法的使用与11.4节一致。

【补充理解 11-2】

汽车企业的现代化改装

由于生产技术的不断升级、产品要求的不断提高,国内外许多汽车生产企业需要面对生产设备落后的问题,为了控制成本获得市场竞争力,企业进行设备补偿时通常选择现代化改装的方式。

美国通用汽车公司为了扩大轻便小轿车的生产,在机床制造工厂的协助下对1/3的已有金属切削机床进行了现代化改装,在没有购置新机床的情况下,就满足了扩大轿车生产的需求。

日本丰田汽车公司的发动机机械加工线,由生产一种发动机改造为能够生产两种发动机,其中新增机床70台,占29%,老机床现代化改装120台,占50%,保持原有机床50台,占21%。

北京奔驰年产奔驰和克莱斯勒品牌的总产能约10万辆,两车间分别称为MCG和CG,前者日产能仅为50辆,而CG车间可达200辆。2009年初,对CG车间进行的设备改造,改造后原奔驰C级轿车生产线与克莱斯勒的生产线互相切换。

11.6 设备租赁的经济分析

当公司的资金来源满足不了设备投资计划的要求或者由于有些设备专业化程度高、结构复杂、价格昂贵,还存在着设备老化和使用要求变化的风险,这时可借助于直接购买之外的其他财务形式获得设备的使用权,资产租赁就是一种可行的途径。

11.6.1 设备租赁的基本概念

设备租赁是随着企业资产所有权和使用权分离而产生的设备使用形式。租赁是一种合同,设备的承租者按照合同的规定,定期向出租者支付一定数额的租赁费从而获得设备的使用权,但是设备的产权仍然属于出租者。

对于承租人而言,设备租赁与设备购买相比,具有如下优势。

(1) 租赁一般是企业财力不足时采用的方式,这使得承租人在使用设备时并不需要有相当于设备价值的一笔资金,而只需要逐期支付租金就可以了。

(2) 当今市场竞争激烈,产品更新换代速度加快,在此情况下设备的技术寿命和经济寿命大大缩短,极易因技术落后而淘汰,设备在没有结束其自然寿命时就提前报废了。因此,使用者采取租赁的方式,可以尽可能避免这种风险,比购置使用更加主动灵活。

(3) 购置设备往往需要长期保持一个维修力量,在企业维修任务少的情况下,效率就降低了。而采用由出租人负责维修的租赁方式,便可以降低维修费用的负担。

(4) 通过借款或发行债券等方式筹集资金购置设备,会增加企业的负债,减少运营资本、降低流动比率、降低权益比率,这样会影响企业的社会形象,而采用租赁的方式可以一定程度避免这种情况的出现。

租赁设备也有如下不足之处:

(1) 设备在租赁期间,承租人只有设备的使用权而没有所有权,于是承租人一般无权随意对设备进行技术改造。

(2) 通常情况下,承租人租赁设备所付的租金要比直接购置设备的费用要高,因为租金中包含着出租人的管理费和边际利润;不管企业的现金流量和经营状况如何,都要按照合同按时支付租金。

常见的租赁方式有经营租赁和融资租赁。

1. 经营租赁

经营租赁一般由设备所有者(出租人)负责设备的维修、保养与保险,租赁的期限通常远远短于设备的寿命期,出租人和承租人通过订立租约维系租赁业务,承租人有权在租赁期限内预先通知出租人后解除租约。这种形式,承租人不需要获得对租用设备的所有权,而只是负担相应租金来取得设备的使用权,这样承租人可以不负担设备无形磨损的风险,对承租人来说相当灵活,可以根据市场的变化决定设备的租赁期限,因此设备的租用期一般短于设备的寿命期。对于承租者而言,经营租赁所产生的租赁费计入企业成本,可以减少企业所得税。但是这种方式带有临时性,因此租金相对较高。

2. 融资租赁

融资租赁是一种融资和融物相结合的租赁方式,出租者按照要求提供规定的设备,然后以租金的形式回收设备的全部资金,设备租用费总额通常足够补偿全部设备成本,并且租约到期之前不得解除,租约期满后,租赁设备的所有权无偿或低于其余值转让给承租人,租赁期中的设备维修保养、保险等费用均由承租人负责。这种租赁方式是以融资和长期使用设备为前提的,因此租赁期相当于或者等于设备的寿命期,租赁的设备通常是一些贵重设备和大型设备。

对于承租者而言,融资租入的设备属于固定资产,通过计提折旧的方式计入成本,而租赁费一般不直接列入企业成本,由企业税后支付。

【补充理解 11-3】

航空公司飞机的融资租赁

改革开放以来,我国民航运输业取得举世瞩目的成就。由于民航业平均利润率不超过 4%,单靠行业自身经营资金的积累远不足以满足未来飞机引进的资金需求。航空公司扩充和更新机队的方式有两类:最终获得飞机产权的方式(直接购买和融资租赁)和不获得飞机产权的方式(经营租赁)。选择何种方式,取决于航空公司自身的市场战略、财务状况、对特定飞机或该机型使用期限的需求,以及对于飞机未来市场价值走势(即残值)和飞机取得成本等方面的判断。

当前国内航空公司多是采用国际融资租赁。飞机融资租赁是出租人购买航空公司(承租人)选定的飞机,拥有飞机所有权,并将飞机出租给承租人在一定期限内使用,租赁期间航空公司按照双方约定的金额支付租金,租期届满后航空公司可以续租,也可以按市场价格或固定价格优先购买,或者按规定条件把飞机偿还给出租人的租赁方式。

资料来源:吴国辉.我国飞机融资租赁实务研究.厦门大学,2009.

11.6.2 租赁费用与租金确定

1. 租赁费用

出租人和承租人就设备的租赁协议一旦达成,在合同签订伊始,承租人就要开始支付合同规定的租赁费用。租赁费用主要包括租赁保证金、租金和租赁担保费等。

2. 租金的确定

租赁合同双方必须通过租金来体现自己的经济利益。在实际操作中可以用以下两种方法来计算租金。

(1) 附加率法

附加率法是在租赁设备的价格或评估价值上再加上一个特定的比率来计算租金,其计算公式为:

$$R = P(1 + n \cdot i)/n + P \cdot r \tag{11-17}$$

式中 R——租金;

P——租赁设备的价格或评估价值;

n——租赁设备的还款期数；

i,r——分别为基准折现率和附加率。

【例11-8】 某公司因为生产需要打算租赁一台设备，该设备的价格为10000元，租期6年，每年末支付租金，基准折现率为12%，附加率为4%，企业每年应该支付多少租金？

解：$R = 10000 \times (1 + 6 \times 12\%)/6 + 10000 \times 4\% = 3266.6(元)$

（2）年值法

年值法是将一项租赁设备现值按基准利率平均分摊到未来各租赁期内。其计算公式与前面章节介绍的费用年值是一致的。

$$R = P(A/P, i, n) \qquad (11-18)$$

【例11-9】 某租赁公司拟出租一条生产线，生产线的评估价值为2200万元，合同租期为6年，基准折现率为10%，请计算每年末需要支付的租金是多少？如果需要每年初支付租金，则租金变化情况怎样？

解：（1）若按年末支付的情况

$R = 2200(A/P, 10\%, 6) = 2200 \times 0.22961 = 505.14(万元)$

（2）若按年初支付的情况

$R = 2200(A/P, 10\%, 6)/(1 + 10\%) = 2200 \times 0.22961/1.1 = 459.22(万元)$

3. 租金的支付

租金的支付所涉及的内容包括租赁期起算日、租金开始支付时间、基准折现率、支付方法等，这些内容都会对租金金额产生一定的影响。

11.6.3 设备租赁的经济性分析

在进行租赁决策分析时，通常是将租赁方式与其他购置设备的付款方式放在一起进行比较评价。设备的使用期限通常都比较长，在分析时应采用动态的分析方法，考虑资金的时间价值。对于承租人而言，设备租赁决策的关键问题通常是决定租赁还是购买设备。在假定设备收入相同的条件下，对这两种方式的决策就转化为将租赁成本和购买成本进行比较，比较的原则和方法与一般的互斥投资方案比选的方法相同。如果寿命期相同可以采用现值法，设备寿命期不等时可以采用年值法。

1. 设备租赁及购买的现金流量的差异

除非有特别的免税优惠，每一个企业都要根据销售利润上缴所得税，因此通常进行设备是否租赁决策时应该考虑税收情况。按财务制度规定，租赁设备的租金允许计入成本，购买设备每年计提的折旧费也允许计入成本，另外，如果是借款购置设备，其每年支付的利息也可以计入成本。

（1）设备购买方案的净现金流（无贷款）

净现金流量 = 销售收入 – 经营成本 – 设备购置费 – 销售税金及附加 – 所得税

所得税 = （销售收入 – 经营成本 – 折旧费 – 销售税金及附加）× 所得税率

（2）设备购买方案的净现金流（有贷款）

净现金流量 = 销售收入 – 经营成本 – 设备购置费 – 贷款利息 – 销售税金及附加 – 所得税 – 还本

所得税 = （销售收入 – 经营成本 – 折旧费 – 贷款利息 – 销售税金及附加）× 所得税率

（3）设备经营租赁方案的净现金流

净现金流量 = 销售收入 – 经营成本 – 租赁费用 – 销售税金及附加 – 所得税

所得税 =(销售收入 – 经营成本 – 租赁费用 – 销售税金及附加)×所得税率

(4) 设备融资租赁方案的净现金流

净现金流量 = 销售收入 – 经营成本 – 租赁费用 – 销售税金及附加 – 所得税

所得税 =(销售收入 – 经营成本 – 折旧费 – 租赁费中的手续费和利息 – 销售税金及附加)×所得税率

下面举例说明设备租赁与购买的经济决策。

【例 11 – 10】 假如某公司拟生产市场急需的某新产品,需要某种设备。该设备购置费为 50000 元,使用寿命 10 年,残值为 3000 元。这台设备每年扣除运营成本后可获得销售收入 20000 元。公司可以直接一次性付款购买设备;也可以采用经营租赁,每年需要支付租金 3000 元;还可以按照等本的方式按照 8% 的贷款利率,分 10 年偿还本金(每年年末支付),此外每年单独付息。若企业要按 33% 交所得税,采用直线折旧方法,在基准收益率为 12% 的情况下,对三种方案进行比选。

解:(1) 直接一次性付款购买设备的情况,如表 11 – 6 所列。

设备各年的折旧额为:$\dfrac{50000 - 3000}{10} = 4700(元)$

应缴纳的所得税:$(20000 - 4700) \times 33\% = 5100(元)$

表 11 – 6　一次性付款购买设备时的现金流量表　　　　　　　　(单位:元)

年份 项目	0	1	2	…	10
购置费	50000				
销售收入(扣除运营费后)		20000	20000	…	20000
折旧费		4700	4700	…	4700
所得税		5100	5100	…	5100
净现金流量	–50000	14900	14900	…	14900

计算净现值:

$$NPV_1 = -50000 + 14900(P/A,12\%,10) = -50000 + 14900 \times 5.65 = 34185(元)$$

(2) 经营租赁的情况,如表 11 – 7 所列。

应缴纳所得税:$(20000 - 3000) \times 33\% = 5666.7(元)$

表 11 – 7　租赁设备时的现金流量表　　　　　　　　(单位:元)

年份 项目	0	1	2	…	4
租赁费	3000	3000	3000		
销售收入(扣除运营费后)		20000	20000	…	20000
所得税		5666.7	5666.7	…	5666.7
净现金流量	–3000	11333.3	11333.3	…	14333.3

计算净现值:

$$NPV_2 = -3000 + 11333.3(P/A,12\%,10) + 14333.3(P/F,12\%,10)$$
$$= -3000 + 11333.3 \times 5.65 + 14333.3 \times 0.322 = 65648.47(元)$$

(3) 分期付款的情况,如表 11 – 8 所列。

计算每年的还本付息金额:

表11-8 每年的还本付息金额 （单位：元）

年份	年初欠款	付息	还本	年终偿还
1	50000	4000	5000	9000
2	45000	3600	5000	8600
3	40000	3200	5000	8200
4	35000	2800	5000	7800
5	30000	2400	5000	7400
6	25000	2000	5000	7000
7	20000	1600	5000	6600
8	15000	1200	5000	6200
9	10000	800	5000	5800
10	5000	400	5000	5400

设备各年的折旧费如一次性付款的情况，为4700元，应缴纳所得税按照各年实际情况分别计算，例如第一年为：

$$(20000 - 4700 - 4000) \times 33\% = 3729(元)$$

分期付款购买设备时的现金流量如表11-9所列。

表11-9 分期付款购买设备时的现金流量表 （单位：元）

项目\年份	0	1	2	3	4	5	6	7	8	9	10
分期付款		9000	8600	8200	7800	7400	7000	6600	6200	5800	5400
销售收入		20000	20000	20000	20000	20000	20000	20000	20000	20000	20000
折旧费		4700	4700	4700	4700	4700	4700	4700	4700	4700	4700
所得税		3729	3861	3993	4125	4257	4389	4521	4653	4785	4917
净现金流量		7271	7539	7807	8075	8343	8611	8879	9147	9415	9683

计算净现值：

$$NPV_3 = 52092.17(元)$$

通过上面的计算可以看出，采用租赁的方式获得设备的净现值最大，所以在题目的假设条件下公司选择租赁设备的方式来满足生产需要是合理的。

11.7 电子表格的应用

11.7.1 原型更新

【例11-11】 某设备原始价值为8000元，初始运行费用为400元，每年低劣化增加值为320元，设备残值为200元，请分析该设备最佳更新期。

解：在不考虑资金时间价值的情况下计算最佳更新期，可以采用以下两种方法：

(1) 直接利用公式进行计算。

(2) 利用Excel表格进行计算，如图11-7所示。

第 11 章 设备项目的经济评价

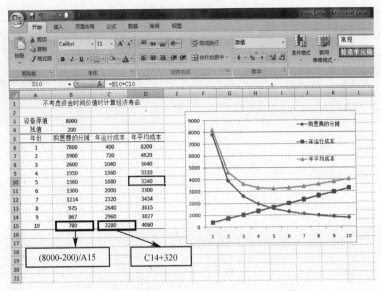

图 11-7 设备最佳更新期计算（低劣化数值法）

【例 11-12】 某设备原始价值为 16000，其各年设备余值及运行费用如表 11-10 所列，求设备合理更新期。

表 11-10 资料表　　　　　　　　　　　　　　　　（单位：元）

使用年数	1	2	3	4	5	6	7
年运行费	2000	2500	3500	4500	5500	7000	9000
设备余值	10000	6000	4500	3500	2500	1500	1000

解：该设备使用过程中，各年运行费用的增加不相同，所以不能直接使用低劣化数值法，使用 Excel 表进行计算可以简化评价的工作。

（1）在不考虑资金时间价值的情况下，设备最佳更新期的计算，如图 11-8 所示。

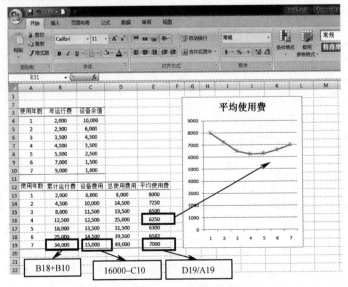

图 11-8 设备最佳更新期计算（静态）

257

（2）如果考虑基准折现率为12%，设备最佳更新期的计算，如图11-9所示。

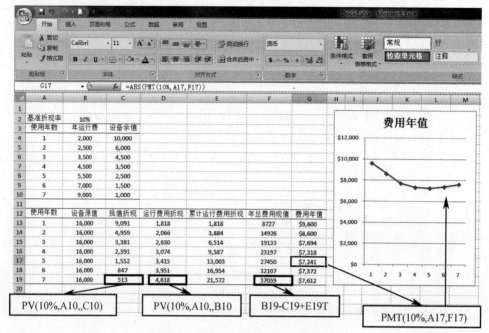

图11-9　设备最佳更新期计算（动态）

11.7.2　技术更新

【例11-13】　某设备目前的净残值为8000元，还能继续使用4年，保留使用的情况如表11-11所列。

表11-11　资料表　　　　　　　　　　　　　　　　　（单位：元）

保留使用年限	0	1	2	3	4
年末设备净残值	8000	6500	5000	3500	2000
年运行费用	—	3000	4000	5000	6000

新设备的原始费用为35000元，经济寿命10年，第10年年末的净残值为4000元，平均年使用费为500元，基准折现率是12%，问旧设备是否需要更换，如需更换、何时更换为宜？

解：(1) 先判断是否需要更换。

由图11-11可以看出：

继续使用旧设备的费用年值为6574元，更新设备的费用年值为6463元，所以应该更换旧设备。

(2) 判断何时更换为宜。

保留1年，费用年值为5460元，小于购置新设备的费用年值，所以保留使用1年是合适的。

保留2年，费用年值为5847元，小于购置新设备的费用年值，所以保留使用2年是合适的。

保留3年，费用年值为6218元，小于购置新设备的费用年值，所以保留使用3年是合适的。

保留4年，费用年值为6574元，大于购置新设备的费用年值，所以保留使用3年后就应该更换，如果旧设备使用4年的话，其年均费用要比使用新设备高。

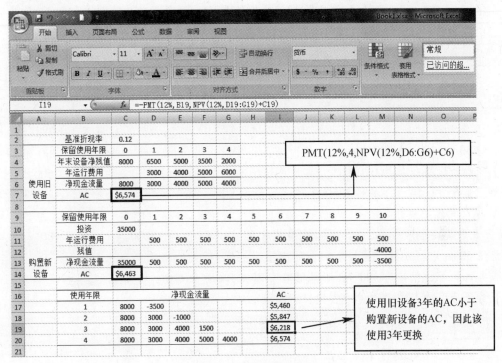

图 11-10 设备更新决策分析

复习思考题

一、简答题

1. 如何理解设备的有形磨损及无形磨损？
2. 什么是综合磨损？如何计算设备的综合磨损？
3. 设备磨损的补偿方式有哪些？请举例说明。
4. 简述设备的四种寿命。
5. 决定设备经济寿命的成本因素有哪些？如何计算经济寿命？
6. 如何理解设备大修理的经济界限？
7. 设备更新的途径有哪几种？如何确定设备的最佳更新期？
8. 设备租赁的类型有那些？如何对设备的租赁进行经济分析？
9. 简述设备租赁的优缺点。

二、计算题

1. 某设备原始价值为 12000 元，再生产价值为 8000 元，此时大修理需要费用 2000 元，试问该设备遭受了何种磨损？磨损的程度是多少？

2. 某工厂新购入一台设备，购置费用为 15000 元，第一年的使用费为 2000 元，以后每年递增 500 元，不考虑设备的残值。请分别使用低劣化数值法和经济寿命法（$i_0 = 10\%$）计算设备的最佳更新期。

3. 某设备目前的价值为 9000 元，如果保留使用 3 年，各年年末的残值以及运行费用如表所示，现在有一种新设备，该设备的价值为 15000 元，残值为 2500 元，年运行成本为 1900 元，寿命为 5 年，$i_0 = 10\%$，问设备是否需要更新？如果需要，何时更新最好？

保留使用年份/年	年末残值/元	各年运行费用/元
1	6000	3000
2	3000	5000
3	0	7000

4. 某企业有一台设备已经使用 6 年，需要进行第 2 次大修，预计大修费用为 15000 元，大修后年产量 50 吨，运行费用 2500 元，大修后设备还可以使用 5 年，5 年末的残值为 2000 元。目前市场上同种新设备价值为 32000 元，预计使用 6 年后大修，大修时设备的残值为 7500 元，该新设备年产量 65 吨，年运行费用 2250 元。该设备是采用大修还是更新更加有利（$i_0 = 10\%$）？

5. 某公司需要使用一台计算机服务器，根据市场情况，有两种方案可供选择。方案一是花费 25 万元购买一台服务器，估计服务寿命为 8 年，期末残值为 15000 元，运行费 100 元/天，年维修费用 5000 元。方案二是租赁一台同类型服务器，每天的租赁费用为 150 元。公司一年中使用服务器的天数预计为 300 天，所得税率为 25%，采用直线法计提折旧，基准折现率为 12%，请对服务器采用购置或者租赁的方案进行决策。

附　录

复利系数表($i=1\%$)

n	一次支付		等额系列				等差系列		n
	$(F/P,i,n)$	$(P/F,i,n)$	$(F/A,i,n)$	$(A/F,i,n)$	$(P/A,i,n)$	$(A/P,i,n)$	$(P/G,i,n)$	$(A/G,i,n)$	
1	1.01000	0.99010	1.00000	1.00000	0.99010	1.01000	0.00000	0.00000	1
2	1.02010	0.98030	2.01000	0.49751	1.97040	0.50751	0.98030	0.49751	2
3	1.03030	0.97059	3.03010	0.33002	2.94099	0.34002	2.92148	0.99337	3
4	1.04060	0.96098	4.06040	0.24628	3.90197	0.25628	5.80442	1.48756	4
5	1.05101	0.95147	5.10101	0.19604	4.85343	0.20604	9.61028	1.98010	5
6	1.06152	0.94205	6.15202	0.16255	5.79548	0.17255	14.32051	2.47098	6
7	1.07214	0.93272	7.21354	0.13863	6.72819	0.14863	19.91681	2.96020	7
8	1.08286	0.92348	8.28567	0.12069	7.65168	0.13069	26.38120	3.44777	8
9	1.09369	0.91434	9.36853	0.10674	8.56602	0.11674	33.69592	3.93367	9
10	1.10462	0.90529	10.46221	0.09558	9.47130	0.10558	41.84350	4.41792	10
11	1.11567	0.89632	11.56683	0.08645	10.36763	0.09645	50.80674	4.90052	11
12	1.12683	0.88745	12.68250	0.07885	11.25508	0.08885	60.56868	5.38145	12
13	1.13809	0.87866	13.80933	0.07241	12.13374	0.08241	71.11263	5.86073	13
14	1.14947	0.86996	14.94742	0.06690	13.00370	0.07690	82.42215	6.33836	14
15	1.16097	0.86135	16.09690	0.06212	13.86505	0.07212	94.48104	6.81433	15
16	1.17258	0.85282	17.25786	0.05794	14.71787	0.06794	107.27336	7.28865	16
17	1.18430	0.84438	18.43044	0.05426	15.56225	0.06426	120.78340	7.76131	17
18	1.19615	0.83602	19.61475	0.05098	16.39827	0.06098	134.99569	8.23231	18
19	1.20811	0.82774	20.81090	0.04805	17.22601	0.05805	149.89501	8.70167	19
20	1.22019	0.81954	22.01900	0.04542	18.04555	0.05542	165.46636	9.16937	20
21	1.23239	0.81143	23.23919	0.04303	18.85698	0.05303	181.69496	9.63542	21
22	1.24472	0.80340	24.47159	0.04086	19.66038	0.05086	198.56628	10.09982	22
23	1.25716	0.79544	25.71630	0.03889	20.45582	0.04889	216.06600	10.56257	23
24	1.26973	0.78757	26.97346	0.03707	21.24339	0.04707	234.18002	11.02367	24
25	1.28243	0.77977	28.24320	0.03541	22.02316	0.04541	252.89446	11.48312	25
26	1.29526	0.77205	29.52563	0.03387	22.79520	0.04387	272.19566	11.94092	26
27	1.30821	0.76440	30.82089	0.03245	23.55961	0.04245	292.07016	12.39707	27
28	1.32129	0.75684	32.12910	0.03112	24.31644	0.04112	312.50472	12.85158	28
29	1.33450	0.74934	33.45039	0.02990	25.06579	0.03990	333.48630	13.30444	29
30	1.34785	0.74192	34.78489	0.02875	25.80771	0.03875	355.00207	13.75566	30
31	1.36133	0.73458	36.13274	0.02768	26.54229	0.03768	377.03938	14.20523	31
32	1.37494	0.72730	37.49407	0.02667	27.26959	0.03667	399.58581	14.65317	32
33	1.38869	0.72010	38.86901	0.02573	27.98969	0.03573	422.62911	15.09946	33
34	1.40258	0.71297	40.25770	0.02484	28.70267	0.03484	446.15723	15.54410	34
35	1.41660	0.70591	41.66028	0.02400	29.40858	0.03400	470.15831	15.98711	35
36	1.43077	0.69892	43.07688	0.02321	30.10751	0.03321	494.62069	16.42848	36
37	1.44508	0.69200	44.50765	0.02247	30.79951	0.03247	519.53286	16.86822	37
38	1.45953	0.68515	45.95272	0.02176	31.48466	0.03176	544.88354	17.30632	38
39	1.47412	0.67837	47.41225	0.02109	32.16303	0.03109	570.66158	17.74278	39
40	1.48886	0.67165	48.88637	0.02046	32.83469	0.03046	596.85606	18.17761	40

复利系数表($i=2\%$)

n	一次支付		等额系列				等差系列		n
	$(F/P,i,n)$	$(P/F,i,n)$	$(F/A,i,n)$	$(A/F,i,n)$	$(P/A,i,n)$	$(A/P,i,n)$	$(P/G,i,n)$	$(A/G,i,n)$	
1	1.02000	0.98039	1.00000	1.00000	0.98039	1.02000	0.00000	0.00000	1
2	1.04040	0.96117	2.02000	0.49505	1.94156	0.51505	0.96117	0.49505	2
3	1.06121	0.94232	3.06040	0.32675	2.88388	0.34675	2.84581	0.98680	3
4	1.08243	0.92385	4.12161	0.24262	3.80773	0.26262	5.61735	1.47525	4
5	1.10408	0.90573	5.20404	0.19216	4.71346	0.21216	9.24027	1.96040	5
6	1.12616	0.88797	6.30812	0.15853	5.60143	0.17853	13.68013	2.44226	6
7	1.14869	0.87056	7.43428	0.13451	6.47199	0.15451	18.90349	2.92082	7
8	1.17166	0.85349	8.58297	0.11651	7.32548	0.13651	24.87792	3.39608	8
9	1.19509	0.83676	9.75463	0.10252	8.16224	0.12252	31.57197	3.86805	9
10	1.21899	0.82035	10.94972	0.09133	8.98259	0.11133	38.95510	4.33674	10
11	1.24337	0.80426	12.16872	0.08218	9.78685	0.10218	46.99773	4.80213	11
12	1.26824	0.78849	13.41209	0.07456	10.57534	0.09456	55.67116	5.26424	12
13	1.29361	0.77303	14.68033	0.06812	11.34837	0.08812	64.94755	5.72307	13
14	1.31948	0.75788	15.97394	0.06260	12.10625	0.08260	74.79992	6.17862	14
15	1.34587	0.74301	17.29342	0.05783	12.84926	0.07783	85.20213	6.63090	15
16	1.37279	0.72845	18.63929	0.05365	13.57771	0.07365	96.12881	7.07990	16
17	1.40024	0.71416	20.01207	0.04997	14.29187	0.06997	107.55542	7.52564	17
18	1.42825	0.70016	21.41231	0.04670	14.99203	0.06670	119.45813	7.96811	18
19	1.45681	0.68643	22.84056	0.04378	15.67846	0.06378	131.81388	8.40732	19
20	1.48595	0.67297	24.29737	0.04116	16.35143	0.06116	144.60033	8.84328	20
21	1.51567	0.65978	25.78332	0.03878	17.01121	0.05878	157.79585	9.27599	21
22	1.54598	0.64684	27.29898	0.03663	17.65805	0.05663	171.37947	9.70546	22
23	1.57690	0.63416	28.84496	0.03467	18.29220	0.05467	185.33090	10.13169	23
24	1.60844	0.62172	30.42186	0.03287	18.91393	0.05287	199.63049	10.55468	24
25	1.64061	0.60953	32.03030	0.03122	19.52346	0.05122	214.25924	10.97445	25
26	1.67342	0.59758	33.67091	0.02970	20.12104	0.04970	229.19872	11.39100	26
27	1.70689	0.58586	35.34432	0.02829	20.70690	0.04829	244.43113	11.80433	27
28	1.74102	0.57437	37.05121	0.02699	21.28127	0.04699	259.93924	12.21446	28
29	1.77584	0.56311	38.79223	0.02578	21.84438	0.04578	275.70639	12.62138	29
30	1.81136	0.55207	40.56808	0.02465	22.39646	0.04465	291.71644	13.02512	30
31	1.84759	0.54125	42.37944	0.02360	22.93770	0.04360	307.95382	13.42566	31
32	1.88454	0.53063	44.22703	0.02261	23.46833	0.04261	324.40346	13.82303	32
33	1.92223	0.52023	46.11157	0.02169	23.98856	0.04169	341.05077	14.21722	33
34	1.96068	0.51003	48.03380	0.02082	24.49859	0.04082	357.88170	14.60826	34
35	1.99989	0.50003	49.99448	0.02000	24.99862	0.04000	374.88264	14.99613	35
36	2.03989	0.49022	51.99437	0.01923	25.48884	0.03923	392.04045	15.38087	36
37	2.08069	0.48061	54.03425	0.01851	25.96945	0.03851	409.34245	15.76246	37
38	2.12230	0.47119	56.11494	0.01782	26.44064	0.03782	426.77637	16.14092	38
39	2.16474	0.46195	58.23724	0.01717	26.90259	0.03717	444.33041	16.51627	39
40	2.20804	0.45289	60.40198	0.01656	27.35548	0.03656	461.99313	16.88850	40

复利系数表($i=3\%$)

n	一次支付		等额系列				等差系列		n
	$(F/P,i,n)$	$(P/F,i,n)$	$(F/A,i,n)$	$(A/F,i,n)$	$(P/A,i,n)$	$(A/P,i,n)$	$(P/G,i,n)$	$(A/G,i,n)$	
1	1.03000	0.97087	1.00000	1.00000	0.97087	1.03000	0.00000	0.00000	1
2	1.06090	0.94260	2.03000	0.49261	1.91347	0.52261	0.94260	0.49261	2
3	1.09273	0.91514	3.09090	0.32353	2.82861	0.35353	2.77288	0.98030	3
4	1.12551	0.88849	4.18363	0.23903	3.71710	0.26903	5.43834	1.46306	4
5	1.15927	0.86261	5.30914	0.18835	4.57971	0.21835	8.88878	1.94090	5
6	1.19405	0.83748	6.46841	0.15460	5.41719	0.18460	13.07620	2.41383	6
7	1.22987	0.81309	7.66246	0.13051	6.23028	0.16051	17.95475	2.88185	7
8	1.26677	0.78941	8.89234	0.11246	7.01969	0.14246	23.48061	3.34496	8
9	1.30477	0.76642	10.15911	0.09843	7.78611	0.12843	29.61194	3.80318	9
10	1.34392	0.74409	11.46388	0.08723	8.53020	0.11723	36.30879	4.25650	10
11	1.38423	0.72242	12.80780	0.07808	9.25262	0.10808	43.53300	4.70494	11
12	1.42576	0.70138	14.19203	0.07046	9.95400	0.10046	51.24818	5.14850	12
13	1.46853	0.68095	15.61779	0.06403	10.63496	0.09403	59.41960	5.58720	13
14	1.51259	0.66112	17.08632	0.05853	11.29607	0.08853	68.01413	6.02104	14
15	1.55797	0.64186	18.59891	0.05377	11.93794	0.08377	77.00020	6.45004	15
16	1.60471	0.62317	20.15688	0.04961	12.56110	0.07961	86.34770	6.87421	16
17	1.65285	0.60502	21.76159	0.04595	13.16612	0.07595	96.02796	7.29357	17
18	1.70243	0.58739	23.41444	0.04271	13.75351	0.07271	106.01367	7.70812	18
19	1.75351	0.57029	25.11687	0.03981	14.32380	0.06981	116.27882	8.11788	19
20	1.80611	0.55368	26.87037	0.03722	14.87747	0.06722	126.79866	8.52286	20
21	1.86029	0.53755	28.67649	0.03487	15.41502	0.06487	137.54964	8.92309	21
22	1.91610	0.52189	30.53678	0.03275	15.93692	0.06275	148.50939	9.31858	22
23	1.97359	0.50669	32.45288	0.03081	16.44361	0.06081	159.65661	9.70934	23
24	2.03279	0.49193	34.42647	0.02905	16.93554	0.05905	170.97108	10.09540	24
25	2.09378	0.47761	36.45926	0.02743	17.41315	0.05743	182.43362	10.47677	25
26	2.15659	0.46369	38.55304	0.02594	17.87684	0.05594	194.02598	10.85348	26
27	2.22129	0.45019	40.70963	0.02456	18.32703	0.05456	205.73090	11.22554	27
28	2.28793	0.43708	42.93092	0.02329	18.76411	0.05329	217.53197	11.59298	28
29	2.35657	0.42435	45.21885	0.02211	19.18845	0.05211	229.41367	11.95582	29
30	2.42726	0.41199	47.57542	0.02102	19.60044	0.05102	241.36129	12.31407	30
31	2.50008	0.39999	50.00268	0.02000	20.00043	0.05000	253.36090	12.66777	31
32	2.57508	0.38834	52.50276	0.01905	20.38877	0.04905	265.39935	13.01694	32
33	2.65234	0.37703	55.07784	0.01816	20.76579	0.04816	277.46419	13.36160	33
34	2.73191	0.36604	57.73018	0.01732	21.13184	0.04732	289.54367	13.70177	34
35	2.81386	0.35538	60.46208	0.01654	21.48722	0.04654	301.62670	14.03749	35
36	2.89828	0.34503	63.27594	0.01580	21.83225	0.04580	313.70284	14.36878	36
37	2.98523	0.33498	66.17422	0.01511	22.16724	0.04511	325.76223	14.69566	37
38	3.07478	0.32523	69.15945	0.01446	22.49246	0.04446	337.79559	15.01817	38
39	3.16703	0.31575	72.23423	0.01384	22.80822	0.04384	349.79423	15.33633	39
40	3.26204	0.30656	75.40126	0.01326	23.11477	0.04326	361.74994	15.65016	40

复利系数表($i=4\%$)

n	一次支付		等额系列				等差系列		n
	$(F/P,i,n)$	$(P/F,i,n)$	$(F/A,i,n)$	$(A/F,i,n)$	$(P/A,i,n)$	$(A/P,i,n)$	$(P/G,i,n)$	$(A/G,i,n)$	
1	1.04000	0.96154	1.00000	1.00000	0.96154	1.04000	0.00000	0.00000	1
2	1.08160	0.92456	2.04000	0.49020	1.88609	0.53020	0.92456	0.49020	2
3	1.12486	0.88900	3.12160	0.32035	2.77509	0.36035	2.70255	0.97386	3
4	1.16986	0.85480	4.24646	0.23549	3.62990	0.27549	5.26696	1.45100	4
5	1.21665	0.82193	5.41632	0.18463	4.45182	0.22463	8.55467	1.92161	5
6	1.26532	0.79031	6.63298	0.15076	5.24214	0.19076	12.50624	2.38571	6
7	1.31593	0.75992	7.89829	0.12661	6.00205	0.16661	17.06575	2.84332	7
8	1.36857	0.73069	9.21423	0.10853	6.73274	0.14853	22.18058	3.29443	8
9	1.42331	0.70259	10.58280	0.09449	7.43533	0.13449	27.80127	3.73908	9
10	1.48024	0.67556	12.00611	0.08329	8.11090	0.12329	33.88135	4.17726	10
11	1.53945	0.64958	13.48635	0.07415	8.76048	0.11415	40.37716	4.60901	11
12	1.60103	0.62460	15.02581	0.06655	9.38507	0.10655	47.24773	5.03435	12
13	1.66507	0.60057	16.62684	0.06014	9.98565	0.10014	54.45462	5.45329	13
14	1.73168	0.57748	18.29191	0.05467	10.56312	0.09467	61.96179	5.86586	14
15	1.80094	0.55526	20.02359	0.04994	11.11839	0.08994	69.73550	6.27209	15
16	1.87298	0.53391	21.82453	0.04582	11.65230	0.08582	77.74412	6.67200	16
17	1.94790	0.51337	23.69751	0.04220	12.16567	0.08220	85.95809	7.06563	17
18	2.02582	0.49363	25.64541	0.03899	12.65930	0.07899	94.34977	7.45300	18
19	2.10685	0.47464	27.67123	0.03614	13.13394	0.07614	102.89333	7.83416	19
20	2.19112	0.45639	29.77808	0.03358	13.59033	0.07358	111.56469	8.20912	20
21	2.27877	0.43883	31.96920	0.03128	14.02916	0.07128	120.34136	8.57794	21
22	2.36992	0.42196	34.24797	0.02920	14.45112	0.06920	129.20242	8.94065	22
23	2.46472	0.40573	36.61789	0.02731	14.85684	0.06731	138.12840	9.29729	23
24	2.56330	0.39012	39.08260	0.02559	15.24696	0.06559	147.10119	9.64790	24
25	2.66584	0.37512	41.64591	0.02401	15.62208	0.06401	156.10400	9.99252	25
26	2.77247	0.36069	44.31174	0.02257	15.98277	0.06257	165.12123	10.33120	26
27	2.88337	0.34682	47.08421	0.02124	16.32959	0.06124	174.13846	10.66399	27
28	2.99870	0.33348	49.96758	0.02001	16.66306	0.06001	183.14235	10.99092	28
29	3.11865	0.32065	52.96629	0.01888	16.98371	0.05888	192.12059	11.31205	29
30	3.24340	0.30832	56.08494	0.01783	17.29203	0.05783	201.06183	11.62743	30
31	3.37313	0.29646	59.32834	0.01686	17.58849	0.05686	209.95564	11.93710	31
32	3.50806	0.28506	62.70147	0.01595	17.87355	0.05595	218.79244	12.24113	32
33	3.64838	0.27409	66.20953	0.01510	18.14765	0.05510	227.56345	12.53956	33
34	3.79432	0.26355	69.85791	0.01431	18.41120	0.05431	236.26067	12.83244	34
35	3.94609	0.25342	73.65222	0.01358	18.66461	0.05358	244.87679	13.11984	35
36	4.10393	0.24367	77.59831	0.01289	18.90828	0.05289	253.40520	13.40181	36
37	4.26809	0.23430	81.70225	0.01224	19.14258	0.05224	261.83989	13.67840	37
38	4.43881	0.22529	85.97034	0.01163	19.36786	0.05163	270.17545	13.94968	38
39	4.61637	0.21662	90.40915	0.01106	19.58448	0.05106	278.40703	14.21569	39
40	4.80102	0.20829	95.02552	0.01052	19.79277	0.05052	286.53030	14.47651	40

复利系数表($i=5\%$)

n	一次支付		等额系列				等差系列		n
	$(F/P,i,n)$	$(P/F,i,n)$	$(F/A,i,n)$	$(A/F,i,n)$	$(P/A,i,n)$	$(A/P,i,n)$	$(P/G,i,n)$	$(A/G,i,n)$	
1	1.05000	0.95238	1.00000	1.00000	0.95238	1.05000	0.00000	0.00000	1
2	1.10250	0.90703	2.05000	0.48780	1.85941	0.53780	0.90703	0.48780	2
3	1.15763	0.86384	3.15250	0.31721	2.72325	0.36721	2.63470	0.96749	3
4	1.21551	0.82270	4.31013	0.23201	3.54595	0.28201	5.10281	1.43905	4
5	1.27628	0.78353	5.52563	0.18097	4.32948	0.23097	8.23692	1.90252	5
6	1.34010	0.74622	6.80191	0.14702	5.07569	0.19702	11.96799	2.35790	6
7	1.40710	0.71068	8.14201	0.12282	5.78637	0.17282	16.23208	2.80523	7
8	1.47746	0.67684	9.54911	0.10472	6.46321	0.15472	20.96996	3.24451	8
9	1.55133	0.64461	11.02656	0.09069	7.10782	0.14069	26.12683	3.67579	9
10	1.62889	0.61391	12.57789	0.07950	7.72173	0.12950	31.65205	4.09909	10
11	1.71034	0.58468	14.20679	0.07039	8.30641	0.12039	37.49884	4.51444	11
12	1.79586	0.55684	15.91713	0.06283	8.86325	0.11283	43.62405	4.92190	12
13	1.88565	0.53032	17.71298	0.05646	9.39357	0.10646	49.98791	5.32150	13
14	1.97993	0.50507	19.59863	0.05102	9.89864	0.10102	56.55379	5.71329	14
15	2.07893	0.48102	21.57856	0.04634	10.37966	0.09634	63.28803	6.09731	15
16	2.18287	0.45811	23.65749	0.04227	10.83777	0.09227	70.15970	6.47363	16
17	2.29202	0.43630	25.84037	0.03870	11.27407	0.08870	77.14045	6.84229	17
18	2.40662	0.41552	28.13238	0.03555	11.68959	0.08555	84.20430	7.20336	18
19	2.52695	0.39573	30.53900	0.03275	12.08532	0.08275	91.32751	7.55690	19
20	2.65330	0.37689	33.06595	0.03024	12.46221	0.08024	98.48841	7.90297	20
21	2.78596	0.35894	35.71925	0.02800	12.82115	0.07800	105.66726	8.24164	21
22	2.92526	0.34185	38.50521	0.02597	13.16300	0.07597	112.84611	8.57298	22
23	3.07152	0.32557	41.43048	0.02414	13.48857	0.07414	120.00868	8.89706	23
24	3.22510	0.31007	44.50200	0.02247	13.79864	0.07247	127.14024	9.21397	24
25	3.38635	0.29530	47.72710	0.02095	14.09394	0.07095	134.22751	9.52377	25
26	3.55567	0.28124	51.11345	0.01956	14.37519	0.06956	141.25852	9.82655	26
27	3.73346	0.26785	54.66913	0.01829	14.64303	0.06829	148.22258	10.12240	27
28	3.92013	0.25509	58.40258	0.01712	14.89813	0.06712	155.11011	10.41138	28
29	4.11614	0.24295	62.32271	0.01605	15.14107	0.06605	161.91261	10.69360	29
30	4.32194	0.23138	66.43885	0.01505	15.37245	0.06505	168.62255	10.96914	30
31	4.53804	0.22036	70.76079	0.01413	15.59281	0.06413	175.23334	11.23809	31
32	4.76494	0.20987	75.29883	0.01328	15.80268	0.06328	181.73919	11.50053	32
33	5.00319	0.19987	80.06377	0.01249	16.00255	0.06249	188.13511	11.75657	33
34	5.25335	0.19035	85.06696	0.01176	16.19290	0.06176	194.41682	12.00630	34
35	5.51602	0.18129	90.32031	0.01107	16.37419	0.06107	200.58069	12.24980	35
36	5.79182	0.17266	95.83632	0.01043	16.54685	0.06043	206.62370	12.48719	36
37	6.08141	0.16444	101.62814	0.00984	16.71129	0.05984	212.54338	12.71855	37
38	6.38548	0.15661	107.70955	0.00928	16.86789	0.05928	218.33778	12.94399	38
39	6.70475	0.14915	114.09502	0.00876	17.01704	0.05876	224.00540	13.16359	39
40	7.03999	0.14205	120.79977	0.00828	17.15909	0.05828	229.54518	13.37747	40

复利系数表($i=6\%$)

n	一次支付		等额系列				等差系列		n
	$(F/P,i,n)$	$(P/F,i,n)$	$(F/A,i,n)$	$(A/F,i,n)$	$(P/A,i,n)$	$(A/P,i,n)$	$(P/G,i,n)$	$(A/G,i,n)$	
1	1.06000	0.94340	1.00000	1.00000	0.94340	1.06000	0.00000	0.00000	1
2	1.12360	0.89000	2.06000	0.48544	1.83339	0.54544	0.89000	0.48544	2
3	1.19102	0.83962	3.18360	0.31411	2.67301	0.37411	2.56924	0.96118	3
4	1.26248	0.79209	4.37462	0.22859	3.46511	0.28859	4.94552	1.42723	4
5	1.33823	0.74726	5.63709	0.17740	4.21236	0.23740	7.93455	1.88363	5
6	1.41852	0.70496	6.97532	0.14336	4.91732	0.20336	11.45935	2.33040	6
7	1.50363	0.66506	8.39384	0.11914	5.58238	0.17914	15.44969	2.76758	7
8	1.59385	0.62741	9.89747	0.10104	6.20979	0.16104	19.84158	3.19521	8
9	1.68948	0.59190	11.49132	0.08702	6.80169	0.14702	24.57677	3.61333	9
10	1.79085	0.55839	13.18079	0.07587	7.36009	0.13587	29.60232	4.02201	10
11	1.89830	0.52679	14.97164	0.06679	7.88687	0.12679	34.87020	4.42129	11
12	2.01220	0.49697	16.86994	0.05928	8.38384	0.11928	40.33686	4.81126	12
13	2.13293	0.46884	18.88214	0.05296	8.85268	0.11296	45.96293	5.19198	13
14	2.26090	0.44230	21.01507	0.04758	9.29498	0.10758	51.71284	5.56352	14
15	2.39656	0.41727	23.27597	0.04296	9.71225	0.10296	57.55455	5.92598	15
16	2.54035	0.39365	25.67253	0.03895	10.10590	0.09895	63.45925	6.27943	16
17	2.69277	0.37136	28.21288	0.03544	10.47726	0.09544	69.40108	6.62397	17
18	2.85434	0.35034	30.90565	0.03236	10.82760	0.09236	75.35692	6.95970	18
19	3.02560	0.33051	33.75999	0.02962	11.15812	0.08962	81.30615	7.28673	19
20	3.20714	0.31180	36.78559	0.02718	11.46992	0.08718	87.23044	7.60515	20
21	3.39956	0.29416	39.99273	0.02500	11.76408	0.08500	93.11355	7.91508	21
22	3.60354	0.27751	43.39229	0.02305	12.04158	0.08305	98.94116	8.21662	22
23	3.81975	0.26180	46.99583	0.02128	12.30338	0.08128	104.70070	8.50991	23
24	4.04893	0.24698	50.81558	0.01968	12.55036	0.07968	110.38121	8.79506	24
25	4.29187	0.23300	54.86451	0.01823	12.78336	0.07823	115.97317	9.07220	25
26	4.54938	0.21981	59.15638	0.01690	13.00317	0.07690	121.46842	9.34145	26
27	4.82235	0.20737	63.70577	0.01570	13.21053	0.07570	126.85999	9.60294	27
28	5.11169	0.19563	68.52811	0.01459	13.40616	0.07459	132.14200	9.85681	28
29	5.41839	0.18456	73.63980	0.01358	13.59072	0.07358	137.30959	10.10319	29
30	5.74349	0.17411	79.05819	0.01265	13.76483	0.07265	142.35879	10.34221	30
31	6.08810	0.16425	84.80168	0.01179	13.92909	0.07179	147.28643	10.57402	31
32	6.45339	0.15496	90.88978	0.01100	14.08404	0.07100	152.09011	10.79875	32
33	6.84059	0.14619	97.34316	0.01027	14.23023	0.07027	156.76807	11.01655	33
34	7.25103	0.13791	104.18375	0.00960	14.36814	0.06960	161.31915	11.22756	34
35	7.68609	0.13011	111.43478	0.00897	14.49825	0.06897	165.74273	11.43192	35
36	8.14725	0.12274	119.12087	0.00839	14.62099	0.06839	170.03866	11.62977	36
37	8.63609	0.11579	127.26812	0.00786	14.73678	0.06786	174.20721	11.82125	37
38	9.15425	0.10924	135.90421	0.00736	14.84602	0.06736	178.24905	12.00652	38
39	9.70351	0.10306	145.05846	0.00689	14.94907	0.06689	182.16516	12.18571	39
40	10.28572	0.09722	154.76197	0.00646	15.04630	0.06646	185.95682	12.35898	40

复利系数表($i=7\%$)

n	一次支付		等额系列				等差系列		n
	$(F/P,i,n)$	$(P/F,i,n)$	$(F/A,i,n)$	$(A/F,i,n)$	$(P/A,i,n)$	$(A/P,i,n)$	$(P/G,i,n)$	$(A/G,i,n)$	
1	1.07000	0.93458	1.00000	1.00000	0.93458	1.07000	0.00000	0.00000	1
2	1.14490	0.87344	2.07000	0.48309	1.80802	0.55309	0.87344	0.48309	2
3	1.22504	0.81630	3.21490	0.31105	2.62432	0.38105	2.50603	0.95493	3
4	1.31080	0.76290	4.43994	0.22523	3.38721	0.29523	4.79472	1.41554	4
5	1.40255	0.71299	5.75074	0.17389	4.10020	0.24389	7.64666	1.86495	5
6	1.50073	0.66634	7.15329	0.13980	4.76654	0.20980	10.97838	2.30322	6
7	1.60578	0.62275	8.65402	0.11555	5.38929	0.18555	14.71487	2.73039	7
8	1.71819	0.58201	10.25980	0.09747	5.97130	0.16747	18.78894	3.14654	8
9	1.83846	0.54393	11.97799	0.08349	6.51523	0.15349	23.14041	3.55174	9
10	1.96715	0.50835	13.81645	0.07238	7.02358	0.14238	27.71555	3.94607	10
11	2.10485	0.47509	15.78360	0.06336	7.49867	0.13336	32.46648	4.32963	11
12	2.25219	0.44401	17.88845	0.05590	7.94269	0.12590	37.35061	4.70252	12
13	2.40985	0.41496	20.14064	0.04965	8.35765	0.11965	42.33018	5.06484	13
14	2.57853	0.38782	22.55049	0.04434	8.74547	0.11434	47.37181	5.41673	14
15	2.75903	0.36245	25.12902	0.03979	9.10791	0.10979	52.44605	5.75829	15
16	2.95216	0.33873	27.88805	0.03586	9.44665	0.10586	57.52707	6.08968	16
17	3.15882	0.31657	30.84022	0.03243	9.76322	0.10243	62.59226	6.41102	17
18	3.37993	0.29586	33.99903	0.02941	10.05909	0.09941	67.62195	6.72247	18
19	3.61653	0.27651	37.37896	0.02675	10.33560	0.09675	72.59910	7.02418	19
20	3.86968	0.25842	40.99549	0.02439	10.59401	0.09439	77.50906	7.31631	20
21	4.14056	0.24151	44.86518	0.02229	10.83553	0.09229	82.33932	7.59901	21
22	4.43040	0.22571	49.00574	0.02041	11.06124	0.09041	87.07930	7.87247	22
23	4.74053	0.21095	53.43614	0.01871	11.27219	0.08871	91.72013	8.13685	23
24	5.07237	0.19715	58.17667	0.01719	11.46933	0.08719	96.25450	8.39234	24
25	5.42743	0.18425	63.24904	0.01581	11.65358	0.08581	100.67648	8.63910	25
26	5.80735	0.17220	68.67647	0.01456	11.82578	0.08456	104.98137	8.87733	26
27	6.21387	0.16093	74.48382	0.01343	11.98671	0.08343	109.16556	9.10722	27
28	6.64884	0.15040	80.69769	0.01239	12.13711	0.08239	113.22642	9.32894	28
29	7.11426	0.14056	87.34653	0.01145	12.27767	0.08145	117.16218	9.54270	29
30	7.61226	0.13137	94.46079	0.01059	12.40904	0.08059	120.97182	9.74868	30
31	8.14511	0.12277	102.07304	0.00980	12.53181	0.07980	124.65501	9.94708	31
32	8.71527	0.11474	110.21815	0.00907	12.64656	0.07907	128.21199	10.13810	32
33	9.32534	0.10723	118.93343	0.00841	12.75379	0.07841	131.64350	10.32191	33
34	9.97811	0.10022	128.25876	0.00780	12.85401	0.07780	134.95074	10.49873	34
35	10.67658	0.09366	138.23688	0.00723	12.94767	0.07723	138.13528	10.66873	35
36	11.42394	0.08754	148.91346	0.00672	13.03521	0.07672	141.19902	10.83213	36
37	12.22362	0.08181	160.33740	0.00624	13.11702	0.07624	144.14414	10.98909	37
38	13.07927	0.07646	172.56102	0.00580	13.19347	0.07580	146.97304	11.13983	38
39	13.99482	0.07146	185.64029	0.00539	13.26493	0.07539	149.68833	11.28452	39
40	14.97446	0.06678	199.63511	0.00501	13.33171	0.07501	152.29277	11.42335	40

复利系数表($i=8\%$)

n	一次支付		等额系列				等差系列		n
	$(F/P,i,n)$	$(P/F,i,n)$	$(F/A,i,n)$	$(A/F,i,n)$	$(P/A,i,n)$	$(A/P,i,n)$	$(P/G,i,n)$	$(A/G,i,n)$	
1	1.08000	0.92593	1.00000	1	0.92593	1.08000	0.00000	0.00000	1
2	1.16640	0.85734	2.08000	0.48077	1.78326	0.56077	0.85734	0.48077	2
3	1.25971	0.79383	3.24640	0.30803	2.57710	0.38803	2.44500	0.94874	3
4	1.36049	0.73503	4.50611	0.22192	3.31213	0.30192	4.65009	1.40396	4
5	1.46933	0.68058	5.86660	0.17046	3.99271	0.25046	7.37243	1.84647	5
6	1.58687	0.63017	7.33593	0.13632	4.62288	0.21632	10.52327	2.27635	6
7	1.71382	0.58349	8.92280	0.11207	5.20637	0.19207	14.02422	2.69366	7
8	1.85093	0.54027	10.63663	0.09401	5.74664	0.17401	17.80610	3.09852	8
9	1.99900	0.50025	12.48756	0.08008	6.24689	0.16008	21.80809	3.49103	9
10	2.15892	0.46319	14.48656	0.06903	6.71008	0.14903	25.97683	3.87131	10
11	2.33164	0.42888	16.64549	0.06008	7.13896	0.14008	30.26566	4.23950	11
12	2.51817	0.39711	18.97713	0.05270	7.53608	0.13270	34.63391	4.59575	12
13	2.71962	0.36770	21.49530	0.04652	7.90378	0.12652	39.04629	4.94021	13
14	2.93719	0.34046	24.21492	0.04130	8.24424	0.12130	43.47228	5.27305	14
15	3.17217	0.31524	27.15211	0.03683	8.55948	0.11683	47.88566	5.59446	15
16	3.42594	0.29189	30.32428	0.03298	8.85137	0.11298	52.26402	5.90463	16
17	3.70002	0.27027	33.75023	0.02963	9.12164	0.10963	56.58832	6.20375	17
18	3.99602	0.25025	37.45024	0.02670	9.37189	0.10670	60.84256	6.49203	18
19	4.31570	0.23171	41.44626	0.02413	9.60360	0.10413	65.01337	6.76969	19
20	4.66096	0.21455	45.76196	0.02185	9.81815	0.10185	69.08979	7.03695	20
21	5.03383	0.19866	50.42292	0.01983	10.01680	0.09983	73.06291	7.29403	21
22	5.43654	0.18394	55.45676	0.01803	10.20074	0.09803	76.92566	7.54118	22
23	5.87146	0.17032	60.89330	0.01642	10.37106	0.09642	80.67259	7.77863	23
24	6.34118	0.15770	66.76476	0.01498	10.52876	0.09498	84.29968	8.00661	24
25	6.84848	0.14602	73.10594	0.01368	10.67478	0.09368	87.80411	8.22538	25
26	7.39635	0.13520	79.95442	0.01251	10.80998	0.09251	91.18415	8.43518	26
27	7.98806	0.12519	87.35077	0.01145	10.93516	0.09145	94.43901	8.63627	27
28	8.62711	0.11591	95.33883	0.01049	11.05108	0.09049	97.56868	8.82888	28
29	9.31727	0.10733	103.96594	0.00962	11.15841	0.08962	100.57385	9.01328	29
30	10.06266	0.09938	113.28321	0.00883	11.25778	0.08883	103.45579	9.18971	30
31	10.86767	0.09202	123.34587	0.00811	11.34980	0.08811	106.21627	9.35843	31
32	11.73708	0.08520	134.21354	0.00745	11.43500	0.08745	108.85747	9.51967	32
33	12.67605	0.07889	145.95062	0.00685	11.51389	0.08685	111.38192	9.67370	33
34	13.69013	0.07305	158.62667	0.00630	11.58693	0.08630	113.79242	9.82075	34
35	14.78534	0.06763	172.31680	0.00580	11.65457	0.08580	116.09199	9.96107	35
36	15.96817	0.06262	187.10215	0.00534	11.71719	0.08534	118.28385	10.09490	36
37	17.24563	0.05799	203.07032	0.00492	11.77518	0.08492	120.37134	10.22246	37
38	18.62528	0.05369	220.31595	0.00454	11.82887	0.08454	122.35788	10.34401	38
39	20.11530	0.04971	238.94122	0.00419	11.87858	0.08419	124.24699	10.45975	39
40	21.72452	0.04603	259.05652	0.00386	11.92461	0.08386	126.04220	10.56992	40

复利系数表($i=9\%$)

n	一次支付		等额系列				等差系列		n
	$(F/P,i,n)$	$(P/F,i,n)$	$(F/A,i,n)$	$(A/F,i,n)$	$(P/A,i,n)$	$(A/P,i,n)$	$(P/G,i,n)$	$(A/G,i,n)$	
1	1.09000	0.91743	1.00000	1.00000	0.91743	1.09000	0.00000	0.00000	1
2	1.18810	0.84168	2.09000	0.47847	1.75911	0.56847	0.84168	0.47847	2
3	1.29503	0.77218	3.27810	0.30505	2.53129	0.39505	2.38605	0.94262	3
4	1.41158	0.70843	4.57313	0.21867	3.23972	0.30867	4.51132	1.39250	4
5	1.53862	0.64993	5.98471	0.16709	3.88965	0.25709	7.11105	1.82820	5
6	1.67710	0.59627	7.52333	0.13292	4.48592	0.22292	10.09238	2.24979	6
7	1.82804	0.54703	9.20043	0.10869	5.03295	0.19869	13.37459	2.65740	7
8	1.99256	0.50187	11.02847	0.09067	5.53482	0.18067	16.88765	3.05117	8
9	2.17189	0.46043	13.02104	0.07680	5.99525	0.16680	20.57108	3.43123	9
10	2.36736	0.42241	15.19293	0.06582	6.41766	0.15582	24.37277	3.79777	10
11	2.58043	0.38753	17.56029	0.05695	6.80519	0.14695	28.24810	4.15096	11
12	2.81266	0.35553	20.14072	0.04965	7.16073	0.13965	32.15898	4.49102	12
13	3.06580	0.32618	22.95338	0.04357	7.48690	0.13357	36.07313	4.81816	13
14	3.34173	0.29925	26.01919	0.03843	7.78615	0.12843	39.96333	5.13262	14
15	3.64248	0.27454	29.36092	0.03406	8.06069	0.12406	43.80686	5.43463	15
16	3.97031	0.25187	33.00340	0.03030	8.31256	0.12030	47.58491	5.72446	16
17	4.32763	0.23107	36.97370	0.02705	8.54363	0.11705	51.28208	6.00238	17
18	4.71712	0.21199	41.30134	0.02421	8.75563	0.11421	54.88598	6.26865	18
19	5.14166	0.19449	46.01846	0.02173	8.95011	0.11173	58.38679	6.52358	19
20	5.60441	0.17843	51.16012	0.01955	9.12855	0.10955	61.77698	6.76745	20
21	6.10881	0.16370	56.76453	0.01762	9.29224	0.10762	65.05094	7.00056	21
22	6.65860	0.15018	62.87334	0.01590	9.44243	0.10590	68.20475	7.22322	22
23	7.25787	0.13778	69.53194	0.01438	9.58021	0.10438	71.23594	7.43574	23
24	7.91108	0.12640	76.78981	0.01302	9.70661	0.10302	74.14326	7.63843	24
25	8.62308	0.11597	84.70090	0.01181	9.82258	0.10181	76.92649	7.83160	25
26	9.39916	0.10639	93.32398	0.01072	9.92897	0.10072	79.58630	8.01556	26
27	10.24508	0.09761	102.72313	0.00973	10.02658	0.09973	82.12410	8.19064	27
28	11.16714	0.08955	112.96822	0.00885	10.11613	0.09885	84.54191	8.35714	28
29	12.17218	0.08215	124.13536	0.00806	10.19828	0.09806	86.84224	8.51538	29
30	13.26768	0.07537	136.30754	0.00734	10.27365	0.09734	89.02800	8.66566	30
31	14.46177	0.06915	149.57522	0.00669	10.34280	0.09669	91.10243	8.80829	31
32	15.76333	0.06344	164.03699	0.00610	10.40624	0.09610	93.06902	8.94358	32
33	17.18203	0.05820	179.80032	0.00556	10.46444	0.09556	94.93144	9.07181	33
34	18.72841	0.05339	196.98234	0.00508	10.51784	0.09508	96.69346	9.19329	34
35	20.41397	0.04899	215.71075	0.00464	10.56682	0.09464	98.35899	9.30829	35
36	22.25123	0.04494	236.12472	0.00424	10.61176	0.09424	99.93194	9.41709	36
37	24.25384	0.04123	258.37595	0.00387	10.65299	0.09387	101.41624	9.51998	37
38	26.43668	0.03783	282.62978	0.00354	10.69082	0.09354	102.81581	9.61721	38
39	28.81598	0.03470	309.06646	0.00324	10.72552	0.09324	104.13452	9.70904	39
40	31.40942	0.03184	337.88245	0.00296	10.75736	0.09296	105.37619	9.79573	40

复利系数表($i=10\%$)

n	一次支付		等额系列				等差系列		n
	$(F/P,i,n)$	$(P/F,i,n)$	$(F/A,i,n)$	$(A/F,i,n)$	$(P/A,i,n)$	$(A/P,i,n)$	$(P/G,i,n)$	$(A/G,i,n)$	
1	1.10000	0.90909	1.00000	1.00000	0.90909	1.10000	0.00000	0.00000	1
2	1.21000	0.82645	2.10000	0.47619	1.73554	0.57619	0.82645	0.47619	2
3	1.33100	0.75131	3.31000	0.30211	2.48685	0.40211	2.32908	0.93656	3
4	1.46410	0.68301	4.64100	0.21547	3.16987	0.31547	4.37812	1.38117	4
5	1.61051	0.62092	6.10510	0.16380	3.79079	0.26380	6.86180	1.81013	5
6	1.77156	0.56447	7.71561	0.12961	4.35526	0.22961	9.68417	2.22356	6
7	1.94872	0.51316	9.48717	0.10541	4.86842	0.20541	12.76312	2.62162	7
8	2.14359	0.46651	11.43589	0.08744	5.33493	0.18744	16.02867	3.00448	8
9	2.35795	0.42410	13.57948	0.07364	5.75902	0.17364	19.42145	3.37235	9
10	2.59374	0.38554	15.93742	0.06275	6.14457	0.16275	22.89134	3.72546	10
11	2.85312	0.35049	18.53117	0.05396	6.49506	0.15396	26.39628	4.06405	11
12	3.13843	0.31863	21.38428	0.04676	6.81369	0.14676	29.90122	4.38840	12
13	3.45227	0.28966	24.52271	0.04078	7.10336	0.14078	33.37719	4.69879	13
14	3.79750	0.26333	27.97498	0.03575	7.36669	0.13575	36.80050	4.99553	14
15	4.17725	0.23939	31.77248	0.03147	7.60608	0.13147	40.15199	5.27893	15
16	4.59497	0.21763	35.94973	0.02782	7.82371	0.12782	43.41642	5.54934	16
17	5.05447	0.19784	40.54470	0.02466	8.02155	0.12466	46.58194	5.80710	17
18	5.55992	0.17986	45.59917	0.02193	8.20141	0.12193	49.63954	6.05256	18
19	6.11591	0.16351	51.15909	0.01955	8.36492	0.11955	52.58268	6.28610	19
20	6.72750	0.14864	57.27500	0.01746	8.51356	0.11746	55.40691	6.50808	20
21	7.40025	0.13513	64.00250	0.01562	8.64869	0.11562	58.10952	6.71888	21
22	8.14027	0.12285	71.40275	0.01401	8.77154	0.11401	60.68929	6.91889	22
23	8.95430	0.11168	79.54302	0.01257	8.88322	0.11257	63.14621	7.10848	23
24	9.84973	0.10153	88.49733	0.01130	8.98474	0.11130	65.48130	7.28805	24
25	10.83471	0.09230	98.34706	0.01017	9.07704	0.11017	67.69640	7.45798	25
26	11.91818	0.08391	109.18177	0.00916	9.16095	0.10916	69.79404	7.61865	26
27	13.10999	0.07628	121.09994	0.00826	9.23722	0.10826	71.77726	7.77044	27
28	14.42099	0.06934	134.20994	0.00745	9.30657	0.10745	73.64953	7.91372	28
29	15.86309	0.06304	148.63093	0.00673	9.36961	0.10673	75.41463	8.04886	29
30	17.44940	0.05731	164.49402	0.00608	9.42691	0.10608	77.07658	8.17623	30
31	19.19434	0.05210	181.94342	0.00550	9.47901	0.10550	78.63954	8.29617	31
32	21.11378	0.04736	201.13777	0.00497	9.52638	0.10497	80.10777	8.40905	32
33	23.22515	0.04306	222.25154	0.00450	9.56943	0.10450	81.48559	8.51520	33
34	25.54767	0.03914	245.47670	0.00407	9.60857	0.10407	82.77729	8.61494	34
35	28.10244	0.03558	271.02437	0.00369	9.64416	0.10369	83.98715	8.70860	35
36	30.91268	0.03235	299.12681	0.00334	9.67651	0.10334	85.11938	8.79650	36
37	34.00395	0.02941	330.03949	0.00303	9.70592	0.10303	86.17808	8.87892	37
38	37.40434	0.02673	364.04343	0.00275	9.73265	0.10275	87.16727	8.95617	38
39	41.14478	0.02430	401.44778	0.00249	9.75696	0.10249	88.09083	9.02852	39
40	45.25926	0.02209	442.59256	0.00226	9.77905	0.10226	88.95254	9.09623	40

复利系数表($i=11\%$)

n	一次支付		等额系列				等差系列		n
	$(F/P,i,n)$	$(P/F,i,n)$	$(F/A,i,n)$	$(A/F,i,n)$	$(P/A,i,n)$	$(A/P,i,n)$	$(P/G,i,n)$	$(A/G,i,n)$	
1	1.110010	0.90090	1.00000	1.00000	0.90090	1.11000	0.00000	0.00000	1
2	1.23210	0.81162	2.11000	0.47393	1.71252	0.58393	0.81162	0.47393	2
3	1.36763	0.73119	3.34210	0.29921	2.44371	0.40921	2.27401	0.93055	3
4	1.51807	0.65873	4.70973	0.21233	3.10245	0.32233	4.25020	1.36995	4
5	1.68506	0.59345	6.22780	0.16057	3.69590	0.27057	6.62400	1.79226	5
6	1.87041	0.53464	7.91286	0.12638	4.23054	0.23638	9.29721	2.19764	6
7	2.07616	0.48166	9.78327	0.10222	4.71220	0.21222	12.18716	2.58630	7
8	2.30454	0.43393	11.85943	0.08432	5.14612	0.19432	15.22464	2.95847	8
9	2.55804	0.39092	14.16397	0.07060	5.53705	0.18060	18.35204	3.31441	9
10	2.83942	0.35218	16.72201	0.05980	5.88923	0.16980	21.52170	3.65442	10
11	3.15176	0.31728	19.56143	0.05112	6.20652	0.16112	24.69454	3.97881	11
12	3.49845	0.28584	22.71319	0.04403	6.49236	0.15403	27.83878	4.28793	12
13	3.88328	0.25751	26.21164	0.03815	6.74987	0.14815	30.92896	4.58216	13
14	4.31044	0.23199	30.09492	0.03323	6.98187	0.14323	33.94489	4.86187	14
15	4.78459	0.20900	34.40536	0.02907	7.19087	0.13907	36.87095	5.12747	15
16	5.31089	0.18829	39.18995	0.02552	7.37916	0.13552	39.69533	5.37938	16
17	5.89509	0.16963	44.50084	0.02247	7.54879	0.13247	42.40945	5.61804	17
18	6.54355	0.15282	50.39594	0.01984	7.70162	0.12984	45.00743	5.84389	18
19	7.26334	0.13768	56.93949	0.01756	7.83929	0.12756	47.48563	6.05739	19
20	8.06231	0.12403	64.20283	0.01558	7.96333	0.12558	49.84227	6.25898	20
21	8.94917	0.11174	72.26514	0.01384	8.07507	0.12384	52.07712	6.44912	21
22	9.93357	0.10067	81.21431	0.01231	8.17574	0.12231	54.19116	6.62829	22
23	11.02627	0.09069	91.14788	0.01097	8.26643	0.12097	56.18640	6.79693	23
24	12.23916	0.08170	102.17415	0.00979	8.34814	0.11979	58.06561	6.95552	24
25	13.58546	0.07361	114.41331	0.00874	8.42174	0.11874	59.83220	7.10449	25
26	15.07986	0.06631	127.99877	0.00781	8.48806	0.11781	61.49004	7.24430	26
27	16.73865	0.05974	143.07864	0.00699	8.54780	0.11699	63.04334	7.37539	27
28	18.57990	0.05382	159.81729	0.00626	8.60162	0.11626	64.49652	7.49818	28
29	20.62369	0.04849	178.39719	0.00561	8.65011	0.11561	65.85418	7.61310	29
30	22.89230	0.04368	199.02088	0.00502	8.69379	0.11502	67.12098	7.72056	30
31	25.41045	0.03935	221.91317	0.00451	8.73315	0.11451	68.30160	7.82096	31
32	28.20560	0.03545	247.32362	0.00404	8.76860	0.11404	69.40067	7.91468	32
33	31.30821	0.03194	275.52922	0.00363	8.80054	0.11363	70.42277	8.00210	33
34	34.75212	0.02878	306.83744	0.00326	8.82932	0.11326	71.37235	8.08356	34
35	38.57485	0.02592	341.58955	0.00293	8.85524	0.11293	72.25375	8.15944	35
36	42.81808	0.02335	380.16441	0.00263	8.87859	0.11263	73.07116	8.23004	36
37	47.52807	0.02104	422.98249	0.00236	8.89963	0.11236	73.82861	8.29569	37
38	52.75616	0.01896	470.51056	0.00213	8.91859	0.11213	74.52995	8.35670	38
39	58.55934	0.01708	523.26673	0.00191	8.93567	0.11191	75.17887	8.41335	39
40	65.00087	0.01538	581.82607	0.00172	8.95105	0.11172	75.77886	8.46592	40

复利系数表（$i=12\%$）

n	一次支付		等额系列				等差系列		n
	$(F/P,i,n)$	$(P/F,i,n)$	$(F/A,i,n)$	$(A/F,i,n)$	$(P/A,i,n)$	$(A/P,i,n)$	$(P/G,i,n)$	$(A/G,i,n)$	
1	1.12000	0.89286	1.00000	1.00000	0.89286	1.12000	0.00000	0.00000	1
2	1.25440	0.79719	2.12000	0.47170	1.69005	0.59170	0.79719	0.47170	2
3	1.40493	0.71178	3.37440	0.29635	2.40183	0.41635	2.22075	0.92461	3
4	1.57352	0.63552	4.77933	0.20923	3.03735	0.32923	4.12731	1.35885	4
5	1.76234	0.56743	6.35285	0.15741	3.60478	0.27741	6.39702	1.77459	5
6	1.97382	0.50663	8.11519	0.12323	4.11141	0.24323	8.93017	2.17205	6
7	2.21068	0.45235	10.08901	0.09912	4.56376	0.21912	11.64427	2.55147	7
8	2.47596	0.40388	12.29969	0.08130	4.96764	0.20130	14.47145	2.91314	8
9	2.77308	0.36061	14.77566	0.06768	5.32825	0.18768	17.35633	3.25742	9
10	3.10585	0.32197	17.54874	0.05698	5.65022	0.17698	20.25409	3.58465	10
11	3.47855	0.28748	20.65458	0.04842	5.93770	0.16842	23.12885	3.89525	11
12	3.89598	0.25668	24.13313	0.04144	6.19437	0.16144	25.95228	4.18965	12
13	4.36349	0.22917	28.02911	0.03568	6.42355	0.15568	28.70237	4.46830	13
14	4.88711	0.20462	32.39260	0.03087	6.62817	0.15087	31.36242	4.73169	14
15	5.47357	0.18270	37.27971	0.02682	6.81086	0.14682	33.92017	4.98030	15
16	6.13039	0.16312	42.75328	0.02339	6.97399	0.14339	36.36700	5.21466	16
17	6.86604	0.14564	48.88367	0.02046	7.11963	0.14046	38.69731	5.43530	17
18	7.68997	0.13004	55.74971	0.01794	7.24967	0.13794	40.90798	5.64274	18
19	8.61276	0.11611	63.43968	0.01576	7.36578	0.13576	42.99790	5.83752	19
20	9.64629	0.10367	72.05244	0.01388	7.46944	0.13388	44.96757	6.02020	20
21	10.80385	0.09256	81.69874	0.01224	7.56200	0.13224	46.81876	6.19132	21
22	12.10031	0.08264	92.50258	0.01081	7.64465	0.13081	48.55425	6.35141	22
23	13.55235	0.07379	104.60289	0.00956	7.71843	0.12956	50.17759	6.50101	23
24	15.17863	0.06588	118.15524	0.00846	7.78432	0.12846	51.69288	6.64064	24
25	17.00006	0.05882	133.33387	0.00750	7.84314	0.12750	53.10464	6.77084	25
26	19.04007	0.05252	150.33393	0.00665	7.89566	0.12665	54.41766	6.89210	26
27	21.32488	0.04689	169.37401	0.00590	7.94255	0.12590	55.63689	7.00491	27
28	23.88387	0.04187	190.69889	0.00524	7.98442	0.12524	56.76736	7.10976	28
29	26.74993	0.03738	214.58275	0.00466	8.02181	0.12466	57.81409	7.20712	29
30	29.95992	0.03338	241.33268	0.00414	8.05518	0.12414	58.78205	7.29742	30
31	33.55511	0.02980	271.29261	0.00369	8.08499	0.12369	59.67610	7.38110	31
32	37.58173	0.02661	304.84772	0.00328	8.11159	0.12328	60.50097	7.45858	32
33	42.09153	0.02376	342.42945	0.00292	8.13535	0.12292	61.26122	7.53025	33
34	47.14252	0.02121	384.52098	0.00260	8.15656	0.12260	61.96123	7.59649	34
35	52.79962	0.01894	431.66350	0.00232	8.17550	0.12232	62.60517	7.65765	35
36	59.13557	0.01691	484.46312	0.00206	8.19241	0.12206	63.19703	7.71409	36
37	66.23184	0.01510	543.59869	0.00184	8.20751	0.12184	63.74058	7.76613	37
38	74.17966	0.01348	609.83053	0.00164	8.22099	0.12164	64.23936	7.81406	38
39	83.08122	0.01204	684.01020	0.00146	8.23303	0.12146	64.69675	7.85819	39
40	93.05097	0.01075	767.09142	0.00130	8.24378	0.12130	65.11587	7.89879	40

复利系数表($i=15\%$)

n	一次支付		等额系列				等差系列		n
	$(F/P,i,n)$	$(P/F,i,n)$	$(F/A,i,n)$	$(A/F,i,n)$	$(P/A,i,n)$	$(A/P,i,n)$	$(P/G,i,n)$	$(A/G,i,n)$	
1	1.15000	0.86957	1.00000	1.00000	0.86957	1.15000	0.00000	0.00000	1
2	1.32250	0.75614	2.15000	0.46512	1.62571	0.61512	0.75614	0.46512	2
3	1.52088	0.65752	3.47250	0.28798	2.28323	0.43798	2.07118	0.90713	3
4	1.74901	0.57175	4.99338	0.20027	2.85498	0.35027	3.78644	1.32626	4
5	2.01136	0.49718	6.74238	0.14832	3.35216	0.29832	5.77514	1.72281	5
6	2.31306	0.43233	8.75374	0.11424	3.78448	0.26424	7.93678	2.09719	6
7	2.66002	0.37594	11.06680	0.09036	4.16042	0.24036	10.19240	2.44985	7
8	3.05902	0.32690	13.72682	0.07285	4.48732	0.22285	12.48072	2.78133	8
9	3.51788	0.28426	16.78584	0.05957	4.77158	0.20957	14.75481	3.09223	9
10	4.04556	0.24718	20.30372	0.04925	5.01877	0.19925	16.97948	3.38320	10
11	4.65239	0.21494	24.34928	0.04107	5.23371	0.19107	19.12891	3.65494	11
12	5.35025	0.18691	29.00167	0.03448	5.42062	0.18448	21.18489	3.90820	12
13	6.15279	0.16253	34.35192	0.02911	5.58315	0.17911	23.13522	4.14376	13
14	7.07571	0.14133	40.50471	0.02469	5.72448	0.17469	24.97250	4.36241	14
15	8.13706	0.12289	47.58041	0.02102	5.84737	0.17102	26.69302	4.56496	15
16	9.35762	0.10686	55.71747	0.01795	5.95423	0.16795	28.29599	4.75225	16
17	10.76126	0.09293	65.07509	0.01537	6.04716	0.16537	29.78280	4.92509	17
18	12.37545	0.08081	75.83636	0.01319	6.12797	0.16319	31.15649	5.08431	18
19	14.23177	0.07027	88.21181	0.01134	6.19823	0.16134	32.42127	5.23073	19
20	16.36654	0.06110	102.44358	0.00976	6.25933	0.15976	33.58217	5.36514	20
21	18.82152	0.05313	118.81012	0.00842	6.31246	0.15842	34.64479	5.48832	21
22	21.64475	0.04620	137.63164	0.00727	6.35866	0.15727	35.61500	5.60102	22
23	24.89146	0.04017	159.27638	0.00628	6.39884	0.15628	36.49884	5.70398	23
24	28.62518	0.03493	184.16784	0.00543	6.43377	0.15543	37.30232	5.79789	24
25	32.91895	0.03038	212.79302	0.00470	6.46415	0.15470	38.03139	5.88343	25
26	37.85680	0.02642	245.71197	0.00407	6.49056	0.15407	38.69177	5.96123	26
27	43.53531	0.02297	283.56877	0.00353	6.51353	0.15353	39.28899	6.03190	27
28	50.06561	0.01997	327.10408	0.00306	6.53351	0.15306	39.82828	6.09600	28
29	57.57545	0.01737	377.16969	0.00265	6.55088	0.15265	40.31460	6.15408	29
30	66.21177	0.01510	434.74515	0.00230	6.56598	0.15230	40.75259	6.20663	30
31	76.14354	0.01313	500.95692	0.00200	6.57911	0.15200	41.14658	6.25412	31
32	87.56507	0.01142	577.10046	0.00173	6.59053	0.15173	41.50060	6.29700	32
33	100.69983	0.00993	664.66552	0.00150	6.60046	0.15150	41.81838	6.33567	33
34	115.80480	0.00864	765.36535	0.00131	6.60910	0.15131	42.10334	6.37051	34
35	133.17552	0.00751	881.17016	0.00113	6.61661	0.15113	42.35864	6.40187	35
36	153.15185	0.00653	1014.3457	0.00099	6.62314	0.15099	42.58717	6.43006	36
37	176.12463	0.00568	1167.4975	0.00086	6.62881	0.15086	42.79157	6.45539	37
38	202.54332	0.00494	1343.6222	0.00074	6.63375	0.15074	42.97425	6.47812	38
39	232.92482	0.00429	1546.1655	0.00065	6.63805	0.15065	43.13739	6.49851	39
40	267.86355	0.00373	1779.0903	0.00056	6.64178	0.15056	43.28299	6.51678	40

复利系数表（$i=18\%$）

n	一次支付		等额系列				等差系列		n
	$(F/P,i,n)$	$(P/F,i,n)$	$(F/A,i,n)$	$(A/F,i,n)$	$(P/A,i,n)$	$(A/P,i,n)$	$(P/G,i,n)$	$(A/G,i,n)$	
1	1.18000	0.84746	1.00000	1.00000	0.84746	1.18000	0.00000	0.00000	1
2	1.39240	0.71818	2.18000	0.45872	1.56564	0.63872	0.71818	0.45872	2
3	1.64303	0.60863	3.57240	0.27992	2.17427	0.45992	1.93545	0.89016	3
4	1.93878	0.51579	5.21543	0.19174	2.69006	0.37174	3.48281	1.29470	4
5	2.28776	0.43711	7.15421	0.13978	3.12717	0.31978	5.23125	1.67284	5
6	2.69955	0.37043	9.44197	0.10591	3.49760	0.28591	7.08341	2.02522	6
7	3.18547	0.31393	12.14152	0.08236	3.81153	0.26236	8.96696	2.35259	7
8	3.75886	0.26604	15.32700	0.06524	4.07757	0.24524	10.82922	2.65581	8
9	4.43545	0.22546	19.08585	0.05239	4.30302	0.23239	12.63287	2.93581	9
10	5.23384	0.19106	23.52131	0.04251	4.49409	0.22251	14.35245	3.19363	10
11	6.17593	0.16192	28.75514	0.03478	4.65601	0.21478	15.97164	3.43033	11
12	7.28759	0.13722	34.93107	0.02863	4.79322	0.20863	17.48106	3.64703	12
13	8.59936	0.11629	42.21866	0.02369	4.90951	0.20369	18.87651	3.84489	13
14	10.14724	0.09855	50.81802	0.01968	5.00806	0.19968	20.15765	4.02504	14
15	11.97375	0.08352	60.96527	0.01640	5.09158	0.19640	21.32687	4.18866	15
16	14.12902	0.07078	72.93901	0.01371	5.16235	0.19371	22.38852	4.33688	16
17	16.67225	0.05998	87.06804	0.01149	5.22233	0.19149	23.34820	4.47084	17
18	19.67325	0.05083	103.74028	0.00964	5.27316	0.18964	24.21231	4.59161	18
19	23.21444	0.04308	123.41353	0.00810	5.31624	0.18810	24.98769	4.70026	19
20	27.39303	0.03651	146.62797	0.00682	5.35275	0.18682	25.68130	4.79778	20
21	32.32378	0.03094	174.02100	0.00575	5.38368	0.18575	26.30004	4.88514	21
22	38.14206	0.02622	206.34479	0.00485	5.40990	0.18485	26.85061	4.96324	22
23	45.00763	0.02222	244.48685	0.00409	5.43212	0.18409	27.33942	5.03292	23
24	53.10901	0.01883	289.49448	0.00345	5.45095	0.18345	27.77249	5.09498	24
25	62.66863	0.01596	342.60349	0.00292	5.46691	0.18292	28.15546	5.15016	25
26	73.94898	0.01352	405.27211	0.00247	5.48043	0.18247	28.49353	5.19914	26
27	87.25980	0.01146	479.22109	0.00209	5.49189	0.18209	28.79149	5.24255	27
28	102.96656	0.00971	566.48089	0.00177	5.50160	0.18177	29.05371	5.28096	28
29	121.50054	0.00823	669.44745	0.00149	5.50983	0.18149	29.28416	5.31489	29
30	143.37064	0.00697	790.94799	0.00126	5.51681	0.18126	29.48643	5.34484	30
31	169.17735	0.00591	934.31863	0.00107	5.52272	0.18107	29.66376	5.37123	31
32	199.62928	0.00501	1103.4960	0.00091	5.52773	0.18091	29.81905	5.39445	32
33	235.56255	0.00425	1303.1253	0.00077	5.53197	0.18077	29.95490	5.41487	33
34	277.96381	0.00360	1538.6878	0.00065	5.53557	0.18065	30.07362	5.43280	34
35	327.99729	0.00305	1816.6516	0.00055	5.53862	0.18055	30.17728	5.44852	35
36	387.03680	0.00258	2144.6489	0.00047	5.54120	0.18047	30.26771	5.46230	36
37	456.70343	0.00219	2531.6857	0.00039	5.54339	0.18039	30.34653	5.47436	37
38	538.91004	0.00186	2988.3891	0.00033	5.54525	0.18033	30.41519	5.48491	38
39	635.91385	0.00157	3527.2992	0.00028	5.54682	0.18028	30.47495	5.49413	39
40	750.37834	0.00133	4163.2130	0.00024	5.54815	0.18024	30.52692	5.50218	40

复利系数表($i=20\%$)

n	一次支付		等额系列				等差系列		n
	$(F/P,i,n)$	$(P/F,i,n)$	$(F/A,i,n)$	$(A/F,i,n)$	$(P/A,i,n)$	$(A/P,i,n)$	$(P/G,i,n)$	$(A/G,i,n)$	
1	1.20000	0.83333	1.00000	1.00000	0.83333	1.20000	0.00000	0.00000	1
2	1.44000	0.69444	2.20000	0.45455	1.52778	0.65455	0.69444	0.45455	2
3	1.72800	0.57870	3.64000	0.27473	2.10648	0.47473	1.85185	0.87912	3
4	2.07360	0.48225	5.36800	0.18629	2.58873	0.38629	3.29861	1.27422	4
5	2.48832	0.40188	7.44160	0.13438	2.99061	0.33438	4.90612	1.64051	5
6	2.98598	0.33490	9.92992	0.10071	3.32551	0.30071	6.58061	1.97883	6
7	3.58318	0.27908	12.91590	0.07742	3.60459	0.27742	8.25510	2.29016	7
8	4.29982	0.23257	16.49908	0.06061	3.83716	0.26061	9.88308	2.57562	8
9	5.15978	0.19381	20.79890	0.04808	4.03097	0.24808	11.43353	2.83642	9
10	6.19174	0.16151	25.95868	0.03852	4.19247	0.23852	12.88708	3.07386	10
11	7.43008	0.13459	32.15042	0.03110	4.32706	0.23110	14.23296	3.28929	11
12	8.91610	0.11216	39.58050	0.02526	4.43922	0.22526	15.46668	3.48410	12
13	10.69932	0.09346	48.49660	0.02062	4.53268	0.22062	16.58825	3.65970	13
14	12.83918	0.07789	59.19592	0.01689	4.61057	0.21689	17.60078	3.81749	14
15	15.40702	0.06491	72.03511	0.01388	4.67547	0.21388	18.50945	3.95884	15
16	18.48843	0.05409	87.44213	0.01144	4.72956	0.21144	19.32077	4.08511	16
17	22.18611	0.04507	105.93056	0.00944	4.77463	0.20944	20.04194	4.19759	17
18	26.62333	0.03756	128.11667	0.00781	4.81219	0.20781	20.68048	4.29752	18
19	31.94800	0.03130	154.74000	0.00646	4.84350	0.20646	21.24390	4.38607	19
20	38.33760	0.02608	186.68800	0.00536	4.86958	0.20536	21.73949	4.46435	20
21	46.00512	0.02174	225.02560	0.00444	4.89132	0.20444	22.17423	4.53339	21
22	55.20614	0.01811	271.03072	0.00369	4.90943	0.20369	22.55462	4.59414	22
23	66.24737	0.01509	326.23686	0.00307	4.92453	0.20307	22.88671	4.64750	23
24	79.49685	0.01258	392.48424	0.00255	4.93710	0.20255	23.17603	4.69426	24
25	95.39622	0.01048	471.98108	0.00212	4.94759	0.20212	23.42761	4.73516	25
26	114.47546	0.00874	567.37730	0.00176	4.95632	0.20176	23.64600	4.77088	26
27	137.37055	0.00728	681.85276	0.00147	4.96360	0.20147	23.83527	4.80201	27
28	164.84466	0.00607	819.22331	0.00122	4.96967	0.20122	23.99906	4.82911	28
29	197.81359	0.00506	984.06797	0.00102	4.97472	0.20102	24.14061	4.85265	29
30	237.37631	0.00421	1181.88157	0.00085	4.97894	0.20085	24.26277	4.87308	30
31	284.85158	0.00351	1419.25788	0.00070	4.98245	0.20070	24.36809	4.89079	31
32	341.82189	0.00293	1704.10946	0.00059	4.98537	0.20059	24.45878	4.90611	32
33	410.18627	0.00244	2045.93135	0.00049	4.98781	0.20049	24.53680	4.91935	33
34	492.22352	0.00203	2456.11762	0.00041	4.98984	0.20041	24.60384	4.93079	34
35	590.66823	0.00169	2948.34115	0.00034	4.99154	0.20034	24.66140	4.94064	35
36	708.80187	0.00141	3539.00937	0.00028	4.99295	0.20028	24.71078	4.94914	36
37	850.56225	0.00118	4247.81125	0.00024	4.99412	0.20024	24.75310	4.95645	37
38	1020.67470	0.00098	5098.37350	0.00020	4.99510	0.20020	24.78936	4.96273	38
39	1224.80964	0.00082	6119.04820	0.00016	4.99592	0.20016	24.82038	4.96813	39
40	1469.77157	0.00068	7343.85784	0.00014	4.99660	0.20014	24.84691	4.97277	40

复利系数表($i=25\%$)

n	一次支付		等额系列				等差系列		n
	$(F/P,i,n)$	$(P/F,i,n)$	$(F/A,i,n)$	$(A/F,i,n)$	$(P/A,i,n)$	$(A/P,i,n)$	$(P/G,i,n)$	$(A/G,i,n)$	
1	1.25000	0.80000	1.00000	1.00000	0.80000	1.25000	0.00000	0.00000	1
2	1.56250	0.64000	2.25000	0.44444	1.44000	0.69444	0.64000	0.44444	2
3	1.95313	0.51200	3.81250	0.26230	1.95200	0.51230	1.66400	0.85246	3
4	2.44141	0.40960	5.76563	0.17344	2.36160	0.42344	2.89280	1.22493	4
5	3.05176	0.32768	8.20703	0.12185	2.68928	0.37185	4.20352	1.56307	5
6	3.81470	0.26214	11.25879	0.08882	2.95142	0.33882	5.51424	1.86833	6
7	4.76837	0.20972	15.07349	0.06634	3.16114	0.31634	6.77253	2.14243	7
8	5.96046	0.16777	19.84186	0.05040	3.32891	0.30040	7.94694	2.38725	8
9	7.45058	0.13422	25.80232	0.03876	3.46313	0.28876	9.02068	2.60478	9
10	9.31323	0.10737	33.25290	0.03007	3.57050	0.28007	9.98705	2.79710	10
11	11.64153	0.08590	42.56613	0.02349	3.65640	0.27349	10.84604	2.96631	11
12	14.55192	0.06872	54.20766	0.01845	3.72512	0.26845	11.60195	3.11452	12
13	18.18989	0.05498	68.75958	0.01454	3.78010	0.26454	12.26166	3.24374	13
14	22.73737	0.04398	86.94947	0.01150	3.82408	0.26150	12.83341	3.35595	14
15	28.42171	0.03518	109.68684	0.00912	3.85926	0.25912	13.32599	3.45299	15
16	35.52714	0.02815	138.10855	0.00724	3.88741	0.25724	13.74820	3.53660	16
17	44.40892	0.02252	173.63568	0.00576	3.90993	0.25576	14.10849	3.60838	17
18	55.51115	0.01801	218.04460	0.00459	3.92794	0.25459	14.41473	3.66979	18
19	69.38894	0.01441	273.55576	0.00366	3.94235	0.25366	14.67414	3.72218	19
20	86.73617	0.01153	342.94470	0.00292	3.95388	0.25292	14.89320	3.76673	20
21	108.42022	0.00922	429.68087	0.00233	3.96311	0.25233	15.07766	3.80451	21
22	135.52527	0.00738	538.10109	0.00186	3.97049	0.25186	15.23262	3.83646	22
23	169.40659	0.00590	673.62636	0.00148	3.97639	0.25148	15.36248	3.86343	23
24	211.75824	0.00472	843.03295	0.00119	3.98111	0.25119	15.47109	3.88613	24
25	264.69780	0.00378	1054.7912	0.00095	3.98489	0.25095	15.56176	3.90519	25
26	330.87225	0.00302	1319.4890	0.00076	3.98791	0.25076	15.63732	3.92118	26
27	413.59031	0.00242	1650.3612	0.00061	3.99033	0.25061	15.70019	3.93456	27
28	516.98788	0.00193	2063.9515	0.00048	3.99226	0.25048	15.75241	3.94574	28
29	646.23485	0.00155	2580.9394	0.00039	3.99381	0.25039	15.79574	3.95506	29
30	807.79357	0.00124	3227.1743	0.00031	3.99505	0.25031	15.83164	3.96282	30
31	1009.7420	0.00099	4034.9678	0.00025	3.99604	0.25025	15.86135	3.96927	31
32	1262.1774	0.00079	5044.7098	0.00020	3.99683	0.25020	15.88591	3.97463	32
33	1577.7218	0.00063	6306.8872	0.00016	3.99746	0.25016	15.90619	3.97907	33
34	1972.1523	0.00051	7884.6091	0.00013	3.99797	0.25013	15.92293	3.98275	34
35	2465.1903	0.00041	9856.7613	0.00010	3.99838	0.25010	15.93672	3.98580	35
36	3081.4879	0.00032	12321.952	0.00008	3.99870	0.25008	15.94808	3.98831	36
37	3851.8599	0.00026	15403.440	0.00006	3.99896	0.25006	15.95742	3.99039	37
38	4814.8249	0.00021	19255.299	0.00005	3.99917	0.25005	15.96511	3.99211	38
39	6018.5311	0.00017	24070.124	0.00004	3.99934	0.25004	15.97142	3.99352	39
40	7523.1638	0.00013	30088.655	0.00003	3.99947	0.25003	15.97661	3.99468	40

复利系数表($i=30\%$)

n	一次支付		等额系列				等差系列		n
	$(F/P,i,n)$	$(P/F,i,n)$	$(F/A,i,n)$	$(A/F,i,n)$	$(P/A,i,n)$	$(A/P,i,n)$	$(P/G,i,n)$	$(A/G,i,n)$	
1	1.30000	0.76923	1.00000	1.00000	0.76923	1.30000	0.00000	0.00000	1
2	1.69000	0.59172	2.30000	0.43478	1.36095	0.73478	0.59172	0.43478	2
3	2.19700	0.45517	3.99000	0.25063	1.81611	0.55063	1.50205	0.82707	3
4	2.85610	0.35013	6.18700	0.16163	2.16624	0.46163	2.55243	1.17828	4
5	3.71293	0.26933	9.04310	0.11058	2.43557	0.41058	3.62975	1.49031	5
6	4.82681	0.20718	12.75603	0.07839	2.64275	0.37839	4.66563	1.76545	6
7	6.27485	0.15937	17.58284	0.05687	2.80211	0.35687	5.62183	2.00628	7
8	8.15731	0.12259	23.85769	0.04192	2.92470	0.34192	6.47995	2.21559	8
9	10.60450	0.09430	32.01500	0.03124	3.01900	0.33124	7.23435	2.39627	9
10	13.78585	0.07254	42.61950	0.02346	3.09154	0.32346	7.88719	2.55122	10
11	17.92160	0.05580	56.40535	0.01773	3.14734	0.31773	8.44518	2.68328	11
12	23.29809	0.04292	74.32695	0.01345	3.19026	0.31345	8.91732	2.79517	12
13	30.28751	0.03302	97.62504	0.01024	3.22328	0.31024	9.31352	2.88946	13
14	39.37376	0.02540	127.91255	0.00782	3.24867	0.30782	9.64369	2.96850	14
15	51.18589	0.01954	167.28631	0.00598	3.26821	0.30598	9.91721	3.03444	15
16	66.54166	0.01503	218.47220	0.00458	3.28324	0.30458	10.14263	3.08921	16
17	86.50416	0.01156	285.01386	0.00351	3.29480	0.30351	10.32759	3.13451	17
18	112.45541	0.00889	371.51802	0.00269	3.30369	0.30269	10.47876	3.17183	18
19	146.19203	0.00684	483.97343	0.00207	3.31053	0.30207	10.60189	3.20247	19
20	190.04964	0.00526	630.16546	0.00159	3.31579	0.30159	10.70186	3.22754	20
21	247.06453	0.00405	820.21510	0.00122	3.31984	0.30122	10.78281	3.24799	21
22	321.18389	0.00311	1067.2796	0.00094	3.32296	0.30094	10.84819	3.26462	22
23	417.53905	0.00239	1388.4635	0.00072	3.32535	0.30072	10.90088	3.27812	23
24	542.80077	0.00184	1806.0026	0.00055	3.32719	0.30055	10.94326	3.28904	24
25	705.64100	0.00142	2348.8033	0.00043	3.32861	0.30043	10.97727	3.29785	25
26	917.33330	0.00109	3054.4443	0.00033	3.32970	0.30033	11.00452	3.30496	26
27	1192.5333	0.00084	3971.7776	0.00025	3.33054	0.30025	11.02632	3.31067	27
28	1550.2933	0.00065	5164.3109	0.00019	3.33118	0.30019	11.04374	3.31526	28
29	2015.3813	0.00050	6714.6042	0.00015	3.33168	0.30015	11.05763	3.31894	29
30	2619.9956	0.00038	8729.9855	0.00011	3.33206	0.30011	11.06870	3.32188	30
31	3405.9943	0.00029	11349.981	0.00009	3.33235	0.30009	11.07751	3.32423	31
32	4427.7926	0.00023	14755.975	0.00007	3.33258	0.30007	11.08451	3.32610	32
33	5756.1304	0.00017	19183.768	0.00005	3.33275	0.30005	11.09007	3.32760	33
34	7482.9696	0.00013	24939.899	0.00004	3.33289	0.30004	11.09448	3.32879	34
35	9727.8604	0.00010	32422.868	0.00003	3.33299	0.30003	11.09798	3.32974	35
36	12646.219	0.00008	42150.729	0.00002	3.33307	0.30002	11.10074	3.33049	36
37	16440.084	0.00006	54796.947	0.00002	3.33313	0.30002	11.10293	3.33108	37
38	21372.109	0.00005	71237.031	0.00001	3.33318	0.30001	11.10466	3.33156	38
39	27783.742	0.00004	92609.141	0.00001	3.33321	0.30001	11.10603	3.33193	39
40	36118.865	0.00003	120392.88	0.00001	3.33324	0.30001	11.10711	3.33223	40

复利系数表($i=35\%$)

n	一次支付		等额系列				等差系列		n
	$(F/P,i,n)$	$(P/F,i,n)$	$(F/A,i,n)$	$(A/F,i,n)$	$(P/A,i,n)$	$(A/P,i,n)$	$(P/G,i,n)$	$(A/G,i,n)$	
1	1.35000	0.74074	1.00000	1.00000	0.74074	1.35000	0.00000	0.00000	1
2	1.82250	0.54870	2.35000	0.42553	1.28944	0.77553	0.54870	0.42553	2
3	2.46038	0.40644	4.17250	0.23966	1.69588	0.58966	1.36158	0.80288	3
4	3.32151	0.30107	6.63288	0.15076	1.99695	0.50076	2.26479	1.13412	4
5	4.48403	0.22301	9.95438	0.10046	2.21996	0.45046	3.15684	1.42202	5
6	6.05345	0.16520	14.43841	0.06926	2.38516	0.41926	3.98282	1.66983	6
7	8.17215	0.12237	20.49186	0.04880	2.50752	0.39880	4.71702	1.88115	7
8	11.03240	0.09064	28.66401	0.03489	2.59817	0.38489	5.35151	2.05973	8
9	14.89375	0.06714	39.69641	0.02519	2.66531	0.37519	5.88865	2.20937	9
10	20.10656	0.04974	54.59016	0.01832	2.71504	0.36832	6.33626	2.33376	10
11	27.14385	0.03684	74.69672	0.01339	2.75188	0.36339	6.70467	2.43639	11
12	36.64420	0.02729	101.84057	0.00982	2.77917	0.35982	7.00486	2.52048	12
13	49.46967	0.02021	138.48476	0.00722	2.79939	0.35722	7.24743	2.58893	13
14	66.78405	0.01497	187.95443	0.00532	2.81436	0.35532	7.44209	2.64433	14
15	90.15847	0.01109	254.73848	0.00393	2.82545	0.35393	7.59737	2.68890	15
16	121.71393	0.00822	344.89695	0.00290	2.83367	0.35290	7.72061	2.72460	16
17	164.31381	0.00609	466.61088	0.00214	2.83975	0.35214	7.81798	2.75305	17
18	221.82364	0.00451	630.92469	0.00158	2.84426	0.35158	7.89462	2.77563	18
19	299.46192	0.00334	852.74834	0.00117	2.84760	0.35117	7.95473	2.79348	19
20	404.27359	0.00247	1152.2103	0.00087	2.85008	0.35087	8.00173	2.80755	20
21	545.76935	0.00183	1556.4838	0.00064	2.85191	0.35064	8.03837	2.81859	21
22	736.78862	0.00136	2102.2532	0.00048	2.85327	0.35048	8.06687	2.82724	22
23	994.66463	0.00101	2839.0418	0.00035	2.85427	0.35035	8.08899	2.83400	23
24	1342.7973	0.00074	3833.7064	0.00026	2.85502	0.35026	8.10612	2.83926	24
25	1812.7763	0.00055	5176.5037	0.00019	2.85557	0.35019	8.11936	2.84334	25
26	2447.2480	0.00041	6989.2800	0.00014	2.85598	0.35014	8.12957	2.84651	26
27	3303.7848	0.00030	9436.5280	0.00011	2.85628	0.35011	8.13744	2.84897	27
28	4460.1095	0.00022	12740.313	0.00008	2.85650	0.35008	8.14350	2.85086	28
29	6021.1478	0.00017	17200.422	0.00006	2.85667	0.35006	8.14815	2.85233	29
30	8128.5495	0.00012	23221.570	0.00004	2.85679	0.35004	8.15172	2.85345	30
31	10973.542	0.00009	31350.120	0.00003	2.85688	0.35003	8.15445	2.85432	31
32	14814.281	0.00007	42323.661	0.00002	2.85695	0.35002	8.15654	2.85498	32
33	19999.280	0.00005	57137.943	0.00002	2.85700	0.35002	8.15814	2.85549	33
34	26999.028	0.00004	77137.223	0.00001	2.85704	0.35001	8.15936	2.85588	34
35	36448.688	0.00003	104136.25	0.00001	2.85706	0.35001	8.16030	2.85618	35
36	49205.728	0.00002	140584.94	0.00001	2.85708	0.35001	8.16101	2.85641	36
37	66427.733	0.00002	189790.67	0.00001	2.85710	0.35001	8.16155	2.85659	37
38	89677.440	0.00001	256218.40	0.00000	2.85711	0.35000	8.16196	2.85672	38
39	121064.54	0.00001	345895.84	0.00000	2.85712	0.35000	8.16228	2.85682	39
40	163437.13	0.00001	466960.38	0.00000	2.85713	0.35000	8.16252	2.85690	40

复利系数表($i=40\%$)

n	一次支付		等额系列				等差系列		n
	$(F/P,i,n)$	$(P/F,i,n)$	$(F/A,i,n)$	$(A/F,i,n)$	$(P/A,i,n)$	$(A/P,i,n)$	$(P/G,i,n)$	$(A/G,i,n)$	
1	1.40000	0.71429	1.00000	1.00000	0.71429	1.40000	0.00000	0.00000	1
2	1.96000	0.51020	2.40000	0.41667	1.22449	0.81667	0.51020	0.41667	2
3	2.74400	0.36443	4.36000	0.22936	1.58892	0.62936	1.23907	0.77982	3
4	3.84160	0.26031	7.10400	0.14077	1.84923	0.54077	2.01999	1.09234	4
5	5.37824	0.18593	10.94560	0.09136	2.03516	0.49136	2.76373	1.35799	5
6	7.52954	0.13281	16.32384	0.06126	2.16797	0.46126	3.42778	1.58110	6
7	10.54135	0.09486	23.85338	0.04192	2.26284	0.44192	3.99697	1.76635	7
8	14.75789	0.06776	34.39473	0.02907	2.33060	0.42907	4.47129	1.91852	8
9	20.66105	0.04840	49.15262	0.02034	2.37900	0.42034	4.85849	2.04224	9
10	28.92547	0.03457	69.81366	0.01432	2.41357	0.41432	5.16964	2.14190	10
11	40.49565	0.02469	98.73913	0.01013	2.43826	0.41013	5.41658	2.22149	11
12	56.69391	0.01764	139.23478	0.00718	2.45590	0.40718	5.61060	2.28454	12
13	79.37148	0.01260	195.92869	0.00510	2.46850	0.40510	5.76179	2.33412	13
14	111.12007	0.00900	275.30017	0.00363	2.47750	0.40363	5.87878	2.37287	14
15	155.56810	0.00643	386.42024	0.00259	2.48393	0.40259	5.96877	2.40296	15
16	217.79533	0.00459	541.98833	0.00185	2.48852	0.40185	6.03764	2.42620	16
17	304.91347	0.00328	759.78367	0.00132	2.49180	0.40132	6.09012	2.44406	17
18	426.87885	0.00234	1064.6971	0.00094	2.49414	0.40094	6.12994	2.45773	18
19	597.63040	0.00167	1491.5760	0.00067	2.49582	0.40067	6.16006	2.46815	19
20	836.68255	0.00120	2089.2064	0.00048	2.49701	0.40048	6.18277	2.47607	20
21	1171.3556	0.00085	2925.8889	0.00034	2.49787	0.40034	6.19984	2.48206	21
22	1639.8978	0.00061	4097.2445	0.00024	2.49848	0.40024	6.21265	2.48658	22
23	2295.8569	0.00044	5737.1423	0.00017	2.49891	0.40017	6.22223	2.48998	23
24	3214.1997	0.00031	8032.9993	0.00012	2.49922	0.40012	6.22939	2.49253	24
25	4499.8796	0.00022	11247.199	0.00009	2.49944	0.40009	6.23472	2.49444	25
26	6299.8314	0.00016	15747.079	0.00006	2.49960	0.40006	6.23869	2.49587	26
27	8819.7640	0.00011	22046.910	0.00005	2.49972	0.40005	6.24164	2.49694	27
28	12347.670	0.00008	30866.674	0.00003	2.49980	0.40003	6.24382	2.49773	28
29	17286.737	0.00006	43214.343	0.00002	2.49986	0.40002	6.24544	2.49832	29
30	24201.432	0.00004	60501.081	0.00002	2.49990	0.40002	6.24664	2.49876	30
31	33882.005	0.00003	84702.513	0.00001	2.49993	0.40001	6.24753	2.49909	31
32	47434.807	0.00002	118584.52	0.00001	2.49995	0.40001	6.24818	2.49933	32
33	66408.730	0.00002	166019.33	0.00001	2.49996	0.40001	6.24866	2.49950	33
34	92972.223	0.00001	232428.06	0.00000	2.49997	0.40000	6.24902	2.49963	34
35	130161.11	0.00001	325400.28	0.00000	2.49998	0.40000	6.24928	2.49973	35
36	182225.56	0.00001	455561.39	0.00000	2.49999	0.40000	6.24947	2.49980	36
37	255115.78	0.00000	637786.95	0.00000	2.49999	0.40000	6.24961	2.49985	37
38	357162.09	0.00000	892902.73	0.00000	2.49999	0.40000	6.24972	2.49989	38
39	500026.93	0.00000	1250064.8	0.00000	2.50000	0.40000	6.24979	2.49992	39
40	700037.70	0.00000	1750091.7	0.00000	2.50000	0.40000	6.24985	2.49994	40

等比序列复利现值系数表（$i=5\%$）

n	$h=4\%$	$h=6\%$	$h=8\%$	$h=10\%$	$h=15\%$	$h=20\%$	n
1	0.952381	0.952381	0.952381	0.952381	0.952381	0.952381	1
2	1.895692	1.913832	1.931973	1.931973	1.995465	2.040816	2
3	2.830018	2.884440	2.939553	2.939553	3.137890	3.284742	3
4	3.755447	3.864292	3.975921	3.975921	4.389118	4.706372	4
5	4.672062	4.853476	5.041900	5.041900	5.759510	6.331092	5
6	5.579947	5.852080	6.138335	6.138335	7.260416	8.187915	6
7	6.479185	6.860195	7.266097	7.266097	8.904265	10.309998	7
8	7.369860	7.877911	8.426081	8.426081	10.704671	12.735236	8
9	8.252052	8.905320	9.619207	9.619207	12.676544	15.506936	9
10	9.125842	9.942514	10.846422	10.846422	14.836215	18.674594	10
11	9.991310	10.989585	12.108701	12.108701	17.201569	22.294774	11
12	10.848535	12.046629	13.407045	13.407045	19.792195	26.432122	12
13	11.697597	13.113740	14.742484	14.742484	22.629546	31.160521	13
14	12.538572	14.191013	16.116079	16.116079	25.737122	36.564405	14
15	13.371538	15.278547	17.528919	17.528919	29.140658	42.740272	15
16	14.196571	16.376438	18.982127	18.982127	32.868339	49.798406	16
17	15.013747	17.484785	20.476854	20.476854	36.951038	57.864845	17
18	15.823089	18.603687	22.014288	22.014288	41.422566	67.083633	18
19	16.624824	19.733246	23.595649	23.595649	46.319953	77.619390	19
20	17.418873	20.873563	25.222191	25.222191	51.683758	89.660255	20

等比序列复利现值系数表（$i=8\%$）

n	$h=4\%$	$h=6\%$	$h=9\%$	$h=12\%$	$h=15\%$	$h=20\%$	n
1	0.925926	0.925926	0.925926	0.925926	0.925926	0.925926	1
2	1.817558	1.834705	1.860425	1.886145	1.911866	1.954733	2
3	2.676167	2.726655	2.803577	2.881929	2.961709	3.097851	3
4	3.502976	3.602087	3.755462	3.914593	4.079597	4.367983	4
5	4.299162	4.461308	4.716161	4.985503	5.269942	5.779240	5
6	5.065860	5.304617	5.685755	6.096078	6.537438	7.347304	6
7	5.804161	6.132309	6.664327	7.247784	7.887086	9.089597	7
8	6.515118	6.944674	7.651960	8.442147	9.324212	11.025478	8
9	7.199743	7.741995	8.648737	9.680745	10.854485	13.176457	9
10	7.859012	8.524550	9.654744	10.965217	12.483943	15.566433	10
11	8.493864	9.292614	10.670066	12.297262	14.219013	18.221963	11
12	9.105202	10.046455	11.694788	13.678642	16.066542	21.172551	12
13	9.693898	10.786335	12.728999	15.111184	18.033818	24.450983	13
14	10.260791	11.512514	13.772786	16.596783	20.128602	28.093685	14
15	10.806687	12.225245	14.826238	18.137405	22.359160	32.141131	15
16	11.332366	12.924778	15.889444	19.735087	24.734290	36.638294	16
17	11.838574	13.611356	16.962494	21.391942	27.263365	41.635141	17
18	12.326035	14.285220	18.045480	23.110162	29.956361	47.187194	18
19	12.795441	14.946605	19.138494	24.892020	32.823903	53.356142	19
20	13.247461	15.595742	20.241628	26.739872	35.877304	60.210528	20

等比序列复利现值系数表($i=10\%$)

n	$h=4\%$	$h=6\%$	$h=8\%$	$h=12\%$	$h=15\%$	$h=20\%$	n
1	0.909091	0.909091	0.909091	0.909091	0.909091	0.909091	1
2	1.768595	1.785124	1.801653	1.834711	1.859504	1.900826	2
3	2.581217	2.629301	2.677986	2.777160	2.853118	2.982720	3
4	3.349514	3.442781	3.538387	3.736745	3.891896	4.162967	4
5	4.075905	4.226680	4.383143	4.713776	4.977891	5.450509	5
6	4.762673	4.982074	5.212541	5.708572	6.113250	6.855101	6
7	5.411982	5.709998	6.026858	6.721456	7.300216	8.387383	7
8	6.025874	6.411453	6.826370	7.752755	8.541135	10.058963	8
9	6.606281	7.087400	7.611345	8.802805	9.838459	11.882506	9
10	7.155029	7.738767	8.382048	9.871947	11.194753	13.871824	10
11	7.673846	8.366448	9.138738	10.960528	12.612696	16.041990	11
12	8.164363	8.971305	9.881670	12.068901	14.095091	18.409444	12
13	8.628125	9.554166	10.611094	13.197426	15.644868	20.992120	13
14	9.066591	10.115833	11.327256	14.346470	17.265089	23.809586	14
15	9.481141	10.657076	12.030397	15.516406	18.958957	26.883185	15
16	9.873079	11.178636	12.720753	16.707614	20.729819	30.236201	16
17	10.243638	11.681231	13.398558	17.920479	22.581174	33.894038	17
18	10.593985	12.165550	14.064038	19.155397	24.516682	37.884405	18
19	10.925222	12.632258	14.717420	20.412768	26.540168	42.237533	19
20	11.238392	13.081994	15.358921	21.693000	28.655630	46.986399	20

等比序列复利现值系数表($i=15\%$)

n	$h=4\%$	$h=6\%$	$h=8\%$	$h=12\%$	$h=16\%$	$h=20\%$	n
1	0.869565	0.869565	0.869565	0.869565	0.869565	0.869565	1
2	1.655955	1.671078	1.686200	1.716446	1.746692	1.776938	2
3	2.367124	2.409863	2.453127	2.541234	2.631446	2.723761	3
4	3.010269	3.090830	3.173372	3.344507	3.523893	3.711751	4
5	3.591895	3.718504	3.849775	4.126824	4.424101	4.742696	5
6	4.117888	4.297056	4.485006	4.888733	5.332136	5.818466	6
7	4.593568	4.830330	5.081571	5.630766	6.248068	6.941008	7
8	5.023749	5.321869	5.641823	6.353442	7.171964	8.112356	8
9	5.412781	5.774940	6.167973	7.057265	8.103894	9.334632	9
10	5.764602	6.192554	6.662097	7.742727	9.043928	10.610051	10
11	6.082771	6.577484	7.126143	8.410308	9.992136	11.940923	11
12	6.370506	6.932290	7.561943	9.060474	10.948590	13.329659	12
13	6.630718	7.259328	7.971216	9.693679	11.913360	14.778774	13
14	6.866041	7.560772	8.355577	10.310366	12.886520	16.290895	14
15	7.078854	7.838625	8.716542	10.910965	13.868142	17.868760	15
16	7.271312	8.094732	9.055535	11.495896	14.858299	19.515228	16
17	7.445360	8.330797	9.373893	12.065569	15.857067	21.233281	17
18	7.602761	8.548387	9.672874	12.620380	16.864520	23.026032	18
19	7.745105	8.748948	9.953655	13.160718	17.880733	24.896729	19
20	7.873834	8.933813	10.217346	13.686960	18.905783	26.848761	20

等比序列复利现值系数表（$i=20\%$）

n	h=4%	h=6%	h=8%	h=10%	h=15%	h=25%	n
1	0.833333	0.833333	0.833333	0.833333	0.833333	0.833333	1
2	1.555556	1.569444	1.583333	1.597222	1.631944	1.701389	2
3	2.181481	2.219676	2.258333	2.297454	2.397280	2.605613	3
4	2.723951	2.794047	2.865833	2.939333	3.130727	3.547514	4
5	3.194091	3.301408	3.412583	3.527722	3.833613	4.528660	5
6	3.601545	3.749577	3.904658	4.067078	4.507213	5.550688	6
7	3.954672	4.145460	4.347526	4.561488	5.152745	6.615300	7
8	4.260716	4.495156	4.746107	5.014698	5.771381	7.724271	8
9	4.525954	4.804055	5.104829	5.430139	6.364240	8.879449	9
10	4.755827	5.076915	5.427680	5.810961	6.932397	10.082759	10
11	4.955050	5.317942	5.718245	6.160048	7.476880	11.336207	11
12	5.127710	5.530848	5.979754	6.480044	7.998677	12.641883	12
13	5.277349	5.718916	6.215112	6.773373	8.498732	14.001961	13
14	5.407035	5.885043	6.426934	7.042259	8.977952	15.418709	14
15	5.519431	6.031788	6.617574	7.288737	9.437204	16.894489	15
16	5.616840	6.161412	6.789150	7.514676	9.877320	18.431759	16
17	5.701261	6.275914	6.943568	7.721786	10.299098	20.033083	17
18	5.774426	6.377058	7.082545	7.911637	10.703303	21.701128	18
19	5.837836	6.466401	7.207624	8.085668	11.090665	23.438675	19
20	5.892791	6.545321	7.320195	8.245195	11.461887	25.248620	20

等比序列复利终值系数表（$i=5\%$）

n	h=4%	h=6%	h=8%	h=10%	h=15%	h=20%	n
1	1.000000	1.000000	1.000000	1.000000	1.000000	1.000000	1
2	2.090000	2.110000	2.130000	2.150000	2.200000	2.250000	2
3	3.276100	3.339100	3.402900	3.467500	3.632500	3.802500	3
4	4.564769	4.697071	4.832757	4.971875	5.335000	5.720625	4
5	5.962866	6.194402	6.434884	6.684569	7.350756	8.080256	5
6	7.477662	7.842347	8.225956	8.629307	9.729651	10.972589	6
7	9.116864	9.652984	10.224128	10.832334	12.529195	14.507203	7
8	10.888639	11.639263	12.449159	13.322667	15.815674	18.815743	8
9	12.801640	13.815074	14.922547	16.132390	19.665481	24.056348	9
10	14.865034	16.195307	17.667679	19.296957	24.166631	30.418945	10
11	17.088530	18.795920	20.709988	22.855547	29.420520	38.131629	11
12	19.482411	21.634015	24.077126	26.851441	35.543938	47.468294	12
13	22.057564	24.727912	27.799153	31.332441	42.671385	58.757809	13
14	24.825515	28.097236	31.908734	36.351335	50.957742	72.395020	14
15	27.798467	31.763001	36.441364	41.966400	60.581334	88.853956	15
16	30.989334	35.747710	41.435602	48.241968	71.747463	108.703675	16
17	34.411782	40.075447	46.933325	55.249039	84.692457	132.627285	17
18	38.080272	44.771992	52.980009	63.065962	99.688344	161.444760	18
19	42.010102	49.864931	59.625029	71.779177	117.048215	196.140332	19
20	46.217456	55.383777	66.921981	81.484045	137.132397	237.895348	20

等比序列复利终值系数表（$i=8\%$）

n	h=4%	h=6%	h=9%	h=12%	h=15%	h=20%	n
1	1.000000	1.000000	1.000000	1.000000	1.000000	1.000000	1
2	2.120000	2.140000	2.170000	2.200000	2.230000	2.280000	2
3	3.371200	3.434800	3.531700	3.630400	3.730900	3.902400	3
4	4.765760	4.900600	5.109265	5.325760	5.550247	5.942592	4
5	6.316879	6.555125	6.929588	7.325340	7.743273	8.491599	5
6	8.038883	8.417761	9.022579	9.673709	10.374092	11.659247	6
7	9.947312	10.509700	11.421485	12.421428	13.517080	15.577971	7
8	12.059029	12.854107	14.163243	15.625824	17.258466	20.407390	8
9	14.392320	15.476283	17.288865	19.351853	21.698167	26.339798	9
10	16.967018	18.403865	20.843868	23.673080	26.951896	33.606762	10
11	19.804624	21.667022	24.878741	28.672775	33.153606	42.487039	11
12	22.928447	25.298682	29.449466	34.445147	40.458286	53.316086	12
13	26.363755	29.334773	34.618089	41.096735	49.045199	66.497473	13
14	30.137929	33.814483	40.453340	48.747967	59.121602	82.516592	14
15	34.280640	38.780546	47.031335	57.534916	70.927036	101.957104	15
16	38.824035	44.279548	54.436324	67.611275	84.738260	125.520694	16
17	43.802939	50.362263	62.761536	79.150571	100.874942	154.050775	17
18	49.255075	57.084017	72.110092	92.348657	119.706202	188.560948	18
19	55.221297	64.505078	82.596020	107.426516	141.658151	230.269157	19
20	61.745850	72.691084	94.345362	124.633399	167.222575	280.638690	20

等比序列复利终值系数表（$i=10\%$）

n	h=4%	h=6%	h=8%	h=12%	h=15%	h=20%	n
1	1.000000	1.000000	1.000000	1.000000	1.000000	1.000000	1
2	2.140000	2.160000	2.180000	2.220000	2.250000	2.300000	2
3	3.435600	3.499600	3.564400	3.696400	3.797500	3.970000	3
4	4.904024	5.040576	5.180552	5.470968	5.698125	6.095000	4
5	6.564285	6.807111	7.059096	7.591584	8.016944	8.778100	5
6	8.437366	8.826047	9.234334	10.113084	10.829995	12.144230	6
7	10.546422	11.127171	11.744642	13.098215	14.226056	16.344637	7
8	12.916996	13.743518	14.632930	16.618718	18.308681	21.562282	8
9	15.577265	16.711718	17.947153	20.756553	23.198572	28.018327	9
10	18.558303	20.072369	21.740873	25.605287	29.036306	35.979940	10
11	21.894377	23.870454	26.073885	31.271664	35.985494	45.769670	11
12	25.623269	28.155798	31.012913	37.877381	44.236435	57.776721	12
13	29.786628	32.983574	36.632374	45.561095	54.010328	72.470493	13
14	34.430365	38.414860	43.015236	54.480697	65.564149	90.416863	14
15	39.605078	44.517249	50.253953	64.815879	79.196269	112.297734	15
16	45.366529	51.365533	58.451517	76.771033	95.252958	138.934529	16
17	51.776163	59.042437	67.722612	90.578530	114.135874	171.316408	17
18	58.901680	67.639454	78.194891	106.502424	136.310726	210.634160	18
19	66.817664	77.257739	90.010399	124.842632	162.317252	258.320909	19
20	75.606280	88.009112	103.327140	145.939657	192.780749	316.101000	20

等比序列复利终值系数表($i=15\%$)

n	$h=4\%$	$h=6\%$	$h=8\%$	$h=12\%$	$h=16\%$	$h=20\%$	n
1	1.000000	1.000000	1.000000	1.000000	1.000000	1.000000	1
2	2.190000	2.210000	2.230000	2.270000	2.310000	2.350000	2
3	3.600100	3.665100	3.730900	3.864900	4.002100	4.142500	3
4	5.264979	5.405881	5.550247	5.849563	6.163311	6.491875	4
5	7.224584	7.479240	7.743273	8.300517	8.898447	9.539256	5
6	9.524925	9.939352	10.374092	11.307936	12.333556	13.458465	6
7	12.218983	12.848774	13.517080	14.977949	16.619985	18.463218	7
8	15.367762	16.279720	17.258466	19.435323	21.939203	24.815882	8
9	19.041495	20.315526	21.698167	24.826584	28.508498	32.838081	9
10	23.321031	25.052334	26.951896	31.323651	36.587734	42.923574	10
11	28.299430	30.601032	33.153606	39.128047	46.487330	55.553846	11
12	34.083799	37.089485	40.458286	48.475804	58.577694	71.317007	12
13	40.797401	44.665104	49.045199	59.643150	73.300375	90.930658	13
14	48.582085	53.497798	59.121602	72.953116	91.181222	115.269578	14
15	57.601074	63.783372	70.927036	88.783196	112.845924	145.399199	15
16	68.042178	75.747435	84.738260	107.574241	139.038333	182.616100	16
17	80.121486	89.649902	100.874942	129.840771	170.642087	228.496941	17
18	94.087610	105.790161	119.706202	156.182927	208.706085	284.957594	18
19	110.226568	124.513024	141.658151	187.300332	254.474512	354.324566	19
20	128.867402	146.215577	167.222575	224.008143	309.422206	439.421251	20

等比序列复利终值系数表($i=20\%$)

n	$h=4\%$	$h=6\%$	$h=8\%$	$h=10\%$	$h=15\%$	$h=25\%$	n
1	1.000000	1.000000	1.000000	1.000000	1.000000	1.000000	1
2	2.240000	2.260000	2.280000	2.300000	2.350000	2.450000	2
3	3.769600	3.835600	3.902400	3.970000	4.142500	4.502500	3
4	5.648384	5.793736	5.942592	6.095000	6.491875	7.356125	4
5	7.947919	8.214960	8.491599	8.778100	9.539256	11.268756	5
6	10.754156	11.196178	11.659247	12.144230	13.458465	16.574265	6
7	14.170306	14.853932	15.577971	16.344637	18.463218	23.703816	7
8	18.320299	19.328349	20.407390	21.562282	24.815882	33.212950	8
9	23.352928	24.787867	26.339798	28.018327	32.838081	45.816005	9
10	29.446826	31.434919	33.606762	35.979940	42.923574	62.429786	10
11	36.816435	39.512751	42.487039	45.769670	55.553846	84.228970	11
12	45.719176	49.313600	53.316086	57.776721	71.317007	112.716296	12
13	56.464044	61.188516	66.497473	72.470493	90.930658	149.811470	13
14	69.421926	75.559148	82.516592	90.416863	115.269578	197.963658	14
15	85.037988	92.931881	101.957104	112.297734	145.399199	260.293757	15
16	103.846529	113.914816	125.520694	138.934529	182.616100	340.774218	16
17	126.488816	139.238131	154.050775	171.316408	228.496941	444.456198	17
18	153.734480	169.778529	188.560948	210.634160	284.957594	577.756359	18
19	186.507192	206.588575	230.269157	258.320909	354.324566	748.818782	19
20	225.915480	250.931889	280.638690	316.101000	439.421251	967.971477	20

参考文献

[1] 李南. 工程经济学(第4版)[M]. 北京:科学出版社,2013.
[2] 吴添祖,冯勤,欧阳仲健. 技术经济学[M]. 北京:清华大学出版社,2006.
[3] 刘玉明. 工程经济学[M]. 北京:北京交通大学出版社,2006.
[4] 刘晓君. 工程经济学[M]. 西安:中国建筑工业出版社,2009.
[5] 洪军. 工程经济学[M]. 北京:高等教育出版社,2004.
[6] 技术经济学编写组. 技术经济学原理及实务[M]. 北京:机械工业出版社,2007.
[7] 齐忠英. 公共项目管理与评估. 北京:科学出版社,2014.
[8] 王克强,王洪卫,刘红梅. 工程经济学(第2版)[M]. 上海:上海财经大学出版社,2014.
[9] 成伟,韩斌,张凌. 技术经济学[M]. 北京:清华大学出版社,2012.
[10] 苏敬勤,徐雨森. 技术经济学[M]. 北京:科学出版社,2011.
[11] 邵颖红,黄渝祥. 公共项目的经济评价与决策. 上海:同济大学出版社,2010.
[12] 国家发改委,建设部. 建设项目经济评价方法与参数(第3版)[M]. 北京:中国计划出版社,2006.
[13] 《投资项目可行性研究指南》编写组. 投资项目可行性研究指南(试用版)[M]. 北京:中国电力出版社,2002.
[14] Leland blank Anthony tarquin. 工程经济学[M]. 北京:清华大学出版社,2010.
[15] 徐莉. 技术经济学(第2版)[M]. 武汉:武汉大学出版社,2009.
[16] 孙怀玉,王子学,宋冀东,等. 实用技术经济学[M]. 北京:机械工业出版社,2003.
[17] 吴添祖,虞晓芬,龚建立. 技术经济学概论(第3版)[M]. 北京:高等教育出版社,2010.
[18] 武献华,石振武. 工程经济学[M]. 北京:科学出版社,2006.
[19] 陈立文,陈敬武. 技术经济学概论(第2版)[M]. 北京:机械工业出版社,2013.
[20] 孙薇. 技术经济学[M]. 北京:机械工业出版社,2009.
[21] 雷仲敏. 技术经济分析评价(第2版)[M]. 北京:中国标准出版社,2013.
[22] 邓富民. 工程经济学[M]. 北京:经济管理出版社,2013.
[23] 考试与命题研究组. 工程经济学习题与学习指导[M]. 北京:北京理工大学出版社,2009.
[24] 李连喜,杨文英. 工程经济习题与学习指导(第2版)[M]. 北京:北京理工大学出版社,2012.
[25] 钱S帕克(Chan S. Park)著,邵颖红译. 工程经济学(第5版)[M]. 北京:中国人民大学出版社,2012.
[26] 刘亚臣,王静. 工程经济学(第4版)[M]. 大连:大连理工大学出版社,2013.
[27] 李南. 工程经济学学习指导与习题[M]. 北京:科学出版社,2005.
[28] 范钦满,姜晴. 工程经济学[M]. 北京:国防工业出版社,2013.
[29] 宋健民. 工程经济学[M]. 北京:中国电力出版社,2013.
[30] 王克强,王洪卫,刘红梅. 工程经济学[M]. 上海:上海财经大学出版社,2014.
[31] William G. Sullivan, Elin M. Wicks,James T. Loxhoj,邵颖红等译. 工程经济学(第13版)[M]. 北京:清华大学出版社,2007.
[32] 李国彦. 民用机场建设项目航空业务量预测关键问题研究. 南京:南京航空航天大学,2005.
[33] 刘英. 西部支线机场建设必要性分析的特点. 机场建设,2001(3):45-46.
[34] 李国彦,张斌,李南. 民用机场货运吞吐量预测方法. 江南大学学报(自然科学版),2005,4(2):205-208.
[35] 王剑. 火力发电厂厂址选择及其优化理论研究. 西安建筑科技大学,2006.
[36] 朱桂田,韦龙明,吴烈善. 日本环境评价制度对我国环境评价的启示. 矿产与地质,2002,16(6):364-368.
[37] 蓝莎. 财务杠杆原理及经典案例分析. 会计师,2012(2):16-17.
[38] 李铮. 民航空域系统社会经济效益评估方法研究. 北京:中国民航大学,2008.
[39] 梁勇,成升魁,闵庆文,等. 居民对改善城市水环境支付意愿的研究. 水利学报,2005,36(5):613-617.

[40] 侯晓明. 基于成本分解法和机会成本法的影子水价计算. 安徽农业科学, 2008, 36(25): 10732-10733, 10755.

[41] 李万亨. 矿山建设项目可行性研究及经济评价. 北京: 地质出版社, 1998.

[42] 安宁. 德国公共交通投资项目标准化评估程序与方法. 城市交通. 2009, 7(4): 83-89.

[43] 杨朗, 石京, 陆化普. 道路设施项目投资公平性的评价方法. 清华大学学报: 自然科学版, 2005(9): 1162-1165.

[44] 赵坚, 苏红健. 节约旅行时间的价值与交通方式选择分析. 综合运输, 2010.

[45] 程启智. 人的生命价值理论比较研究. 中南财经政法大学学报, 2005(6): 39-44.

[46] 朱琳. 设备更新决策案例设计与分析. 沈阳: 东北大学, 2003.

[47] 吴国辉. 我国飞机融资租赁实务研究. 厦门: 厦门大学, 2009.

[48] 李刚. 轨道交通投资的不确定性分析. 北京: 北京交通大学, 2010.